职教高考制度构建研究

姜蓓佳 著

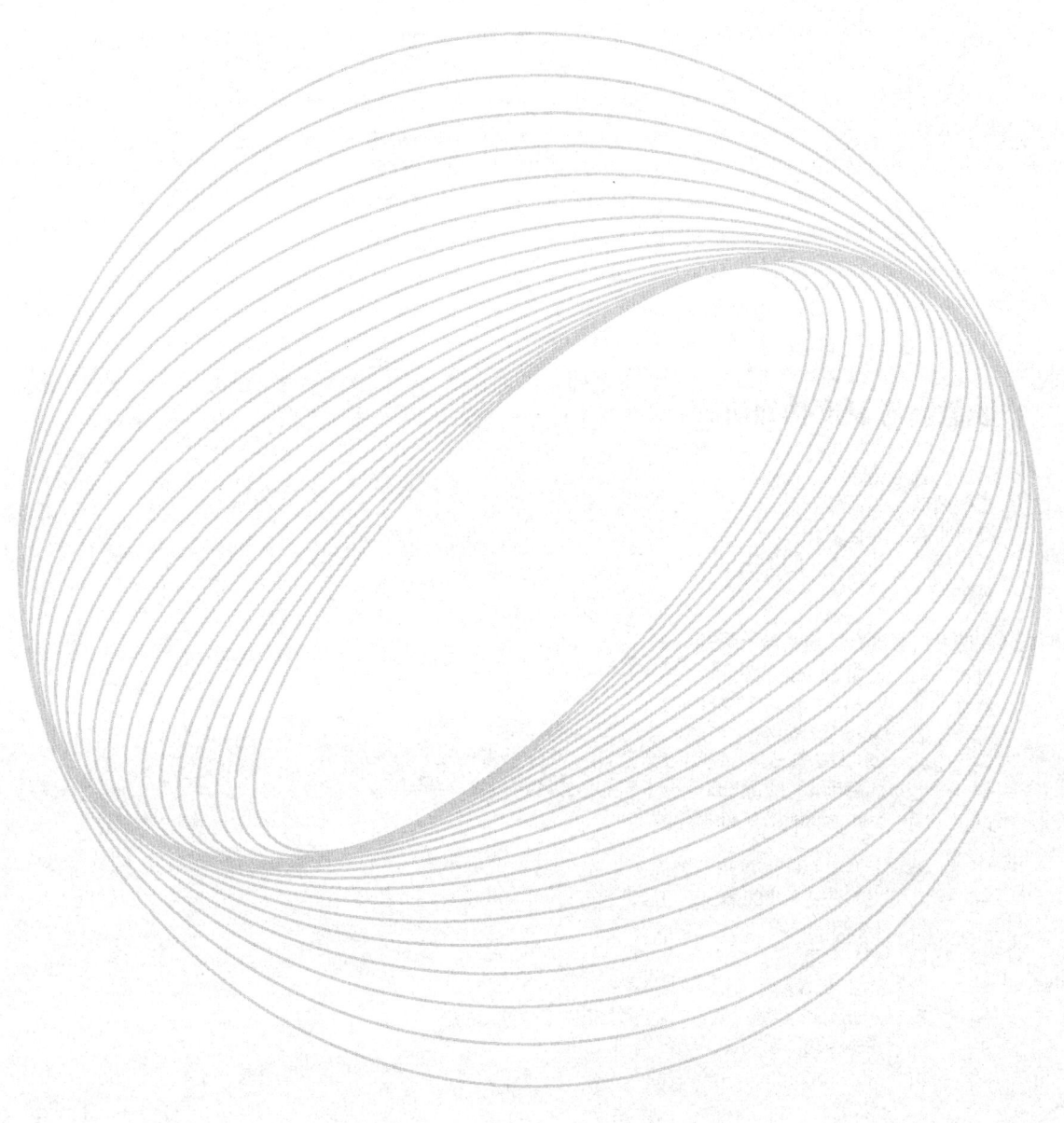

华东师范大学出版社
·上海·

图书在版编目(CIP)数据

职教高考制度构建研究/姜蓓佳著. —上海:华东师范大学出版社,2024. — ISBN 978-7-5760-5471-2

Ⅰ. G632.474

中国国家版本馆 CIP 数据核字第 2024H8S191 号

职教高考制度构建研究

著　　者　姜蓓佳
责任编辑　彭呈军
特约审读　陈雅宁
责任校对　孙冰冰　时东明
装帧设计　刘怡霖

出版发行　华东师范大学出版社
社　　址　上海市中山北路 3663 号　邮编 200062
网　　址　www.ecnupress.com.cn
电　　话　021-60821666　行政传真 021-62572105
客服电话　021-62865537　门市(邮购)电话 021-62869887
地　　址　上海市中山北路 3663 号华东师范大学校内先锋路口
网　　店　http://hdsdcbs.tmall.com

印 刷 者　上海颛辉印刷厂有限公司
开　　本　787 毫米×1092 毫米　1/16
印　　张　17.25
字　　数　371 千字
版　　次　2025 年 3 月第 1 版
印　　次　2025 年 3 月第 1 次
书　　号　ISBN 978-7-5760-5471-2
定　　价　78.00 元

出版人　王　焰

(如发现本版图书有印订质量问题,请寄回本社客服中心调换或电话 021-62865537 联系)

本书得到 2023 年度教育部人文社会科学研究青年基金项目
"职教高考制度构建的政策、策略与技术研究"
（23YJC880046）的资助。

序

姜蓓佳博士的专著《职教高考制度构建研究》即将付梓。我仔细阅读了她送来的目录与主要章节部分，感到十分欣慰、很有收获。

2019年，《国家职业教育改革实施方案》创造性提出建立职教高考制度的任务。2022年，姜蓓佳以国内第一篇聚焦职教高考的学位论文，紧扣"为什么""是什么"和"怎么做"的问题，系统阐释和论证了职教高考的发展历程、理论内涵、功能定位、实践方案。这不是一件容易的事。对于一位初出茅庐的年轻学子来说，选择这样一个教育管理与职业教育相交叉，既属考试招生制度改革重要内容、又涉职业教育发展重大议题、兼具时代价值与现实意义的题目，充分表明了她敏锐的问题意识和敢于回应重大现实问题的学术志气。

职教高考是职业教育乃至整个教育体系中亟需超前研判、深入研究、系统部署的重大问题之一。职业教育作为一种教育类型，不仅需要各个学制层面的职业教育，而且需要一个能够把各个层面职业教育衔接起来的纽带。从制度构建角度看，这一纽带就是职教高考制度。该制度具有公开、公平、常规化、自由选择的性质。依托这一制度，任何职校生都可以通过统一考试进入任何职业学校的任何专业。有了职教高考制度，职校生升学空间将得到拓展，同时也将使中等职业教育与职业专科教育、职业本科教育在教学内容上衔接起来，这对于优化职业教育类型定位、实现职业教育体系内部的纵向贯通至关重要。

深入推进职教高考，需要认真总结高职分类考试的实践经验，完善"文化素质＋职业技能"考试招生办法，建立健全省级统筹的高职分类考试招生制度。我很高兴地看到，姜蓓佳在这些问题上都进行了认真思考。得益于跨学科的独特优势，她对于职教高考迫切需要关注的重大问题进行了深入研究，提出了颇具创造性、建设性的见解。比如，从高考形态与国家经济社会发展之间的强关联性维度，以及高考制度对人力资本的结构化规模化开发功能视角，阐述了设立职教高考的动因、意义以及可能释放的改革动能。其对于职教高考功能的描绘——影响中职教育教学工作和办学方向的"指挥棒"，作为高等职业院校招生入学考试的"筛选器"，完善技能评价和承认技术技能积累的"增长极"，促进初中后教育分流更加理性合理的"分流阀"等，体现了科学性与通俗性的统一。实际上，全书的逻辑论证都是深入浅出，语言风格都属明白晓畅。而且，全书的分析视野没有局限于职业教育体系内部,而是将职教高考与现行高考联系起来思考,把二者的关系定位为差异协同等值同效,需要通过二者协同共同服务于广大考生。这说明,姜蓓佳较早关注到了如今已成为热门议题的基础教育阶段职普融通问题,反映了其思考的细密性、超前性和开阔性。这是全书的第一个突出特点。

全书的第二个特点是深入实际、实事求是。习近平总书记强调,"要抓调研,加强对重大改革问题的调研,尽可能多听一听基层和一线的声音,尽可能多接触第一手材料,做到重要情况心中有数"。姜蓓佳注意到了职业教育的区域性特点和省域统筹的高职分类考试政策给职教高考制度带来的复杂性。有鉴于此,她用全面扎实的调研获取了大量一手资料,把定性分析同定量分析结合起来,用数据说话。2019年以来,她全面摸底并持续追踪全国31个省区市的职教高考改革情况,分别建立了国家层面的职业教育考试招生政策数据库(1980—2024)、省级层面的高职考试招生改革政策数据库(2014—2024),并于2021、2023年先后两次从考试制度、招生录取制度、管理制度三个层面,全面梳理了31个省区市面向中职生的职教高考地方实践,对各地职教高考的考试内容、考试方式、组织形式、分值比例、招生院校及专业目录、免试条件、考试资源开发与建设,以及机构协调和人员配备等进行了全方位梳理和全角度刻画。与此同时,还对涵盖东中西部12个省区市的省级教育行政部门、中高职院校、学生、企业等多类利益相关群体的近百位代表进行了30余场访谈。这些工作打下的坚实基础,使得全书对于职教高考的整体改革进度、区域探索实践以及主要问题的把握系统、深入和动态,不仅可供学术界和教育行政管理部门参考,服务于学术研究和行政决策,而且为青年学者树立了深入实际开展调查研究、努力"把论文写在祖国大地上"的典范。

全书的第三个特点是切实管用、务实可行。本书研究的最终指向,是着眼于整个教育体系纵向贯通、横向融通发展的要求,基于改革必须建立在现实基础之上的规律,从"职教高考作为一项考试该怎么考"和"职教高考作为一项制度该怎么建"这两个方面,在理想与现实的匹配中,系统建构统考统招式职教高考的基本构想与实施路径。这其中,尤其值得肯定的是,姜蓓佳在对职教高考的制度设计中,充分吸收融合了地方高职分类考试改革的试点经验,同时注重新的制度设计与已有政策的承前启后、统筹兼顾,既立足当前,又着眼长远。本书设计的职教高考考试方案,还充分体现了《深化新时代教育评价改革总体方案》的相关精神,将过程性评价、综合评价熔铸在考试制度之中。比如,对于职教高考的文化考试,建议推广上海、福建已经实行的以中职学业水平测试成绩进行折算替代的做法,既体现教育活动的过程性评价,也可推动各地尽快和因地制宜建立中职学业水平测试制度。再比如,对于职教高考科目选考的设计,考虑到了统考统招式职教高考与现行高考在考试科目结构上的对应,可为后续两类高考的融通奠定基础。

从以往经验看,一项研究做得好不好,在某种意义上要看其反映出的可供继续研究的问题多不多。为此,本书还提出了若干有价值的、可供未来继续探讨的问题。正如姜蓓佳自己所言,这些问题就广度和深度而言,都不是一部著作所能完整阐述的。学术研究的乐趣,不也正存在于这种命题的复杂性和解题的多样性之中吗？我期待，姜蓓佳能够继续在此领域深挖，系统呈现职教高考更多的可能性方案。

写作这篇序言之际，恰逢《教育强国建设规划纲要（2024—2035年）》正式印发。《纲要》把构建产教融合的职业教育体系列为深入推进教育强国建设必须全面构建的八大体系之一，强调要大力培养大国工匠、能工巧匠、高技能人才，充分体现了党中央、国务院对职业教育的高度重视。党的十八大以来，以习近平同志为核心的党中央站在党和国家发展全局的战略高度，把职业教育摆在了前所未有的突出位置，就职业教育改革发展问题作出一系列重大判断、提出一系列重要论述，推动职业教育迎来了大改革大发展。

中国特色职业教育发展道路和模式的基本内涵与鲜明特色，可概括为"一个体系、两条轨道、三条纽带、六条支柱"。其中，"一个体系"，指纵向贯通的职业学校体系；"两条轨道"，指职业教育与普通教育双轨并行而又相互融通；"三条纽带"，指职教高考、国家资历框架、职普融通；"六条支柱"，指支撑整个体系有效运行的六个条件，即产业人才数据平台、专业教学标准、产教融合型企业、教师专业化培养体系、技能水平社会评价体系以及公平的升学与就业制度。这也是我在教育部职成司工作时，对于推动职业教育提质培优、增值赋能，实现从"大有可为"到"大有作为"深刻转变的主要抓手。虽然我已转换了工作阵地，但对职业教育依然关心、关注，愿意继续大力支持职业教育改革发展。

姜蓓佳是我在华东师范大学国家教育宏观政策研究院带的博士生，2022年从教育经济与管理专业博士毕业后，进入华东师范大学职业教育与成人教育研究所工作。她曾告诉我，将坚定地在职业技术教育研究上耕耘，以此作为学术生涯"安生立命"的根本。她对于学术研究充满热情、脚踏实地、目标纯粹。正因如此，她在职教高考方面的研究成果，不仅在学术界赢得较为广泛的关注，而且在社会上产生一定的影响，通过授课、讲座和接受媒体采访等方式，促进了国内外教育实践者和民众对于职教高考的了解和理解。作为导师，我对此感到欣慰和骄傲。

功在不舍，来日可期。愿姜蓓佳以此专著出版为新的起点，脚踏实地、持续努力，在学术之路上不断取得新的更大成绩！

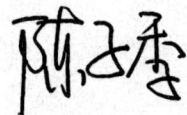

2025年1月

前　言

高考是我国目前普通高等学校选拔新生的主体途径。作为人才培养的枢纽环节，高考关系着国家发展大计、每一个家庭的切身利益和亿万青少年学生的前途命运。2019年，《国家职业教育改革实施方案》提出"建立'职教高考'制度"。2021年，中共中央办公厅、国务院办公厅印发的《关于推动现代职业教育高质量发展的意见》要求"加快建立'职教高考'制度"。职教高考一经提出，便引起广泛关注。为什么要设立职教高考？职教高考具有哪些内涵特征？又该如何考试和如何建立？

本研究以构建科学、合理、可行的职教高考制度为主要研究目标，通过理论研究、政策梳理和实证调研，借助历史制度主义理论、利益相关者理论、新制度主义理论等分析视角，从"职业教育考试招生制度的建立与发展过程""职教高考作为一项考试应该如何设计""职教高考作为一项制度应该如何建立"以及"职教高考的基本构想与实施路径"等四个方面进行研究。

第一，以历史制度主义理论为视角，通过梳理1980年至2024年9月以来的有关职业教育考试招生的75份国家政策文件，发现：经济社会发展背景、教育事业发展状况、职业教育内涵式发展的需要、对职业教育类型地位的认识等，是影响职业教育考试招生制度变迁的深层次因素。综观改革历程，既有强制性与诱致性变革，也彰显出强烈的路径依赖，"分类考试"理念的提出和省级统筹下考试招生权力格局的变化隐喻了制度发展逻辑。设立职教高考，既是为了破解现行高考单一的育人框架所造成的人力资本的结构性失衡问题，也是高考更好地履行公平科学选材使命的重要体现，还是助力于职业教育评价改革和现代职业教育体系完善的需要，以赛道的拓宽成就高考有边界和有选择的竞争以及对中职生公平发展的基本权利的妥善回应和满足。

第二，考试的目的、内容和形式是一个有机整体。考试内容和形式是一个事物的两个方面，不仅都统摄于考试目的，而且两者必须协调统一。若将职教高考作为高考体系的组成部分，职教高考将能够展现出指挥棒、筛选器、增长极、扩容器和分流阀等功能。职教高考与现行高考之关系应该是既有差异、又能协同，在考试地位和考试结果上理应等值同效。作为一项考试，职教高考面临的一个现实问题和核心问题是"考什么"以及"怎么考"。对此，本研究首先从知识论的视角对于职教高考"考什么"进行讨论；其次，从职业教育的知识论、职业教育人才接续培养等维度出发,分析"文化素质""职业技能"两部分的考试内容及选择依据;再次,基于考试内容和第四代评估理论,本研究分别讨论了职教高考的考试举办主体与考试组织形式,以"纸笔测试"还是"操作考试"为考试实施形式的选择依据,以及应当如何进行"文化素质""职业技能"的试题设计。

第三,改革要基于现实基础。虽然,高职分类考试的项目特征使其不能等同于职教高考的制度内涵。但是,高职分类考试作为职教高考的先行阶段,相关实践可为职教高考提供制度基础和改革依据。基于利益相关者理论,从静态的政策梳理和动态的实证调研两方面,通过对31个省区市政策文本的内容分析和对国家教育主管部门工作人员、12个省区市的省级教育主管部门、高职院校、中职学校、通过分类考试进入高校就读的中职生以及企业代表等共计89人进行访谈,发现:高职分类考试在办考形式上形成统一考试与单独考试两种类型,在考招环节上形成考招统一与考招分离两类模式,在"文化素质+职业技能"评价方式上探索了一些操作性办法。但是,在考试层面,存在着途径多元但均有明显不足、操作办法成形但科学性有待提升、中职生与中职学校在分类考试上的诉求存在阻滞等问题;在组织层面,面临着中央简政放权与强化地方主责之间存在政策期待与承接张力、省级统筹与院校自主存在两难以及责权利不对等等困境。那么,职教高考制度构建便要在吸收现有实践基础的同时,着力解决和突破上述困境。

第四,职教高考的制度设计,要以职教高考的本质属性为视角、已有的基础为抓手和明确的角色定位为前提。以从理论研究和实证调研中获得的基本资料作为职教高考制度结构、制度要素的支撑依据,在理想和现实的平衡中提出职教高考的基本构想和实施路径。考试制度上,"文化素质+职业技能"的评价方式可设计为"中职学业水平测试+职业技能测试"的考试模式;其中,文化素质考试使用中职学业水平测试成绩,实行"4+2"科目选考;职业技能测试的操作考试按照专业大类全国统一进行、分省组织实施。招录制度方面,采取"统一考试+综合评价+多元录取"的招生录取标准;要调整招生计划,鼓励更多高校从职教高考招生;同时,鼓励产教融合型企业参与职教高考,实现招生与招工一体化。就管理制度而言,一是要将标准体系的开发作为基础性工程;二是须在组织机构、经费投入方面进行配套;三是建立考试研究方面的"政行校企"共同体。推进职教高考制度化的实现机制有:在规制性机制上,形成与职教高考有机协调的配套改革矩阵,包括国家统筹谋划全面改革、形成实施职教高考的制度合力,加快考试立法、将职教高考纳入考试立法内容之中;在规范性机制上,建构职教高考制度运行的全过程规则体系;在文化—认知性机制上,推动技能型社会和职教高考进行文化整合,职教高地做好改革先锋队,分享改革成果,推广改革经验,以凝聚各方对职教高考的价值共识。

本书以本人的博士学位论文为基础,在2023、2024年进行了两次修订。笔者2022年从华东师范大学教育经济与管理专业博士毕业,同年进入华东师范大学职业教育与成人教育研究所从事博士后研究。在博士后在站期间,有幸主持了2023年度教育部人文社会科学研究青年基金项目"职教高考制度构建的政策、策略与技术研究"(23YJC880046)、中国博士后科学基金第73批面上资助项目"职普融通背景下职教高考与现行高考协同问题研究"(2023M731102)。两个项目都与职教高考直接相关,前者主要探讨职教高考如何落地,尤其是如何进行政策供给、需要哪些策略予以推进以及职教高考在技术层面如何实现。后者把职教高考与现行高考统筹起来研究,探讨如何通过加强二者的协同耦合、良性互动,更好地服务广大考生,推进职普融通。本书的出版,是笔者对读博以来就关注的职教高考问题的一个阶段性总结,但却不是这些年就这个问题思考的全部,更多内容通过期刊论文、研究报告、学术讲座等形式进行了呈现。

本研究一定有许多不足之处,只能说先"抛砖引玉",以期与各位关注高考改革、职业教育改革的同仁交流。敬请各位读者批评指正!

姜蓓佳

2024 年 12 月

目 录

第一章　绪论 　1
　第一节　研究缘起 　1
　　一、构建职教高考制度成为当前职业教育发展的重要议题 　1
　　二、从依附到相对独立再到分类进行的高职考试招生活动 　2
　　三、已有研究成果缺乏对职教高考的本体研究和相关调研 　3
　第二节　研究范围 　4
　　一、核心概念的界定 　4
　　二、研究维度的划分 　8
　第三节　文献综述 　9
　　一、基于CiteSpace的文献计量研究 　10
　　二、职业教育考试招生的制度变迁研究 　19
　　三、职业教育考试招生的具体实践研究 　21
　　四、职业教育考试招生制度的境外借鉴 　25
　　五、关于职教高考制度的基本内容研究 　26
　　六、已有研究对本研究的启示 　34
　第四节　研究意义 　36
　　一、理论意义 　36
　　二、实践意义 　36

第二章　研究设计与理论视角 　38
　第一节　研究设计 　38
　　一、研究内容 　38
　　二、研究方法 　39
　　三、技术路线 　42

第二节	实证研究方案	44
	一、实证研究方法的选择	44
	二、实证研究工具的开发	48
	三、访谈实施与质量控制	49
	四、样本描述与数据处理	51
第三节	理论视角	60
	一、历史制度主义理论	60
	二、利益相关者理论	61
	三、新制度主义理论	64

第三章 职业教育考试招生制度的建立与发展 67

第一节	职业教育考试招生制度的建立过程	67
	一、20世纪80年代：偶然起步，需求较小	67
	二、20世纪90年代：模式初成，有限适用	69
	三、21世纪头10年：适度改革，曲折发展	71
	四、2010年以来：分类伊始，进阶升级	73
第二节	职业教育考试招生制度的发展逻辑	75
	一、多重深层结构因素驱动下的强制性与诱致性制度变迁	75
	二、渐进式改革中强烈的路径依赖和理念转变的关键节点	76
	三、国家在制度变迁中的权力让渡和其他主体的角色转变	78

第四章 构建职教高考制度的动因及制度功能 81

第一节	构建职教高考制度的动因	81
	一、现行高考单一的育人框架引致人力资本结构性失衡	81
	二、推动高考制度更好地履行公平科学选才的重要使命	84
	三、助力职业教育的评价改革和现代职业教育体系完善	86
	四、拓宽高考"独木桥"以成就有边界和有选择的升学竞争	88
	五、妥善回应和满足中职毕业生的公平发展的基本权利	90
第二节	关于职教高考功能的探讨	92
	一、高考作为一项考试以及高考在中国的功能界说	92
	二、指挥棒——影响中职教育教学工作和办学方向	93
	三、筛选器——作为高等职业院校的招生入学考试	94
	四、增长极——完善技能评价和承认技术技能积累	95

五、扩容器——拓宽赛道成就有边界和有选择的升学竞争　　96
　　六、分流阀——促进初中后职普教育分流更加理性合理　　97
　　七、差异协同等值同效——职教高考与现行高考之关系　　98

第五章　职教高考的考试内容与考试形式探讨　　101
第一节　关于职教高考考试内容的探讨　　101
　　一、职教高考考什么——基于考试目的和知识论　　102
　　二、"文化素质＋职业技能"评价的提出和政策指引　　105
　　三、文化素质的考试内容及选择依据　　107
　　四、职业技能的考试内容及选择依据　　109
第二节　关于职教高考考试形式的探讨　　112
　　一、职教高考怎么考——基于考试内容和第四代评估理论　　113
　　二、职教高考的考试举办主体与考试组织形式　　116
　　三、以"纸笔测试""操作考试"为考试形式的选择依据　　119
　　四、如何进行"文化素质""职业技能"考试的试题设计　　120

第六章　高职分类考试的基本进展与问题呈现　　124
第一节　被视作职教高考先行阶段的高职分类考试　　124
　　一、高职分类考试以省级政府统筹管理的价值意蕴　　125
　　二、中央政策对于高职分类考试改革的框架性要求　　127
　　三、各省级政府对于高职分类考试改革的政策安排　　129
第二节　高职分类考试改革在考试层面的探索　　152
　　一、考试途径多元但存在着明显不足　　152
　　二、操作办法成形但科学性有待提升　　156
　　三、中职生与中职学校诉求存在阻滞　　165
第三节　高职分类考试改革在组织层面的探索　　173
　　一、央地两级政府及高校在办考层面的责权划分　　173
　　二、中央简政放权与强化地方主责之间存在政策期待与承接张力　　180
　　三、省级统筹与院校自主的两难及责权利不对等　　183
第四节　高职分类考试并不等同于职教高考　　187
　　一、高职分类考试的项目化特征及主要问题　　187
　　二、职教高考制度作为高考制度的应然特征　　188
　　三、目前的高职分类考试与职教高考不等同　　189

第七章 职教高考制度的基本构想与实施路径 191
第一节 高职分类考试为职教高考提供的制度基础 191
一、考试模式上形成了统一考试与单独考试两种类型 191
二、考招环节上形成了考招统一与考招分离两类模式 192
三、"文化素质＋职业技能"评价方式形成操作性办法 194
四、影响高职分类考试改革整体效能的主要因素分析 195

第二节 职教高考的模式选择与总体思路 197
一、基于现实基础的职教高考的模式选择 197
二、统考统招式职教高考模式的总体思路 198

第三节 职教高考制度体系及其运行方式 201
一、职教高考的考试制度及其运行方式 201
二、职教高考的招录制度及其运行方式 204
三、职教高考的管理制度及其运行方式 208

第四节 推进职教高考制度化的实现机制 211
一、规制性机制：形成与职教高考有机协调的配套改革矩阵 212
二、规范性机制：建构职教高考制度运行的全过程规则体系 214
三、文化—认知性机制：凝聚各方对职教高考制度的价值共识 215

第八章 结语 219
第一节 研究结论 219
第二节 研究创新 221
第三节 研究局限 222

参考文献 225

附 录 239
附录1 对国家教育主管部门领导/工作人员的访谈提纲 239
附录2 对省级教育主管部门领导/工作人员的访谈提纲 240
附录3 对高等院校的访谈提纲 241
附录4 对中职学校的访谈提纲 242
附录5 对学生的访谈提纲 243
附录6 对企业的访谈提纲 244

附录7　国家层面职业教育考试招生相关政策(1980—2024年)　　　　245

附录8　省级层面高职考试招生制度改革的相关政策(2014—2024年)　　250

附录9　省级层面有关职教高考的政策文件(2024年)　　　　253

图表目录

图 1-1 本研究的研究维度示意图 / 9
图 1-2 职教高考相关研究发文量的年度变化趋势(2000年—2021年7月底) / 10
图 1-3 职教高考相关研究的关键词共现图谱 / 11
图 1-4 职教高考相关研究的关键词聚类图谱 / 12
图 1-5 职教高考相关研究的热点时区分布图 / 14
图 1-6 职教高考相关研究的关键词时间线图谱 / 14
图 2-1 本研究的技术路线图 / 43
图 2-2 扎根理论指导下的质性研究流程 / 47
图 2-3 基于米切尔评分法划分的高职分类考试改革中的利益相关者示意图 / 63
图 2-4 基于利益相关者理论建立的高职分类考试实践模式的分析框架 / 64
图 4-1 职教高考与现行高考组成的高考体系图示 / 99

表 1-1 职教高考相关研究的高频关键词(按中心性排序) / 11
表 1-2 职教高考相关研究前五大聚类的主要关键词和平均年份 / 13
表 1-3 职教高考相关研究的关键词突现情况(按开始时间排序) / 15
表 1-4 职教高考相关研究的关键词突现情况(按持续时间排序) / 16
表 1-5 职教高考相关研究的关键词突现情况(按突现强度排序) / 18
表 2-1 预访谈对象情况表(N=11) / 49
表 2-2 国家教育主管部门受访者情况表(N=3) / 51
表 2-3 省级教育主管部门受访者情况表(N=9) / 52
表 2-4 中等学校受访者情况表(N=12) / 52
表 2-5 高等院校受访者情况表(N=24) / 53
表 2-6 学生受访者情况表(N=27) / 54

表 2-7　企业受访者情况表(N=3) / 56

表 2-8　开放式编码示例 / 56

表 2-9　主轴编码后形成的主要类属列表 / 58

表 2-10　支撑职教高考制度构建的要素关系模型 / 60

表 3-1　20世纪80年代国家出台的关于职业教育考试招生的政策 / 68

表 3-2　20世纪90年代国家出台的关于职业教育考试招生的政策 / 70

表 3-3　新世纪头5年国家政策中关于高职考试招生办法的规定 / 71

表 3-4　2010年以来国家政策中关于高职考试招生制度改革的规定 / 74

表 5-1　职教高考办考的主要制度、重要环节与组织分工 / 118

表 6-1　中央政策对高职分类考试改革的整体框架性要求 / 127

表 6-2　各省技能拔尖人才参加职教高考的优惠政策(2024年) / 132

表 6-3　各省面向中职生的升学考试中文化素质考试的规定(2024年) / 138

表 6-4　各省面向中职生的升学考试中职业技能测试的规定(2024年) / 142

表 6-5　各省面向中职生的升学考试中文化素质和职业技能测试的分值比例(2024年) / 146

表 6-6　各省面向中职生的升学考试中职业技能测试专业大类的分类情况(2024年) / 150

表 6-7　各省面向中职毕业生的高职分类考试名称 / 153

表 6-8　湖北省技能高考电子与电工类样题示例与评分标准(2021年) / 157

表 6-9　广东省"3+专业技能课程证书"考试证书目录(2024年) / 160

表 6-10　教育部及国家教育考试机构在高职考试招生上的主要职责(2024年) / 174

表 6-11　省级教育考试机构在高职考试招生上的主要职责(2024年) / 176

表 6-12　高校招生自主权的主要内容(2024年) / 178

表 6-13　高校在高职考试招生上的主要职责(2024年) / 179

表 7-1　本研究的职教高考考试设计 / 202

第一章 绪论

第一节 研究缘起

一、构建职教高考制度成为当前职业教育发展的重要议题

根据教育统计数据[①]，2022年全国共有高等学校3013所，其中有32所是本科层次职业学校，1489所是高职专科院校，职业院校占比达到了约50.48%。普通本科、职业本专科共招生约1014.54万人，其中普通本科招生467.93万人，职业本科招生7.53万人，高职专科招生538.97万人，职业院校招生占比约53.88%。普通本专科院校在校生共约3659.41万人，其中普通本科在校生1965.64万人，职业本科在校生22.87万人，高职专科在校生1670.89万人，职业院校在校生占比约46.28%。这意味着，高等教育阶段的职业院校无论是学校数量还是招生数量、在校生数量，都基本占据了高等教育的一半规模。职业教育作为一种教育类型，理应拥有符合其类型教育的特征、自成体系的考试招生制度。但实际情况却是，尽管国家已经确立了高考分类考试的政策导向，地方上也有多年实践，但高职分类考试改革仍只在省级区域层面实施，以"文化素质＋职业技能"的评价方式服务于技术技能人才的选拔机制尚未完全科学、公平和有效地建立起来。

"结构合理，范式科学，功能先进"被视为现代职业教育体系的标准，这意味着纵向上不同层次的职业教育能够彼此衔接，横向上职业教育与普通教育能够相互沟通。但是目前，我国职业教育的体系建设还不够完善，突出表现为技术技能人才的成长通道还不通畅。虽然，对口招生、长学制贯通项目等途径使得中职生能够在一定程度上升入高职、本科，但这些途径在学习内容、课程体系、人才培养方案等内涵层面尚未实现衔接。建立职教高考制度，是为职校生建立一种稳定而有充分选择度的向上成长通道，且作为一项考试，也可以同时引导职业院校深化教学改革，从学习内容上衔接中等和高等两个阶段，系统培养技术技能人才，提升各个层次职业教育之间的衔接关系。

[①] 教育部. 2022年教育统计数据[EB/OL]. (2023-12-29)[2024-08-06]. http://www.moe.gov.cn/jyb_sjzl/moe_560/2022/quanguo/202401/t20240110_1099539.html

我国高等教育在2011年进入大众化阶段,在高等教育实现大众化目标后,教育考试制度最突出的问题是人才培养多样性与考试评价功能单一性之间的矛盾。[1] 2010年伊始,国家开始着手新高考改革,分类考试、综合评价、多元录取是指导此次高考改革的基本方针。其中,分类考试是另外两项的前提和基础,直接决定了综合评价的质量与多元录取的效果。分类考试的内涵是推动不同类型定位、不同发展特色的高校,都能以与自身特点匹配的选拔方式招生;广大考生也能够根据自身发展的现实需要,以合理公平和有效的评价方式来自主选择不同类型、不同层次的高校继续深造,是一种学校与考生自主双向选择和匹配的过程。[2] 现行高考植根于普通教育体系之中,教学和考试内容主要来自学科体系,即使现行高考的量才之尺足够精准,也不可"张冠李戴"地作为主要致力于教授职业知识和工作知识的职业教育的"度量"。[3]

上述分析结果,无论是从优化类型教育的角度,还是从建立现代职教体系、更加科学地评价技术技能人才、更加合理地选拔技术技能人才的角度,都反映了构建职教高考制度是当前职业教育发展的重要议题。

二、从依附到相对独立再到分类进行的高职考试招生活动

2005年以前,我国高职院校的考试招生对高考的依附性很强,表现为高职高专被纳入现行高考统招,用一张试卷同时选拔学术型及应用型两类人才,而高职院校在录取批次上被置于本科录取之后,且最高层次为专科教育。2005年,上海在3所市属高职院校试行自主招生,之后,高职院校自主招生的考试办法通过政策扩散被逐渐应用到多个省份。2007年,教育部办公厅出台《关于同意江苏、浙江、湖南、广东等四省在部分示范性高职院校中开展单独招生改革试点工作的批复》,鼓励各地积极探索高职院校的招生自主权落实途径,此举意在探索符合高等职业教育的人才培养规律与特点的考试招生办法,[4] 高职的考招活动开始逐渐走向相对独立。

2010年,《国家中长期教育改革和发展规划纲要(2010—2020年)》提出分类考试、综合评价、多元录取的考试招生制度改革目标。这是国家首次在正式文件中提出实行分类考试,也是高等职业教育的考试招生独立于统一高考的重要开端。2013年,中共十八届三中全会通过了《中共中央关于全面深化改革若干重大问题的决定》,其中教育领域综合改革特别提出"推进考试招生制度改革"。同年,教育部专门出台《关于积极推进高等职业教育考试招生制度改革的指导意见》,就高等职业教育的考试招生制度改革作出专门部署。2014年,国务院《关于深化考试招生制度改革的实施意见》将"加快推进高职分类考试"设定为主要改革任务之一,此后,各地在国家政策框

---

[1] 韩家勋.教育考试评价制度比较研究[M].北京:人民教育出版社,2010:432.
[2] 张和生.高考公平问题的伦理审视与实证研究[D].长沙:中南大学,2013:167—169.
[3] 龚方红,刘法虎.彰显类型特征的职业教育评价新蓝图——《深化新时代教育评价改革总体方案》解读[J].国家教育行政学院学报,2020(11):26—33.
[4] 郑若玲,朱贺玲.我国高职招生变迁与未来发展方向[J].河北师范大学学报(教育科学版),2013,15(03):41—46.

架下因地制宜地进行本地区的高职分类考试改革。

2019年,《国家职业教育改革实施方案》首次明确表示要"建立'职教高考'制度"。2021年,中共中央办公厅、国务院办公厅《关于推动现代职业教育高质量发展的意见》要求"加快建立'职教高考'制度"。2022年新修订的《职业教育法》第三十七条规定,"国家建立符合职业教育特点的考试招生制度。……高等职业学校可以按照国家有关规定,采取文化素质与职业技能相结合的考核方式招收学生"。从政策法规梳理可知,强化分类考试、设立"文化素质+职业技能"的职教高考已经成为国家政策的基本要求和改革的规定动作。

三、已有研究成果缺乏对职教高考的本体研究和相关调研

我国自2010年开始提倡高职考试招生与现行高考分离、2019年首次明确提出建立职教高考制度以来,构建符合职业教育类型特色的、自成体系的招考制度成为职教领域研究的热点。如今,作为职教高考制度试点形态和先行探索的高职分类考试改革正在各地如火如荼地进行。从宏观布局看,随着一系列建设性文件的颁布,国家从顶层设计上对改革的总体要求已经明晰;从具体实践看,各地通过制度创新已经探索出了一些可行的做法。但是,这项改革是在省级政府统筹下进行的,因此某省的实施方案仅在区域内施行,单纯从这一点上就与职教高考制度的内涵与功用有所出入。换言之,目前各省的高等职业教育分类考试改革还不能被称为职教高考,尽管一些省份已经将其冠名为了职教高考。

从2019年国家政策中明确出现职教高考到现在,相关研究虽呈快速涌现之势,但在研究深度上尚处于刚起步阶段,以职教高考为主题的研究数量在增长,但基本均为期刊论文,在本研究之前,以"职教高考"为关键词的硕博论文尚且没有,与该主题相关的如"技能高考""对口招生""分类考试""春季高考""职业教育考试招生""高职考试招生"的硕博论文虽在一定程度上含义与之有重合、能为之提供参考借鉴,但毕竟都不是职教高考制度"本身"。对职教高考的本体进行研究十分必要,对其所涵盖的基础问题,如"职教高考的基本定位""职教高考的内容与形式""职教高考如何运行"等进行学理上的阐释,将是涉及现实中职教高考制度构建逻辑起点的重要问题。

通过实证调查收集职教高考的实践情况同样十分重要,并且意义显著。一方面,职教高考正式提出的时间不长,鉴于我国职业教育事业实行的是省级统筹的管理体制,而作为制度先行形态的高职分类考试实践也是在省级政府统筹下进行的,各地政策制定者对职教高考内涵的理解以及将如何就这一问题进行工作推动和落实等情况值得关注。除了实践过程中的问题,理论认识层面的问题同样也需要专门研究。我国幅员辽阔,地区之间职业教育的发展很不平衡,各省就本省基础条件下进行的高职分类考试改革有不同的落实方法和落实程度。

另一方面,通过调研和掌握的一手资料对全国各省区市进行一次"全面摸排"和深度分析很有必要,既可以在区域多样性的背景下梳理不同地区的工作模式,勾勒出目前各省对职教高考的实施情况、工作方法和实现条件,也可以探究地方政府在区域制度创新中的角色和作用机制;还

可以探讨中央、地方、院校以及考生在这项工作上的关系;以及关注如何将地方制度创新实现政策扩散、从区域走向全国进而制度化。通过尽可能广范围的调研和系统总结地方先行先试的实践情况,为后续建立国家层面的统一职教高考制度提供现实抓手和试点经验。

第二节 研究范围

一、核心概念的界定

(一) 职教高考

目前,无论是学术界还是国家政策文本中都没有对"职教高考"进行明确定义,但是可以参考已有文献在谈及职教高考时的对象指代、构建目的以及"高考"作为一项考试和"高考"二字在现行高考制度中的含义来获得广泛的一致性理解。

对于职教高考所面向的对象,已有文献主要包括为"主要或只针对中职生"和"既面向职教体系内的中职生,也面向普通高中毕业生、退役军人等有着入读高职需要的社会生源"两类意见。

将"职教高考"的招生对象框定为中职生的代表有:陈子季在2020年教育部"收官"系列发布会上表示,职教高考可把中职教育和职业专科、职业本科教育在内容上衔接起来,使职业院校的学子通过职教高考能够自由报考职业教育的院校和专业。[①] 徐国庆认为职教高考作为一个新的领域而进入学者视野是因为高等教育大众化进程下应该满足中职生中相当比例学生的升学愿望,同时提出"职教高考制度建构要达成的目标是实现中职生在高等学校与专业志愿选择中的自由度、实现中等职业教育与高等职业教育在教学标准上的衔接,以及把部分专业性强的职教课程纳入现行高考选考科目"。[②] 王笙年将职教高考制度定义为专门针对中等职业学校毕业生通往本科的升学制度,认为其同时可作为职业教育质量监控的手段。[③] 以山东省的职教高考制度试点改革为例,职教高考是为了增加中职学生对口升入本、专科院校的机会,增加高职学生对口升入本科院校的机会。[④] 姚佳等以工科为例,从中高职招考模式衔接的角度探讨职教高考制度构建,其暗含的意蕴为职教高考制度的本质是实现中高职衔接招生。[⑤] 秦程现等将职教高考制度定义为"与现行高考和春季高考制度不同、专门服务于职业院校学生、以报考职业本科或职业专科院校为目标的,以'文化课程+职业技能'为考试内容的新高考制度,考试群体有特定指向、考核内容

[①] 教育部. 教育2020收官系列新闻发布会第三场:介绍"十三五"期间职业教育改革发展情况[EB/OL]. (2020-12-08)[2020-12-31]. http://www.moe.gov.cn/fbh/live/2020/52735/.
[②] 徐国庆. 作为现代职业教育体系关键制度的职教高考[J]. 教育研究,2020,41(04):95—106.
[③] 王笙年. 职教高考考试模式及其制度体系构建探讨[J]. 职教论坛,2020,36(07):20—26.
[④] 范冬梅. 基于现代职业教育体系构建的"职教高考"研究与实践[J]. 现代教育,2020(01):54—55.
[⑤] 姚佳,曾义聪. 基于"职教高考"的工科专业中高职衔接招考模式探索[J]. 产业与科技论坛,2020,19(15):231—232.

专业化、培养具有连续性是该制度的特征。"①高钰雅认为职教高考制度使得中等职业学校学生升学及应考制度化、公开化,相当于是把以升学为导向的趋势从制度上确定了下来,其暗含的意思是职教高考制度的考试招生对象为中职学生。②

认为"职教高考"同时也应面向普高毕业生、退役军人等生源的代表有:李鹏、石伟平提出在"百万扩招"背景下,职教高考要为退役军人、再就业人员等群体进入高等职业院校学习提供考试服务,从而建立起更加开放的职教高考制度。③孙善学将职教高考定义为高等职业学校招收新生的制度,认为它既是面向职业教育体系的"内部"升学制度,也是面向体系外其他类型教育毕业生、其他社会成员等更广泛群体开放的"外部"招生制度。④廖龙等从高等职业教育生源情况复杂、职业种类繁多的情况出发,认为不适宜参照普通高等教育的形式建立统一的技能考试评价模式,暗含了职教高考制度是面向不同生源的考试招生制度。⑤祝蕾等通过分析国家政策指向,得出"高职院校的办学定位已经转变至既要提供学历教育,也要为社会群体提供培训服务"的结论。⑥刘芳认为百万扩招与"职教高考"在现实逻辑上具有耦合性,"职教高考"是非传统生源的扩招渠道。⑦

对于"为什么要设立职教高考",学者们的观点相对一致,基本围绕着"技术技能型人才选拔的需要""中职生升学权利理应受到保障""完善现代职业教育体系的必要举措""巩固职业教育类型特色""克服现有高考制度的不足"等方面展开。例如,徐国庆指出"职教高考的目的是致力于形成技术应用型人才的培养体系、促进中职教育与高职教育衔接、促进普通教育与职业教育的融通和保障中职生升学权利"。⑧李鹏、石伟平认为职教高考改革的根本目标是为了克服现有高考局限,建构职业教育的新高考制度,以评价目促发展。⑨范冬梅认为职教高考制度的政策逻辑是"满足技术技能人才发展的必然要求""促进职业教育体系完善的内在需求"及"服务产业经济社会发展的现实要求"。⑩

通过上述梳理发现,已有文献对设立职教高考的初衷的认识是统一的,对职教高考所服务的主要对象之一——中职毕业生的认识是统一的。而就"如何构建职教高考制度"问题进行思考,发现:职教高考制度并非单一实体,而是由多种制度规则构成的复合体,其在构建过程中必须对

---

① 秦程现,任永波,刘辉辉. 职教高考制度下的"中高本硕博"五位一体人才贯通培养路径研究[J]. 职业,2019(30):52—53.
② 高钰雅. "职教高考"影响下的中职学校办学困境[J]. 职教通讯,2019(19):13—18.
③ 李鹏,石伟平. 职教高考改革的政策逻辑、深层困境与实践路径[J]. 中国高教研究,2020(06):98—103.
④ 孙善学. 完善职教高考制度的思考与建议[J]. 中国高教研究,2020(03):92—97.
⑤ 廖龙,王贝. 基于职业能力评价模型的"职教高考"体系构建[J]. 职业技术教育,2020,41(31):24—28.
⑥ 祝蕾,楼世洲. "职教高考"制度设计的多重逻辑[J]. 中国职业技术教育,2020(16):38—42+58.
⑦ 刘芳. 百万扩招下的"职教高考"制度构建研究[J]. 中国职业技术教育,2019(31):25—29+87.
⑧ 徐国庆. 作为现代职业教育体系关键制度的职教高考[J]. 教育研究,2020,41(04):95—106.
⑨ 李鹏,石伟平. 职教高考改革的政策逻辑、深层困境与实践路径[J]. 中国高教研究,2020(06):98—103.
⑩ 范冬梅. 基于现代职业教育体系构建的"职教高考"研究与实践[J]. 现代教育,2020(01):54—55.

涉及的例如招生计划、考试内容、考试形式、组织管理方式、志愿填报模式等制度要素作出妥善安排。

此外，职教高考选择"高考"二字作为表述，"高考"全称是"普通高等学校招生全国统一考试"，其在现行高考中的完整含义为"中华人民共和国（不包括香港特别行政区、澳门特别行政区和台湾地区）普通高等学校的招生考试，是由普通高中毕业生和具有同等学力的考生参加的选拔性考试"。① "高考"作为"考试"的下位概念，全国统一组织的一项教育考试，本质上是服务于高校招生的工具，形式上表现为一种大规模的统一考试。②

结合已有文献在谈及职教高考时的对象指代、构建目的以及"高考"二字在现行高考中的完整含义，本研究将**"职教高考"的概念界定**为"中华人民共和国（不包括香港特别行政区、澳门特别行政区和台湾地区）职业高等学校的招生考试，是由中等职业教育毕业生和具有同等学力的考生参加的选拔性考试"。在**研究范围**上，考虑到本研究所能最大程度掌握的研究边界以及能够在行文过程中取得有对话基础的讨论范畴，**本研究将职教高考的生源范围框定为中等职业教育毕业生**，招生层次为专科、本科层次的高等院校，具有同等学力的考生不在本研究讨论范围之内。

（二）制度

"制度"随理论进展而不断衍生出新的含义。"制度"一词在中文环境中大多指规则。《辞海》中对"制度"有两种解释：一是指办事规矩、行动准则（如工作、生活中的各项规章制度）；二是指政治、经济、文化等方面的规程或者准则以及在该准则、规程下构成的体系（如社会主义制度）。③ 在西方语境中，制度的含义更宽泛，包括了规则、体制、组织、秩序等。关于制度概念的争论比较多，以致不同学科所用的制度概念在含义上有相当大的差别，有代表性的有以下几种界定：

第一，制度是一种规则。诺斯（Douglass，C. North）认为"制度指的是社会规则，对人们的相互关系起着一系列的约束作用，既有例如道德、禁忌、习惯、传统等的非正式约束，也有例如法律、产权等组成的正式的约束"。④ 马克斯·韦伯（Max Weber）认为："制度是任何组织、群体中都存在着的行为准则"。⑤ 罗尔斯（John Jack Bordley Rawls）认为"制度是一种公开的规范体系"。⑥ 第二，制度是一种习惯或习俗。凡勃伦（Thorstein B Veblen）认为制度导致了个体和社会的特定关系、特定习惯的形成。⑦ 哈耶克（Friedrich A. Von Hayek）认为"自发的社会秩序"即制度，他主张社会秩序不是设计出来的，而是自发形成的，通过文化、习俗等稳固和传递。⑧ 康芒斯（John

---

① 杨学为. 中国考试大辞典[M]. 上海：上海辞书出版社，2006：371.
② 吴根洲. 高考效度研究[M]. 武汉：华中师范大学出版社，2016：35.
③ 辞海编辑委员会. 辞海：语词分册（上）[M]. 上海：上海辞书出版社，1979：158.
④ [美]道格拉斯·C.诺斯. 制度、制度变迁与经济绩效[M]. 刘守英，译. 北京：生活·读书·新知三联书店，1994：03.
⑤ [瑞典]理查德·斯威德伯格. 社会学名著译丛 马克斯·韦伯与经济社会学思想[M]. 何蓉，译. 北京：商务印书馆，2021：11.
⑥ [美]罗尔斯（Rawls，J.）. 正义论[M]. 何怀宏，等，译. 北京：中国社会科学出版社，1988：50.
⑦ [美]凡勃伦. 有闲阶级论[M]. 蔡受百，译. 北京：商务印书馆，2018：139.
⑧ [英]弗里德里希·冯·哈耶克. 法律、立法与自由[M]. 邓正来，等，译. 北京：中国大百科全书出版社，2022：70.

Rogers Commons)认为"业务规划组成了社会以及个体行为运转的行动结构,而制度是业务规划的载体"。[①] 第三,制度是一种模式。亨廷顿(Samuel P. Huntington)在理解制度时重新考虑了社会变化的广阔背景,将制度定义为"稳定发生和周期性发生的行为模式"。[②] 第四,制度体现为博弈系统。青木昌彦(Masahiko Aoki)主张制度的本质是对均衡博弈路径的显著、固定特征的浓缩性表征,这样的表征能够被所有参与人感知,会与他们的策略决策产生高度相关,制度以一种自我实施的方式规制着参与人能够实施的策略和能够产生的互动,同时,又被参与人在不断变化的环境下所作出的新的决策而不断再生产。[③]

通过上述梳理,我们发现,关于制度的内涵界定是高度抽象的,但都隐含了其会对人们产生约束的本质特征。上述对于制度的界定,优点在于保证这个定义涵盖了所有可能的制度,而缺点是优点所带来的没有重点、不分轻重,以及它忽略了制度背后的结构。不同学科背景的学者出于对制度的不同方面的理解而对制度范畴的概况了解存在差异,理查德·斯科特(Richard Scott)以一种整合的思路对制度进行了一个较为广义的界定,以尽可能地囊括不同领域的学者讨论和发现的重要的制度要素。

理查德·斯科特(Richard Scott)认为"制度包括了规制性、规范性以及文化-认知性三个维度的要素"。[④] 其中,规制性制度强调明确的、外在规制的规则、监督和奖惩活动,其基本的控制机制是强制机制;规范性制度代表着"说明性、评价性和义务性",包括价值观和规范,规范性制度对行为有一种期待性的作用;文化-认知性制度指由外在文化框架所塑造的共同的理解和认知,这种认知使个体遵守他们认为理所当然的某种惯例或其认为的恰当方式,常常是在行为背后的脚本或模板,这种文化是"更具嵌入性"的文化,为个体提供了思考和行动的模式,而且具有多样性,从而使同一个情境中的个体由于对情境的不同感知而可能产生不同的行为。[⑤]

基于以上分析,结合本研究,**将制度的内涵界定为**:政府部门正式确定的用以调整个体行动者之间以及特定的组织内部行动者之间关系的权威性规则体系。但作为研究对象,该界定显然还是不够具体。

根据研究对象的实际需要,本研究在行文过程中对"制度"作如下必要的框定:"制度"作为本研究的核心轴,在对其进行制度变迁、制度比较时,倾向于指代规则制定,因而将制度内涵限定在斯科特框架的第一层面,即政府部门确定的规制层面的章程、规定、规则限度等条款。

另外需要特别说明的是,本研究中,**在对央地两级政府的政策进行梳理时,政策具有和制度**

---

① [美]康芒斯. 制度经济学[M]. 于树生,译. 北京:商务印书馆,2021:86.
② [美]塞缪尔·P. 亨廷顿. 变化社会中的政治秩序[M]. 王冠华,刘为,译. 上海:上海人民出版社,2021:12.
③ [日]青木昌彦. 比较制度分析[M]. 周黎安,译. 上海:上海远东出版社,2001:28.
④ [美]W. 理查德·斯科特. 制度与组织——思想观念与物质利益(第3版)[M]. 姚伟,王黎芳,译. 北京:中国人民大学出版社,2010:55—56.
⑤ [美]W. 理查德·斯科特. 制度与组织——思想观念与物质利益(第3版)[M]. 姚伟,王黎芳,译. 北京:中国人民大学出版社,2010:55—67.

同义重合的关系,对政策的分析即对制度的分析。但在最后一章,探讨职教高考的制度构建时,指向斯科特框架的全部三个层面,即既要探讨制度构建的规制性要素、规范性要素,也要探讨文化-认知性要素。

实际上,制度和政策本是不同的概念,相当多的学者将两者混为一谈,也有学者坚决反对将二者等同。原因在于,制度通常指社会长期形成的基本机制,因而制度总是很难快速发生变化;而政策是在已有的制度下设计出来的,制度与政策二者之间可以有关系,也可以没关系,政策可以在短期内对制度不产生影响,但有些非常重大的持续性的政策,有可能会逐步地改变制度基因。[①]

但是,本研究在部分章节将制度与政策等同,也有本研究分析场域下的特殊道理,即:制度是政策发展的高级形式,正式制度的形成首先要经历政策阶段。从时效来看,制度相对比较稳定,而政策的变动性比较大;从制度与政策的关系来看,制度包含了政策,政策是正式制度的重要组成部分,是人的理性作用的结果,但是制定政策一般不以非正式制度中的习惯、习俗和惯例等一般性规则为基础;从现实来看,我国往往把政策和制度互用,而很少区别,如我们谈到考试招生制度的时候往往指代的是考试招生政策。

因此,本研究中,高等职业教育考试招生政策与高等职业教育考试招生制度具有一定意义上的同义内涵,以制度分析的理论和方式来分析政策也具有一定的适切性。

二、研究维度的划分

首先,职教高考作为一个新生事物,本质上是一项考试活动,那么最直观地就涉及了"考什么"以及"怎么考"这两个分别指向考试内容和考试形式的最现实的问题。考试内容有广义和狭义之分,广义的考试内容指的是考试科目,狭义的更多指的是考试科目所考查的内容。[②] 考试形式有宏观、中观和微观三个层面上的内涵,宏观层面的组织形式,体现的是考试制度的结构方式和表现方式;中观层面的指的是考试内容的组合形式和实施形式,体现的是考试的分类形式、考试科目的组合形式以及考试方法等;微观层面的考试形式是相对具体的考试内容而言的,体现的是题型设计等。[③] 这对作为一项考试的职教高考,对其进行研究时应该关注哪些内容带来了分析维度上的启示。

其次,职教高考作为一项正式的高考制度,主要包含考试制度、录取制度和管理制度三方面:(1)考试制度是关于考试活动中考试形式与考试内容的规则体系,涉及的制度要素有考试形式、考试内容等;(2)录取制度是依照一定的招生名额并根据考试的结果由高校与考生进行互相选择

[①] 许成钢.弄懂中国必须懂得中国的制度[EB/OL].(2022-03-07)[2022-03-10]. https://mp.weixin.qq.com/s/7TxnfnJFS7N6oObbHITQPw
[②] 张耀萍.高考形式与内容改革研究[M].武汉:华中师范大学出版社,2016:5.
[③] 张耀萍.高考形式与内容改革研究[M].武汉:华中师范大学出版社,2016:5.

的过程,涉及的制度要素有招生计划名额、录取方式、志愿填报、录取技术等;(3)管理制度指的是为了考试的顺利举行所组织的各项协调活动,涉及合理运用各项人力物力财力信息等资源以实现考试的组织、指挥、协调、控制和创新等。① 这对作为一项制度的职教高考进行制度构建时,需要哪些重要内容以及呈现怎样的结构等带来了启示。

对研究维度进行划定,有利于对问题进行深入且全面的研究。图1-1呈现了本研究的研究维度示意图。本研究从职教高考作为一项考试和作为一项制度两个维度展开。对于前者,主要为深入职教高考内部、向内挖掘的本体研究,试图回答职教高考"考什么""怎么考"这两个分别指向考试内容和考试形式的最现实的问题;对于后者,将视野转移至整体视角,更多地从管理视角审视职教高考"怎么办考""怎么组织"的问题。但同时要说明的是,无论是作为考试还是制度,分析过程不免会存在二者交叉,而这也是考试或是制度运行起来的现实情境。

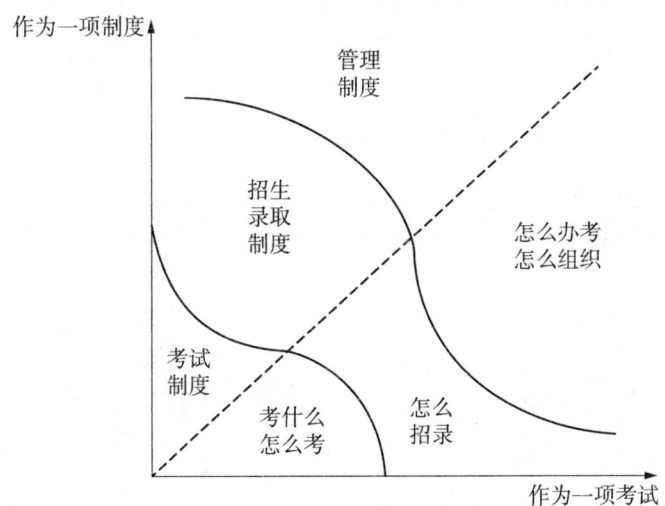

图1-1 本研究的研究维度示意图

第三节 文献综述

职教高考研究在我国尚属新兴领域,关于它的直接研究成果不多,但关于该议题的相关研究如"高职考试招生制度""高职分类考试""技能高考"等已经硕果累累,相关研究为本研究打下了基础。本文献综述将技术辅助和个人述评予以结合,从定量和定性两方面对已有研究进行述评。

---

① 李木洲.高考改革的历史反思[M].武汉:华中师范大学出版社,2016:45.

一、基于 CiteSpace 的文献计量研究

(一) 职教高考相关研究的描述性统计

鉴于"职教高考"首次出现在国家政策文本中是2019年,截至本部分写作之时,直接使用该称谓的研究数量有限,但其研究与"高职考试招生制度""高职分类考试""技能高考"联系紧密,因而将检索主题设置为上述表达。检索时间上,CNKI 数据库中第一篇文献出现在1985年,所以检索时间范围设置为"1985-01-01 至 2021-07-31"。① 通过筛查,剔除实际内容不符、重复收录及其他非研究型文献,类型上选择 CSSCI 论文、北大核心论文、学位论文、国内会议论文以及报纸文章5类,最终得到885篇有效文献。其中包含103篇 CSSCI 论文,299篇北大核心论文,187篇学位论文(包括博士论文30篇、硕士论文157篇),10篇国内会议论文,286篇报纸文章。

图1-2展示的是2000年至2021年7月底的职教高考相关研究发文量年度变化。可以看出,职教高考相关研究的年总发文量整体呈迅速增长状态,其中尤以2005年至2014年期间增长幅度最为迅猛,2014年文献数量达到顶峰;其间以 CSSCI、北大核心期刊为代表的高水平研究成果自2010年以来呈波动式上升趋势;2021年7月31日之前2021年半年多的发文量已经超过2020年全年的发文量,说明该领域的研究热度持续攀升;以硕博论文为代表的系统研究的数量,从2013年至2020年每年保持在15篇以上,说明此领域正在加快专门研究和学理研究的速度,力求推动相关学科的发展和促进知识的创新积累。

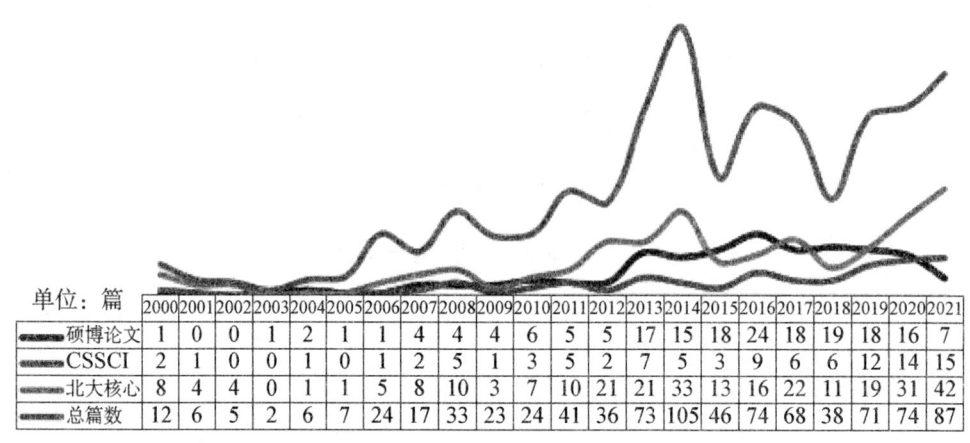

图1-2 职教高考相关研究发文量的年度变化趋势(2000年—2021年7月底)

(二) 职教高考相关研究的热点

关键词的中心度越高,那么其与文献中其他关键词共现的频率就越高,就可以被认为是一个"热点"。具体到本研究,共发现关键词560个,形成了1047条连线。职教高考相关领域的关键词

---

① 特别说明的是,文献计量部分的文献检索截至本部分的写作时间2021-07-31,之后的文献综述部分未作时间限制,截至本研究全部完成前均在坚持定期更新和补充。

共现图谱以及排名前十位的高频关键词分别如图1-3和表1-1所示。

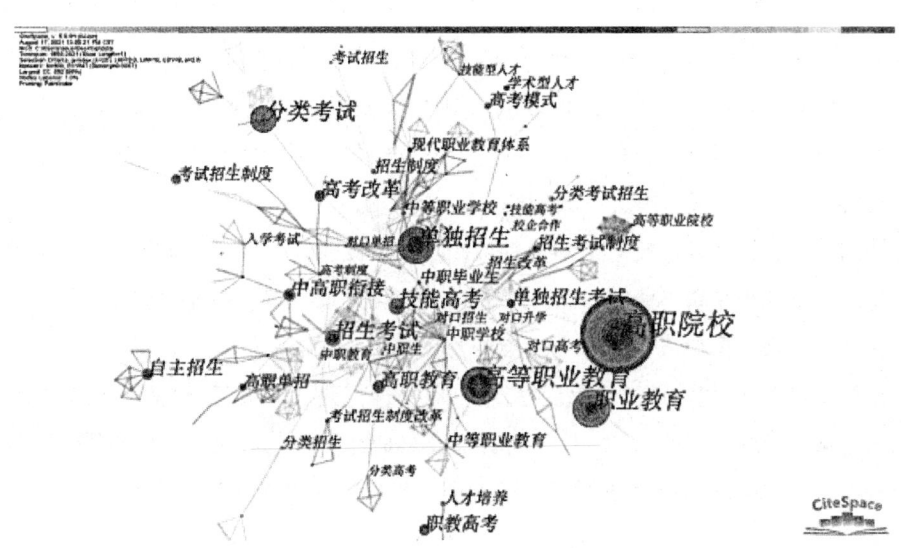

图1-3 职教高考相关研究的关键词共现图谱

表1-1 职教高考相关研究的高频关键词(按中心性排序)

名次	关键词	频次	中心性
1	对口招生	8	24
2	高等职业教育	84	23
3	单独招生	66	23
4	中职学校	11	23
5	招生考试	41	22
6	招生考试制度	18	20
7	五年制高职	4	20
8	中等职业学校	13	19
9	毕业生	4	19
10	高职教育	27	17

图1-3中,文本的大小反映了关键词出现的频率,节点之间的连接实际上是不同时间建立的,连接线的粗细反映了关键词同时出现的强度。可以看出,"高职院校"是最大的节点,"高等职业教育"和"单独招生""技能高考""中高职衔接"等关键词次之,意味着上述方面为该领域研究热点。

从表1-1看职教高考相关领域排名前十位的高频关键词,按中心性排序发现"对口招生""高等职业教育""单独招生""中职学校""招生考试""招生考试制度""五年制高职""中等职业学校""毕业生"及"高职教育"位列其中。说明"对口招生""高等职业教育"和"单独招生"与其他热点关键词之间的强度很大,相关研究多围绕这些关键词展开。从时间跨度来看,"高等职业教育""招生考试制度""中等职业学校""单独招生考试""中职毕业生"出现时间较早,而最近则出现了"职业高等教育""高职分类考试""教育评价改革""类型教育""文化素质+职业技能"等关键词,预计上述方面是将来职教高考相关研究的新方向。

关键词的共词分析可以确定一个学科领域中的主题之间的关系,并通过分析共词现象来识别该学科中的关键知识结构和研究热点。图1-4展示了职教高考相关研究的关键词聚类图谱,色块代表聚类的区域。模块值Q大小与节点的疏密情况相关,模块值Q大于0.3意味着划分出来的聚类结构是显著的,越大聚类效果越好,可以用来进行科学的聚类分析。平均轮廓值S的大小可以用来衡量聚类的同质性,大于0.5,说明该聚类是合理的,[①]S值越大说明网络的同质性越高。可以看出,Q=0.844 7,说明该网络结构聚类效果好;S=0.969,同质性较高,不同聚类划分较好。

图1-4中展现出10大聚类,以"技能高考""单独招生"和"中等职业教育"为首,"招生考试""分类考试招生""现代职业教育体系""统一招生""专升本""高考模式""分类考试"聚类随后。

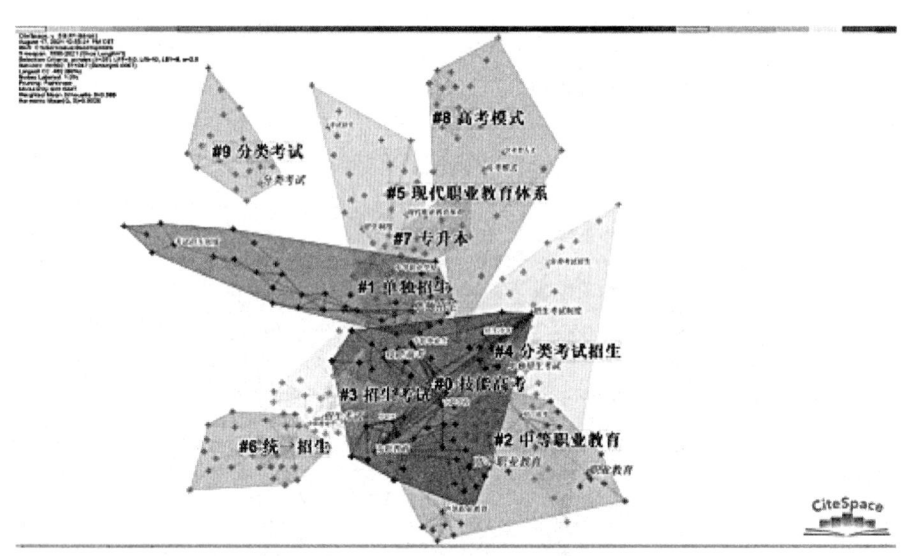

图1-4 职教高考相关研究的关键词聚类图谱

表1-2展现了前五大聚类的主要关键词和平均年份。图表结合来看,(#0)技能高考是最大的聚类,文献的平均年份为2010年,包含59个关键词,主要的关键词包括"中职毕业生""高职教育""中职学校""招生考试制度"等,代表着上述几个主题是技能高考聚类中比较集中的研究方

---

① 陈悦,陈超美,胡志刚,等.引文空间分析原理与应用[M].北京:科学出版社,2014:65.

面。(♯1)单独招生是第二大的聚类,文献的平均年份为 2013 年,共有 47 个关键词,主要的关键词有"单招考试""考试管理""价值取向""考试方案"等。(♯2)中等职业教育是第三大的聚类,文献的平均年份为 2007 年,包含 41 个关键词,主要的关键词包括"高等职业教育""对口高考"等。前五大聚类的平均年份在 2004—2013 年,代表着这十年间的该领域的主要研究主题。

表 1-2　职教高考相关研究前五大聚类的主要关键词和平均年份

名次	聚类名	主要关键词	平均年份	关键词数量
1	技能高考	中职毕业生;高职教育;中职学校;招生考试制度	2010	59
2	单独招生	单招考试;考试管理;价值取向;考试方案	2013	47
3	中等职业教育	高等职业教育;对口高考;职业教育;衔接	2007	41
4	招生考试	中职学生;高职班;中等职业技术教育;高职考试	2004	38
5	分类考试招生	单独招生考试;广东省;校企合作;填报志愿	2011	31

(三) 职教高考相关研究的演进

知识演进分析是 CiteSpace 可视化工具的重要功能之一。关键词共现时区视图可以直观地展示不同时间段研究演变的情况。在时区视图中,节点被放置在二维坐标系中以进行分析和调查,根据节点的显示时间放置在不同的时区中,从而得到一个从左到右、自下而上的图表。通过关键词时区图,研究者不仅可以了解节点之间的共现关系,还可以了解研究节点的时间,从而帮助其发现特定研究的演化过程。

图 1-5 为运用 CiteSpace 软件绘制的职教高考相关研究的热点时区分布图。由图 1-5 知,最大的节点为"高职院校",大约在 1995 年前后,此时已出现的关键词有"高等职业教育""中等职业学校""单独招生考试"等。2006 年以前,职教高考相关研究多从中职或高职单独的角度来探讨,之后开始出现中高职衔接、招生改革等涉及多个概念的研究角度。到了 2010 年之后,出现了高考改革、分类考试、高考模式、现代职业教育、新高考等与国家教育改革背景、宏观政策要求相符的新视角。最近的则是出现"百万扩招""高职分类考试""生源结构""文化素质+职业技能""教育评价改革""职教高考"等新关键词,说明这个领域的研究紧扣时代背景、尊重改革实际、坚持问题导向,更加深入细致。

时间线图谱将文献关键词聚类展现在二维时间轴上,为研究者探寻某项聚类的演变过程和前沿趋势。图 1-6 为职教高考相关研究的关键词时间线图谱。由图可知,图中最大的聚类是"技能高考",其中包含的关键词有 1996 年左右提出的"应届毕业生""中职毕业生""招生考试制度",

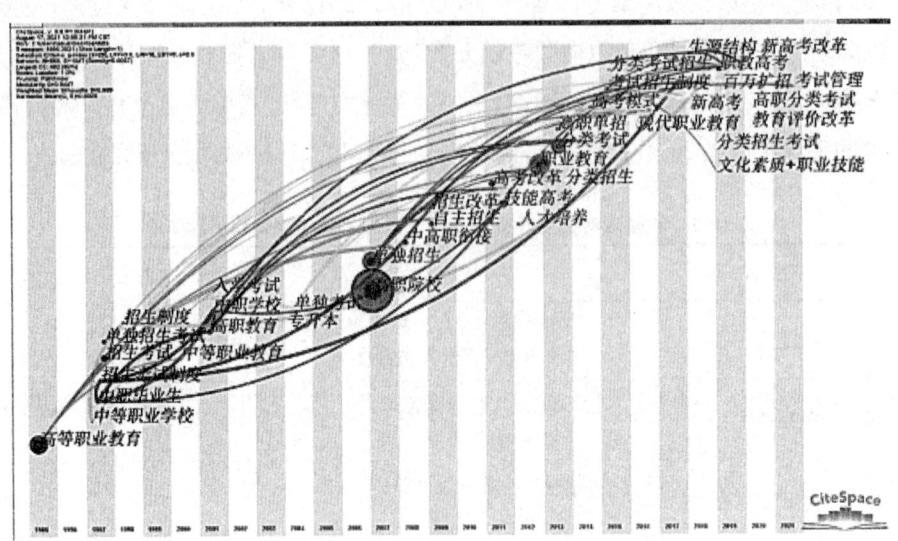

图 1-5 职教高考相关研究的热点时区分布图

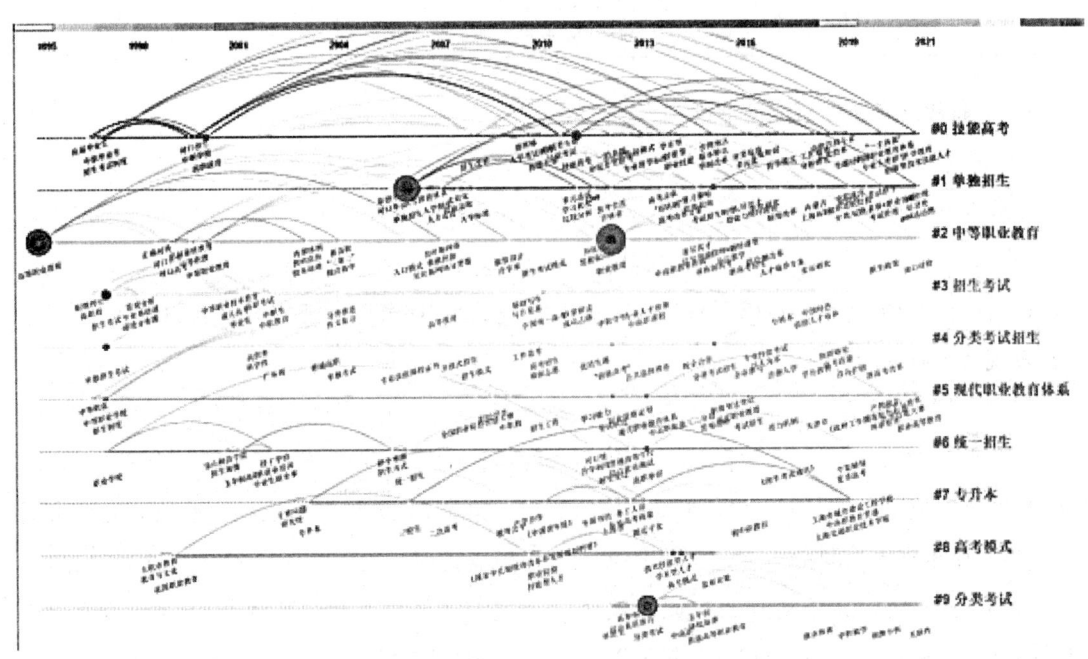

图 1-6 职教高考相关研究的关键词时间线图谱

随着时间的推进,关键词有"分类培养""教学模式"等,与其相关的研究持续到现在,2010 年以后逐渐出现的关键词有"学术型""技能型""专业大类招生"等。

第二大聚类"单独招生"于 2005 年前后出现,这项研究也持续到现在,关键词由早期的"选拔标准""入学标准""多元评价"逐渐到近期的"一般能力倾向测试""考试管理""文化素质+职业技能"等。又如,研究起始于90年代的现代职业教育体系,尽管相关研究持续到现在,但过程中的关键词处于比较散乱的状态,在不同阶段适时出现了职业教育考试招生的新办法,如"单独招生""技能高考""注册入学""百万扩招""技能大赛"等,说明现代职业教育体系与职业教育考试招生在研究上密切相关,或者说构建现代职业教育体系的研究以改革考试招生为重要方面。再如,对"高考模式""分类考试"的集中研究都出现在2010年前后,时间上与国家对考试制度改革的规划吻合,"技术技能型人才""学术型人才"等关键词也紧随国家政策中的立意和构想。

(四) 职教高考相关研究的趋势

研究的前沿是该领域中存在的"一系列新的动态概念和潜在的研究问题",[1]其对研究方向的明确起到至关重要的作用。时区图谱可以呈现研究演进过程,但是受出现频次的影响,一些出现频次不高但突现性很强的热点难以体现出来。热点词突现是指在一段时间内某一关键术语突增的现象,直观反映了该领域某一时间段讨论的热点话题。通常来说,可从开始时间、出现强度以及持续时间来对该领域的研究进行趋势分析。

表1-3、表1-4、表1-5分别以突现开始时间、突现持续时间和突现强度排序,展示了职教高考相关研究的关键词突现情况。表中虚线代表相应的年份,加粗虚线表示含有突现词的年份。

从时间序列来看(表1-3),"高等职业教育"的突现开始时间最早;"职教高考""百万扩招""中职生"出现时间最晚且一直持续到目前,这将是日后研究可以关注的地方。

表1-3 职教高考相关研究的关键词突现情况(按开始时间排序)

Keywords	Strength	Begin	End	1995—2021
高等职业教育	5.66	1995	2007	
高职班	2.49	1997	2002	
对口高考	2.80	1999	2003	
中等职教	2.59	2000	2002	
入学考试	2.95	2001	2011	
高考制度	2.94	2007	2013	
自主招生	2.60	2009	2015	
单独招生考试	2.67	2010	2013	
单独招生	3.80	2011	2013	
中高职衔接	2.71	2011	2015	
技能高考	2.49	2012	2013	

---

[1] Chen, C.. Cite Space II: Detecting and Visualizing Emerging Trends and Transient Patternsin Scientific Literature [J]. Journal of the American Society for Information Science and Technology, 2006, (3):359-377.

续 表

Keywords	Strength	Begin	End	1995—2021
现代职业教育体系	3.19	2013	2014	
高考改革	7.74	2014	2016	
双轨制	2.39	2014	2015	
考试招生制度	4.17	2015	2021	
招生制度	3.46	2015	2017	
校企合作	3.23	2015	2017	
分类考试	7.22	2016	2021	
技能高考	3.21	2016	2019	
考试招生	3.10	2016	2021	
招生改革	3.03	2016	2018	
分类招生	3.02	2016	2021	
人才培养	2.78	2016	2019	
分类考试招生	3.27	2017	2021	
新高考	2.56	2018	2021	
职教高考	12.16	2019	2021	
百万扩招	2.84	2019	2021	
中职生	2.78	2019	2021	

从突现持续时间来看(表1-4),"高等职业教育"突现持续时间最长(1995—2007年),达13年;"现代职业教育体系"和"双轨制"等的突现时间仅有2年,但突现时间短不一定代表其不重要,也有可能是长期没有突破和解决的问题。"入学考试""考试招生制度""高考制度"等的突现时间也很长,说明其在相当长的一段时间内是该研究领域关注的议题。

表1-4 职教高考相关研究的关键词突现情况(按持续时间排序)

Keywords	Strength	Begin	End	1995—2021
高等职业教育	5.66	1995	2007	
入学考试	2.95	2001	2011	
考试招生制度	4.17	2015	2021	
高考制度	2.94	2007	2013	
自主招生	2.60	2009	2015	

续 表

Keywords	Strength	Begin	End	1995—2021
分类考试	7.22	2016	2021	
考试招生	3.10	2016	2021	
分类招生	3.02	2016	2021	
高职班	2.49	1997	2002	
分类考试招生	3.27	2017	2021	
对口高考	2.80	1999	2003	
中高职衔接	2.71	2011	2015	
技能高考	3.21	2016	2019	
人才培养	2.78	2016	2019	
单独招生考试	2.67	2010	2013	
新高考	2.56	2018	2021	
职教高考	12.16	2019	2021	
高考改革	7.74	2014	2016	
单独招生	3.80	2011	2013	
招生制度	3.46	2015	2017	
校企合作	3.23	2015	2017	
招生改革	3.03	2016	2018	
百万扩招	2.84	2019	2021	
中职生	2.78	2019	2021	
中等职教	2.59	2000	2002	
现代职业教育体系	3.19	2013	2014	
技能高考	2.49	2012	2013	
双轨制	2.39	2014	2015	

根据突现词的突现强度可以发现(表1-5),"职教高考"(Strength=12.16)、"高考改革"(Strength=7.74)及"分类考试"(Strength=7.22)的突现强度非常高,说明其多次出现频次大幅变动的情况,且"职教高考""分类考试"和"考试招生制度"不仅强度高,而且距离时间近,可以认为其是最新涌现的研究热点和未来研究的前沿。

表1－5　职教高考相关研究的关键词突现情况（按突现强度排序）

Keywords	Strength	Begin	End	1995—2021
职教高考	12.16	2019	2021	
高考改革	7.74	2014	2016	
分类考试	7.22	2016	2021	
高等职业教育	5.66	1995	2007	
考试招生制度	4.17	2015	2021	
单独招生	3.80	2011	2013	
招生制度	3.46	2015	2017	
分类考试招生	3.27	2017	2021	
校企合作	3.23	2015	2017	
技能高考	3.21	2016	2019	
现代职业教育体系	3.19	2013	2014	
考试招生	3.10	2016	2021	
招生改革	3.03	2016	2018	
分类招生	3.02	2016	2021	
入学考试	2.95	2001	2011	
高考制度	2.94	2007	2013	
百万扩招	2.84	2019	2021	
对口高考	2.80	1999	2003	
中职生	2.78	2019	2021	
人才培养	2.78	2016	2019	
中高职衔接	2.71	2011	2015	
单独招生考试	2.67	2010	2013	
自主招生	2.60	2009	2015	
中等职教	2.59	2000	2002	
新高考	2.56	2018	2021	
高职班	2.49	1997	2002	
技能高考	2.49	2012	2013	
双轨制	2.39	2014	2015	

二、职业教育考试招生的制度变迁研究

(一) 制度阶段划分

对高职考试招生制度阶段的划分,因所依照的标准不同而有不同的分段结果。

1. 根据高职考试招生制度的独立程度

郑若玲等从历史的视角,对近代以来我国高职招生制度之发展历程进行回顾,发现高职招生相比于普通高校招生始终处于弱势地位,未来高职高专与一般大学分试而招将成为确定趋势。[①] 李小娃认为,我国高职院校的考试招生经历了依附到独立、单轨到双轨、自主招生到分类考试的历程。[②]

2. 依照高等职业教育类型属性的显现程度

贺星岳等认为,高职招生政策经历了"20世纪80年代的高职作为'类'的摸索与萌芽""20世纪90年代发展与突破""新世纪的扩张与生源多样化探索"三个阶段。[③] 董照星等认为我国高等职业教育对口招生经历了统考统招、包分配(1985—1987年),省级统考、高职院校自主实施(1997—2010年)和"文化素质+职业技能"的分类考招模式(2011年至今)三个阶段,是一个统一到多元、固定到灵活、封闭到开放的演变过程。[④] 戴成林认为我国高职招生改革是伴随高等职业教育恢复和发展同步前进的,主要分为三个阶段:以恢复招生和探索新模式为主(1977—1994年);确立高等职业教育的地位,招生规模快速扩大(1994—2004年);招生改革协同人才培养模式创新的综合发展(2004—至今)。[⑤] 袁潇认为改革开放40年来,高等职业教育的考试招生经历了恢复、探索、调整和分类发展阶段。[⑥] 李红卫将改革开放至今的职业学校学生的升学制度的演变历史分为升学制度构想的提出(1978—1986年)、升学制度的初步尝试及继续探索(1987—1996年)、真正意义上的职业学校学生升学制度推出及深入实施(1997—2005年)以及"对口升学"制度完善及价值重新确认(2006年至今)四个阶段。[⑦]

3. 将考试招生制度认为是外部环境变化影响下的结果

戴成林认为40多年来,高职招生呈现出录取方式多元化、生源本地化、招生市场化的特征,职业教育招生被推向市场,直接与学生面对面,使得招生方式的创新、招生制度的建设和招生规范化的监管成为关注重点。[⑧] 杨文杰等认为改革开放40多年来,中国职业教育招生制度经历了注重扩大规模、顺应市场、提升质量、协调内部发展的四个阶段,体现了职业教育招生从博弈走向协

---

① 郑若玲,朱贺玲.我国高职招生变迁与未来发展方向[J].河北师范大学学报(教育科学版),2013,15(03):41—46.
② 李小娃.高职院校考试招生制度变迁与改革趋势[J].职业技术教育,2017,38(34):8—13.
③ 贺星岳,邱旭光.高职招生政策的演进逻辑与理念形成研究[J].中国职业技术教育,2020,(31):19—24.
④ 董照星,袁潇.改革开放40年我国高等职业教育对口招生改革探析[J].教育与职业,2019(04):13—19.
⑤ 戴成林.高职招生改革的特征、问题与对策[J].教育与职业,2017(20):12—18.
⑥ 袁潇,高松.改革开放40年来高等职业教育考试招生制度改革探析[J].复旦教育论坛,2019,17(01):76—82.
⑦ 李红卫.改革开放后我国职业学校学生直接升学制度研究综述[J].职教论坛,2011(28):53—56.
⑧ 戴成林.职业教育招生改革40年研究述评[J].天津市教科院学报,2018(05):51—54.

调、从僵化向灵活、招生方式由单一向多元、管理由中央统一到地方主责等特点。[①]

（二）制度变迁的动力机制

从不同分类方法、视野和理论视角出发，分析制度变迁的动力或者逻辑会有不同的结论，对影响高职考试招生制度变迁的动力机制的研究主要有三类进路。

1. 从包含考试招生制度的教育系统同社会经济其他系统之间具体关系的变化来分析

贺星岳等认为，遵循价值取向的需求决定论是高职招生政策生成的外部逻辑，体现为经济建设需要是催生剂、产业发展需要是原动力；内在规律作用的必然结果是高职招生政策生成的内部逻辑，体现为职教内在规律的决定性、高职教育的特殊性；发展决定论、服务民生论、公正与平等是中国特色高职教育发展的三大理念，潜在地影响着高职招生政策的生成。[②] 祝蕾等借助系统论的分析视域，认为社会发展需求呼唤"职教高考"的外部调适逻辑、职业教育"类型教育"地位与特色的双轨定位逻辑、新时代职教内涵发展助推"职教高考"的布局优化逻辑。[③] 郑程月发现，改革开放40年来，考试招生政策演进的影响因素包括：外部因素是经济、政治与社会的发展演变（经济与政治是影响考试招生政策演进的主导因素，社会发展变革推动考试招生政策的演进）；内部因素是人才培养目标的转变与考试招生政策的自我完善；价值因素是协调价值冲突与平衡利益博弈（协调公平与效率的价值冲突，平衡不同主体的利益博弈）；她还认为，从单一的国家、社会本位到统一于国家、社会发展下的"以人为本"，从效率优先、兼顾公平到高质量发展下的公平，从基本均衡到优质均衡发展是考试招生政策演进的价值取向。[④]

2. 从制度供需角度或制度主体之间博弈的角度来分析

杨卫军基于制度变迁理论解释高职招生制度的一系列改革和变迁：从制度需求因素来看，生源不断减少，院校竞争激烈；从制度供给因素来看，国家对高考和高职的认识不断深入，这两方面因素共同作用催生了制度改革。[⑤] 黄文伟运用倡议联盟框架理论解读了中国高职院校招生政策变迁，认为存在着统一高考、高职单招、注册入学三大倡议联盟。[⑥] 黄文伟等基于"三流交汇"的政策制定模型（多源流理论），分析了作为议程备选方案之一的高职院校单独招生政策的政策制定机制和出台过程。[⑦] 袁碧胜等从公共选择理论的视角，对高职院校单独招生改革政策实施过程中各主体利益诉求及策略选择进行探讨，指出各参与主体"利益博弈"中的主体策略选择对高职院

[①] 杨文杰,祁占勇.改革开放40年中国职业教育招生制度的变迁与展望[J].职业技术教育,2018,39(18):17—23.
[②] 贺星岳,邱旭光.高职招生政策的演进逻辑与理念形成研究[J].中国职业技术教育,2020(31):19—24.
[③] 祝蕾,楼世洲."职教高考"制度设计的多重逻辑[J].中国职业技术教育,2020(16):38—42+58.
[④] 郑程月.我国考试招生政策演进研究(1977—2017)[D].天津：天津师范大学,2018:137—147.
[⑤] 杨卫军.高职招生制度改革：基于制度变迁理论的分析[J].职业技术教育,2014,35(28):19—23.
[⑥] 黄文伟.政策学习与变迁：一种倡议联盟框架范式——对我国高职院校招生政策变迁的解读[J].清华大学教育研究,2012,33(05):55—60.
[⑦] 黄文伟.议程、备选方案与公共政策：我国高职院校单独招生政策的制定机制——基于"三流交汇"的政策制定模型[J].现代教育管理,2011(09):39—42.

校单独招生改革政策的影响。[1]

3. 制度构成因素的变化引起的制度变迁

李小娃认为,生源危机、高等职业教育类型属性、现代职业教育体系建设与高等院校分类发展是高职考试招生改革的动力源。[2] 邱亮晶等总结,高等职业教育地位的显著变化、对职业教育质量要求的不断提高、已有的针对职业院校招生政策的不足等问题源流的涌动,引发了政策源流和国家领导人对职业教育的重视的政治源流,在专家学者、知名企业家的建言献策以及有关改革和完善职业教育招生政策的颁布助力下,问题、政策及政治三大源流实现"合奏",从而使政策之窗得以开启,推动了制度变迁。[3]

三、职业教育考试招生的具体实践研究

已有研究多是以"问题现状—原因分析—建议策略"的模式展开,从制度的视角,尤其是能够直接体现制度结构、制度功能的研究不多,但是可以从已有成果,尤其是硕博论文在研究职教高考、高职分类考试时提到的政策结构或政策维度中剥离出我们所需要的制度视野中职教高考的制度建设情况。

(一) 以地区为案例,介绍高职分类考试的整体情况

第一类是以地区为分析单位,对该地区的职教高考制度建设、高职分类考试改革的政策(制度)予以整体介绍,此类研究数量最多,但呈现出的线索较为宏观,制度的内部具体结构并不清晰,触及的方面有"考试层面"(考试内容、考核标准、考试科目、报考对象等)、"组织层面"(专业设置、考试报名、考试命题等)及"监管层面"(监管机制等),代表性的研究成果有:

1. 介绍个别地区的分类考试方案

卢斌等总结了湖北省"技能高考"模式,包括:创建技能高考开放式运行机制、确定技能高考考试原则、确立技能考试核心技术要求、明确技能考试命题与实施办法四个方面。[4] 全雪辉梳理了湖北省技能高考的制度框架,包括考试内容坚持技能为主、文化为辅,技能分数占70%;考试组织形式实行统一技能高考与高校单独招生考试相结合;考试管理组织坚持一个标准的原则,一个专业仅在一个考点进行测试,旨在让考生能够在相同考试条件下以统一标准进行考试。[5] 陈泽光以浙沪方案为案例,分析新高考改革的实施内容,包括考试形式、考试内容、考试科目、考试机会和计分方式在内的测试制度改革;确保信息公开、完善制度保障、强化监督力度在内的高考管理

---

[1] 袁碧胜,肖竺. 公共选择理论视野下的高职院校单独招生改革政策分析[J]. 企业家天地,2013(11):108—109.
[2] 李小娃. 效率导向视角下高职院校分类考试招生的实践逻辑与改革趋势[J]. 教育与职业,2017(13):25—31.
[3] 邱亮晶,朱丽,李祖民. 基于多源流理论的我国职教高考制度逻辑及其政策意蕴[J]. 深圳信息职业技术学院学报,2021,19(04):38—43.
[4] 卢斌,陈少艾,吕金华,等. 基于高考改革的"技能高考"模式研究与实践成果[J]. 中国职业技术教育,2016(08):5—9.
[5] 全雪辉. 技能高考制度框架设计与组织实施研究——以湖北省为例[J]. 武汉船舶职业技术学院学报,2016,15(03):1—2.

制度改革;加分项目、自主招生、录取方式在内的高考录取制度改革,并从强化新高考改革中的价值导向、推进适应新高考的普通高中课程与教学改革、推进适应新高考的高校招生与教学改革等方面分析了新高考改革的趋势。① 王乐从考试准备、考试组织、考试命题及考试评价四个方面分析了浙江省电子电工类技能高考的实施方案。② 邓芳芳构建了高职分类考试招生制度的框架及实施策略,其中制度体系包括:考试命题主体应该由高职院校、中职学校和相关企业组成;考试内容围绕中职教育的课程和市场对工作岗位的能力要求;录取标准突出学生在中职阶段的综合表现和学业水平考试以及升学考试成绩等;考试招生工作由高等职业院校自主实施;实施策略有统一指定科目,扩大三校生和社会生源比例以及突出综合评价的录取标准。③

2. 介绍所在地区分类考试的主要进展和存在的问题

刘欣等以湖北省为例,从政策执行力的角度,阐明了技能高考政策提出的目标设计:考试内容为"知识+技能"并以技能考试为主、文化考试为辅,考试主体和形式的多元化、考试的专业类别适时变化调整、报考对象范围较前明显扩大。④ 万家森等介绍了吉林省单独招生考试方案构建与实施情况,包括"政企校"三方共建考试方案(政府统筹、企业参与协助制定考核标准、学校制定考试方案);具体实施程序中保证报名、命题、考试、评卷、录取"五个统一";建立包括审核单独招生考试实施方案、成立单独招生各项工作领导小组、单独招生工作网上公示及验收检查四个环节在内的监管机制。⑤ 詹嘉仪依据湖北技能高考自身改革(包括完善考试内容、提高考试难度;完善考试标准、做到客观量化;调整考试时间、防止生源流失;加强招考监督、保证公平公正;加大宣传力度、提高社会认可等五个方面)以及技能高考配套改革(包括构建独立的职教招生体系,促进中高职内涵式衔接;构建完善的职校招考联盟,鼓励多方参与招生;完善中高职院校的培养体系,提高职业院校的质量等三方面)提出完善湖北省技能高考制度的策略。⑥

3. 地区之间分类考试方案的比较研究

孟昊博详细梳理了国家、湖北省及山东省关于技能高考的政策内容,发现考试措施方面,湖北省和山东省虽然都采用"知识+技能"的考试方式,但是在考试科目、分值等方面存在不同;录取措施方面,都规定了"技能型高考"的录取要依据考试总成绩择优录取并建议要进一步规范政府、学校、学生、企业的行为,将政策措施分为政府措施、学校措施、学生措施和企业措施四类。⑦ 李超君从报考条件、考试形式、考试内容、录取标准和组织管理五个方面梳理了湖北省、山东省的

---

① 陈泽光.基于制度分析理论的我国新高考改革研究[D].桂林:广西师范大学,2019:1.
② 王乐.浙江省技能高考现状及对策研究[D].金华:浙江师范大学,2019:41—47.
③ 邓芳芳.我国高职分类考试招生制度的研究[D].长沙:湖南师范大学,2015:43—51.
④ 刘欣,冯典钰.职业教育"技能高考"政策的执行力分析——以湖北省为例[J].教育研究与实验,2015(03):63—67.
⑤ 万家森,田雨涛,孙海波.吉林省高职院校单独招生考试方案构建与实施效应分析[J].职业技术教育,2015,36(14):60—62.
⑥ 詹嘉仪.高职院校考试招生制度的改革创新[D].武汉:华中师范大学,2013:38—41.
⑦ 孟昊博.我国"技能型高考"政策的内容分析[D].桂林:广西师范大学,2015:10—19.

技能高考,并建议让学生树立正确的考试观、健全组织管理体制、深化考试内容改革、构建多元评价标准、拓宽招生宣传渠道、加强企业主导地位。[1] 姜蓓佳等以"高职分类考试改革的生源面向""普高学生'文化素质＋职业技能'的考察内容""三校生[2]'文化素质＋职业技能'的考察内容"和"改革方案施行进度安排"为比较点,梳理比较了30个省区市的高职分类考试改革方案,发现样本省域都以中职、普高两类群体为主要生源;普高生的文化素质考察多参考学业水平考试成绩、职业适应性测试办法欠缺具体安排;三校生文化素质多参考语数外,职业技能测试多以专业大类统一组织;大部分地区紧随国家整体规划,呈稳健节奏;自上而下的政策对齐现象严重,地方特色和制度创新未有凸显;措施的可操作性需要增强,尤其是配套措施和基本能力建设滞后,须引起重视。[3]

(二) 以某一具体招生形式为例,剖析该招生形式的情况

第二类是以目前高职院校的某一具体招生形式为例,剖析该招生形式的情况。

1. 单独招生(自主招生)

自主招生的初衷是赋予学校自主选拔理想的学生的权利。但实际操作中这种模式备受诟病,主要问题有四点:

一是命题方面。许多学校仍然固守"文化考试""综合面试"的传统考试模式与考试内容,未能充分体现学校的"自主"。[4]

二是公信力。一部分拥有自主招生权的院校,受生源压力影响,选拔过程中筛选条件过于宽松,命题过于简单,令考生形成考试不够权威、随意性大的印象,降低了考试公信力。[5]

三是招生成本高。对于学校来说,学校计划可能仅招几百人,但是报名人数往往数倍于计划人数,而考生的资格审查、考试组织、录取流程等各个环节要服务的人数多了,自然投入成本也较大。对于考生来说,如果报考了不止一所学校,那么他也要到每一所报名院校分别考试,付出的成本也很高。[6][7]

四是生源问题。如今社会对职业教育的偏见并未消除,生源危机并未解除,政策的深入宣传解读有待加强。[8]

五是中高职衔接不足。刘宇文等对某省69所高职院校的调查显示,单独招生的考试内容与

---

[1] 李超君.我国高职入学考试改革研究[D].武汉:华中师范大学,2015:18—37.
[2] "三校生"是对职业高中毕业生、技工学校毕业生以及中等专业学校毕业生的统称。
[3] 姜蓓佳,樊艺琳.省级政府高职分类考试改革方案的比较研究——基于30个省区市政策文本的分析[J].职业技术教育,2021,42(09):48—54.
[4] 霍永丰,张丽丽.国家示范性高职院校单独招生存在问题及原因简析[J].考试与招生,2012(1):33—35.
[5] 王寿斌.高职自主招生别伤学生自尊[N].中国青年报,2012-05-14.
[6] 梁柱,廖非.我国高职院校单独招生改革试点的现状和趋势研究[J].教育与职业,2009(23):170—172.
[7] 张继敏.高职招生制度改革初探[J].四川职业技术学院学报,2011,21(06):37—39.
[8] 吴霓,杨颖东.我国高职院校自主招生政策的基本特征、实施现状及问题反思[J].中国职业技术教育,2020(03):74—80.

形式、录取成绩计算、计划录取程序等方面与中职衔接不足。①

　　学者们对此种招生模式提出的改革方案有:增加必要的专业能力和职业素质知识测试,强调对学生动手能力的考核;②加强国家对单独招生改革的宏观指导,制定统一的考试标准和评价办法;探索建立第三方中介组织或者多所院校联合考试,降低考试成本;③扩大中职毕业生的入学比例,为广大中职生接受高等教育提供更多的入学机会等。④

2. 技能高考

　　技能高考的考试内容以技能为主、文化为辅。翟晓程调查了中职生对湖北省技能高考政策的满意度,发现学生对分值比例、技能考试安排、在读学校与考试设施的匹配程度、在读学校的教师辅导等方面的满意度有待提高,原因是技能考试分值比例过高使中职院校侧重对学生专业课的教学,这对于毕业后直接就业的学生来说提高了其从业竞争力,但对于继续求学的学生来说,由于文化课知识欠缺,他们与普高学生相比基础知识薄弱;另外,集中考试的方式组织成本高、组考压力大、考试标准化程度有待提高;技能高考政策宣传有待提高,没有发挥企业在职业教育中的优势等。⑤王乐通过调研发现,浙江电子电工类技能高考存在实训设备与考试设备不匹配、考前复习老师"指导不够"、备考时间不足、考点安排过少导致考试不能同批进行、命题难以体现知识广度、命题难以平衡试题难度、评价指标有待明确等问题,因此从加强考试准备、健全考试组织、深化考试命题和完善考试评价等方面提出了建议。⑥冯典钰发现,湖北技能高考在政策实施过程中存在生源数量不足和质量不高,考录过程中标准化程度和考试程序规范欠缺以及考试成本较大、考试专业选择度有限等问题。⑦詹嘉仪的研究发现,湖北技能高考存在着文化考核不全面、操作考试难度大,评分标准不明确、主观因素影响大,录取标准太宽泛、生源质量难保证,考试时间间隔长、优秀生源易流失,监督系统不完善、公平公正难做到,招考宣传不到位、社会认可程度低等问题。⑧

3. 长学制贯通培养项目

　　中高职贯通项目有"五年一贯制""3+2""3+3"等形式。这样的考试招生方式将中等职业教育同高等职业教育连接起来,让学生以少的投入获得更多教育回报,通过统筹安排中高等职业学

---

① 刘宇文,侯钰婧.中职升高职单独招生的现实困境与出路——基于H省69所高职院校的实证分析[J].中国职业技术教育,2019(24):43—49.
② 吴玉剑.高等职业教育考试招生制度改革的现实困境与路径选择[J].教育与职业,2013(23):17—19.
③ 蓝洁,唐锡海.中国高职单独招生改革十年的回顾与检视[J].教育与职业,2015(35):10—13.
④ 吴霓,杨颖东.我国高职院校自主招生政策的基本特征、实施现状及问题反思[J].中国职业技术教育,2020(03):74—80.
⑤ 翟晓程.湖北省技能高考政策中职生满意度研究[D].武汉:武汉科技大学,2020:46—52.
⑥ 王乐.浙江省技能高考现状及对策研究——以电子电工类为例[D].金华:浙江师范大学,2019:41—57.
⑦ 冯典钰.职业教育"技能高考"政策研究——以湖北省为例[D].武汉:华中师范大学,2016:17—26.
⑧ 詹嘉仪.高职院校考试招生制度的改革创新——以湖北省技能高考为例[D].武汉:华中师范大学,2013:25—31.

校的课程体系,不仅可以提高中职升学率,还能够带动中职学校的发展。① 但在减轻学生学业负担的同时,由于长期处于没有淘汰、没有分流的"举班全升"状态,导致缺乏竞争性、优胜劣汰的激励氛围,一定程度上导致学生学习积极性不高,继而影响培养质量。②③

4. 技能拔尖人才免试入学

高职教育的免试入学须招录在一定高级别的技能大赛中获奖的应届毕业生,或者是已经具备高级甚至更高级别职业资格身份和荣誉条件的往届中职生。这种模式的特点在于:招考针对性强、人才技能突出、招生范围广泛、广纳优秀人才、开放入学、贯彻终身教育理念等。不足之处在于:免试入学依靠荣誉与经验来辨别人才,职业道德方面难以衡量,而且具备这样条件的学生凤毛麟角。④

5. 注册入学

面向普通高中毕业生,注册入学的主要依据是普通高中学业水平考试成绩和学生的综合素质评价结果,这种制度在美国十分普遍。这种模式入学标准低、操作灵活,但是也极易造成家长和学生对于教学质量和入学门槛过低的怀疑。2020年,教育部等九部门印发《职业教育提质培优行动计划(2020—2023年)》提出"逐步取消现行的注册入学招生"。

四、职业教育考试招生制度的境外借鉴

高等职业教育在境外通常对应的是"短期高等教育"(short-cycle higher education),举办机构与学制也有国别差异。短期高等教育属于中等教育阶段之后的教育,学制通常为2—3年。经济合作与发展组织(OECD)于1973年将其释义为"具备强烈的职业培训特征的,设置在大学领域的学制较短的中学后的教育"。⑤ 联合国教科文组织最新版本的《国际教育标准分类法》(ISCED)将短期高等教育列在全部9级教育中的第5级,对其释义为"它通常为参与者提供专业知识、技能和能力。课程通常为学生进入劳动力市场的实践和职业培训,但这些课程也可以通往其他高等教育。"⑥ 在分类标识上,联合国教科文组织依照培养目标的不同,将教育类型分为一般、学术或者通识导向(54)、职业或专业导向(55)以及无固定明确导向(56)等三类。我国目前专科层次的高等职业教育与55类别相对应。虽然不同国家、地区和国际组织关于短期高等教育的称谓、实施机构、学制设置等不尽相同,但将其视作一个教育类型和教育阶段,从而从教育体系上对其之前、之

---

① 温颖.我国高等职业教育招生考试制度改革研究[D].秦皇岛:河北科技师范学院,2015:22.
② 孙琴.中高职贯通人才培养的保障问题研究[D].上海:华东师范大学,2016:18—22.
③ 朱丽."中高职贯通"人才培养政策优化研究——以上海市CJ学院为例[D].上海:华东政法大学,2020:16—21.
④ 毛丽阁.我国高等职业教育多元化招生制度改革的利弊分析[J].职业教育研究,2017(02):46—49.
⑤ Kintzer, F.C.. Short-Cycle Higher Education: A Search for Identity [J]. Community College Review, 8(11):8—14.
⑥ UNESCO Institute for Statistic. International Standard Classification of Education ISCED 2011 [EB/OL]. (2016-11-17) [2021-09-01]. http://uis.unesco.org/sites/default/files/documents/international-standard-classification-of-education-isced-2011-en.pdf.

中以及之后的考核认定是全世界各国都要面对的普遍问题,而每一个地区发展情况、制度基础的不同以及政治经济文化等背景的差异导致了对其考评机制的不同。

已有研究从不同角度总结了上述地区职业教育体系构建、中高等职业教育之间的考试招生衔接问题。例如,张利菊等将各国职业教育的考试招生制度归纳为:以美国为代表的基准甄选型,英国为代表的资质认定型以及以中国为代表的考试筛选型。① 谢文静等以招生模式和入学标准为归纳依据,认为主要有以德国为代表的通过统一考试进行择优录取的统一考试制;以英国、法国为典型代表的通过获取受认可的学历或资格证书录取的证书考试制;以美国、加拿大为典型代表的符合基本入学条件(一般要有高中或者与高中学力同等的文凭以及一些能够体现个人履历的书面材料)的申请者均可注册学习的申请注册制;以及以我国台湾地区、日本为代表的以考虑多种因素和多方面条件综合衡量、择优选拔新生的综合选拔制。② 和震等从中职生如何升学的角度,总结出以德国为典型的经专门补习以学历达标实现升学的模式,以法国为代表的国家确认职业教育与普通教育文凭等值的升学模式以及以美国为示例的通过一体化课程或者学分互认的升学模式。③

在对不同国家和地区同类制度设计进行借鉴时,需要将该种考试招生制度的生成置于该国相应的教育体制和环境中考量,尤其是要析出这些国家和地区因为拥有着怎样的制度基础才生成了该种类型的制度。

五、关于职教高考制度的基本内容研究

已有研究可从"职教高考的意义研究(包括重要性、功能价值等)""职教高考的考试制度研究(包括考试内容、考试形式等)""职教高考的招生制度研究(包括招生计划、志愿填报方式等)""职教高考的录取制度研究(包括录取标准、录取方式等)""职教高考的管理体制研究(包括管理部门的权责划分、经费保障机制等)""职教高考的外部支撑研究(包括中等教育的转型、技术应用型高校体系的改革和建立等)"方面概述。

(一)职教高考的意义研究

1. 技术技能型人才选拔和培养的需要

苏华认为"为适应我国经济调结构转方式、提质增效、创新发展对技术技能人才的更高要求,中职学生必须从'就业导向'转变为'升学就业导向',应独立设置职教高考,形成两类教育、两类高考'双轨制'格局"。④ 徐国庆指出"职教高考建构的目的是形成技术应用型人才培养体系、中职

---

① 张利菊,张欣. 中国台湾地区和美国高校招生考试制度比较[J]. 理工高教研究,2003(04):22—23.
② 谢文静,吴慧. 高等教育大众化进程中高职院校多元入学标准探析[J]. 教育与职业,2008(20):43—44.
③ 和震,于青. 论职业教育升学制度的构建与高等教育的变革[J]. 中国高教研究,2010(02):70—72.
④ 苏华. 建议增加设置面向中职生的职教高考[J]. 新课程研究(中旬刊),2016(03):49.

教育与高职教育衔接、普通教育与职业教育的融通和保障中职生升学权利"。① 范冬梅认为职教高考制度的政策逻辑是"满足技术技能人才发展的必然要求""促进职业教育体系完善的内在需求"及"服务产业经济社会发展的现实要求"。② 柴福洪认为,高职招生改革的方向是由"选出高智商学生读大学"换成"如何识别考生的智能类型,并按学生的智能优势把他们培养成才"。③ 陈宝瑜指出,招生考试改革是采用不同的、切合实际的方法,把大批具有不同潜在能力基础的考生分流到最有利于把他们培养成才的各类学校中去,招生改革的方向应是多元化考试评价与多种形式选拔录取方式并存。④

2. 从现有考试招生制度的缺陷入手论证考试改革的必要性

李鹏、石伟平认为职教高考改革的目标是克服现有高考制度的局限。⑤ 李勇认为,高职招生从属于高考和层次上最高为专科的现状影响了教育公平和人才供给,加剧了教育布局结构的不合理,因而国家应推行高考"二元制"分类考试改革。⑥ 刘利认为传统高考的弊端日益暴露,增加技能高考的意义在于提升中高职学生的学历层次、优化和调整高等教育结构以及更适应现代社会对人才的选拔需求。⑦ 马婷指出现行的以录取批次为基础的"统考统招"模式违背了职业教育是培养面向社会专业应用型技术人才的目标,严重影响了高职的生源,高职的招生考试标准应该与高考区别、明确界限,突出职业能力的考核,且内容和难度应当不超过对口中职学校的教学水平。⑧ 刘欣等认为职业教育招生制度亟待改革的原因还在于破解生源不足的生存发展瓶颈,一直以来"招生难"是职业院校发展的最大瓶颈,通过争取和扩大生源以保证辖区内高职院校的正常运转刻不容缓。⑨ 董照星等根据政策内容评价的"完整性""科学性""创新性"三原则来分析对口招生政策,认为对口招生政策需要更加细化、需要更加明确政府、学校、学生和企业等相关重要主体直接的责任与义务,现有政策缺少对考试科目、考试标准的相应规定。⑩

3. 促进中高职衔接以及完善现代职业教育体系的需要

陈子季认为职教高考对于提高职教人才的成长空间,促进中职、职业专科和职业本科等中高等职业教育的内容衔接以及提升普通教育和职业教育之间的促进关系具有重要意义。⑪ 杜聪从完善现代职业教育体系的视角出发,提出考试招生制度改革的短中长目标:近期目标是以自主招

---

① 徐国庆.作为现代职业教育体系关键制度的职教高考[J].教育研究,2020,41(04):95—106.
② 范冬梅.基于现代职业教育体系构建的"职教高考"研究与实践[J].现代教育,2020(01):54—55.
③ 柴福洪.高职招生改革应触发高校招生科学创新[J].黄冈职业技术学院学报,2013,15(06):15—19.
④ 陈宝瑜.高职招生改革:大有"文章"可做[J].教育与职业,2007(16):82.
⑤ 李鹏,石伟平.职教高考改革的政策逻辑、深层困境与实践路径[J].中国高教研究,2020(06):98—103.
⑥ 李勇.提升高职教育办学层次,维护促进教育公平——基于高考分类考试改革的视角[J].西安交通大学学报(社会科学版),2013,33(04):114—118.
⑦ 刘利.浅析高考分类改革的背景及意义[J].现代交际,2014(10):138.
⑧ 马婷.论我国高等职业教育招生制度发展变革[J].赤峰学院学报(自然科学版),2013,29(18):258—259.
⑨ 刘欣,冯典钰.职业教育"技能高考"政策的执行力分析——以湖北省为例[J].教育研究与实验,2015(03):63—67.
⑩ 董照星,袁潇.高职院校对口单招的成效、问题和改革路径[J].教育与职业,2017(21):23—29.
⑪ 陈子季.用制度体系促进职业教育高质量发展[N].中国教育报,2019-12-10(01).

生、注册入学的多渠道入学方式促进现代职业教育体系的开放性;中期目标是以多元录取方式推动现代职业教育体系的互连贯通;长期目标是实行技术技能考试与学术考试,推动完善现代职教体系的多元人才评价体系。① 戴成林等表示中职毕业生升学渠道狭窄,高职院校对口招收中职生只占其中很少一部分,而主要生源是普通高中毕业生,高职院校部分课程与中职存在重复,因而造成高职教育资源的浪费,降低了办学效益,严重影响中职吸引力。应该构建职业教育"立交桥",使得中职生有望升学到本科甚至专业硕士,同时带来中高职人才培养方式的变化。②

4. 妥善处理和满足中职生的升学权利

郑引指出,中职学生升学机会不及普高群体,高职在选拔上应该更重视专业要求。③ 白继忠指出,中高等职业教育之间存在的培育内容脱节问题是职业教育的一个痛点,应使高等职业院校面向中等职业学校毕业生招生,让中职毕业生得到升学机会。④ 和震等指出中职的优势在于职业知识、职业技能以及为就业做了准备,但是中职学生的文化基础相对欠缺,使其不被高职院校看好,应参考发达国家的做法,采取资格认可、课程衔接或学分互认等措施,为中职毕业生的进一步发展铺平道路。⑤

(二) 职教高考的考试制度研究

1. 对技能作出有效测评

赵志群等指出,高质量的职业能力评价是建立职教高考的基础性工作,混合式测评是未来职业能力测评发展的方向。建立科学的"职教高考"制度需要从职业能力研究和考试学等视角,对职业能力评价与工作绩效的相关性、职教考试模型构建和能力测评智能化评分等关键问题进行研究。⑥ 何颖指出,"双轨制"高考的难点在于"职业技能测试""职业适应性测试"。⑦ 梁卿提出,高职招考制度的改革必须回答考什么(突出技能)、要达到什么标准(具备操作技能和智力技能)以及怎么招考三个问题。⑧ 张瑶祥认为,高职招生改革需着力解决"招什么人"(招适合相关专业培养的人)、"怎么招人"(强化技能考核、强调学生综合素质评价,构建科学、多元、具有高职特色的招生选择标准)以及"怎么培养"(正确把握高职学生的智能特征、因材施教)三个问题。⑨ 匡瑛认为,在高等教育未达到普及化之前,高职院校的入学考试对文化科目要求保持在会考程度即可,但对职业技能的考核要加大力度,特别是普通高中的毕业生将有一定的压力,其题目包括书面和操作两部分,分专业大类进行,可以聘请行业企业专家来开发考试题,命题的难度要起码达

---

① 杜聪.基于现代职业教育体系的考试招生制度改革探析[J].中国成人教育,2014(16):47—49.
② 戴成林,张洪华.中国高职对口招生政策新进展[J].高教探索,2011(05):122—126.
③ 郑引.高职招生制度改革刍议——以福建省为例[J].佳木斯教育学院学报,2011(08):132—133.
④ 白继忠.关于我国职业教育招生制度改革的几点思考[J].甘肃教育,2012(16):11—13.
⑤ 和震,于青.论职业教育升学制度的构建与高等教育的变革[J].中国高教研究,2010(02):70—72.
⑥ 赵志群,黄方慧."职教高考"制度建设背景下职业能力评价方法的研究[J].中国高教研究,2019(06):100—104.
⑦ 何颖.高考双轨制改革:受教育权深化保障的有益机会[J].重庆高教研究,2015,3(01):20—25.
⑧ 梁卿.论高职招生考试制度改革中的三个基本问题[J].天津工程师范学院学报,2009,19(02):52—54.
⑨ 张瑶祥.高职招生改革需着力解决的几个问题[N].光明日报,2013-06-15(10).

到职业资格证书的中级水平。① 蒋丽君等认为,虽然职业教育的学科门类庞杂,专业培养目标各异,但不同学校相同或相近专业的选才标准具有相当高的相似性,因而建议省级相关部门根据这种相似性并结合目前社会行业的发展和院校的专业设置进行专业分类,对每个专业门类的测试内容及职业技能水平要求进行研究,统一开发出适合职业发展需求的高水平的职业技能测试。②

2. 关于考试内容、考试大纲设计、题库建设的研究

陈健指出,高职招考制度改革成功的关键在于厘清"测什么""怎么测"这两个核心问题,"怎么测"包括评价模式和评价标准两个方面。目前,采用"文化素质+职业技能"的考评模式已初具共识,也是未来我国"职教高考"的改革方向,而"怎么测"的关键在确定评价标准。③ 陈忠根提到考试内容应加强与地方经济、科技和文化发展联系,专业划分不宜过细。④ 陈一峰阐述了技能高考考试大纲的设计基本原则:遵循中职教学大纲、遵循国家职业标准初级技工的标准。还阐述了技能高考考试大纲设计的策略:考试内容要覆盖全面,技能考试和知识内容要融合;防止盲目进入考试误区,组考试题可操作性强;体现企业岗位标准,细化技能考试评分。⑤ 张玲玲等认为,高职招收中职毕业生需要了解中职学习内容以确定考试侧重点和入学后培养方案。⑥ 王乃国指出,不同办学层次间的专业不可能完全对接,要考虑考试中的专业性与通用性的结合问题。⑦ 李政认为,职教高考考察因涉及技能层面乃至能力表现而复杂,职教高考在内容设计上应以考试研究为抓手,从题库建设、专业命题队伍建设、强化技能测试与专业理论考试之间的联系等方面进行精细化设计。⑧

3. 关于技能测评的考务组织研究

杨继奎指出,职教高考采取"文化素质+职业技能"的形式,其中技能测试的考务组织工作面临不少困难,一是在于技能测试需要专业的设施设备,技能测试需要在有对应测试设施的场地组织,并且要求标准化考场,因而组织难度高;二是专业众多导致的命题专家构成、命题标准制定、高考题库的建立和完善等工程量大;三是技能测试的特殊性对考务人员的素养、专业水平以及评分细则的要求高。⑨ 徐靖智等建议,以跨地域校企联动联考的形式来组织职教高考,具体由各省市的职业院校和地方企业联手展开。⑩

---

① 匡瑛. 高等职业教育发展与变革之比较研究[D]. 上海:华东师范大学,2005:221—222.
② 蒋丽君,张瑶祥. 优化高职提前招生模式的路径选择[J]. 中国高教研究,2020(02):44—48.
③ 陈健. 职教高考的国际经验、现实困境与改革建议[J]. 高等职业教育探索,2020,19(06):23—30.
④ 陈忠根. 现行高职招生制度初探[J]. 襄樊职业技术学院学报,2011,10(01):89—91+101.
⑤ 陈一峰. 高职院校招生技能高考考试大纲设计研究[J]. 科教导刊(中旬刊),2015(03):26—27.
⑥ 张玲玲,谯欣怡. 高职扩招背景下的中等职业教育:机遇、挑战与对策[J]. 河南科技学院学报,2020,40(12):53—57.
⑦ 王乃国. 对现代职教体系建设几个问题的思考[J]. 江苏教育,2012(03):61—62.
⑧ 李政. 促进公平还是激化不公?职教高考制度改革的"公平疑虑"及其消解[J]. 职教通讯,2021,(03):22—30.
⑨ 杨继奎. 实行"职教高考",完善现代职业教育体系[J]. 河南教育(教师教育),2022(01):21—22.
⑩ 徐靖智,蒋春洋. 职教高考制度的现状、问题与对策研究[J]. 机械职业教育,2021(07):17—20.

(三) 职教高考的招生制度研究

1. 关于招生计划及招生名额的确定

陈忠根认为,年度招生计划的划拨与分解要充分征求高职院校的意见,确保招生计划与院校的办学资源和地方经济社会发展的需要相匹配,给予高职院校更多的招生自主权。[①] 罗杨建议,应针对地方经济发展对高技能人才的需求预测分配相应招生名额,现有模式对招生名额分配大体是按学院的办学等级来分配、未协同兼顾各行业对专业技术人才的总体需求数量,应全国统筹安排各专业总体招生名额(当然也涉及高职院校专业设置的整体科学性),应着重对于传统行业所需特殊高技能专业人才进行针对性的名额配置和特殊政策调剂。[②] 郑引建议改革高职的招生指标,由原来的"微观的专业计划控制"改为"宏观的大类总量管理"。[③]

2. 关于志愿填报方式

鄢彩玲借鉴了德国"职教高考"制度经验,指出我国"职教高考"制度要采用形成性评价方式,重视学生的过程表现,并建议推行平行志愿录取方式。[④] 罗立祝建议,职教高考施行专业大类"一档多投"录取模式,分别安排本科和专科层次招生计划,高职院校提出1门选考科目要求,考生按选考科目填报专业大类;录取时,将考生档案投放到所有填报的专业大类中,院校根据成绩择优录取;考生在专业大类学习一年后再根据成绩和兴趣进入具体专业。[⑤]

(四) 职教高考的录取制度研究

1. 关于录取标准

韩淑芬指出,目前高职院校缺乏独立的招生标准(表现为没有制定招生目标的权力、能力),提出高职院校制定招生目标时,应当遵守高等性、职业性与统一性的原则,同时兼顾多样性、竞争性和适应性,通过多方测评对考生做出全面评价之后依据综合评价制度,采用"条件式"或者"权重式"的规则录取符合标准的考生。[⑥] 李木洲指出,文化素质往往决定职业高度,职业技能往往决定技术深度,职教高考新生选拔须基于文化素质与职业技能的综合评价,二者缺一不可。[⑦] 吴根洲指出,职教高考须兼具适应性与选拔性,寓选拔性于适应性,以适应性引领选拔性。[⑧] 沙启仁认为高职招生的主要问题是招生对象缺乏专业的针对性、入口标准缺乏规范的统一性和单招的考试科目缺乏与中职衔接的包容性,并从学制模式与培养目标、"向上对口、向下交叉"的高考模式、入口标准的考试科目和开考专业与应考专业的对应衔接四个方面设计了高职招生考试制度的改

[①] 陈忠根. 现行高职招生制度初探[J]. 襄樊职业技术学院学报,2011,10(01):89—91+101.
[②] 罗杨. 从资源优化配置角度谈高职招生制度改革[J]. 教育现代化,2016,3(07):36—38.
[③] 郑引. 高职招生制度改革刍议——以福建省为例[J]. 佳木斯教育学院学报,2011(08):132—133.
[④] 鄢彩玲. 关于建设我国"职教高考"制度的建议与思考——德国经验借鉴[J]. 高教探索,2021(08):98—102+116.
[⑤] 罗立祝. 构建职教高考制度的三个着力点[J]. 职教论坛,2021,37(06):53—56.
[⑥] 韩淑芬. 新时期我国高职招生制度改革研究[J]. 智库时代,2019(52):254—255.
[⑦] 李木洲. 职教高考的现实基础、理论定位与体系构建[J]. 职教论坛,2021,37(06):44—48.
[⑧] 吴根洲. 职教高考的适应性与选拔性[J]. 职教论坛,2021,37(06):49—52.

革方案。① 李政认为,虽然技能优秀在一定程度上代表学生在职业技能学习上的基础和潜力,但是职业高等教育的价值不仅是为学生提供技能学习,而是在已有基础上形成职业思维、培养复杂问题的解决能力,因而职教高考的录取标准要抛开不重视理论考试的思维定式。②

2. 通过第三方认证的方式进行录取

王爱国等提出以职业资格证书考试为引导,大力推广"第三方认证";以"国家职业标准"为依据,构建以"能力为中心"的考试测量体系。③ 陈虹羽等提出,职教高考制度存在职业技能考核的量化标准难与执行难问题,除客观因素制约,还有国家资历框架的不完善以及未能建立起职业技能考核的标准体系和操作细则的问题,国家资历框架由学习成果的认定标准和管理办法组成,与职教高考具有内在特质的一致性,因而可以以国家资历框架为依托,完善职业技能考核量化标准和执行办法。④

3. 打破职教高考与现行高考界线、实施统一录取

徐国庆认为打破职教高考与现行高考界线、实施统一录取是最为理想的职教高考制度,但难度极大,应分三个阶段进行:第一,要求所有专科院校、职业本科和技术本科院校向中职生开放,尤其是扩大本科院校招生名额;第二,争取包括高水平大学在内的普通本科院校向中职生开放;第三,职教高考与现行高考完全并轨,在语数外 3 门必考之外,考生通过选考两条轨道的不同科目,实现统一录取。⑤

4. 开放式入学

匡瑛认为,在高等教育达到普及化阶段后,专科层次的职业院校可以采取开放式入学,每所院校通过招生咨询委员会为考生做生涯规划指导、供学员选择课程,技能要求较高的课程才对学员作认定,未通过认定的学员进行补习之后再次认定。⑥

(五) 职教高考的管理制度研究

1. 考试招生制度分离、建立专业的考试机构、增加考试主体

袁潇等指出,政府行政部门过度集中考试和招生权力,应使考试和招生机制相对分离、学校成为招生主体;改变现在行政主导的考试招生,转变为社会化的、专业化的考试招生模式,由专业组织实施,比如引入行业、企业等第三方组织。⑦ 杨岭等认为应成立职业教育招考机构,加大统筹

---

① 沙启仁. 高等职业教育招生考试制度改革研究[J]. 职教通讯,2002(09):5—7.
② 李政. 职教高考的公平与效率之问[J]. 职教通讯,2021(04):3.
③ 王爱国,王吉明. 职业教育考试制度改革探析[J]. 教育与职业,2009(03):44—45.
④ 陈虹羽,曾绍玮. 类型教育视角下职教高考制度建设的逻辑要求、难点及对策[J]. 教育与职业,2021(10):13—20.
⑤ 徐国庆. 作为现代职业教育体系关键制度的职教高考[J]. 教育研究,2020,41(04):95—106.
⑥ 匡瑛. 高等职业教育发展与变革之比较研究[D]. 上海:华东师范大学,2005:221—222.
⑦ 袁潇,高松. 改革开放 40 年来高等职业教育考试招生制度改革探析[J]. 复旦教育论坛,2019,17(01):76—82.

协调管理职能。① 赖晓琴认为，应当充分发挥职教集团作用，组建统一考试平台。② 李小娃提出产教融合是高职院校考试招生制度需要体现的特征之一，因而需要建立行业、企业参与考试招生组织管理的长效机制，将行业、企业参与制度化，建立第三方组织机构，推动行业、企业参与招生计划、考试内容及评价标准制定。③

2. 建立经费保障机制

刘晓等提出现阶段高职招生的经费保障机制不够完善，实施成本也相对较大。相关主管部门应当加强投入，同时调动企业的积极性，通过校企合作共同分担招生成本。④

3. 管理部门的权责划分

李小娃认为高职院校考试招生制度改革需要理清中央-地方的管理权限，国家发挥好引导与监督作用；在试点中兼顾到不同类型院校；要加强考试监管，对加分政策等重点领域和新领域加强监管。⑤ 汤光伟指出，目前我国中、高职管理部门不同，不利于中高职的顺利衔接，建议在各省市成立专门机构，由分管副省长兼任负责人，同时让劳动、人事、教育、财政等政府职能部门以及行业、企业等作为委员，统一管理中高职院校改革与发展工作。⑥ 凌磊从职教高考在招考模式、生源构成、考试方式、利益主体等关键环节都呈现出多样性、多元化、多层次的特点出发，认为其制度构建与实施应该给予包括教育行政机构、学校、学生、家长等平等的参与权，其实不是政府或教育行政部门单方面的任务，需要学校、社会、学生、家长、教师多元行动主体共同参与、共同治理，因而需要从提升职教高考多样性理念的价值引领、完善职教高考政策机制、优化职教高考实施环节四方面着手。⑦

（六）职教高考的外部支撑研究

1. 中等教育要积极适应升学与就业两种导向

王璞等发现，与技能型高考相匹配的中学教育尚未完成转型，表现为中学教育阶段的技术技能型师资准备不足，使得技术技能型的职业教育特色难以彰显。⑧ 杨满福等认为，长期以来，中等职业教育人才培养过度强调职业针对性，应该超越二元对立的思维模式。⑨ 余韵等指出，随着职业教育类型地位的确立，中等职业学校办学定位要转向"基础导向"。⑩ 汪宝德指出，目前中职教育的教学组织出发点在于围绕市场定专业，而在当前，既要面对"就业"又要面对"升学"时，要调

---

① 杨岭,潘伟彬.基于招生考试制度改革的中高职教育有机衔接研究[J].考试研究,2014(04):20—25.
② 赖晓琴.高职院校招生考试制度现状及改革策略[J].职业技术教育,2013,34(01):44—48.
③ 李小娃.高职院校考试招生制度变迁与改革趋势[J].职业技术教育,2017,38(34):8—13.
④ 刘晓,陈乐斌.百万扩招背景下的高职招生制度改革：现实诉求与改革路径[J].高等职业教育探索,2019,18(05):1—7.
⑤ 李小娃.高职院校考试招生制度变迁与改革趋势[J].职业技术教育,2017,38(34):8—13.
⑥ 汤光伟.中高职衔接研究[J].职教论坛,2010(22):31—36.
⑦ 凌磊.被赋予的多样性：我国"职教高考"制度的困境与出路[J].中国高教研究,2022(01):63—68.
⑧ 王璞,傅慧慧.高考双轨制改革的双层隐忧[J].广州职业教育论坛,2015,14(01):7—11.
⑨ 杨满福,张成涛.高职扩招背景下中等职业学校转型发展的策略研究[J].中国职业技术教育,2020(31):40—46.
⑩ 余韵,徐国庆.基础导向：中等职业教育课程改革思路[J].职教论坛,2020,36(09):56—62.

整教学组织活动,提高中职学生的可持续发展能力。[①] 熊丙奇指出,建立职教高考制度,关键在于提高职教高考的吸引力,扩大职教高考的适应范围,并防止职业院校围绕职教高考办学,出现以升学为导向、偏离职业教育定位的办学倾向。[②]

2. 中等教育的教学内容要作出相应调整

陈水生指出,之前中职教育和高职教育一直缺乏衔接,因此不可避免地会存在课程内容重复的情况,要对中等教育阶段的教育内容做出转型和重新规划。[③] 胡纵宇等指出,双轨制高考面临的难点是如何合理调整中等教育的办学定位及其教学内容,如何制定合理的分类考核机制以及如何制定配套的人才培养策略。[④] 张玲玲等指出,高职招收中职毕业生需要了解中职学习了哪些内容,中职教育不能再单纯以就业为目标。[⑤]

3. 尽快完善应用型高校体系的建立

赖晓琴等认为,按照《国际教育标准分类法(2011年)》,职业教育不应局限于专科,应该向上一直延伸到研究生层次,从而成为一个完整体系。随着我国部分地方普通本科高校向应用型转型,分类招考要吸收更多本科院校参与招生。[⑥] 王璞等提到,与职教高考相适应的应用高校体系未建立,现有的应用本科院校在数量上远远不及学术本科院校。应用型高校对其本身的办学定位也很不明确,还未形成与学术性高校对等的层次。[⑦] 崔岩等认为应推进高等职业教育的层次和类型取得制度突破和实质进展,支持优质高职院校选择精品专业开展四年制本科人才培养试点;打通学生从中职到专科、本科乃至研究生层次的学习通道。[⑧]

4. 进一步突破职业高等教育的办学层次,发展职业本科

祝蕾认为,培养模式、师资、专业及学科体系建设、办学水平以及社会认可直接决定了双轨制高考改革成效,须合理规划技术型本科院校建设。[⑨] 张健指出,目前中高职衔接、职业专科教育与应用型本科之间进行衔接式培育的规模尚小,职业本科与应用型本科之间的区别、定位有待进一步厘清,与研究生层次的衔接还未推进,期望国家完善顶层设计,加快进程。[⑩] 张怀南指出,缺乏进入更高层次的本科教育机会是提前招生的吸引力不高的根本原因,因而启动本科职业教育是"职教高考"的关键之举。[⑪]

[①] 汪宝德.中职学校面对三校生高考的困惑及对策探讨[J].卫生职业教育,2014,32(12):18—19.
[②] 熊丙奇.加快建立"职教高考"制度[J].上海教育评估研究,2021,10(06):23—26.
[③] 陈水生.浅谈对口升学在高等职业教育中的不对口教育[J].成人教育,2007(01):65—67.
[④] 胡纵宇,毛建平.双轨制高考改革的难点思考与展望[J].教育发展研究,2014,33(10):12—18.
[⑤] 张玲玲,谯欣怡.高职扩招背景下的中等职业教育:机遇、挑战与对策[J].河南科技学院学报,2020,40(12):53—57.
[⑥] 赖晓琴,林莉.招考分离、多元入学:高职院校招考改革路径探析[J].教育与考试,2017(05):5—10+17.
[⑦] 王璞,傅慧慧.高考双轨制改革的双层隐忧[J].广州职业教育论坛,2015,14(01):7—11.
[⑧] 崔岩,黎炜.高等职业院校招生制度改革的有效途径分析[J].中国职业技术教育,2015(24):36—39.
[⑨] 祝蕾."双轨制"高考制度改革的使命、困境与出路[J].学术探索,2017(04):145—150.
[⑩] 张健.中高职衔接与职教升学倾向辩疑[J].职教论坛,2015(13):36—40.
[⑪] 张怀南."职教高考"背景下高职招生制度改革研究[J].职教通讯,2021(08):8—14.

六、已有研究对本研究的启示

在广泛搜集与本研究题目相关的成果后,本研究运用CiteSpace软件的定量和个人综述定性相结合的方式共同呈现了已有的职教高考相关研究的进展。以知识图谱的形式呈现了热点、演进、趋势等现状;以主题归类的方式呈现了已有研究关于职业教育考试招生在制度变迁、具体实践、境外经验和职教高考的基本内容等方面的主要发现。通过文献综述发现,这一领域的研究比较散乱、缺乏系统性。研究假设应从文献综述中提出。因而,接下来将归纳已有成果与本研究的关联,尤其是为本研究带来的启示。

(一)职教高考肩负着宏观、中观及微观层面多重的价值功能

职教高考作为一项考试招生制度,对其的研究经常出现"学术型人才""技术技能型人才""现代职业教育体系""分类考试""入学标准""多元评价"等关键词,这某种程度上说明了职教高考不仅仅是一个考试问题,还是一个"牵一发而动全身"的综合问题,需要从更宽广的学术视角去审视。换言之,职教高考制度担负着多重价值功能:(1)在宏观层面(教育系统外部):一是满足经济社会发展对职业技术人才培养的要求;二是满足中职生的升学权利,"以人为本"地进行人才评价。(2)在中观层面(教育系统内部):一是贯通职业教育人才向上成长通道,构建职业教育人才培养体系;二是通过人才选拔的合理分流来促进高等职业教育与普通高等教育的动态平衡发展,使得广大考生可以自主选取不同类型、不同层次高校,能够有机会实现学校与考生的双向选择。(3)在微观层面(职业教育系统内部):促使中职教育、高职专科教育及职业本科教育三级职业教育学校在人才培养和教学内容上能够衔接,使得三级教育能够统筹协调发展。这为本研究更全面和宏观地理解职教高考的内涵、意义、作用等提供了重要启示。

(二)要对职教高考制度进行本体研究和理论解读

职教高考从2019年开始了职业教育领域的研究热点,已有不少关于其的研究积累,但是分析"职教高考的内容"发现,研究对于职教高考的基本内涵和主要内容的认识尚不统一和明确,已有研究的分析视角从内涵研究、考试内容、考试方式、录取方式、组织管理等方方面面切入,而基本点的不同便会使职教高考的发展模式和制度安排的选择上也有所不同,这也导致在分析现有实践时容易"顾此失彼"。因而,本研究首先需要对职教高考制度进行本体研究即理论解读,包括:(1)为什么要构建职教高考制度(为什么需要这项考试);(2)职教高考制度的主要内容有哪些(这项考试的考试内容以及考试方式是怎样的,为什么是这样);(3)构建职教高考制度需要哪些制度基础或者配套制度。其中,前两个部分是为后续实证研究设计和结论讨论提供一致性理解或者统一立场,第三个部分是通过已有研究结合实证研究讨论之后,得出的职教高考制度的理论构想以及实践路径。

(三)内外部多重因素造成职教高考的制度变迁

本研究通过梳理已有研究发现,有内外部多项因素共同左右着职教高考制度的变迁历程。

有来自教育系统内部的因素,例如,梳理中职生升学政策变迁发现,国家对中职生升学问题的态度在不同的阶段充满着反复,在中职教育"就业"定位还是"升学"定位之间持续摇摆。当国家坚定地限制中职生升学时,职业高等院校的主要生源就要来自普通高中,那么招收学生的方式基本上就仅能是"搭乘"现行高考的列车或者是开展院校自主招生,建立统一的职业教育独立的考试招生办法基本无从谈起。再比如,对职业教育类型地位的认识。类型是对某一事物共同特征的总称,有学者将类型的组成分为实体、对象、特征、关系、一致性、不一致性、描述等七个要素,[①]按照这个思路来对比思考职业教育作为一种教育类型的实然情况,发现人们已经达成职业教育是与普通教育相平行的教育类型的初步共识,但在内涵上还缺少实体层面的制度支撑。换言之,作为类型教育还需要进一步建立健全与之相适应的标准和制度来引领和支撑其独立形态,[②][③]以制度体系的独立性和完整性来凸显类型性,那么建立符合职业教育类型特征的考试招生方式——职教高考才有可能被提出。

还有来自教育系统外部的因素:随着信息技术与实体经济的深度融合,产业升级必将带来人才需求向高端迁移,中职毕业生已经很难满足产业升级下的人力资本要求,[④]而这样高水平的技术技能型的人力资本短时间难以培养出来,必须依靠长时段、稳定的和系统的接续培养实现,这就意味着需要畅通职业教育学子的学业晋升通道,实现不同层级职业教育人才培养规格的接续和递升。上述观点为本研究梳理职教高考制度的演变历程提供了思路启示,即要将这一制度演变置于国家经济社会发展的大环境之中予以审视,诸如经济发展水平、教育发展水平、观念变化等均是影响不同阶段的职教高考制度形态的重要因素。

(四) 制约职教高考制度建设的现实梗阻是未来建制必须直面和突破的地方

梳理现有研究发现有多方面的现实因素梗阻制约着职教高考制度的构建:(1)三级职业教育学校在内涵衔接(专业、课程、考核等)、结构协调(规模、专业、布局)及统筹管理(中高职的管理机制)等方面统一和对应程度不够。(2)中等阶段教育未完成相应的转型,中职生在中职学习阶段薄弱的文化基础使其并不被认为能够胜任高职阶段的学习,因而要增强中等职业教育的"教育属性",为学生的可持续发展提供文化基础。(3)现有中职生的升学途径不能满足中职生对学校和专业的选择度。(4)应用型高校体系尚未建立,表现为现有的应用型本科院校在数量上远远不及学术型本科院校,中职生能够升入的本科院校和专业还极其有限。此外,高职院校与职业本科、应用型本科三者之间的内涵区别有待进一步厘清。(5)职教高考制度始终没有作为国家教育制度进行建设,而是交予省级政府统筹本地区进行,国家层面没有对考试内容及相关标准进行统

---

① 路宝利,缪红娟. 职业教育"类型教育"诠解:质的规定性及其超越[J]. 职业技术教育,2019,40(10):6—14.
② 徐国庆. 确立职业教育的类型属性是现代职业教育体系建设的根本需要[J]. 华东师范大学学报(教育科学版),2020,38(01):1—11.
③ 周建松. 加快构建类型特色鲜明的现代职业教育体系思考[J]. 职教论坛,2021,37(08):158—162.
④ 潘海生,林晓雯. 建立作为教育类型的职业教育的评价方式[J]. 中国职业技术教育,2021(04):5—11+17.

一规划，也没有对录取名额进行统一协调和分配，使得进入职业教育轨道的学生参加高考时没有像普通高中学生那样拥有跨省选择学校和专业的机会。(6)如何对技能做出有效测评等相关基础研究滞后，不能满足实践需要，成为制约高职分类考试以及职教高考的考试科学性的基础因素。

这些方面是职教高考在建制层面的现实疑难和关键要害，为本研究在提出职教高考制度的构想时提供了重要参考和基本维度。同时，还启示了本研究在开展实证研究之前和调研过程中要收集各省区市在面对国家政策框架对于考试内容和考试组织的指示不甚具体时，是如何进一步制定本地区的具体政策和推动这项工作落地的，以及要关注有哪些梗阻需要央地两级政府来共同协调解决，以及有哪些好的做法和经验可以对其进行政策扩散。

第四节 研究意义

一、理论意义

（一）对职教高考进行了本体研究，厚植该领域的理论研究

构建职教高考制度的政策基调和未来趋势已经十分明确，该议题还于近几年连续成了"两会"的重要提案和引起社会热议的话题。但同时看到，已有研究过于偏重于形式研究，仅限于从招考途径、存在的问题和解决策略等维度进行经验总结、问题描述和国别介绍，关注点零散，对问题的理论论述和学理分析较为薄弱、不成体系。本研究从现实依据和功能界说的角度对职教高考制度的内涵进行识读和阐述，既是对关键概念的澄清与探讨，也是对该主题的本体性研究，充实了该领域的理论研究。

（二）深化考试制度改革的规律认识，为改革提供理论支持

首先，通过回顾职业教育考试招生的建立发展过程，揭示了制度变迁背后利益相关者权利格局的流变、制度改革的发生机制、影响制度制定的关键因素等。结合每一阶段的历史背景、阶段特征和主要变化，将职业教育考试招生作为小系统来考察其与经济社会发展、教育社会发展等大背景之间的规律联系，从而在更广阔的视野上归纳和呈现了职业教育考试招生制度的演变规律。其次，在我国正处于"加快构建职教高考制度"的关键时期，对构建职教高考制度的动因、职教高考的制度功能、职教高考的考试制度、招生录取制度以及管理制度等进行全面深入的研究分析，某种程度上是在为改革实践提供理论支持。

二、实践意义

（一）总结高职分类考试改革的实践模式和进展，为更多区域部署相关工作提供经验

现实中，高考分类考试改革已在地方实践多年，对作为职教高考先行阶段的高职分类考试改革予以阶段性总结和审视很有必要。通过对改革实践的现实状态进行实证调查，既提供事实层

面的建设案例,又有经验层面的理论概括,将为更多区域部署相关工作提供参照,也能为国家层面完善相关政策、保障决策质量提供依据。

(二)提出职教高考的构想,为加快构建职教高考制度提供基于证据的方向指引和思路参考

本研究以构建科学、合理、可行的职教高考制度为主要研究目标,通过总结从高职分类考试改革到职教高考制度进化的优化方向,参考其他国家和地区对待类似问题的做法、经验,为我国构建职教高考提出了基本构想、制度架构、运行条件以及实施路径,这将为现实层面更好地推进职业教育考试招生制度改革、构建国家层面的职教高考制度提供基于证据的方向指引和思路参考。

第二章　研究设计与理论视角

本章的主要任务是澄清研究内容、介绍研究方法、实证研究方案以及理论视角。首先,基于"为何构建职教高考""构建什么样的职教高考""如何构建职教高考"三个维度,生发出"职业教育考试招生制度的建立与发展过程""职教高考作为一项考试怎么考""职教高考作为一项制度怎么建"以及"职教高考的基本构想与实施路径"四项研究内容,之后呈现研究方法和技术路线。然后,集中展现了实证研究从设计、实施到数据处理的全流程,包括方法选择、实施过程、研究工具开发、样本描述和数据处理方法等。最后,分别选取历史制度主义理论、利益相关者理论以及新制度主义理论作为职教高考制度演化、实践模式和制度构建的理论视角,并从"基本内容""适切性分析""理论将怎样被用于指导本研究"等方面进行介绍。

第一节　研究设计

一、研究内容

(一)职业教育考试招生制度的建立与发展过程

职业教育的考试招生经历了怎样的发展历程?为何要构建职教高考制度?以历史制度主义理论框架为视角,对职业教育考试招生的发展历程进行回顾,展现制度的生成脉络,洞察制度变迁的动因,归纳历次制度改革的效能。在梳理和分析过程中,结合不同历史阶段里经济社会发展、教育事业发展、观念认识等时代背景,剖析上述因素怎样影响着职业教育考试招生的变迁,并对上述变迁的逻辑予以总结。之后,基于目前职业教育考试招生的不足,归纳构建职教高考制度的动因,并对于现行高考制度与职教高考制度之间的区别与联系进行讨论。

(二)职教高考作为一项考试应该怎么考

职教高考作为一项考试该是什么样的?这涉及的是职教高考认识论和价值论的问题。就其作为一项考试来说,比较核心和现实的问题是"考什么"以及"怎么考"。考试的目的、内容和形式是一个有机整体,彼此不可割裂;考试的内容和形式作为一对范畴,是一个事物的两个方面,既都统摄于考试目的,两者间也必须协调统一。以此为思路指引,对于职教高考作为一项考试的研究,要基于"考试目的"来讨论"考试内容""考试形式",并从考试内容及选择依据、考试举办主体与考试组织形式、以"纸笔测试"还是"操作考试"为考试实施形式,以及应当如何进行"文化素质""职业技能"的试题设计等现实操作层面,刻画职教高考作为一项考试的结构及其构成要素。

(三) 职教高考作为一项制度应该怎么建

目前,职业教育的考试招生正处于"分类伊始,进阶升级"阶段。职教高考提出之前,职业教育的考试招生是在高考改革背景下,以高职分类考试进行。作为职教高考的先行阶段,高职分类考试改革的基本模式、基本经验、现实困难以及不足之处,将分别成为职教高考的制度雏形、基本抓手和需要突破之处。省级统筹的高职分类考试改革形成了哪些有效的模式?还有哪些困境和难题?从静态的政策梳理与动态的实证调查两个维度出发,通过对全国 31 个省区市政策文本的内容分析和对高职分类考试改革的利益相关者代表进行访谈,总结高职分类考试改革的进展与问题,为职教高考的基本构想提供实证依据和现实抓手。

(四) 从理想现实的平衡中提出职教高考的基本构想与实施路径

职教高考制度的构建需要通过一系列规则的设计来对相关参与主体的行为和关系进行协调,相关制度规则的设计不仅要解决当前问题,还要从长远角度出发。改革要建立在现实基础之上。考试评价面临着科学性与公共性的双重约束,考试制度的建立也要秉承科学性与可行性不可偏废。基于前述对于作为现实基础的高职分类考试改革的实证调查和对职教高考的本体研究,对高职分类考试的制度雏形、制度要素、工作基础等进行组合和优化,在既有现实基础之上,提出职教高考的基本构想和实施路径。

二、研究方法

研究问题的性质和特点决定着选用何种研究方法。研究方法可被理解为三个不同的层次,分别是方法论、研究方式和具体的研究方法和技术。方法论涉及的主要是社会研究过程中的逻辑和研究的哲学基础,社会研究中存在的两种基本的方法论分别是实证主义方法论和人文主义方法论。[①] 研究方式指的是研究所采取的具体形式,可分为定量研究方式和定性研究方式,社会研究的四种基本研究方式为调查研究、实验研究、实地研究和利用文献的定量研究。[②] 具体方法和技术指的是研究过程中研究者所使用的各种获取资料、分析资料的操作程序和技术。[③]

(一) 方法论

人文主义方法论的研究范式包括人类学方法和思辨方法,实证主义方法论的研究范式则指向实证研究方法。思辨研究采用定性分析和演绎的方法思考和解决"应该是什么"的问题,偏向

---

① 风笑天. 社会研究方法(第 5 版)[M]. 北京:中国人民大学出版社,2018:8.
② 风笑天. 社会研究方法(第 5 版)[M]. 北京:中国人民大学出版社,2018:9.
③ 风笑天. 社会研究方法(第 5 版)[M]. 北京:中国人民大学出版社,2018:10.

于价值判断和逻辑推理；实证研究通常采用定量分析和归纳的方法思考和解决"实际是什么"的问题，偏向于强调可观测到、可采集到的事实根据和资料。可以说，无论是思辨研究还是实证研究都具有不可避免的局限性，如纯思辨研究难以成为可积累的、可验证的知识，而纯实证研究不能用于价值问题的讨论。

具体到本研究，职教高考既是一个历史演变的产物，受到历史环境、关键事件的影响，同时也是行动者通过策略选择人为设计出来的。因而，既需要在特定理论框架下对职教高考的内涵、变迁、影响因素等进行挖掘和阐述，也需要实证研究来对现实情境的制度建设模式和工作推进状态进行剖析。

鉴于此，本研究将实证主义与人文主义的方法论相结合，二者通过互相支撑和互相印证，从而使研究结论可靠。首先，从学理层面提炼职教高考制度的体系层次结构，实现理论层面的职教高考体系框架构建；之后，通过实证研究掌握现实情况，对学理层面提炼出的职教高考制度的体系层次结构予以充实和校正。最后，通过上述两个步骤，本研究将提出科学、可行的职教高考的基本构想和实施路径。

（二）资料收集的方法

1. 文献研究

文献研究法基于研究问题，全面、系统地收集分析该领域相关的国内外文献资料，通过归纳、总结已有文献而加深对研究问题的理解。本研究中，文献研究主要涉及四方面内容：一是尽可能全面地收集关于职业教育考试招生、职教高考的相关研究，通过文献综述掌握目前的研究进展、进一步明确研究问题、总结已有研究对本研究的启示以及确定可能的研究生发点。二是系统收集自1980年较早的有关职业教育升学的政策文件至2024年9月以来的75份国家政策，作为职业教育考试招生制度的建立与发展的分析资料。三是在已有研究的基础上，对职教高考制度进行本体研究，尤其是对"考什么""怎么考"等现实问题进行探讨，为之后基于理论和实践提出的职教高考的基本构想提供一致性理解和基本研究立场，并启发相关结论的形成。四是全面梳理全国31个省区市对于高职分类考试改革的共计138份政策文件（截至2024年9月），既作为静态层面的政策进展梳理，也作为实证调研中访谈提纲开发的基础背景资料。

2. 调查研究

调查研究法包括个案研究、问卷调查和访谈法，访谈法包括个人访谈法和群体访谈法。相较于问卷调查，访谈最直观的优势是可通过追问对隐性问题、有价值的焦点问题进行进一步的资料挖掘。本研究将访谈法作为调查研究的具体方法，访谈内容主要围绕各地高职分类考试改革的政策设计和基本进展、主要问题、原因分析以及政策建议。通过对国家教育主管部门、12个省区市的省级教育主管部门、中职学校、招收中职生的高职和本科院校、通过高职分类考试升入高职或本科院校就读的学生、企业代表6类相关群体共计89人进行访谈，获得了大量一手资料，既"全面摸排"了目前全国高职分类考试改革工作推进实状态，也具体地掌握了改革推进过程中遇到的突出和问题,为下文提出职教高考的基本构想和实施路径积累实证依据。

(三) 资料分析的方法

1. 文献资料的分析

本研究中,文献资料分析的具体技术和方法主要为绘制知识图谱、内容分析法、历史研究法。知识图谱(Knowledge Graph)又称科学知识图谱,是图书情报学领域的概念,主要采用网状图结构对研究主体之间的相互联系进行可视化呈现。内容分析法指的是透过文本材料表象而挖掘内隐的价值逻辑和意义系统,强调研究者对文本资料的价值判断和意义理解。历史研究法指的是将某种教育现象放到特定的历史背景中加以考察和分析,从历时形态出发解释研究对象发展规律的一种研究方法,有助于研究者从因果关系中把握现象的本质属性与基本规律。

具体说来,在文献综述部分,运用CiteSpace软件绘制知识图谱,对检索时间为"1985－01－01至2021－07－31"的885篇有效文献进行描述性统计、研究热点、研究演进、研究趋势等计量研究,从定量的角度梳理已有的研究成果。通过内容分析法,从定性的角度对已有研究进行梳理和述评,以获得已有研究对本研究的启示。同时,对从文献研究和调查研究中获取的政策文本、访谈文本进行挖掘、归类、梳理和分析,以获得对相关研究问题的结论。通过历史研究法,以历史制度主义理论为分析视角,以收集来的政策文本、文献资料为分析资料,结合不同历史阶段里经济社会、教育事业、观念认识等时代背景,展现职业教育考试招生的发展过程,分析影响政策走向的关键因素与政策变迁背后的深刻逻辑。

2. 访谈资料的分析

对质性访谈资料采用扎根理论的资料分析方法,借助Nvivo软件,通过三级编码对访谈资料进行分析。扎根理论的研究逻辑是通过对数据进行抽象化、概念化的同时不断比较、提炼、取舍从而"生出"理论。首先,本研究对89位受访者进行访谈得来的语音资料转录为Word文档,获得了共计9万余字的文本。其次,在程序化扎根理论的方法指导下,将访谈文本进行三级编码,直至理论达到饱和。最后,在建构型扎根理论的方法指导下,在编码结果、二次文献梳理以及研究者的理解三者互动下,形成研究结论。

(四) 研究伦理

研究伦理是研究实践中应当遵循的基本道义和学术规范。社会研究尤其是教育研究不可避免地要面对各种不同的价值观,其研究和服务的对象是人,因而不需要在伦理的框架中进行。具体到本研究中,在对相关人员进行数据采集和访谈时,资料的获取实际上是与访谈者"互动"和"交换"的过程,研究者只有遵循研究伦理,获得被研究者的知情同意,保护其隐私,才能让他们敞开心扉,相对无顾虑地表达想法,从而使得研究资料更具真实性。

1. 尊重被研究者的意愿,保护被研究者的隐私

在进行正式访谈和数据采集前,要先征得研究对象的同意,提前协商访谈的时间地点内容等,充分尊重被访谈者的意愿,录音录像等要征得被访谈者的知情同意,数据分析和研究报告中

对于被访谈者的个人及单位均作匿名处理,对于被访谈者提供的背景资料等在研究报告中的使用也要征得被访谈者的同意。

2. 对资料的分析保证客观公正的原则

本研究所采集到的数据资料,在其分析过程中要保持价值中立的客观立场,谨慎进行因果关系的推断。而对于整个研究设计来说,众多结论是基于文献研究和调查研究得出,对资料的收集要做到信息真实、来源可靠、可以公开,如多使用权威数据、原始文件资料等;对资料的分析要做到方法适用、分析全面,如在进行比较研究时,要超越简单描述,建立可比较的单位,比条件而非比结果,提出的建议也要从不同地区初始条件的差异入手,杜绝简约化。

三、技术路线

图2-1展示了本研究的技术路线图。

本研究旨在通过回答"职业教育考试招生制度的建立与发展过程""职教高考作为一项考试应该如何设计""职教高考作为一项制度应该如何建立""从理想状态和现实基础的平衡中提出职教高考的基本构想"四个问题,来展现职教高考制度构建的"为什么""是什么""怎么做"。

对于第一个问题,以历史制度主义理论为视角,通过梳理1980年较早的有关职业教育升学的政策文本至2024年9月以来的75份国家政策文件,结合不同历史阶段里经济社会发展背景、教育事业发展状况、观念认识等时代背景,展现职业教育考试招生"从无到有""从有到优"的发展过程,并对影响政策走向的关键因素与政策变迁背后的深刻逻辑进行总结。之后,基于目前职业教育的考试招生依旧相当程度上要依附于现行高考的不足,归纳构建职教高考制度的动因,并对于现行高考制度与职教高考制度之间的区别与联系进行了讨论。

对于第二个问题,以知识论和第四代评估理论为指引,基于考试目的、考试内容和形式是一个有机整体,考试内容和形式是一个事物的两个方面,要基于"考试目的"来讨论"考试内容""考试形式"这一基本规律,探讨职教高考作为一项考试应该怎么考。首先,基于职教高考的考试目的和职业教育的知识论讨论,从考试内容在知识系统层面、"考试科目"层面以及每个科目要考查什么内容(试题)三个层面回答职教高考考什么的问题。其次,以考试内容和形式是一个事物的两个方面、必须协调统一为出发点,吸收第四代评估理论对考试评价建立的启发,从职教高考的组织形式(考试举办主体与考试组织形式)、考试形式("纸笔测试"还是"操作考试")以及实现形式("文化素质""职业技能"考试内容的试题设计)三个层面回答职教高考怎么考的问题。

对于第三个问题,鉴于任何改革都必须建立在现实基础之上这一规律,以利益相关者理论为指引,从静态的政策分析与动态的实证调研两个维度出发,呈现省级统筹下的高职分类考试改革的整体进展、基本模式、主要问题和政策建议。首先,在梳理国家对于地方高职分类考试改革的框架要求的基础上,通过文献法、内容分析法分别收集和分析全国31个省区市对于高职分类考试改革的共计138份政策文件。其次,以访谈法和扎根理论分别作为收集、分析资料的方法,对国家

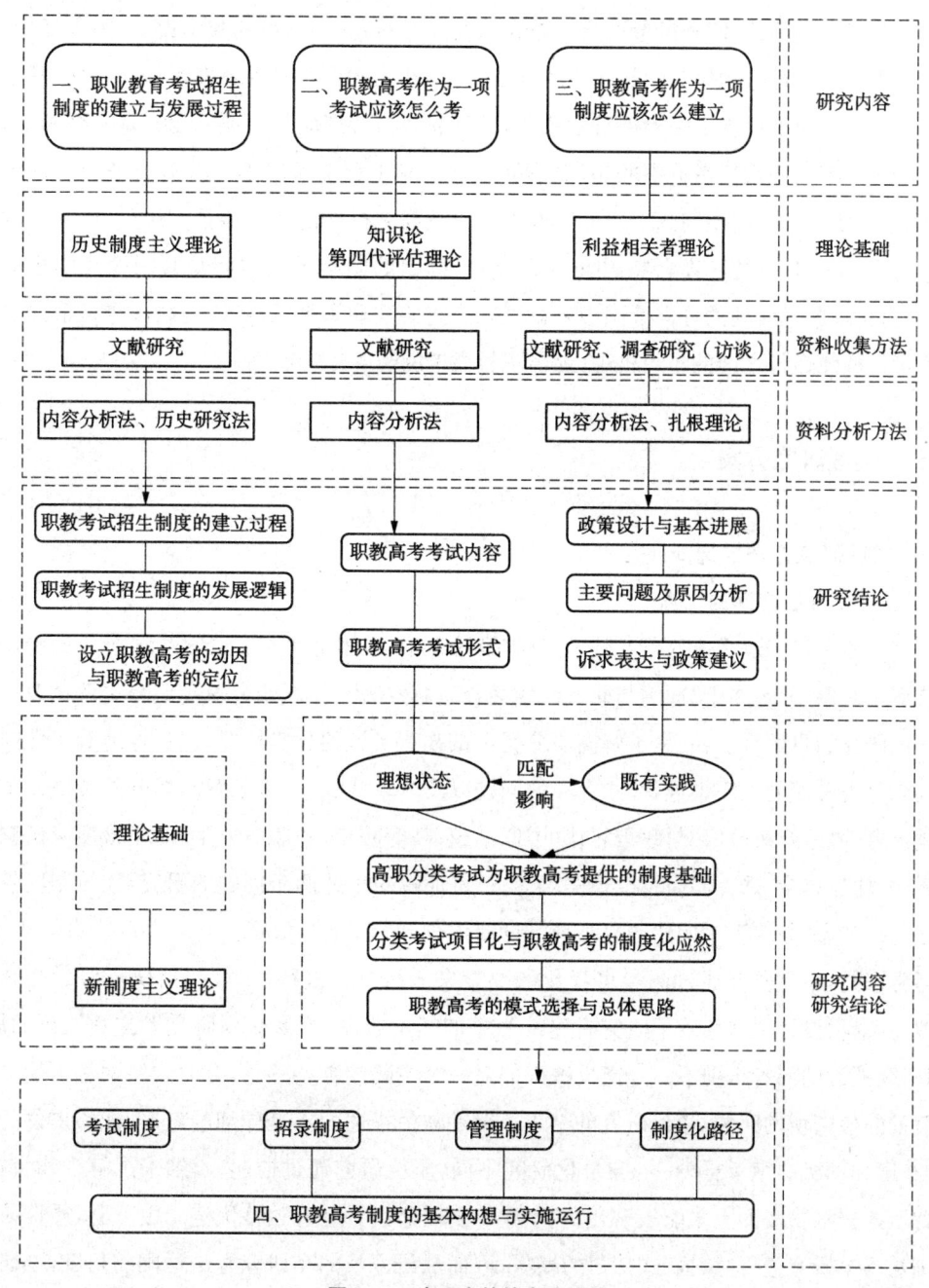

图 2-1　本研究的技术路线图

教育主管部门、省级教育主管部门、中职学校、招收中职生的高职和本科院校、升入高职或本科院校的中职和普高学生、企业这6类相关群体进行访谈。运用本研究基于利益相关者理论建立的分析框架,从"作为一项考试怎么考""一项制度怎么建"这两个本研究所确立的研究维度,呈现了利益相关者代表对于高职分类考试改革的看法与建议。

对于第四个问题,高职分类考试改革作为职教高考的先行阶段,其基本模式、基本经验、现实困难以及不足之处可分别作为职教高考的制度雏形、基本抓手和需要突破之处。首先,基于高职分类考试途径本质上呈现出一种项目化特征,以及职教高考理应是一项制度的基本判断,总结高职分类考试改革为职教高考提供的制度基础。之后,基于目前阶段确立职教高考制度的模式选择,在理论与实践的平衡中勾画本研究所提出的职教高考模式的框架体系。最后,以新制度主义理论为指引,基于理查德·斯科特(Richard Scott)提出的制度要素框架及其制度化作用机制模型,结合前述章节所展现的分类考试中利益主体之间的互动关系以及考试内容、考试形式等考试关键要素与整体运行之间的作用机理,提出职教高考的制度化实现机制。

第二节　实证研究方案

一、实证研究方法的选择

(一)研究方法选择的依据

研究方法不仅涉及具体的研究技术,还涉及认识论、本体论和方法论的基础,[①]每一种研究方法都有适用对象,关键在于"选用与研究问题最合适的方法"。[②] 本研究对高职分类考试改革探索开展实证研究的目的有三:一是了解高职分类考试改革实施的真实情况,包括各地对于面向中职生的高职分类考试的工作推进状态、存在的问题以及改革建议;二是了解高职分类考试改革中的政策制定者(央地两级政府)与政策客体(中职学校、高等院校、中职毕业生)对于该项考试制度的基本看法、切身体会、选择倾向及改革需求等;三是通过对上述两个问题的研究,比较制度供给与需求之间的状态,为接下来构建职教高考制度提供改革的方向与依据。

通常来说,量化研究通过测量可量化的要素来分析事物规律,一般包括研究假设和题项设计。但是,题项设计往往反映了研究者先入为主的基本假设,容易受到研究者主观认识的影响;同时,研究预设的回答选项不一定能反映人们对一个主题的真实感觉,有时这些回答可能只是对先定假设的最密切的匹配;量化研究的结果一般是数值描述而不是详细的叙事,能够提供的关于行为、态度和动机的细节很少。[③] 与量化研究不同,质性研究通过描述、归纳来了解事物特征,能够从背后挖掘事物表面上未能表现出的内涵,[④]在理论创新上有独特优势。由此看,质性研究更能够满足对本研究进行"深描"式探讨的期望,因而从研究目的与研究方法适配的角度,本研究选择质性研究方法。

目前,学界使用较多、用法较成熟的质性研究方法有民族志、生活史、扎根理论、案例研究、行

[①] 陈向明.质的研究与社会科学研究[M].北京:教育科学出版社,2000:1.
[②] 王文科,王智弘.教育研究法[M].台北:五南图书出版公司,2012:255.
[③] 风笑天.定性研究与定量研究的差别及其结合[J].江苏行政学院学报,2017(02):68—74.
[④] 马云鹏,林智中.质的研究方法及其在教育研究中的应用[J].中国教育学刊,1999(02):59—62.

动研究等。扎根理论的研究逻辑是通过对数据进行抽象化、概念化的同时不断比较、提炼、取舍从而"生出"理论。扎根理论实施前,研究者一般不提出理论假设,而是使用理论抽样来选择研究对象,换言之,研究对象需要研究者在研究过程中不断地做出判断。扎根理论过程中,研究者依照扎根理论的编码准则指引,对访谈得来的文字资料进行三级编码。编码过程是一个运用迭代式研究策略,在分析概念与概念之间逻辑关系的基础上能够同时感知出在其中发挥本质作用的概念的过程。扎根理论需要研究者经验和资料证据的支撑,但其核心又不在经验本身,关注的是从实际情况中抽象出的新观点。

具体到本质性研究中,本研究力求通过访谈使被调查者自由表达观点,达到灵活、开放地收集资料的目的;之后通过比较、归纳推理的方法来分析资料,达到理论生成的目的,扎根理论的性质特点与本质性研究的特点和需要最相符合,因而被选用为质性研究的研究方法。

(二) 实证研究的流程介绍

扎根理论的研究方法最早诞生于社会学领域。在长期的发展与历史沿革中,扎根理论出现了经典扎根理论(Original Version)、程序化扎根理论(Proceduralised Version)以及建构型扎根理论(The Constructivist's Approach to Grounded Theory)三个流派。

经典扎根理论的观点是在扎根理论开始前无需太多研究准备,既无需专门的文献回顾也无需准备具体的研究问题,研究者只带着大致的研究主题去进行经验资料的收集;经典扎根理论搜集的资料不仅限于质性材料,量化材料与质性材料有着同等地位。

程序化扎根理论的代表人物之一安塞姆·施特劳斯(Anselm Strauss),既是程序化扎根理论的创始人之一,也是经典扎根理论的创始人,其在两个流派中观点最不同之处在于:经典扎根理论认为研究者在开展田野调查之前不应该预先设定具体的研究问题,研究问题应该随着研究的进展而自然呈现出来,这使得整个研究过程存在着相当强的不确定性,这常常让新手研究者感到无所适从;而程序化扎根理论通过增加"维度化""主轴性编码"和"条件矩阵"等新工具,明确了扎根理论的操作步骤,为新手的编码过程提供了"说明书"式的引导。

建构型扎根理论的代表人物是凯西·卡麦兹(Kathy Charmaz),她认为,方法论是人类理解世界的一种方式,是人类理解世界的描述性语言。所谓"真理"和"理论"只是对所研究事物的一种描述而非事物本身的全部特征,理论反映的是人对世界的理解过程,在人和世界的互动中被建构出来。

扎根理论的三大流派间有不少争论,这使其成为被广泛运用但也容易被误用的一种研究方法。[①] 实际上,三个流派各有优缺点。经典扎根理论要求研究者不先入为主地构想问题,要从被研究者的角度自然而然地发现研究问题,且发现问题和分析问题都要严格遵守"从数据中自

[①] 吴毅,吴刚,马颂歌.扎根理论的起源、流派与应用方法述评——基于工作场所学习的案例分析[J].远程教育杂志,2016,35(03):32—41.

然涌现"的原则,为了避免"先入为主",文献综述也被置于访谈之后,且文献也是数据;其局限性在于,在现实中将研究者看作一块"白板"过于理想化,因而经典扎根理论所坚守的"自然涌现"实际上只是一种理想状态。程序化扎根理论在研究中允许研究者带有较为明确的研究问题且其对于编码过程明确的指导使得初学者更容易掌握,但其研究过程的机械化亦有不少非议。与前两个流派不同,建构型扎根理论遵循的是建构主义的哲学基础,理论视角为解释主义,更加强调研究者与被研究者之间的互动,这一转变为扎根理论更加增添了反思性和人文性色彩。

研究应是"具体问题具体分析""不唯上不唯书只唯实"的,本研究客观审视了三大流派各自的优越性和局限性,出于研究的实际需要,并结合指导研究方法的适切性的考虑,做出如下选择:

(1) 具体研究问题的生成环节同时也是资料收集环节,为了生成更具体的研究问题,本研究半严格地遵从经典扎根理论的指导。"半严格"指的是未完全依照经典扎根理论将研究者视为"白纸"且文献研究被置于访谈之后的设置,而是遵照本研究的实际情况,将这一程序调整为"文献梳理-形成较宏观的研究问题-通过访谈聚焦和进一步明确研究问题"。第一次文献梳理是为了开阔研究者视野,增强研究者的敏感度。这一环节选择经典扎根理论的原因有二,一是高职分类考试的试点模式在各省区市呈现不同的样态;二是虽然已有的实证研究已经指出了一些如"命题及组织标准化程度不够""招生对象局限性""评价标准不一使得公平性存疑""部分高职院校生源不足导致考试不具有竞争力"等问题,但这些问题依然偏向于整体视角而非具体问题,本研究将上述问题设置为开放问题来对相关群体进行访谈,力求挖掘问题背后的具体情境。

(2) 在资料分析环节,较为严格地依照程序化扎根理论的指引,对通过半结构化访谈取得的访谈文本进行三级编码。

(3) 在结论生成和建构环节,更多地遵从建构型扎根理论的指导,因为本研究认为只依照程序化扎根理论来生成理论过于机械化。为了使得理论建构不仅局限于受访者的个人或群体经验性,在理论生成环节的编码过程中进行第二次文献梳理,将访谈资料、文献资料和研究者个人的理解进行三角互动,共同推动结论的生成。

图 2-2 展示了在扎根理论指导下的质性研究流程。首先,在经典扎根理论的方法指导下进入形成具体问题和资料收集阶段。一是文献梳理后,形成若干开放式研究问题;二是通过开放性抽样进行第一阶段的半结构化访谈,在形成具体的研究问题后停止抽样;三是通过目的性抽样进行第二阶段的半结构化访谈,当受访对象不再产出新的观点时停止抽样。其次,在程序化扎根理论的方法指导下进入资料分析阶段,将访谈资料转化为文本后进行三级编码直至理论达到饱和状态。最后,在建构型扎根理论的方法指导下进入结论生成阶段,在编码结果、二次文献梳理以及研究者的理解三者互动下,形成结论。

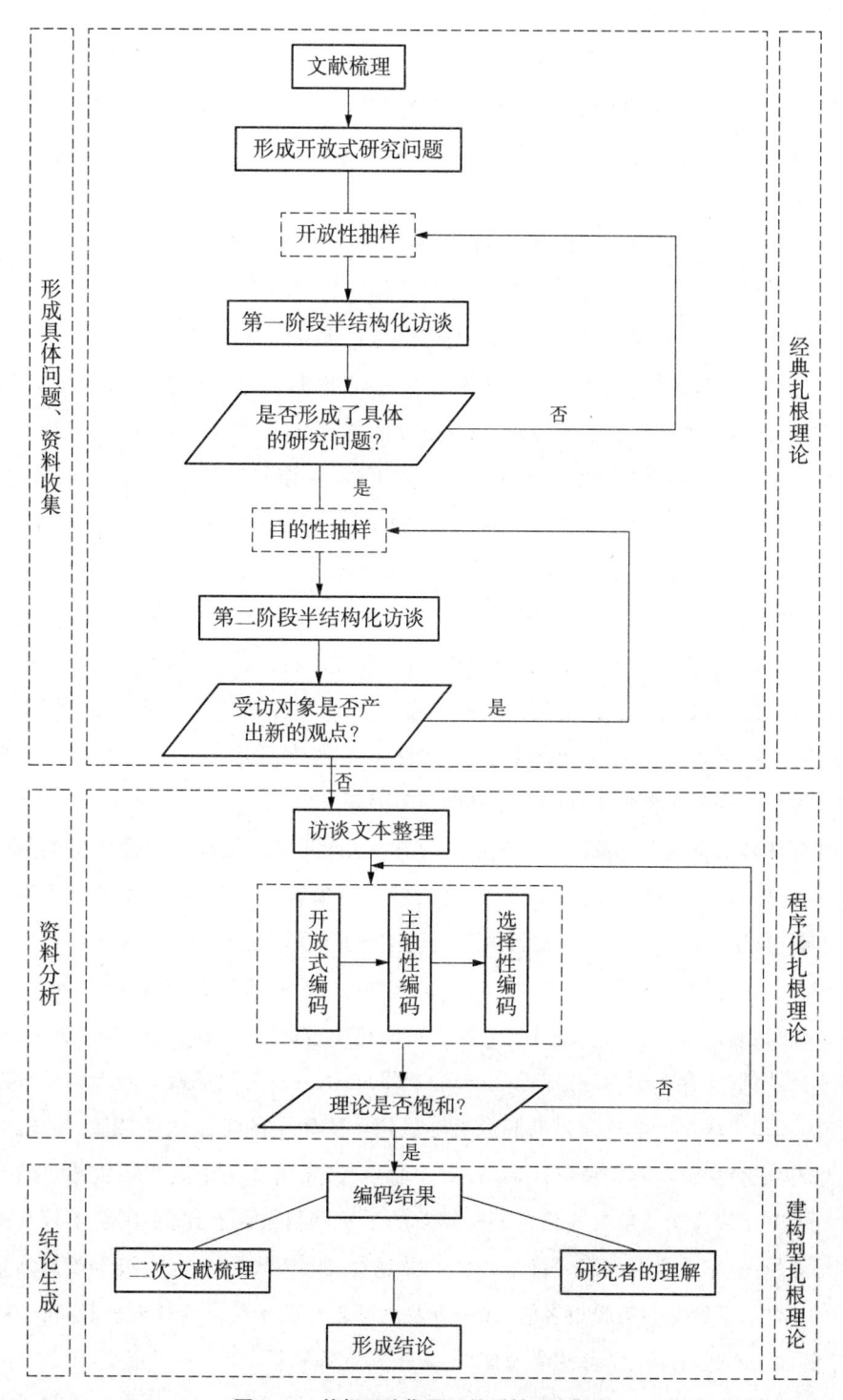

图 2-2 扎根理论指导下的质性研究流程

二、实证研究工具的开发

围绕本研究的核心问题"高职分类考试改革的现实审视",从考试内容、考试形式、组织管理等维度审视高职分类考试的基础上,设计针对国家教育主管部门、省级教育主管部门、中职学校、招收中职生的高职和本科院校、升入高职或本科院校的中职和普高学生、企业6类相关群体的半结构化访谈提纲。

访谈主要围绕着三项内容:一是各地高职分类考试改革的政策设计和基本进展;二是关注主要问题,进行原因分析;三是关于职业教育考试招生制度的政策建议。

以6类群体为对象,分别设计访谈提纲,访谈内容整体上分为两大部分:

第一部分是个体背景信息。(1)针对国家教育主管部门,应被访谈者的保密要求,未透露其职务信息。(2)针对省级教育主管部门,明确其所在的省区市、工作部门及职务。(3)针对高等职业专科院校及本科院校明确其所在省区市、学校类型(职业专科院校、职业本科院校、应用型本科、技师学院)、个人工作部门及职务。(4)针对中职学校,明确其所在省区市、学校类型(三年制中职、五年制中职、职业高中、技工学校)、个人工作部门及职务。(5)针对学生,明确其中等教育阶段就读的学校类型(三年制中专、五年制中专、职业高中、技工学校、普通高中)及中等教育阶段所学专业,目前阶段就读的学校类型(职业专科院校、职业本科院校、应用型本科、技师学院)及目前所学专业,通过何考试途径进入的目前院校学习(现行高考、三校生[①]高考、对口单招、五年一贯制、中高贯通、中本贯通、技能拔尖人才免试入学、注册入学、其他途径)。(6)针对企业,明确企业类型、规模、参与校企合作和职业教育人才培养的年限等。

第二部分从各个类型的对象所在角色的角度出发,询问对职教高考和高职分类考试改革的基本认识、实际体验、经历描述、改革建议等。(1)针对国家教育主管部门,主要从央地两级政府之间的职责划分、国家进行相关顶层设计的背后动因、对于实际情况的把握和下一步工作打算等方面收集信息。(2)针对省级教育主管部门,主要从本省区市政策的制定者和国家政策的执行者角度出发,了解该省区市在目前高职分类考试改革的整体进展、工作思路、政策供给上,从哪些方面给予了支持或规范、存在的问题以及下一步的工作打算。(3)针对高等职业专科院校及本科院校,了解作为承接中职生的学校通过高职分类考试招收中职生的考试途径、组织管理、与低一级学校贯通培养项目、后续培养等情况。(4)针对中职学校,了解作为输送中职生的学校对高职分类考试代表的升学以及毕业生另一流向——就业的看法和目前两者比例,了解本校在中职阶段对学生的培养情况,毕业生升入高一级学校的考试途径、组织管理、与高一级学校贯通培养项目等。(5)针对学生,了解其作为政策客体,在中等及高等教育两个阶段选择职业教育的缘由、进入途径,两个阶段培养过程中的实际感受及建议、未来职业规划等。(6)对于企业,了解从企业角度如何看待职业教育目前的人才培养、校企合作的情况以及对于职业院校学生升学的看法以及自

---

① "三校生"是对职业高中毕业生、技工学校毕业生以及中等专业学校毕业生的统称。

身如何参与到职业院校的招生工作中等。

正式访谈之前,笔者设计了预访谈提纲,对本研究所确定的6类访谈群体中的4类,每类2—3人共计11人进行了预访谈。预访谈对象的样本描述请见表2-1。(受访对象的编码中,J代表国家教育主管部门、S代表省级教育主管部门、G代表高等院校、Z代表中职学校、X代表通过分类考试进入高校就读的学生、Q代表企业,前三位数字用以识别受访者所在地区及方位,后两位数字用以识别受访者的身份,下同)。之后,根据预访谈情况对访谈提纲进行修正。需要说明的是,实证调研的过程持续了2个月左右,访谈提纲在整个调研过程中根据需要不断调整,访谈提纲见附录1—6。

2-1 预访谈对象情况表(N=11)

序号	受访对象	性别	对象类别	角色	方位	备注
1	S351-1-1	女	省级教育主管部门	省厅职成处处长	西部	—
2	S241-1-1	男	省级教育主管部门	省厅职成处副处长	中部	—
3	S132-1-1	女	省级教育主管部门	省厅职成处干部	东部	—
4	G132-0-1	男	高等院校	教师	东部	首批国家高水平学校建设单位B档
5	G144-2-1	男	高等院校	招就处长	东部	首批国家高水平学校建设单位B档
6	G241-2-1	男	高等院校	院长	中部	首批国家高水平学校建设单位A档
7	Z133-3-3	男	中职学校	校长	东部	国家级重点
8	Z133-3-4	男	中职学校	教务处长	东部	国家级重点
9	X132-4-1	男	学生	应用型本科院校	东部	中本贯通
10	X132-4-6	女	学生	职业专科院校	东部	3+3中高职贯通
11	X132-4-21	男	学生	职业专科院校	东部	对口单招

三、访谈实施与质量控制

(一)访谈实施

访谈实施分为两个阶段,分别对应了"开放性抽样"和"目的性抽样"的抽样方法。第一阶段的"开放性抽样"对样本选择不做任何明确规定,收集的数据越多越好。高职分类考试在省级统筹下进行,因而不同省域之间试点情况可能差异较大,为了避免所选取的调查对象因过于狭隘而缺少代表性,本研究在调查对象的选择上特别关注地域分布,尽量找到数量多的、地域广的、有研究潜力和典型性的样本。

第一阶段于2021年6月上旬在国家教育行政学院完成,利用一次针对全国30个省区市(因新冠疫情防控原因,广东省未参加,另港澳台地区未参加)省级教育行政部门职业教育分管同志与分管部门主要负责同志、部分中高职学校党委书记校长的培训机会,对其中来自于8个省区市的部分参训人员以及3位国家教育行政部门的受访者进行了访谈。

第二阶段的"目的性抽样"为了进一步聚焦具体的研究问题,选择了更为典型的样本进行研究。该阶段为研究者于2021年6月下旬至7月底赴4省区市的实地调研,共实地考察了6所高职院校、5所中职学校和3家企业。第二阶段为了进一步获取和锁定关键信息,在调研地区上有意选择了高职分类考试试点开展较早的地区以及地方探索的考试模式后被国家政策吸收的政策创新省份。

访谈法获取资料非常重要的一环是资料收集的充分程度。程序化扎根理论的创造者安塞姆·施特劳斯(Anselm Strauss)和朱丽叶·科尔宾(Juliet Corbin)认为,如果一个类属为一个理解现象提供了有足够深度和广度的信息,而且其与其他类属之间的关系是清晰的,则可视为抽样数量已经足够。[①] 通过查阅已有类似的研究设计发现,当研究者们很难发现与已有内容不同的概念或者内容出现后即可停止抽样。

沿着这样的思路,在研究者在第二阶段"目的性抽样"访谈到一定样本数量之后发现,来自不同的省区市的受访者,就相同的高职分类考试模式下的访谈问题,已经没有了新的内容点出现的时候,可以认为访谈资料的收集已经比较充分,之后便可以停止抽样。

(二) 质量控制

本研究将访谈质量的控制贯穿于访谈前、访谈中和访谈后。

在访谈开始前,本研究已经对各省区市的高职分类考试改革的实施方案以及各省区市针对中职生的考试招生方案有了详细梳理和整体比较(详见第六章)。因而,即使是面对来自不同省区市不同改革模式下的受访者,研究者也已经掌握了基本的背景知识。

访谈邀约时,将调研目的、访谈提纲、时间地点、受访者对象要求等提前与联系人沟通好,征得受访者同意后,将提纲发给受访者以提前熟悉问题。

在访谈过程中,研究者除了保持态度中立、做好录音和笔录等这些基本的质量控制工作外,还格外注意对受访者表达过程中所使用的"专有名词"进行释义上的确认。因为在前期梳理政策文件过程中,研究者发现不同省区市对中职生的升学途径有不同的名称叫法,有时同一名称在不同省区市却又指向不同的内涵和外延上。

例如,国家政策中"文化素质+职业技能"的考试评价到了省级层面有不同的指代,省级层面统一组织的只针对中职生的"文化素质+职业技能"的升学考试在湖北省叫作"技能高考",在上海称为"三校生高考",在天津市、山东省等地唤为"春季高考",在浙江省被叫作"单考单招"。因

---

① [美]朱丽叶·M.科宾,安塞尔姆·L.施特劳斯.质性研究的基础 形成扎根理论的程序与方法[M].朱光明,译.重庆:重庆大学出版社,2015:108.

而,在设计访谈提纲时,研究者刻意不使用某一省的叫法。此外,访谈过程中,研究者还发现受访者有时会使用一些非官方称谓来指代某事物。例如,来自江苏的受访者提到"专升本""专转本""专接本""专套本""专插本"等名词,研究者仔细询问了上述名词的具体内涵,发现上述名词指向的是不同的升学途径。

从上述几个例子,即可感受到省级统筹下各地区考试途径、考试名称上的巨大差异和不统一,这也从侧面再次说明本研究运用访谈法来收集资料的适切性和必要性。原因在于,如果不是开放式的访谈而转用研究者先前设定的问卷题项,那么很有可能会因为各省区市名称叫法的不统一而给数据收集带来不严谨和不准确的潜在可能。

访谈结束后,研究者在第一时间将语音资料转为文字妥善保存,且对访谈过程中受访者提到的内容专门查阅相关政策文件,以取得完整表述,也从侧面印证受访者提供的信息的准确性,通过受访者提到的内容补充相关文献资料,以增进对访谈资料的进一步理解。对于拒绝录音的受访者采取笔录,访谈结束当天对收集到的访谈资料进行书面整理并妥善保存。同时,为了更好地事后比对和印证访谈内容,研究者格外重视文本资料的收集,包括省级政府颁布的政策文件、中职学校、职业专科院校及本科院校的招生手册、可向研究者开放的人才培养方案等各类文本。

四、样本描述与数据处理

(一)样本描述

职教高考、高职分类考试改革的参与主体相对多元,具体可分为中央政府、省级政府、中职学校、职业专科院校、本科院校以及中职学生。两次正式调研共访谈了3位国家教育主管部门工作人员、来自12个省区市的9位省级教育主管部门工作人员、12位中职学校校领导和工作人员、24位高等院校校领导和工作人员、27位学生以及3位企业负责人,共计78人。

表2-2列出了国家教育主管部门的受访者情况。三人均有在教育领域超过7年的工作时间,其中一位曾在职业院校有长达近10年的基层工作经验。三位受访者均对国家相关职业教育政策的出台背景有较强的把握,对政策执行的一线实际情况也均有较强的了解,其中两位曾多次以政策起草小组成员的身份参与相关政策文件的起草。

表2-2 国家教育主管部门受访者情况表(N=3)

序号	受访对象	性别	单位
1	J-1	男	教育部某司
2	J-2	男	教育部某司
3	J-3	男	教育部某司

表2-3列出了省级教育主管部门的受访者情况。他们的工作单位分布在9个省区市(4个东部地区、1个中部地区以及4个西部地区)。省级教育主管部门受访者多为省教育厅职业教育

与成人教育处负责人,他们之中有长期在职成处工作的资深公务人员;有在高教处、学生处、省教育考试院等与高职分类考试工作有交集的相关部门工作经历的职能部门负责人。省级教育主管部门受访者的口述资料将政策文本与其所处的历史、制度和政策实践相结合,使得政策文本分析再现了"黑箱技术"。[1]

表 2-3 省级教育主管部门受访者情况表(N=9)

序号	受访对象	性别	省区市所在方位	单位	职务
1	S353-1-1	男	西部	省教育厅	副厅长
2	S354-1-1	男	西部	省教育厅职成处	副处长
3	S365-1-1	女	西部	省教育厅职成处	副处长
4	S350-1-1	男	西部	省教育厅职成处	干部
5	S242-1-1	男	中部	省教育厅职成处	副处长
6	S112-1-1	男	东部	省教育厅职成处	处长
7	S135-1-1	男	东部	省教育厅	一级调研员
8	S133-1-1	男	东部	省教育厅职成处	副处长
9	S131-1-1	男	东部	省教育厅职成处	主任科员

表 2-4 列出了中职学校受访者情况。共有工作单位分布在 6 个省区市的 12 位受访者,其中东部地区 8 位,中部地区 4 位。中职学校里,中职学校里既有五年制中职也有三年制中职,既有国家级重点学校也有一般学校。中职学校受访者角色上多为校党委书记、校长或副校长、招办主任、教务处负责人。

表 2-4 中等学校受访者情况表(N=12)

序号	受访对象	性别	所在方位	学校类型	学校层次	职务
1	Z213-3-1	女	中部	中职学校	国家级重点	党委书记
2	Z214-3-1	男	中部	中职学校	国家级重点	校长
3	Z214-3-2	男	中部	中职学校	国家级重点	校长
4	Z236-3-1	男	中部	中职学校	一般	校长
5	Z131-3-1	女	东部	中职学校	国家级重点	校长
6	Z132-3-1	男	东部	中职学校	一般	副校长
7	Z132-3-2	女	东部	中职学校	一般	教务处长
8	Z132-3-3	女	东部	中职学校	一般	副校长

---

[1] 涂端午.教育政策文本分析及其应用[J].复旦教育论坛,2009,7(05):22—27.

续 表

序号	受访对象	性别	所在方位	学校类型	学校层次	职务
9	Z132-3-4	女	东部	中职学校	一般	招就处长
10	Z132-3-5	男	东部	中职学校	一般	招就处长
11	Z132-3-6	男	东部	中职学校	国家级重点	招就处长
12	Z133-3-1	男	东部	中职学校	国家级重点	招就处长

表2-5列出了高等院校受访者情况。共有工作单位分布在9个省区市的24位受访者,其中东部地区21位,中部地区1位,西部地区2位。高等院校中,学历层次覆盖了专科和本科:既有入选首批国家高水平高职学校和专业建设计划学校,也有一般学校、技师学院;既有新设立的职业本科学校,也有应用型本科。专业特长上,涵盖了综合类、理工类、财经类、农林类。高等院校受访者角色上多为校党委书记、校长、招办主任、教务处负责人,也有系主任、任课教师等。

表2-5 高等院校受访者情况表(N=24)

序号	受访对象	性别	方位	公办/民办	学校层次	学校类型	职务
1	G131-2-1	女	东部	市属公办	新设立	—	校长
2	G131-2-2	男	东部	民办	职业本科	财经类	校长
3	G131-0-4	男	东部	省属公办	首批国家高水平学校建设单位C档	艺术类	原常务副院长
4	G132-2-1	女	东部	省属公办	首批国家高水平专业群建设单位C档	理工类	副系主任
5	G132-2-2	男	东部	市属公办	一般	理工类	教务处副处长
6	G132-2-3	男	东部	市属公办	一般	技师学院	招就处副处长
7	G132-2-4	男	东部	省属公办	首批国家高水平学校建设单位A档	理工类	招就处长
8	G132-2-5	女	东部	省属公办	首批国家高水平学校建设单位A档	理工类	招就处干部
9	G132-2-6	女	东部	市属公办	一般	财经类	招就处处长
10	G132-2-7	女	东部	市属公办	一般	财经类	任课老师
11	G133-0-1	男	东部	省属公办	应用型本科	理工类	原党委书记
12	G133-2-1	男	东部	省属公办	首批国家高水平学校建设单位B档	综合类	副校长
13	G133-2-2	男	东部	省属公办	首批国家高水平专业群建设单位B档	财经类	党委书记
14	G133-2-3	男	东部	省属公办	首批国家高水平学校建设单位B档	综合类	教务处长

续 表

序号	受访对象	性别	方位	公办/民办	学校层次	学校类型	职务
15	G133-2-4	男	东部	省属公办	首批国家高水平学校建设单位B档	综合类	招生办干部
16	G133-2-5	女	东部	省属公办	首批国家高水平学校建设单位B档	综合类	教务处干部
17	G135-2-1	男	东部	省属公办	首批国家高水平专业群建设单位A档	综合类	副校长
18	G135-2-2	男	东部	省属公办	首批国家高水平专业群建设单位B档	综合类	副校长
19	G137-2-1	男	东部	省属公办	首批国家高水平专业群建设单位C档	其他	党委书记
20	G144-2-2	男	东部	民办	职业本科	综合类	招生办主任
21	G144-2-3	男	东部	民办	职业本科	综合类	教务处副处长
22	G241-2-2	男	中部	省属公办	首批国家高水平专业群建设单位B档	农林类	院长
23	G361-2-1	男	西部	省属公办	首批国家高水平专业群建设单位B档	理工类	院长
24	G362-2-2	男	西部	省属公办	首批国家高水平专业群建设单位A档	理工类	校长

表2-6列出了学生受访者情况。共有学校分布在2个省区市的27位受访者,全部来自东部地区。学生群体中,既涵盖了中高职贯通(3+3)、五年一贯制、中本贯通、对口单招、注册入学、现行高考六种考试途径升入高一级学校就读的学生,也有现在仍在中职学校就读的在校生;既有考入职业专科院校的学生,也有就读职业本科院校、应用型本科院校的学生;既有中等教育阶段就读于中职学校的学生,也有少量就读于普通高中的学生。所学专业覆盖了机械类、电子类、财会类、计算机类、旅游类等若干个专业大类。

表2-6 学生受访者情况表(N=27)

序号	受访对象	性别	方位	中职学校类型	中职专业	高校类型	高校专业	入学途径
1	X132-4-2	男	东部	五年制中职学校	机械电子工程	省属全日制本科	机械电子工程	中本贯通
2	X132-4-3	男	东部	五年制中职学校	土木工程	省属全日制本科	土木工程	中本贯通
3	X132-4-4	女	东部	五年制中职学校	土木工程	省属全日制本科	土木工程	中本贯通
4	X132-4-5	男	东部	五年制中职学校	旅游外语	省属公办高职	商务英语	中高职贯通
5	X132-4-7	女	东部	五年制中职学校	旅游外语	省属公办高职	商务英语	中高职贯通

续表

序号	受访对象	性别	方位	中职学校类型	中职专业	高校类型	高校专业	入学途径
6	X132-4-8	男	东部	职业高中	机电一体化	省属公办高职	机电一体化	中高职贯通
7	X132-4-9	男	东部	职业高中	机电一体化	省属公办高职	机电一体化	中高职贯通
8	X132-4-10	男	东部	三年制中职学校	模具	省属公办高职	模具	中高职贯通
9	X132-4-11	男	东部	三年制中职学校	模具	省属公办高职	模具	中高职贯通
10	X132-4-12	女	东部	三年制中职学校	学前教育	市属公办高职	电子商务	注册入学
11	X132-4-13	女	东部	三年制中职学校	动漫设计	市属公办高职	视觉传达艺术	注册入学
12	X132-4-14	男	东部	五年制中职学校	计算机应用	市属公办高职	移动互联	中高职贯通
13	X132-4-15	男	东部	普通高中	—	省属公办高职	市场营销	现行高考（提前批）
14	X132-4-16	男	东部	普通高中	—	省属公办高职	市场营销	现行高考（提前批）
15	X132-4-17	男	东部	普通高中	—	省属公办高职	市场营销	现行高考（提前批）
16	X132-4-18	男	东部	三年制中职学校	电气控制	省属公办高职	工业机器人	中高职贯通
17	X132-4-19	男	东部	职业高中	机电一体化	省属公办高职	机电一体化	对口单招
18	X132-4-20	男	东部	三年制中职学校	汽车维修与检测	省属公办高职	汽车维修与检测	对口单招
19	X132-4-22	女	东部	三年制中职学校	应用电子	省属公办高职	应用电子	中高职贯通
20	X132-4-23	女	东部	五年制中职学校	酒店服务与管理	省属公办高职	旅游管理	中高职贯通
21	X132-4-24	女	东部	省属公办高职	学前教育	省属公办高职	学前教育	五年一贯制
22	X133-4-1	女	东部	普通高中	—	省属公办高职	商务英语	现行高考
23	X133-4-2	女	东部	职业高中	会计	省属公办高职	会计	对口单招
24	X133-4-3	男	东部	三年制中职学校	机电一体化	省属公办高职	机电一体化	对口单招
25	X133-4-4	女	东部	职业高中（在读）	机电技术应用	—	—	中高职贯通
26	X133-4-5	女	东部	职业高中（在读）	服装设计与工艺	—	—	就业班
27	X133-4-6	男	东部	职业高中（在读）	国际商务	—	—	升学班

表2-7列出了企业受访者情况。3位受访者所在企业2家来自东部地区、1家位于中部地区，企业规模上，2家为小型企业、1家为中型企业；产业行业类型上，2家为制造业产业类企业、1家为文化旅游产业类企业，3家企业均与当地职业院校有校企合作关系。一位受访者既为企业主同时也是某高职院校的"双师型"教师，另外两名受访者在各自企业中从事人力资源管理工作5年以上，每年接触大量毕业于职业院校的应届生求职者。三位受访者均对以企业为代表的用人单位的用人需求、职业院校的就业情况以及职业院校学生的学习情况有较生动而深刻的实际了解。

表2-7 企业受访者情况表(N=3)

序号	受访对象	性别	方位	单位	职务
1	Q-1	男	东部	制造业产业类企业（小型）	企业主、双师型教师
2	Q-2	女	中部	制造业产业类企业（中型）	人力资源主管
3	Q-3	男	东部	文化旅游产业类企业（中型）	人力资源主管

（二）数据处理

1. 数据处理的软件选择

本研究以 Nvivo 作为访谈资料的数据处理辅助工具，软件的使用伴随质性研究的资料分析和结论生成阶段的全过程，包括三级编码、结论的形成和补充等。将对一次预调研和两次正式调研的89位受访者进行访谈得来的语音资料转录为 Word 文档，获得共计9万余字的文本。

2. 数据处理的过程示例

开放式编码是三级编码的第一步。这一步要求研究人员保持开放的心态，消除个人偏见，根据所呈现的属性对所有材料进行分类。具体步骤是，首先选择访谈文本中的若干篇进行编码，留下几篇作为理论饱和度测试。第二，将访谈文本分解为可操作的部分，将同义片段共同归类到一个"本地化的概念"，称为"初始概念"。第三，合并同义的"初始概念"，删除与研究课题相关性较小的"初始概念"。表2-8呈现了开放式编码的示例。

表2-8 开放式编码示例

问题		受访者类别	受访者回答	初始概念	概念类属
主要问题	针对访谈对象的引申问题				
本省中职毕业生升入高一级学校的主要渠道。	在哪些方面给予了支持或规范、存在的问题、下一步的工作打算等。	省级教育主管部门	"我们省所有'双高'校，除了医专没有，全有'联合培养'，这个非常不容易，我们是作为示范区在强力推这个事儿，但是普通高校的阻力非常大，他有一万个理由"（S112-1-1）。	招收中职生的本科院校数量少、阻力大	招生院校选择度

续 表

主要问题	问题 针对访谈对象的引申问题	受访者类别	受访者回答	初始概念	概念类属
	您的看法和存在的问题。	中职学校	❖ "目前,中职生升学途径很多,苏南地区还有注册入学,所以有学上是不成问题的,但问题在于选择度的问题,升入好学校的机会太少"(Z132-3-5)。	升入高校的数量少、考试成绩未有流通性	
	感觉还有哪些问题,希望有哪些改善。	学生	❖ "我们只能考取省内的本科或者高职,那些本科学校也比较一般,不像普通高考有去省外还有去顶尖大学的机会"(X132-4-2)。	升入高校数量少、选择面窄	
本省开展"文化素质+职业技能"考试的进展	是否全省统一组织了职业技能测试?有哪些问题?	省级教育主管部门	❖ "个别省可能在自己省内有一些职业技能测试的考题开发、考题研究的立项,国家实际上可以吸纳各省的经验,或者把做的好得全国推广一下。国家出的标准可以是指导性、原则性的方案,然后各地执行的时候结合本地做增减,但是国家最好有一个整体的框架出来"(S133-1-1)。	国家宏观指导与省级统筹间存在政策期待与承接张力	两级政府在分类考试招生工作上的责权划分
	学校是否参与了"文化素质+职业技能"考试中职业技能测试的组织实施?实施情况如何,有哪些经验、困境?	高等院校	❖ "省考试院委托组考院校来出题、组织考试、评分甚至录取,这本不属于学校的职能,我认为这某种程度上就是省教育考试管理机构的不作为"(G135-2-1)。	院校在组考中承担了超过自身职责的任务	政校在考试制度上的责权划分
如何看待企业行业、社会等第三方组织参与高职分类考试改革	—	省级教育主管部门	❖ "1+X证书现在还是试点阶段,也是国家在大力推行的。但是问题在于这套体系还不够成熟,还不能够结合到分类考试中来。目前证书体系里面,还是人社部的职业资格证书、职业等级证书更有流通性"。(S133-1-1)	作为考招分离抓手的证书权威性尚未凸显	招考分离的科学性、可行性
	—	高等院校	❖ "广东没有组织全省统一的技能测试,而是以证书来替代,只要有省教育厅公布的可以用于升学凭证的14类证书中的一种即可报考,……考和招没有完全对应起来,是放了很多水的"(G144-2-1)。	考试与招生所要考查的内容及专业未能精准对接起来	

续 表

问题		受访者类别	受访者回答	初始概念	概念类属
主要问题	针对访谈对象的引申问题				
	从企业自身视角来看,企业可以如何参与到职业院校的招生工作中?	企业	"实际上作为考试来讲,要开发出典型工作任务,这个过程是非常难的,你靠找一些专家以这种短期形式来帮你把把关肯定不行的,质量难保证。实际上应该还是由官方的考试管理部门专门组建起一支队伍,然后投入相当的人力物力财力来专门做这个事"。(Q-1)	企业行业的短暂参与使参与效果有限	考试招生环节的长效参与机制

主轴性编码是三级编码的第二步。主轴编码是要对上一阶段形成的初始概念进行逻辑关系上的澄清,以形成更高一级的概念类属。概念之间的逻辑关系可能是因果关系、近义关系、相反关系、对等关系、时序关系等等。[①] 研究者一次仅围绕一个关系进行深度分析,除了考虑概念类属之间的关系之外,还要根据当时访谈的具体情景找出访谈者表达的真实意图,将概念放置在当时访谈者要表达的场景中去考量。之后,研究者要再次辨别哪些是主要类属、哪些是次要类属。表2-9呈现了主轴性编码示例。

表 2-9 主轴编码后形成的主要类属列表

类别	主要类属	次要类属	概念类属
分类考试的制度供给情况	办考模式	统招统测型	省级教育主管部门统一办考、统一招生
		招考分离型	招生院校单独办考、单独招生;部分考试以第三方成绩如证书等替代
	考试设计	考试内容的科学性	考试内容既能够满足高职院校的选拔需要,也可覆盖中职阶段的学习内容
		考试形式的科学性	考试形式的可操作性、稳定性、经济性、效率性等
		组织分工的合理性	府际之间、府校之间办考招生的责权划分清晰、责权利统一
分类考试主要利益主体的需求情况	学生诉求	升学欠缺选择性	分类考试成绩未具有广泛的流通及应用价值,可升入的院校及专业数量和质量有限
		学习内容接续不畅	中职阶段的专业课及文化基础课程与高一级的存在重复、断裂现象
	中职学校诉求	办学定位、教学内容体系须做出改变	由就业导向向就业与升学的双重导向过渡;加强中职教学内容的教育属性
		中高职专业目录在分类考试上未实现完整对接	中职学校的部分细分专业在更高一级院校未有接续

[①] 陈向明.扎根理论的思路和方法[J].教育研究与实验,1999(04):58—63+73.

续 表

类别	主要类属	次要类属	概念类属
分类考试的影响因素	高职院校诉求	在分类考试中享有充分的招生自主权	可根据学校自身特色和专业培养要求提出招生要求
		在分类考试办考中责权利相统一	与教育主管部门在办考工作上分工明确、边界合理、责权一致
	组织管理体制	主要主体及其责任分工	央地两级政府、高职院校、中职学校、企业行业等之间的责权分工须清晰、合理、科学
		主要环节	考试大纲制订、试题命制、考试组织和实施(考场确定和布置、考务人员选聘与管理、考务等)、评分阅卷、成绩公布和管理、招生院校和专业的确定、招生计划的编制、分数线划定、组织录取、公布录取结果等
		省级统筹管理体制下的省级政府政策执行能力	作为省级统筹体制下招生权考试权的真正拥有者的省级政府,其政策制定与执行情况将深刻影响区域分类考试的效果
	高等职业教育体系	尽快建立和完善高层次职业教育	进一步突破职业高等教育的办学层次,发展职业本科
		各层次定位分明	各阶段中等及高等(含专科、本科、研究生层次)职业教育的层次内涵明确
	中等职业教育体系	教学情况、办学定位的转变	由就业导向向就业与升学的双重导向过渡;教学内容体系要调整至与分类考试内容相适配
	职业教育的区域性	不同区域的职业教育的发展阶段和基础	不同地区中职教育的升学需求不同,发展高层次职业教育的基础条件不同,分类考试的专业目录、考试大纲、考试内容等具有区域特色

  选择性编码是三级编码的第三步。选择性编码指的是将主轴性编码形成的主类属进一步概括成为核心类属的过程。核心类属要能够体现"提纲挈领"的作用,通过核心类属要能够将其他所有类属串联起来。[①] 与前两级编码形成的类属相比,核心类属更占据中心的位置,通过不断比较的方法将相关的类属连接起来,去掉联系不够紧密的类属。[②] 经过三级编码后,本研究形成了物质资源层、组织资源层及人力资源层三个核心类属。通过对各个主要类属、次要类属以及概念类属之间的关系进行提炼、分类,再对部分文字进行调整与修改,并根据各个类属在构建职教高考中所发挥的作用,共同构建出支撑职教高考制度构建的要素关系模型(表2-10)。

[①] 陈向明.质的研究方法与社会科学研究[M].北京:教育科学出版社.2000:334.
[②] 陈向明.质的研究方法与社会科学研究[M].北京:教育科学出版社.2000:334.

表 2-10　支撑职教高考制度构建的要素关系模型

基本架构	基本内容	在职教高考中所发挥的作用	进一步阐释
物质资源层	招生院校	间接驱动、直接影响	通过职教高考能够升入的院校直接影响该考试的吸引力,考试反之间接驱动其要进行进一步的完善
	专业目录	间接驱动、直接影响	中高职两个阶段在分类考试中的专业目录一体化程度直接影响考试效果,考试反之间接驱动其进一步完善
	考试大纲、试题库、评分标准等	直接驱动、直接影响	上述方面直接影响考试科学性,考试反之直接驱动其要不断更新和完善
	考试场地建设、设备管理等	直接驱动、直接影响	上述方面直接影响考试科学性,考试反之直接驱动其要不断更新和完善
组织资源层	重要办考主体的分工协作	间接驱动、直接影响	央地两级政府、招生院校等重要办考主体的分工是否合理清晰直接影响考试的公平性、科学性以及考试的规范性、标准化程度等方面,考试反之间接驱动办考主体之间的责权划分
	制度供给	直接驱动、直接影响	作为政策制定和政策执行的重要主体的政府部门对于职教高考的政策供给、规划等直接影响考试开展能够开展的程度和基本样态,考试反之直接驱动政策制定者作出进一步调整
人力资源层	考试试题开发人员	直接驱动、直接影响	职教高考作为新事物及其自身类型特色致使试题开发需要专业团队,团队直接影响考试的公平性、科学性等,考试反之直接驱动相关团队的组建和管理等
	考试考评人员和考务人员选聘	直接驱动、直接影响	考评和考务人员需要专业人员来承担且会直接影响到考试的公平性等,考试反之直接驱动相关团队的组建和管理等

第三节　理论视角

一、历史制度主义理论

历史制度主义是 20 世纪 80 年代开始流行并发展壮大起来的新制度主义的重要范式和流派之一。历史制度主义注重对长历史的研究,分析行动者的观念、立场等能够彰显行动者偏好的因素对于制度生成的影响。[①]

历史制度主义理论主要由制度理论和时间理论两个部分组成。制度理论又包括了制度变迁理论和制度效能理论。制度变迁理论将制度视为因变量,研究制度如何通过社会、思想、经济、政治、革命和战争发生变化。变迁过程可以分为制度产生和制度变迁两种。制度变迁理论中三个有影响的理论范式是路径依赖理论、间断均衡理论和渐进转变理论。

路径依赖理论的中心含义是:当前制度建设的方向、内容和模式,都要依赖于历史进程中的

---

① Rhodes, R.A.W., Sarah A.B., Bert A.R., eds. The Oxford Handbook of Political Institutions [M]. New York: Oxford University Press, 2006:39—55.

重要制度、结构、社会力量或重大事件。制度的再生产实际上是原有制度基础上的增减。[1] 间断均衡理论认为,制度变迁可以分为相对较短且混乱的制度危机和制度稳定两个阶段。制度通常是连续和稳定的,在此期间,相对突然的危机会导致周期性的间歇性波动,然后恢复稳定。[2] 渐进转型理论将制度变迁的类型分为交换、层叠、转型、变化和耗竭五种类型。[3] 制度效能理论将制度视为能够影响政治行为、组织关系和社会现实的自变量。

制度效能理论包括四个主要的理论范式,即国家自主性理论、制度能力理论、制度作用理论和制度多样性理论。国家自主性理论认为,国家作为最大的制度实体有自己的利益。制度能力理论是指国家作为集体行动的主要支持者,必须具有一定的效率,才能有效地组织资源和权力进行充分协调。制度作用理论的本质是制度决定了谁可以参与到活动领域中,它塑造了每个行动者的策略,影响了行动者的目标设定和偏好。[4] 制度多样性理论认为,国家制度的多样性带来政策的多样性。时间理论主要通过时间序列和关键节点分析制度变迁。此外,观念是历史制度主义特别强调的一个影响因素,它影响着制度选择的方向、风格和结果。

选择历史制度主义理论来分析职业教育的考试招生制度演进过程,具有一定的适切性。首先,它将制度研究与历史过程相结合,通过对历史过程的跟踪,将制度视为因变量或自变量来考查历史变化过程,其与本研究将职业教育的考试招生置于每个阶段当时的社会背景予以考查的研究方法相吻合。其次,历史制度主义学者将制度视为一个复杂的组合,包括了组织结构、价值观、社会环境等,这些网络化的系统共同作用,影响了行动者的行为。[5] 这符合我国的职业教育改革总是受到经济社会发展背景、教育发展背景、就业政策、社会观念、技术技能人才的薪资待遇等多因素影响的特点。

二、利益相关者理论

高职分类考试实践模式的形成或者功能的发挥不是某一因素影响或单一主体能够独自左右的结果,而是多种要素共同作用、多个利益主体互相博弈的结果。因而,必须充分认识各个利益相关者视角下的高职分类考试模式实践,充分认识到多种要素共同作用下的高职分类考试的实践特征,才能从更深层次和更真实的情景中把握高职分类考试实践中的难点、痛点和制约之处,进而"对症下药"地把改革引向更加正确的方向。

利益相关者理论作为正式概念首次被提出是在 1963 年斯坦福大学研究所的一份报告中,但

---

[1] 刘圣中.历史制度主义:制度变迁的比较历史研究[M].上海:上海人民出版社,2010:129—197.
[2] Krasner, S. Approaches to the State: Alternative Conceptions and Institutional Dynamics [J]. Comparative Politics, 1984,16(2):223-246.
[3] 刘圣中.历史制度主义:制度变迁的比较历史研究[M].上海:上海人民出版社,2010:129—197.
[4] Steinmo, S., Clark, P.B., Foweraker, J.. The Encyclopedia of Democratic Thought [M]. London: Routlege, 2001: 573—601.
[5] 刘圣中.历史制度主义:制度变迁的比较历史研究[M].上海:上海人民出版社,2010:129—197.

该报告未对利益相关者作出定义性的诠释。1984年,弗里曼(Freeman)在《战略管理:利益相关者管理的分析方法》一书里中为利益相关者作出"利益相关者是既受组织目标实现过程的影响同时又能够影响组织目标实现的团体或者个人"的内涵解释受到广泛认同。① 但是,这个界定依然相当宽泛。之后,学术界对利益相关者理论研究的主要生发点转向利益相关者的分类问题上,因为对利益相关者进行科学、清晰地划分是研究政策过程中利益博弈的基础。各类利益相关者之间的关系是相互冲突又相互依赖的关系。②

利益相关者有不同的分类标准。最直接的划分是将其分为一级利益相关者和二级利益相关者,前者是指直接影响组织目标的人,后者是指非直接影响的人。弗里曼(Freeman)在其搭建的利益相关者管理模型中认为,可从理性、程序性和交易性三个层面来理解利益相关者。其中,理性层面要考虑"谁是组织的利益相关者""利益相关者们为了利益能够与其他人交换什么""所有利益相关者是否共有的优先事项";程序层是指组织围绕利益相关者制定的组织战略;交易层是组织与利益相关者之间的最佳合作模式,组织必须投入所需的资源来维持组织和利益相关者在此过程中的互动,组织必须使用这些资源与利益相关者建立伙伴关系,利益相关者需要尽最大努力在组织中发挥作用。③

米切尔(Mitehell)于1997年提出的"米切尔评分法",是被应用最广泛的利益相关者划分方法。该方法首先设定了合理性(即某一群体是否被赋有法律上的、道义上的利益索取权)、影响性(即某一群体是否拥有影响决策的地位、能力和相应的手段)和紧急性(即某一群体的要求能否立即引起决策者的关注)三大属性,根据利益相关者的属性来划分他属于哪个群体。确定型利益相关者指的是同时具备了合理性、影响性和紧急性三个属性的人;预期型利益相关者具备三大属性中的两个属性;潜在型利益相关者具备三大属性中的一个属性;这三类利益相关者的划分并非是固定的,可能会随时间迁移、利益格局变化而转化。④ 米切尔评分法对于利益相关者清晰而明确的划分,有助于理清其中错综复杂的利益博弈关系,因而被选择为划分利益相关者类型的参考工具。

具体到本研究,高职分类考试改革是一项中央指导、地方统筹的"由上而下"进行的一个复杂的系统性改革工程。在中央要求实行分类考试改革的政策出台前,中职生、高职院校等利益主体从各自的认知出发,展现出了利益诉求,中央政府关注到这样的诉求后出台政策方案,并要求各地因地制宜地制定实施方案来落实中央的政策指示。

图2-3展示了本研究基于米切尔评分法划分的高职分类考试改革中的利益相关者。在国家

---

① Freeman, R.E.. Strategic Management: A Stakeholder Approach [M]. Boston: The Pitman Press, 1984:121.
② Max, E., Clarkson, A.. Stakeholder Framework for Analyzing and Evaluating Corporate Social Performance [J]. Academy of Management Review, 1995,20(1):92—117.
③ 许杰. 论政府对大学进行宏观调控的新向度——以治理理论为视角[J]. 复旦教育论坛,2003(06):10—13.
④ Mitehell, R., Bradley, A., Donna J.W.. Toward a Theory of Stakeholder Identification and Salience: Defining the Principle of Who and What Really Counts [J]. Academy of Management Review 1997,22(4):853-886.

政策出台之前,作为政策制定者的政府以及受政策方案影响最大的目标群体(中职生、中职学校、高职院校、国家)兼具了米切尔评分法的合理性、影响性和紧急性,因而是第一阶段的确定型利益相关者;政策出台之后,进入执行阶段,预期型和潜在型利益相关者(如国家政策框架下兼具执行上级政策和规划出台本地区政策的省级政府、中职生同等学力者的普通高中毕业生、与高职院校处于同一层次的其他类型的高等院校、与中职学校处于同一层次的普通高中、以往作为承接中职毕业生的企业等用人单位)在这个过程中登场,而且在政策执行过程中,与第一阶段的确定型利益相关者互动。

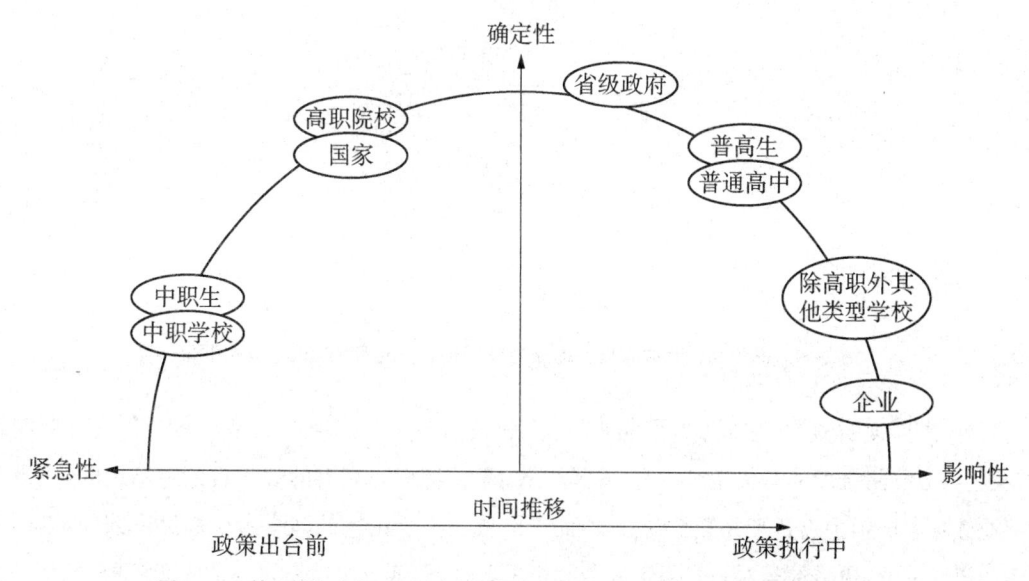

图 2-3 基于米切尔评分法划分的高职分类考试改革中的利益相关者示意图

改革过程中,相关利益主体在达到、运行以及维系这个形态而采取了何种方式,以及主体之间有着怎样的互动是值得研究和分析的。可以说,正是前述划分的在国家政策出台前,以及之后执行过程中的利益相关者们在高职分类考试改革中的利益需求、权责划分和利益阻滞,构成了高职分类考试改革中不同的样态。从这个意义上说,对于高职分类考试实践模式的分析,即是对上述利益相关者在国家政策出台前以及之后执行过程中的利益需求、责权划分、利益阻滞的分析。

图 2-4 展示了本研究基于利益相关者理论所建立的高职分类考试实践模式的分析框架。该框架是由各个利益相关者和利益需求、权责划分和利益阻滞三个场域组合而成的分析矩阵。通过该分析矩阵,我们可以清晰地找到高职分类考试改革中,不同利益主体在政策产生及实施过程中而产生的关系合作方式,以及各种方式所产生的具体问题。对此,本研究将在后续章节呈现具体的分析结果。

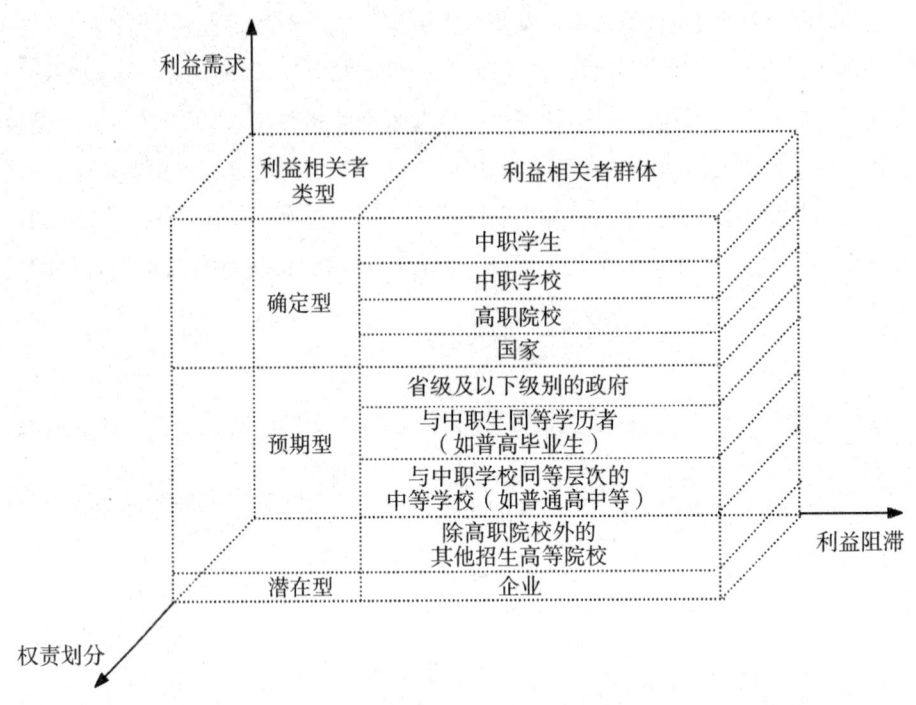

图 2-4 基于利益相关者理论建立的高职分类考试实践模式的分析框架

另外,需要说明的是,为了更加聚焦本研究"职教高考作为一项考试怎么考""作为一项制度怎么建"两个分析维度的有关考试内容、考试形式、考试组织等方面的现实且紧迫的问题,以及目前职业教育考试招生仍处于分类考试阶段,而未形成一项全国性的教育考试制度的问题,本研究在实证研究部分,更多的是对4类确定型利益相关者,以及地方政策制定者的省级政府(预期型利益相关者)和企业(潜在型利益相关者)共计6类利益相关者的访谈。

三、新制度主义理论

在制度主义的发展历程中,有"旧"和"新"两个阶段。在50年代以前的旧制度主义理论时代,制度研究主要集中在政治分析上。[1] 到了六七十年代,随着政治学研究的重心转移到政治行为的研究,学界开始关注个人和群体的可观察行为以及组织结构和个人行为的规范研究。[2] 为了回应日益盛行的个人主义、行为主义思潮,新制度主义被用来指导和约束行为者的行为,[3] 以引起人们对正式和非正式规则的关注。

---

[1] Peters, B. G., Pierre, J., King, D. S.. The Politics of Path Dependency: Political Conflict in Historical Institutionalism [J]. Journal of Politics, 2005, 67(4):1275—1300.
[2] James, G. M., Johan, P. O.. The Logic of Appropriateness [A]//Dobert, G., Michael, M. & Martin, R., eds: The Oxford Handbook of Public Policy. Oxford: Oxford University Press, 2006:689—708.
[3] Peter, A., Hall, CR Taylor, R.. Political Science and the Three New Institutionalisms [J]. Political Studies, 1996,44(5):936-957.

除了理性选择制度主义理论,新制度主义理论还有社会学制度主义理论和历史制度主义理论两个重要组成部分。[①] 新制度主义理论主要关注制度的性质以及它如何影响人类行为。同时,该理论也不否认人类主观能动性的意义。新制度主义理论认为,一个完整的制度体系包括正式制度和非正式制度。与以"规范"为制度基本单位的旧制度主义相比,新制度主义对制度的概念和构成有了更深的认识。霍尔(Hall)将制度分为正式规则、规范程序和标准操作。[②] 道格拉斯(Douglass)将制度视为规则、法律程序和道德行为准则,将制度分为正式规则、非正式约束以及如何实施三个部分。

理查德·斯科特(Richard Scott)提出了一种被广泛接受的制度要素分类方法。简而言之,制度包括规制性、规范性和文化-认知性三大要素,为社会提供稳定性和意义。这一定义涵盖了制度本身的多面性,强调制度是由符号要素、社会活动和物质资源组成的社会结构。制度之所以具有稳定的特征,是因为规制、规范和文化认知因素作用于制度的传播、维持过程。理查德·斯科特(Richard Scott)认为,这三个基本要素构成了一个连续体,而这些制度要素"以独立或相互加强的方式构成了一个强大的社会框架。"

已有研究中,理查德·斯科特(Richard Scott)三要素分析框架及其制度化机制模型,被运用在分析"建设世界一流大学"场域中的制度化机制研究、[③]农村互助养老的合作生产困境与制度化路径、[④]第三次分配的制度化等多个领域。[⑤] 其对于组成制度的重要因素的对标分析以及有针对性地提出制度构建机制,为诸多领域更好地达成制度构建目标以及如何进行制度构建行动提供了方向性指引。

具体到本研究,将使用该分析框架及其制度化机制模型分析职教高考制度的制度属性、制度特征以及制度化过程。鉴于本研究的最终结论围绕着职教高考的制度构建,研究的关键词之一是"制度",其中一个问题分析维度是"职教高考作为一项制度该怎么建",那么,可运用理查德·斯科特(Richard Scott)的制度三要素分析框架,以及三要素制度化机制的相关观点来分析职教高考制度的制度属性、制度特征以及制度化过程。

任何改革都须建立在现实基础之上。职教高考制度的构建不是无源之水、无本之木,分类考试改革作为职教高考的先行阶段,其基本模式、基本经验、现实困难以及不足之处可分别作为职

---

① Peter, A., Hall, CR Taylor, R.. Political Science and the Three New Institutionalisms [J]. Political Studies, 1996,44 (5):936-957.
② 肖晞.政治学中新制度主义的新流派:话语性制度主义[J].华中师范大学学报(人文社会科学版),2010,49(02):23—28.
③ 张熙,刘慧珍."建设世界一流大学"场域中的制度化机制研究——基于组织研究的新制度主义理论[J].高教探索,2015,(09):5—8.
④ 丁煜,朱火云.农村互助养老的合作生产困境与制度化路径[J].厦门大学学报(哲学社会科学版),2022,72(01):112—123.
⑤ 王杨,邓国胜.第三次分配的制度化:实现机制与建构路径——基于制度理论视角的分析[J].新疆师范大学学报(哲学社会科学版),2022,43(04):16—24.

教高考的制度雏形、基本抓手和需要突破之处。通过调研分析,分类考试中各个利益主体之间的互动关系以及考试内容、考试形式等考试关键要素与考试整体运行之间的作用机理,可为职教高考的制度构建提供基本抓手和现有的模板。

本研究有一个基本的前提判断,即目前的高职分类考试改革并非是一种制度而是一种项目。那么,职教高考作为一种制度,在借用分类考试改革已有的"制度基础"之时,须同时分析,作为项目化的分类考试改革要向着职教高考制度转向还缺少哪些制度要素? 易言之,除了分类考试中已有的可借鉴的"制度基础"以外,职教高考制度作为一项制度还有着哪些制度应然? 以及,要达成这样的制度应然状态,其所对应的规制性、规则性、文化-认知性三大要素需要怎样的机制建立来使其制度化?

制度的生成需要一个制度化的过程,制度化是制度稳定并周期发生的行为模式的形成过程,且其形成是朝着既定方向而非其他方向。制度化的过程,是制度产生和制度框架内行动者行为的模式化过程,是组织和程序获得价值和稳定性的历时性过程,代表着以健全相关规则和资源配置为主要内容的制度体系的完善过程,也是为实现制度达成而垒起"制度基础"的过程。

理查德·斯科特(Richard Scott)提出的规制性、规范性和文化-认知性三大制度要素,分别有三种不同的制度化生成机制。具体说来:

(1)规制性因素,以强制性规则为秩序基础,规制性因素指强调明确的、外在的规制过程的规则、监督和奖惩活动,其基本的控制机制是强制机制,对应着激励机制。(2)规范性因素也称契约性因素,以约束性期待为秩序基础,是一种"说明性、评价性和义务性"的维度,包括价值观和规范,价值观本质上是个体偏好的价值观念、是人对行为的评价标准,规范规定个体应当如何完成工作以及追求目标的适当方式或手段,规范性制度对行为有一种期待性的作用,对应着承诺机制。(3)文化-认知性因素,以建构性图式为秩序基础,由外在文化框架所塑造的共同理解和认知,这种认知使个体遵守他们认为理所当然的某种惯例或恰当方式。这种文化是"更具嵌入性"的文化,为个体提供了思考和行动模式,而且具有多样性,同一个情境中的个体由于对情境的不同感知而可能产生不同的行为,[①]文化-认知性制度因素的实现对应着信念机制。

本研究将对照制度的三大要素及其制度化机制,参照高职分类考试改革为职教高考留下的模式、做法和经验为基础参照,总结能够促进职教高考制度化的实现机制。

---

① [美]W.理查德·斯科特.制度与组织——思想观念与物质利益(第3版)[M].姚伟,王黎芳,译.北京:中国人民大学出版社.2010:55—67.

第三章 职业教育考试招生制度的建立与发展

制度植根于复杂的社会背景并在经济社会、教育、观念认识等因素综合作用下,共同推动职业教育考试招生的演变过程。与普通教育的考试招生变革不同,职业教育作为与社会经济发展、生产力发展紧密联系的教育类型,其改革的一举一动更加直接地反映着不同时期国家经济发展和科技发展对技术技能型人才的数量和质量需求。本章以历史制度主义理论为视角,以1980年以来国家层面出台的与职业教育考试招生有关的政策文件为分析资料,结合不同历史阶段里经济社会发展背景、教育发展状况、观念等时代背景,展现职业教育的考试招生"从无到有""从有到优"的建立与发展过程,并对影响政策走向的关键因素与政策变迁背后的深刻逻辑进行总结。

第一节 职业教育考试招生制度的建立过程

职业教育的考试招生包含两层意思,一是中等职业教育的升学问题,二是高等职业教育的考试招生问题。自1980年作为较早的有关中职毕业生升学的政策出台,之后虽然职业教育考试招生政策时有出台,但专门政策很少,大部分分散在教育改革、教育发展规划等专项或综合政策的个别段落。本研究将政策梳理的时间起点定为1980年,检索与主题相关的国家层面的发布日期为1980年—2024年9月之间的政策文本,共获取政策文件75份(详见附录7)。

一、20世纪80年代:偶然起步,需求较小

我国较早的提到职业教育考试招生的政策文件是1980年国务院批转的教育部、国家劳动总局《关于中等教育结构改革的报告》,但考试招生工作在该文件中并不是重点。上世纪80年代,我国经济发展水平仍处于从农业经济向工业经济过渡的阶段,经济建设需要大量的初级或者中级的技术人才,当时的高等教育尚处于精英教育阶段,大部分人并没有在中学后继续接受高等教育而是选择了直接就业。1985年,《中共中央关于教育体制改革的决定》提出"积极发展高等职业技

术院校",这被视为高等职业教育正式诞生的标志。[①] 高等职业教育的真正规模化大发展时期是在90年代,高等职业教育的考试招生工作在这一时期还不是一个显性问题,因而即使是《关于中等教育结构改革的报告》提到了职业教育的考试招生工作,但是,在这个阶段的大背景下仍处于一种偶然起步和需求较小的状态。表3-1呈现了80年代国家出台的有关职业教育考试招生的政策。

表3-1　20世纪80年代国家出台的关于职业教育考试招生的政策

时间	文件名	主要内容
1980	国务院《关于中等教育结构改革报告》	职业(技术)学校、职业中学、农业中学的毕业生,可以报考高等院校。报考对口专业的考生,考试成绩在同一分数段内,优先录取。
1985	中共中央《关于教育体制改革的决定》	发展职业技术教育要以中等职业技术教育为重点,发挥中等专业学校的骨干作用,同时积极发展高等职业技术院校,优先对口招收中等职业技术学校毕业生以及有本专业实践经验、成绩合格的在职人员入学。
1986	国家教育委员会《关于加强职业技术学校师资队伍建设的几点意见》	职业技术师范院校及有关高等院校开设的职业技术师范系、科、班,可以招收一定数量的中等职业技术学校优秀应届毕业生。
1987	《普通高等学校招收少数职业技术学校应届毕业生的暂行规定》	为适应职业技术教育迅速发展的需要,加速培养中等职业技术学校专业课和实习指导教师,在国家核定培养职业技术师资的招生计划中,安排从中等职业技术学校招收少数优秀应届毕业生升入普通高等学校学习,毕业后分配到中等职业技术学校任教。为了做好招生工作,对例如招生比例、考试科目等有关问题进行规定。

在80年代高等教育规模尚小和以普及和发展中等教育为重点的时期,我国中等职业教育的规模要大于普通高中,中职在校生数量在1961—1965年一直明显高于普通高中在校生数量。[②] 但是,此后十年中等专业学校和技工学校几乎暂停办学,中等教育结构呈现出严重的单一化特征,大批中等教育毕业生在进入劳动市场时缺乏专业知识和技能,技术技能人才匮乏。十一届三中全会后,党将工作重心转移到经济建设上来,全面恢复中等职业教育特别是调整其在中等教育结构中的比重是一项重要任务。为了迅速扩大和稳定中等职业教育,除传统的中等专业学校和技工学校外,国家推出了一种新办学形式——由农业高中发展而来的职业高中。

当时,中专和技校是行业办学,不仅学校条件好,还因为其对于在读生的生活补贴以及毕业后能够直接分配工作而具有非常高的吸引力。职业高中多由普通高中转变而来,其由教育部门主办,在奖学金、就业政策上均不能同中专、技校相比,因而作为恢复中职教育规模的主力军实际上也没有多少吸引力。为了解决职业高中吸引力不足的问题,国家提出一个折中方案。1980年,《关于中等教育结构改革的报告》提出,职业高中的毕业生可以参加高考,而且如果报考的是与自身在中职阶段相近或对口的专业,与普通高中毕业生分数相同时能够优先获得录取的机会。这

[①] 马树超,郭扬. 新中国高等职业教育发展改革的非凡成就和经验[J]. 中国高等教育,2009(17):14—17.
[②] 郝克明. 当代中国教育结构体系研究[M]. 广州:广东教育出版社,2001:117.

一政策出现在高职院校大规模发展之前,实际上也不是为了高职院校考试招生作出的专门考试设计,而是为了解决职业高中吸引力不足的问题,因此,职业教育的考试招生的政策起步带有"偶然性"的特征。

此后,中职教育师资紧缺随着中职规模扩大而凸显出来,为此国家提出的解决之道是开辟新的途径。1986年,国家教委《关于加强职业技术学校师资队伍建设的几点意见》提出,一定数量的中职优秀应届毕业生可到职业技术师范院校及开设职业技术师范系、科、班的高等院校就读,但毕业后需要回到中职学校任教,名额要控制在应届毕业生总数的1%。1987年,《普通高等学校招收少数职业技术学校应届毕业生的暂行规定》对于从中等职业技术学校招收少数优秀应届毕业生升入普通高等学校学习,毕业后分配到中等职业技术学校任教的招生工作进行了更细致的规定。

就这样,虽然1985年《中共中央关于教育体制改革的决定》标志了高职在中国教育体系中正式登上历史舞台,而且彼时在文件中对高职的生源做了优先招收中职毕业生、有相关专业工作经历的且成绩合格的在职员工的政策指引,但现实中高职还没有进行大规模的建设和发展,其考试招生问题自然也就还未激起政策源流。同时,这一阶段国家对于职业教育考试招生工作的部署,更多的是出于提升职业高中吸引力和解决中职师资紧缺的特殊背景。由此,这一阶段的职业教育的考试招生特点可被归结为"偶然起步,需求较小"。

二、20世纪90年代:模式初成,有限适用

进入90年代,国家成功迅速恢复了中等职业教育在中等教育结构中的比例,初、中等职业技术学校在校生数量与普通高中在校生数量的比率从1977年的0.05∶1(严重失衡)攀升至1991年的0.95∶1(基本均衡)之后继续一路上升直至1999年的1.15∶1(比例反超)。① 可以说,经过大力调整后,中等教育结构已经由极不平衡的状态回归到了基本平衡。

国家建立社会主义市场经济体制后,企业成为市场主体,商品经济和知识经济的发展对高技能人才的强烈需求越来越明显。同时,职业教育发展的重点也从中等职业教育转向高等职业教育。② 高等职业教育在经过进一步酝酿后进入大发展时期,诞生了一大批使用"职业技术学院"命名的高等院校。同时,90年代末是高等教育扩招序幕的开启之时,高等职业教育的规模化发展也与高等教育扩招有关,这一重要背景为职业教育考试招生的科学性和独立性的"适用受限"埋下伏笔。

表3-2呈现了90年代国家出台的关于职业教育考试招生的政策。这一阶段,中职生升入高一级学校继续学习的机会比上一阶段有所增加,但考试途径和考试内容还不太符合职业教育人

---

① 郝克明.当代中国教育结构体系研究[M].广州:广东教育出版社,2001:144.
② 曹晔.我国现代职业教育体系建设历程与发展趋势[J].职教论坛,2012(25):44—48.

才评价和选拔的要求。1991年印发的《国家教委关于高考改革有关问题的通知》可谓是为中职学生打开了向上成长的空间,但彼时为中职生设计的考试办法在科学性和可操作性方面均存在不足。一是报考条件的严格限制,二是考生参加的是普通高考而非按照职业院校学生的学习内容、学习特点进行的考试。

表3-2　20世纪90年代国家出台的关于职业教育考试招生的政策

时间	文件名	主要内容
1991	《国家教委关于高考改革有关问题的通知》	从中专、技校、职业高中毕业的学生,在工作满两年后经所在单位批准以后可以参加高考,其中职业高中的应届毕业生按照5%左右的比例推荐报考高等院校。
1991	国家教委《关于推荐应届职业高中毕业生参加高考有关问题的通知》	就应届职业高中毕业生的专业报考条件增添了"所学专业与报考专业对口或相近"的规定。
1995	《国家教育委员会关于推动职业大学改革与建设的几点意见》	要求改革职业大学的招生制度,要根据培养目的扩大招生目标,在技能、操作性强的专业上可以以试点的方式从中职招生。
1997	国家教委印发《关于招收应届中等职业学校毕业生举办高等职业教育试点工作的通知》	经国家教委批准的普通高等学校,招收中等职业学校、职业高中、技工学校等应届毕业生,要按照科类对口或相关、专业相近的原则,以此来举办专科层次的职业教育。
1998	国家教委、国家经贸委、劳动部印发《关于实施职业教育法案加快发展职业教育的若干意见》	提出高等职业院校要以中职毕业生、普高毕业生和具有同等学力的人为生源,要为中职毕业生研究具体办法使其能够继续深造,考试办法要突出对职业知识和职业技能的考核。
1999	教育部、国家计划委员会《关于印发〈试行按新的管理模式和运行机制举办高等职业技术教育的实施意见〉的通知》	高职院校的招生对象主要为当年参加高考的高中毕业生,少量面向中职应届毕业生。招收的中职应届毕业生要按照专业相关或者相近的原则,文化课和职业技能水平的考试及录取标准要由省级招生部门单独组织。

90年代的最后五年,生源规划、考试办法、录取办法等方面随着高职本身规模的扩张而不断完善。中职生报考高职要求专业对口或相关,考试要更加重视对专业知识和技能的考核,作为考试内容的文化课和职业技能水平的考试及录取标准由省级招生部门单独组织进行等。可以说,这些要求一定程度上符合职教人才选拔特点,这意味着职业教育考试招生的制度雏形在这个阶段诞生了。

此外,随着高等职业教育的发展,中央政府包括将高等职业教育的考试、招生等工作在内的高等职业教育统筹管理权下放给省级政府。1991年,《国务院关于大力发展职业技术教育的决定》确立了职业教育规划由省级政府统筹负责的管理体制。1994年,《国务院关于中国教育改革和发展纲要的实施意见》进一步划分了中央和省级政府在高等职业教育的招生规模、专业结构方面的权责。随后,在中央对地方的不断放权下,省级政府在职业教育的考试招生领域的统筹管理权力更加集中。

这一阶段,中职毕业生升入高一级学校的机会得以增加,而且在发展高等职业教育过程中,国家基本建成了涵盖生源范围、考试内容及方式、管理制度、考试组织方式、招生规模、招生计划等基本要素的高职考试招生体系的制度雏形。但是,高职院校的大发展时期同时也是高等教育于世纪之交的大扩招时期,高职院校被要求承接高等教育扩招,通过高考从专科批次招收普通高中毕业生,这使得刚刚建立起的职业教育考试招生的制度雏形被迫仅停留在了雏形阶段而未有机会大规模施展,使职业教育的考试招生在"制度初创"的同时又伴随了"适用受限"的特征。具体说来,《面向21世纪教育振兴行动计划》被视为扩大高等教育招生规模的政策信号。该文件指出,增加的招生计划指标主要用在地方高等职业院校;近期只有3％左右的中等职业学校毕业生可以继续进入高职院校;除了进入普通高等教育机构,大多数普通高中毕业生应该接受高等职业教育以提高素质。这一政策规定否定了高职成立之初的生源规定①中打开中职生的成长空间的做法。在这样的政策规定下,高职院校被要求从现行高考的最末端批次录取普通高中毕业生,现行高考的考试内容和考试方式以学科知识考查和统一笔试为主、并没有采用如高职院校招收中职生那样"重视专业知识与技能考核"的考查规定或补充规定,不仅使高等职业教育失去了符合自身特征的考试招生制度能够大规模施展的"先机",还成为了日后高职教育陷入"次等教育"污名的"始作俑者",后来基本在围绕着这样的先天不足"打补丁"。

三、21世纪头10年:适度改革,曲折发展

进入新世纪以来,职业教育考试改革开始注重在考试内容和考试形式上作出进一步完善。与此同时,国家在中职毕业生的升学比例问题上呈现出摇摆态度,展现了一段曲折历程。

首先,这一阶段对于高职"考试内容和方式改革"进行完善。表3-3总结了新世纪头5年,国家政策中关于高职考试招生办法的规定。总体来说,这一阶段坚持了前一阶段定下的职业教育的考试招生要注重对专业知识和技能进行考查的基调,此外还诞生了对于中职生在一定条件下可以免试技能考核的办法。

表3-3 新世纪头5年国家政策中关于高职考试招生办法的规定

时间	文件名	主 要 内 容
2001	《全国教育事业第十个五年计划》	改革考试评价和招生选拔制度,……深化考试内容和考试方式改革,加强对学生能力和素质的考查。放宽入学年龄限制。探索多次机会、双向选择、综合评价的高等学校招生选拔方式。允许学校根据条件实行弹性修业年限和更加灵活的学分制。……尽快在不同类型教育之间,建立起一种能够按照一定条件相互衔接、相互融通的"立交桥"。
2002	国务院《关于大力推进职业教育改革与发展的决定》	高职院校可以单独组织对口招生的方式优先招收中职毕业生,但是要注重专业知识、职业技能的考核,对于已经取得了与专业相应的中级职业资格证书的中等职业学校毕业生,可以不再对其进行技能考核。

---

① 1985年,《中共中央关于教育体制改革的决定》对于高等职业教育的考招对象做出"优先对口招收中等职业技术学校毕业生以及有本专业实践经验、成绩合格的在职人员入学"的政策规定。

续 表

时间	文件名	主要内容
2002	《教育部关于进一步办好五年制高等职业技术教育的几点意见》	五年制的高职院校要优先从当地初中毕业升学考试中录取新生,由各地教育、计划行政部门共同确定招生计划。
2003	教育部等六部门在《关于实施职业院校制造业和现代服务业技能型紧缺人才培养培训工程的通知》	对口招收中职毕业生的高职院校,考试科目和考试标准要按照技能型人才的要求来确定。

其次,高职考试招生在组织管理方面也有所调整和完善。国家通过资源赋予、赋能让权的方式,旨在提高相关主体参与高职考试招生的动力与能力。2002 年,教育部、国家经贸委、劳动和社会保障部《关于进一步发挥行业、企业在职业教育和培训中作用的意见》首次提出,行业组织的作用要进一步得到激发,可让其指导特殊专业和艰苦行业的定向招生等。

再次,以 2005 年为界,国家对高职院校招收中职毕业生的态度呈现出从积极鼓励到严格控制的转变。2002 年,国务院《关于大力推进职业教育改革与发展的决定》提高了中等职业学校毕业生能够继续升学的比例,此外还提出要适当提高职业专科院校毕业生升读本科的比例。该项政策在执行中获得了热烈响应。[①] 然而,2005 年,《国务院关于大力发展职业教育的决定》在提出职业教育的办学方针应坚持以服务为宗旨、以就业为导向,要求职业教育办学思想从升学导向转变至就业导向后,国家对中职学生升入高等院校的态度迅速由热转冷。2006 年,教育部和国家发改委《关于编报 2006 年普通高等教育分学校分专业招生计划的通知》下发了"3 个 5%"控制指令,要求严格控制专科毕业后升入本科、初中起点进入五年制高职教育以及中职毕业通过考试直接升入高等院校的规模。这一突然的转变与这个阶段国家对职业教育的理解和定位密不可分。因为这一阶段国家更加强化了职业教育要为经济社会发展提供技术技能人才的意识,[②]使职业教育的就业导向与技能属性得到了空前强化,导致中高职均被严格控制升学而强调就业。

但是,就在国家严格限制职业院校学生升学的同时,地方政府在积极寻找合适的考试办法来合理满足中职生的升学需要。例如,2005 年,上海出台《上海市部分民办高校实行依法自主招生改革试点方案》,允许三所民办高校以自主确定入学标准和实施招生录取的方式招收应届高中阶段毕业生。同年,天津为中职阶段的技能大赛获奖选手提供免试进入高职院校和本科院校就读的路径,这两种中职生的升学途径后来均已成为国家政策。

2007 年,教育部发布《关于同意江苏、浙江、湖南、广东等四省在部分示范性高职院校中开展单独招生改革试点工作的批复》,这相当于将地方探索的高职院校自主招生办法吸纳成国家政策。之后,高职院校的自主招生实施范围在地域和院校层次上均进一步扩大,先是国家示范性高职院校、后来国家骨干高职院校、各省级示范性高职院校、国家高等职业教育综合改革试验区内

---

① 汤生玲,曹晔. 职业教育若干问题的理论和实践研究[M]. 长春:吉林科学技术出版社,2003:41.
② 徐国庆. 从分等到分类——职业教育改革发展之路[M]. 上海:华东师范大学出版社,2018:79.

高职院校均开始实施自主招生。① 但也需要注意的是,自主招生的生源对象依然是普高毕业生优先于中职毕业生。在全国范围实施的头两年,自主招生只面向高中生,而中职生被排除在外,2009年起增加了中职生招生计划,但要求须有两年以上工作经验。

总体而言,国家在这一阶段确定了高职考试招生更要注重技能考试,根据技能型人才的培养要求确定考试科目和考试标准的基调。但是,在中职生能否升学的态度上由热转冷,从而使得"按照培养技能型人才的要求确定考试科目和考试标准"的作用范围,再次因作用对象的规模限制而难以大规模铺开,高职依然大量地通过现行高考招收普高毕业生。与此同时,地方政府却在掌握了职业教育统筹权的基础上,积极探索新形式来满足中职生继续求学的要求,且这些形式后来多被国家政策吸纳而在全国范围内展开。

四、2010年以来:分类伊始,进阶升级

进入2010年后,职业教育改革开始在构建现代职业教育体系、稳定就业、促进国家经济转型升级以及高质量发展等更广阔的背景下进行。该阶段的高职考试招生活动开始从依赖现行高考向独立进行而转变。同时,国家还积极主张落实高校招生自主权,给予高职院校空间以建立符合其人才培养特色和自身学校发展定位的招生考核机制,②深刻挖掘自身高等教育和职业教育的双重内涵属性,以实现考试招生方式与技术技能人才类型的科学匹配。

首先,国家基本不再控制中职生继续就读高等院校的比例,并开始有意鼓励地方政府寻求"文化素质+职业技能"评价方式的操作办法。高职院校的自主招生于2010年取消上一年度"中职毕业生须有两年以上工作经历的报考条件",转而开始限制普高毕业生的报考条件(增添了须为应届高中毕业生的条件),这表明高职院校招收普高毕业生的政策开始收紧、招收中职生的招生比例在扩大。

同时,一种新的服务于中职生升入高一级院校就读的考试招生途径出现,那就是湖北于2011年首创的专门服务于中职生升学的技能高考。技能高考以技能考试为主,文化考试为辅,服务于中职生升入本科或专科学校就读,该制度于2013年被吸收为国家政策但在文件中的表述为"面向中职毕业生的技能考试招生办法",这种考试途径被视较为接近于日后职教高考制度理想的制度雏形。

其次,高职院校的考试招生与普通高校分开进行,成为国家政策要求和改革的基本趋势,系统规划和致力于建立一个自成体系的职业教育考试招生制度,成为职业教育改革的重要任务之一。从《国家中长期教育改革和发展规划纲要(2010—2020年)》开始,有关分类考试、综合评价、

---

① 姜蓓佳.高等职业教育考试招生政策的变迁历程与发展特点——基于政策要素与政策工具的二维分析[J].中国职业技术教育,2021,(07):31—40.
② 郑若玲,朱贺玲.我国高职招生变迁与未来发展方向[J].河北师范大学学报(教育科学版),2013,15(03):41—46.

多元录取的招生录取标准、完善"知识+技能"考试办法等要求在后续政策中被反复强调。表3-4总结了2010年以来国家政策中关于高职考试招生制度改革的规定。

表3-4 2010年以来国家政策中关于高职考试招生制度改革的规定

时间	文件名	主要内容
2010	《国家中长期教育改革和发展规划纲要(2010—2020年)》	首次提出分类考试、综合评价、多元录取的考试招生制度改革目标,并点明了高职院校考试由省级政府统筹负责。
2013	《中共中央关于全面深化改革若干重大问题的决定》	"推进考试招生制度改革",要求"探索招生和考试相对分离、学生考试多次选择、学校依法自主招生、专业机构组织实施、政府宏观管理、社会参与监督的运行机制"。
2013	《关于积极推进高等职业教育考试招生制度改革的指导意见》	教育部第一次专门就高职的考试招生制度改革印发专门文件,不仅明确了高职分类考试的六类途径,还附加了要形成省级政府为主统筹管理、学生自主选择、学校多元录取、社会有效监督的中国特色高等职业教育考试招生制度。
2014	国务院《关于深化考试招生制度改革的实施意见》	将加快推进高职院校分类考试设定为改革的主要任务之一,要求实行"文化素质+职业技能"评价方式,针对不同生源做出相应原则性规定。改革进度上要求"2015年通过分类考试录取的学生占高职院校招生总数的一半左右,2017年成为主渠道"。各省自治区直辖市被要求结合本地区情况,在国家实施意见的框架内,研究制定本地区的实施方案。
2019	《国家职业教育改革实施方案》	首次明确提出建立职教高考制度。
2020	《职业教育提质培优行动计划(2020—2023年)》	十项重大改革任务之一是健全职业教育考试招生制度,并在"健全高职分类考试招生制度""规范职业教育考试招生形式"以及"完善'文化素质+职业技能'评价方式"等具体方面作出原则性的要求。
2020	《深化新时代教育评价改革总体方案》	"健全职业学校评价""深化职业教育考试招生制度改革"。
2021	中办国办《关于推动现代职业教育高质量发展的意见》	要求加快职教高考制度建设,完善"文化素质+职业技能"考试招生办法,加强省级统筹。
2021	教育部办公厅发布《关于进一步完善高职院校分类考试工作的通知》	"不得限制高职院校招收中职学校毕业生的比例",并从完善招生计划安排、考试内容和形式、招生录取机制、监督管理办法等方面对于加强省级统筹作出强调。

再次,"高职扩招"成为高职考试招生改革的又一重大战略任务。在2019—2020年的全国两会上,李克强总理在政府工作报告中宣告了"高职百万扩招",这意味着更多应届高中毕业生、退役军人、下岗职工、农民工等均成为了高职的考试招生对象,旨在使更多劳动者长技能、好就业。

这一阶段,国家基本不再限制中职生进入高一级院校继续学习,1985年高职院校在国家政策中正式确立地位时,所提出的高职优先对口招收中职毕业生和有本专业实践的在职人员的规划,到这一阶段才真正得以实现。再者,在推进高等院校分类办学的"东风"下,对升入高职院校的无论普高生还是中职生,都要以"文化素质+职业技能"的评价方式进行考察,于1998年《关于实施〈职业教育法〉加快发展职业教育的若干意见》提出的职业教育的考试招生要突出职业知识和职业技能的考核的考试模式到了这一阶段才得到大规模推广和实践。

可以说,一些已经初步符合高等职业教育培养规律与特点的考试评价方式,在这一阶段不断出现而且在各地实践中愈发成熟。这既得益于省级政府有了更大的统筹权、院校有了更大的招生自主权,为各地因地制宜地开展实践探索留足了空间;也得益于高职院校在自身发展中不断成熟、类型特色不断凸显的情况下,期望从招生环节这一入口处实现与自身类型特色相匹配的内涵式发展需要。总之,职业教育的考试招生终于在这一阶段从实践层面开始落实自身的独立性,在国家政策"自上而下"的带动下和省级政府"试点先行"的探索中,有望实现与普通教育考试招生分轨进行的彻底变革。

第二节 职业教育考试招生制度的发展逻辑

一、多重深层结构因素驱动下的强制性与诱致性制度变迁

历史制度主义的制度变迁理论认为,制度作为因变量植根于复杂的社会背景之中,在经济社会发展、政治结构、观念等各种因素的相互作用下产生和变化。将这一理论应用至职业教育的考试招生制度演变中发现,经济社会发展背景、教育发展状况、就业政策、职业教育观念、对职业教育是一个类型而非层次的认识等构成了影响职业教育考试招生制度改革的深层结构性因素。其中,外在驱动力主要是社会经济发展以及教育事业的发展需要,内在驱动力是政策制定者对于职业教育从层次教育到类型教育的观念纠偏尤其是对职业教育类型地位的认同。

上世纪80年代是我国农业经济向工业经济过渡的时期。在这个阶段,经济建设需要的多是初级以及中级技术技能人才。当时,职业教育的重点尚在协调中等教育的结构,有鉴于此,高等职业教育并不是当时职业教育发展的主要方面。当然,也由于高等教育规模有限,高等职业教育的考试招生工作还没有实质性的制度安排。中职毕业生在当时的社会背景下还有着"包分配"的奖励政策,因而继续深造的中职生也不多。

90年代到新世纪头10年,国家确立了市场化经济体制,改革开放不断深入,中国在加入世贸组织后更加融入世界经济,"包分配"就业政策退出了历史舞台,新一代信息技术革命引领着经济转型和产业升级,对技术技能人才的学历要求和受教育年限整体上移,初级和中级技术技能人才需要继续深造才能跟上和满足技术发展对岗位要求的新变化。因而,在高等教育扩招和高等教育规模扩张背景下,高等职业教育作为高等教育的重要部分迎来了大发展时期,并逐渐占据了学校规模和在校生规模的"半壁江山"。规模扩张和稳定以后,在80年代不是关注重点、90年代跟随着现行高考招录专科层次的高职院校的考试招生问题,于新世纪头10年开始成为一个掣肘高等职业教育内涵发展的重要问题。

国家在这段时期展露出了对这一问题从"开放态度"到"严格控制"再到"开明态度"的转变。但是,十年时间里的数次转变,实际上没有为这个问题找到一个很好的出路,直到伴随着高等职

业教育统筹管理权限的下放和高考分类考试改革,才使这项工作迎来重要突破口和历史转机。

省级统筹高职分类考试改革的风起云涌,为高职的考试招生问题开辟了新的组织场域。新的权力格局下,各地因地制宜地开展起了适合本地区实际情况的职业教育考试招生工作的探索,不仅使得已经出台了近20年的国家文件中的顶层设计和政策引导终于在实践层面有了突破性进展,也助力了职业教育优化自身类型特色、完善人才培养体系、提升与经济社会发展适应性的征程。

由此看来,影响职业教育考试招生制度变化的因素很多,各个影响因素之间也存在着复杂的关系。职业教育考试招生不能直接从环境变化中受到影响,但是,环境变化导致制度内部属性的变化,无疑是制度变化的驱动力之一,表现为即使是国家文件中早期设立的政策方向,却因为环境因素的不成熟而导致二十年后才真正有机会得以实现。

历史制度主义理论根据诱发制度变迁的不同主体,将制度变迁分为强制性制度变迁和诱致性制度变迁。前者是指利用政府政策出台、行政指令等手段,强制进行自上而下的制度变革;后者多是为了解决制度不平衡导致的获利机会不平衡,而自下而上的制度变革。回溯职业教育的考试招生制度演变历程,两种制度变迁模式在其中均有踪迹可寻。例如,2005年,国家通过严格划定"3个5%"来严格控制了初中后五年制高职、中职毕业后以及高职专科毕业后的招生规模,这一政策大转弯于当时表现得十分强势,甚至与前一阶段职业院校升学的开放态度完全相悖。又如,在分级管理、地方政府统筹、社会参与的职业教育管理体制下,虽然国家强势控制已有的职业院校学生升学途径,但地方却在积极进行制度创新以满足本地区的中职生升学需要,湖北技能高考、上海高职自主招生、天津技能拔尖人才免试入学、江苏注册入学等模式均在这一阶段诞生,且在之后被国家政策吸纳,这彰显出了国家职业教育考试招生制度诱致性变迁的一面。

二、渐进式改革中强烈的路径依赖和理念转变的关键节点

"事情在一个序列中何时开始影响着他们如何开始"。[①] 历史制度主义认为,历史的演进有规律可循,前序的内容和方式往往决定了后续历史发展的方式和结果,使得即使已经做出改变的政策在执行上或政策本身仍然具有路径依赖性。我国职业教育考试招生的发展过程也呈现出明显的路径依赖特征。

在高等职业教育地位正式确立之初,中等职业技术学校毕业生以及有本专业实践经验、成绩合格的在职人员,是当时国家政策中确立的高职院校的优先生源,但该文件诞生的时间是1985年,彼时高等教育还不是我国教育事业发展的重点,因而该文件的该项政策安排在现实中也就未得到施展的机会。我国高职院校大规模扩张是在90年代末,与高等教育扩招属于同一时期。当时的一份新的国家政策文件,将高职院校确立为了高等教育扩招的主力军,不仅要求高职院校从

---

① Tilly, C.. Big Structures, Large Processes, Huge Comparisons [M]. New York: Russell Sage Foundation, 1981:14.

高考专科批次招收普通高中毕业生,还严格控制仅有3%上下的应届中职生能够进入高等职业学校学习,这一政策规定与高等职业教育成立之初的高职院校的生源规定完全相悖,但一直持续了十多年,尽管期间曾稍有转变,但不久后就又再次如初。

这种强烈的路径依赖,与职业教育为培养技术技能人才服务的天然职责下形成的对于"就业导向"的天然偏好有关;与高等职业教育规模化时期同时也是高等教育扩招和就业形势严峻时期下,要让大多数未在技术技能教育体系中成长起来的学子进入高职院校习得一技之长这一具体的社会历史条件有关;也与普通高校招生考试牵涉面众多、改革风险较大,彼时让高职的考试招生从现行高考中脱离、建立独立考试制度的时机还不成熟有关。

首先,作为与经济社会发展互动最直接的教育类型,职业教育的直接面向就是就业。职业教育的发展质量,在一定程度上可以以所培养的人才的就业能力为表征,这是职业教育就业基因的深刻彰显。

其次,我国职业教育的发展模式以及职业院校多生发于国家的行政设计,意味着职业教育发展的起起落落总是与国家的具体政策措施共生。[1] 长期以来,高职的考试招生以国家要求为第一标准,个人需求相对滞后。这表现为,高职院校的大发展时期刚好也是世纪之交的高等教育扩招时期,同时也是经济社会发展对技术技能型人才需求扩张时期。国家认为,大批未进入普通高校就读的普高毕业生应该进入高职院校学习技术。由此,包括上述社会背景在内的多重因素共同造成了该时期特殊的政策环境,使国家以强制性方式"一刀切"地严格控制中等职业教育的升学率以及中职作为高等职业教育的生源,使得高职从真正大规模诞生之时就要从现行高考中录取普高毕业生,错失了同期建立符合自身人才培养特点的招生办法的机会。

第三,高考作为高等教育资源的分配机制,其牵涉的利益主体众多、改革成本高昂,这使得求稳成为高考改革的基本前提,这也在一定程度上加剧了制度的惯性。高考制度是我国普通高等学校选拔新生的主体途径,高考胜利意味着科举制胜利者般的"朝为田舍郎,暮登天子堂"的收益,人们普遍视高考为"改变命运"的一次机会一项高利害性的教育改革和社会问题,政策变迁难度大,改革成本十分高昂,彼时还不是对高考制度作出改变的重要时机。因为在高等教育扩招的特殊背景下,高考正处于从致力于精英选拔过渡至服务于大众升学的重要时期,维持高考制度的稳定性是第一位的,国家自然还未能顾及到普高生和现行高考并非高职院校的理想生源和招生方式。

历史否决点是制度从一个轨道转换到另一个轨道的机会,这通常发生在两种情况下:一是宏观的社会经济体制和政治背景的重大变化,形成了特殊的政策环境,使得原有制度无法继续。第二,政策主体积极采取行动追求新目标,寻求制度变革。制度延续的正常时期和制度崩溃时期的连接点被认为是重要节点,它的出现破坏了制度的原有状态,是重大变革的转折点。职业教育考

---

[1] 徐国庆.职业教育发展的设计模式、内生模式及其政策意义[J].教育研究,2005(08):58—61+94.

试招生制度改革进程,总体上是比较平稳和渐进的,但在2010年出现了影响政策总体走向的重要节点。这一重要的历史否决点被国家层面一些观念的转变所触发。

2010年之前,国家层面对中职生升入高一级学校继续就读的态度是严格控制的状态,虽然地方政府通过探索单独招生、技能拔尖人才免试入学等途径一定程度上满足了本区域内中职生的升学需要,但是政策的作用范围比较有限,对整体性的职业教育考试招生制度变迁所起的撬动作用是缓慢而渐进的。即使是国家后来也将单独招生、技能拔尖人才免试入学等考试途径吸纳为了国家政策,且通过试点的方式逐步扩大了单独招生的区域和生源范围,但整体上仍属于对职业教育考试招生的局部改革。直到2010年,《国家中长期教育改革和发展规划纲要(2010—2020年)》宣告实行分类考试,使得高职院校的考试招生从考试时间、考试内容、考试方式等方面与普通高校分离,才真正成为职业教育的考试招生独立于统一高考的重要开端,也正式拉开了建立起与职业教育人才培养和符合职业教育类型特色的考试招生制度的序幕。

"分类考试"的提出可谓是理念上的重大变革,意味从不同类型教育的高度来区分职业教育的考试招生与普通教育的考试招生,且在之后一系列的高级别国家政策文件中赓续和加固此理念。在这一理念的引导和中央对于分类考试的部署和推动下,各地加强省级政府的统筹责任,强化顶层设计,陆续出台了地方高职分类考改革的政策文件,规划本地高职分类考试改革的工作思路、举措任务和改革进度。直至今日,高职分类考试已经成为各省职业院校招生的主渠道。近年来,各省通过每年发布通知,从考试内容、考试方式、组织管理和录取办法等方面对分类考试不断予以完善,高职分类考试改革成效已经初步显现。在此基础之上,国家又通过适时提出"构建'职教高考'制度"来为高职分类考试改革升级,使得职业教育与普通教育的分轨制招生有望彻底实现。

三、国家在制度变迁中的权力让渡和其他主体的角色转变

制度的行为主体不仅构建了制度,也被要求遵守制度规范,因而行为主体与制度的关系可谓是相互影响、相互塑造。制度作用理论认为制度决定着谁可以进入到制度场域,且制度能够深刻地影响每个行动者在制度中能够采取的策略。[①] 权力结构能够改变不同行为者之间的利益关系,并催化行为者的行为选择。权力结构也受到社会观念、习俗文化等的影响和限制。观念从宏观角度影响制度变迁,行动者从微观角度影响制度变迁,权力结构将系统内的宏观观念与微观行为者联系起来,搭建了从中观角度来解释制度变迁的桥梁,串联了人和社会的关系。

具体到职业教育考试招生的制度变迁过程中,中央政府、省级政府、高校以及企业等行动者主体构成的权力结构和利益格局,一起历经了计划经济、市场经济两种制度环境,在中央政府的

---

① Steinmo, S., Clark, P.B., Foweraker, J. Encyclopedia of Democratic Thought [M]. London: Routlege, 2001:573—601.

权力让渡下,使得中央政府从全能政府走向有限政府,省级政府从执行的单一使命走向执行与规划的双重使命,高校的招生自主权不断扩大、企业在国家政策中作为重要的第三方被不断提及和寄予厚望。

起初,在国家政策允许高职院校单独考试之前,依附于现行高考进行招生录取的高职院校与普通高校一样,多是在政府自上而下的科层化管理体制下按部就班地进行,这样一来,高校的招生自主权实际上仅限于投放计划、专业设置与调整等,考生、政府和高校之间在考试招生上类似于单向的"线性关系"。

后来,在中央政府持续的简政放权下,中央政府的角色实现了从全面管制到放松管制的转变,省级政府成为了职业教育考试招生政策具体操作层面的真正规划者。在《职业教育法》《国务院关于大力发展职业技术教育的决定》《国务院关于中国教育改革和发展纲要的实施意见》等90年代的政策文件的持续放权赋能下,省级政府在包括考试招生方面在内的职业教育工作领域的统筹管理权不断巩固,省级政府也在新的角色赋予中,通过主动作为推动了职业教育考试招生的制度变迁。

新世纪头5年,在国家整体上严格强调职业教育的就业导向因而控制中职生通过既有的考试途径升入高一级院校就读时,地方政府如上海、天津、湖北等地为满足本地区职业教育发展实际中人们对继续深造的确切需要,进行了考试途径的创新探索,该制度创新后被中央政府选择性地采纳进了现有的体制。

再后来,2010年国家确立了分类考试改革方向,2014年国务院《关于深化考试招生制度改革的实施意见》直接部署了全国各省区市均要推进高职院校分类考试改革,并为各省出台实施方案提供了框架性的指导意见以及改革进度要求。与此同时,教育部、国家经贸委、劳动和社会保障部《关于进一步发挥行业、企业在职业教育和培训中作用的意见》,教育部等六部门《关于实施职业院校制造业和现代服务业技能型紧缺人才培养培训工程的通知》,教育部等九部门《职业教育提质培优行动计划(2020—2023年)》不断提及发挥行业组织的作用,使得企业也能够参与到高职院校的考试招生中来。

自此,职业教育考试招生的权力格局彻底发生变化。中央政府的角色,又从放松管制转变到了有限管制,中央政府通过"试点推广""顶层设计"等方式依然是制度结构变迁的主导者;省级政府则是职业教育考试招生政策具体操作层面的真正规划者,但其规划能力和本地区事业发展的具体情况却也同时有赖于地方政府的实际条件和政府水平;高职院校在与政府在招生方面的权力关系,从被动式服从管理到主动有序参与转变;企业则成为了政府有意培育的第三方主体,并期望其成为进一步制度创新的新兴力量。

从哲学层面来审视"主体"这一概念发现,本体论中的主体指的是运动或属性的承担者或者物体的主要组成部分;认识论中的主体指的是一般与认识和实践活动中的客体对象相对应的承担者,具体指代从事认识或者实践活动的人或者事物。将其代入至本研究情境中,政策主体主要有中央政府、省级政府、中职学校、高职院校、学生、企业等关键利益主体,上述主体在国家的权力让渡之下,主体角色发生变动,以参与度的变化带动权力配置格局发生变化。

目前,我们依然还处于高职分类考试在省级政府统筹管理下的进行时之中,职教高考制度还未明确要在国家层面统一进行,各省或相近区域联盟进行职业教育的考试招生工作依旧是未来一段时间的常态,高校和企业行业也逐步自下而上地参与到变革与发展中来。可以说,目前依然处于"摸着石头过河"的制度生成过程。行动者具有理性思维,对权力资源和利益分享的考量会很复杂,也会通过战略来为自身谋求优势。行动者之间的权力斗争也是制度变迁的驱动力之一。①

基于此,本研究认为有必要从学理层面和实践层面分别梳理不同主体在职业教育考试招生这一场域中的权力定位、权力限度;同时,在省级统筹的职业教育考试招生体制下,各省区市形成的不同做法也有着各自不同的难处和优势,有必要就上述主体在实践格局中的互动关系、要素分配、运行路径等实际情况予以讨论,相关内容将在第六章呈现。

---

① 马得勇.历史制度主义的渐进性制度变迁理论——兼论其在中国的适用性[J].经济社会体制比较,2018(05):158—170.

第四章　构建职教高考制度的动因及制度功能

高考是我国普通高等学校选拔新生的主体途径,是人才培养的枢纽环节,既关系到国家发展的大计,也关系到每一个家庭的切身利益,因此高考的改革和完善历来是教育领域社会反响大、群众关注度高、涉及范围广的工作。既然已经拥有了模式成熟且不断坚持深化改革的现行高考,为何还要设立职教高考?其动力来源是,旨在破解现行高考单一的育人框架引致的人力资本的结构性失衡,推动高考制度更好地履行公平科学选材的重要使命,助力于职业教育评价改革和体系完善的内在需要,为高考"独木桥"增加赛道以成就有边界和有选择的竞争以及对中职毕业生公平发展的基本权利妥善回应和满足。职教高考制度的定位,应在厘清高考作为一项考试以及高考在中国的功能界说的基础上来讨论。总的来说,职教高考发挥着指挥棒、筛选器、增长极、扩容器、分流阀等功能,整体上要定位于与现行高考等值同效、差异协同。

第一节　构建职教高考制度的动因

一、现行高考单一的育人框架引致人力资本结构性失衡

高考在人力资源向人力资本的转换中扮演着枢纽性作用,高考凭借其对于知识能否成为高考考试内容的筛选,进而能够成规模地影响学校的教育教学内容,以及所接受正统学校教育的人的知能结构和开发程度。[①] 具体说来,高考依照一定的价值标准对知识进行价值选择和价值赋予,对知识进行形式化、结构化和系统化表达并熔铸在学校教育教学过程之中,通过"以考促学"快速传播了人类文明建构的知识体系,以群体效应的形式迅速促进了人力资源向人力资本的转化。在这个过程中,个体从一个"一"变成了千千万中的"一",而千千万个"一"集合起来成为了可以重塑国家和社会的人力资本。

北京大学教授王蓉将人力资本分为生产性人力资本和分配性人力资本两类。生产性人力资本指的是经济体中创造收入的、具备直接生产能力的人力资本,典型代表是工人、各类劳动者等,

---

① 廖平胜.考试是一门科学[M].武汉:华中师范大学出版社,2003:315.

生产性人力资本的增多既能够在微观层面上提高个人的劳动生产率,也能在宏观层面扩大经济总量;分配性人力资本指的是能够在个人之间、集团之间、国家内部和国家之间进行社会经济财富分配的人力资本,①典型代表是行政官员、律师、金融从业者等。职业教育致力于培养人的职业能力,所教的知识通常为具有涉身性、情境性特征的、难以用文字、符号进行逻辑说明的缄默知识,②培养出的人才直接面向生产实践,因而所开发出的人力资本可被归结为生产性人力资本。现有高考植根于普通教育的学科体系,所教的知识通常为从科学事实和社会事实中概括出的概念、原理和规律等高度编码化、标准化、公共化和抽象化的学科知识,培养出的人多属于不面向直接生产的分配性人力资本。随着高考报名人数的急剧增长,高考凭其对人力资本的格式化开发能力而逐渐引致了人力资本的结构性失衡,表现为分配性人力资本在数量和质量上均远超于生产性人力资本。

在高等教育精英化阶段,前置性社会分流③不仅避免了高考的过度竞争,更在一定程度上限制了高考对于人力资本格式化开发的规模。彼时,依靠"八级工资制度"为核心的职业技能认证体系、单位制和稳定就业为基础的"师徒制"培养体系以及面向城镇居民为主的职业学校教育体系,④我国组建起了类集体主义型的技能形成体制,⑤并支撑我国建立起了完整的工业体系和开发了规模庞大的、在经济体中代表生产能力和直接创造收入的生产性人力资本。这样的生产性人力资本与高考筛选和培养的分配性人力资本一起,在当时社会基本实现了积累和消化的紧平衡。

随着计划经济体制下单位制的组织解体、"师徒制"传承模式的式微、制造业从体制内走向体制外等社会背景的变化,作为生产性人力资本再生产机制的"稳定器"的政府、行业企业、职业学校和产业工人之间的可信性承诺不幸瓦解,⑥不仅使植根于原有技能形成体制中的职业教育随之走向"衰落",也使生产性人力资本开发落入"碎片化"状态。

同时,随着高等教育扩招和九年义务教育普及,越来越多的人选择接受高等教育。多年来,高考报名人数大幅增加,高考从致力于选拔精英转变至服务于大众升学。这使得一方面人们从中等教育阶段就热衷于选择具有更多升学机会的普通教育,而不选择学历"天花板"较低的职业教育;另一方面,职业教育也缺乏一个像高考那样体现人才培养规格螺旋式上升和衔接的载体,

---

① 王蓉. 公共教育解释[M]. 北京:中国财政经济出版社,2009:78—85.
② 贾文胜,徐坚,石伟平. 技能形成视阈中现代学徒制内在需求动力的研究——从知识结构的角度[J]. 中国高教研究,2020,(09):98—103.
③ 20世纪80年代之前,我国国民经济处于农业经济向工业经济转型的较低水平,因而经济建设需要的是大批初级和中级技术人才。在初等、中等教育结束后直接参加工作是当时大多数人的选择,能够有机会参加高考的学生数量有限。这相当于形成了一个前置性的社会分流机制使得高考免于过度竞争。后来,高等教育从精英阶段快速迈入大众化甚至是普及化阶段,使高考直接从致力于精英选拔转变成服务于大众升学,前置性社会分流机制消失,高考开始迈向高度甚至是过度竞争。
④ 刘玉照,苏亮. 社会转型与中国产业工人的技能培养体系[J]. 西北师大学报(社会科学版),2016,53(01):25—32.
⑤ 杨钋. 技能形成与区域创新:职业教育校企合作的功能分析[M]. 北京:社会科学文献出版社,2020:32.
⑥ 王星,徐佳虹. 中国产业工人技能形成的现实境遇与路径选择[J]. 学术研究,2020(08):59—64+177.

从而限制了分配性人力资本的开发规模和效率。

由此,考试制度的非均衡引致了教育体系的结构性失衡,同时还将影响传导到了人力资本开发上,不自觉地带动了人力资本开发的结构性失衡。这种人力资本结构性失衡,本质上是直接面向生产的人力资本和不直接参与生产的分配性人力资本间的失序,其结果是导致教育系统供给的人力资本不断向分配性人力资本的单一特质强化。[1] 可以说,"技工荒、就业难"以及"文凭通胀"现象在某种程度上正是人力资本同质化的表现,也是人才结构配置或者说人力资本结构性失衡的体现。

我国《国民经济和社会发展第十四个五年规划和2035年远景目标纲要》要求"坚持把发展经济的着力点放在实体经济上,推动制造业高质量发展"。制造业高质量发展一方面是要稳定制造业比重以保持"量的合理增长",同时要求产业实现"质的稳步提升",从国际产业链的中低端向高端环节攀升。在这个过程中,高级技术人才承担着将研发设计转化为实际产品、参与科技创新和技术攻关等重要任务,是支撑中国制造、中国创造,推动经济高质量发展的重要基础。[2] 但令人遗憾的是,目前我国劳动力市场的高级技术人才的存量和增量,在数量和质量上并不能充分满足需求端的变化。

一方面,制造业高质量发展的岗位空缺,需要的是大量拥有专业知识和高级技能相结合的人力资源,但是存量劳动力所具备的知识技能与岗位需求之间存在缺口。调查发现,农民工是我国产业工人的主体(农民工占产业工人队伍的64%),[3]但该群体不但文化程度较低(初中以下文化程度仍占77.2%),技能状况也不能为产业升级提供必要的技能支撑(接受过技能培训的仅仅占34.8%),[4]而且现有的制度安排无法激励农民工产业工人群体进行长期的技能累积。

另一方面,高技能人才增量方面,高考作为目前中等教育通向高等教育唯一的主体性通道,具有强大的号召力、对个人和社会的结构改造力以及强势的育人框架,但并不利于高技能人才培养的知识基础奠定和培养效率保证。广大高等职业院校,目前依然主要从现行高考中招收来自于普通高中的毕业生。过去主要受到学科知识体系培养的普高毕业生,通过高考以零技能基础和零专业知识的学习基础进入高职院校,这使得高职院校培养出比中职经验更丰富、技能更高超的高技能人才的目标实难达成。[5] 由于缺少像现行高考那样的一个统一的、能够对人才培养规格呈现出螺旋式上升和衔接有致的教育制度安排,中职毕业生的学业晋升通道面临着比普通高中学生更大的阻碍,从而也不利于这一群体通过技能积累和专业成长而晋升为高技能人才。

"十四五"作为我国技能型人力资本提质扩容的关键时期,迫切需要推行一场全民参与其中

---

[1] 王蓉. 国家与公共教育:新人力资本理论的分析框架[J]. 北京大学教育评论,2009,7(03):84—98+190.
[2] 李心萍. "十四五"时期有望新增技能人才4000万以上:技能中国行动正式启动(政策解读)[N]. 人民日报,2021-08-30(02).
[3] 王星. 技能形成、技能形成体制及其经济社会学的研究展望[J]. 学术月刊,2021,53(07):132—143.
[4] 刘玉照,苏亮. 社会转型与中国产业工人的技能培养体系[J]. 西北师大学报(社会科学版),2016,53(01):25—32.
[5] 匡瑛. 高等职业教育的"高等性"之惑及其当代破解[J]. 华东师范大学学报(教育科学版),2020,38(01):12—22.

的教育改革来为高级技术人才搭建成长通道和技能形成体系——且不只是在教育系统内部做加减法,而是要在国家和社会中形成新的教育共识。仅依靠企业对存量劳动力进行短期培训,并不能从根本上解决高技能人才的缺口,还必须通过正式教育的长学制来大规模地服务生产性人力资本的再生产,从而扩大高技能人才队伍的增量。高考这项举国大考对于人力资本的生成具有强大的"格式化"和"批量生产"功能,担负着为国家未来人才做战略储备的光荣使命,从其入手来推动人力资本开发的改革可谓对症下药、正当其时。

服务于国家建设对人才的需要是国家教育体系的重要使命,而高考制度是国家教育体系服务于国家建设和人才建设表征于形、落于行动的切入点。高考在中国国情下有着不同于一般考试的意义,能够促进知识传播和文化普及,结构化和批量性地开发和改造人力资本。现行高考的发展历史,已然揭示了考试评价对于教与学的牵引作用和对全社会所能够蓄势起的改革动能。从这个意义上来说,构建职教高考制度在于运用高考的强大"指挥棒"效应,敦促技术技能知识的建构和传播,以高考对人力资源向人力资本的"批量式"转化功能,鞭策职教学子从知识建构的层面,内化和吸收高级技术技能知识,通过中等职业教育、高等职业教育的接续培养而成为高级技能人才。可以预见,如若职教高考制度得以建立,也将"有胜于十万督学之力"缔造出高技能人才培养和输送的循环体系。

二、推动高考制度更好地履行公平科学选才的重要使命

考试因人与社会的客观需要而产生,并随其变化而不断革新和完善。[1] 高考属于选拔性考试,目的是为高等院校选拔出符合要求的新生,服务选才是高考的基本功能和使命,也是高考存在的客观要求。[2] 高考制度服务于选才的逻辑之一是,基于某时期对特定人才的需要,国家设立招生计划来表征所需人才的规模和类型,再通过权威性考试的分数来分配招生计划,展现出从"人才需求-招生计划-考试-入学"的国家选才逻辑和流程。[3] 经济社会发展的不同时期,国家的人才观和人才战略有所不同,人才目标的变动则带动着高考的招生计划数、考试内容、录取标准等方面的调整。当然,高考对于哪些知识作为高考考试内容的考量,还包含对"哪些知识最有价值""哪些知识是高等教育接受者需要作为前置性知识基础"的判断。

高考制度承担着服务选才的重要使命,它要为高等学校选拔各类不同的优秀人才。[4] 按照马丁·特罗(Martin Trow)的高等教育发展阶段论,从精英教育到大众化教育,不仅是量的增长,而且是包括教育观念、教育功能、课程设置、教学方式与方法、入学条件、管理方式等质的变化。[5] 高

---

[1] 廖平胜.考试是一门科学[M].武汉:华中师范大学出版社,2003:22.
[2] 姜钢.论高考"立德树人、服务选才、引导教学"的核心功能[J].中国高等教育,2018(11):31—35.
[3] 李木洲.高考改革的历史反思[M].武汉:华中师范大学出版社 2016:47.
[4] 谢维和.教育评价的双重约束——兼以高考改革为案例[J].教育研究,2019,40(09):4—13.
[5] 李瑞阳.稳步推进多元分层的高考录取制度改革[J].中国高等教育,2007(02):12—14.

等教育进入普及化阶段后,全国统一的高考制度加剧了"唯考试分数至上"的弊端,因为过于重视考试分数而忽略个人兴趣、能力和特长,滋生了不正确的教育理念。因而,小修小补的高考改革不能满足新的需要,要以建设高质量教育体系为指南,在全面系统研究的基础上进行整体性再造。据此,高考要转变考试观念,调整录取标准,改变以往单一的按照学术型高校设置的录取标准,在新时期的变化下,尤其要为应用型高校设置一直以来缺失的招生模式和招生标准,新的高考改革要更加致力于服务应用型人才的录取和培养。① 可以说,分类考试是高等教育大众化对高考改革提出的必然要求。

高考考试内容具有规制性、权威性和有限性,致使考试内容的科学性、公平性以及时代性成为高考改革的重要主题。坚持高考考试内容的改革以实现公平科学选材,是历次高考改革的重要任务。高考设立初期,在"多出人才快出人才"的目标指引下,考试内容多为陈述性知识,更多体现的是知识传承;高考调整时期,为不断适应经济、社会、文化和教育体制的变革,考试科目从"六七模式"②逐渐调整到"3+文科综合/理科综合",开始注重考查学生的综合能力;如今新高考改革,施行高中毕业会考和高考相配合、取消文理分科以及"3+X"的科目自选,体现的是知识经济时代从知识立意到能力立意的人力资源转化新方向。

但是,多年以来,高考内容改革始终未在知识类型上作出彻底突破。现有高考植根于普通教育的学科体系,命题从学科逻辑出发,采用分科命题的方式,重在对于科学事实和社会事实中概括出的概念、原理和规律的应用能力的考察,本质上侧重于智力检测,其对于学科知识掌握者的识别是有效的。但是,作为同时也服务于培养技术技能人才的高职院校的考试招生的高考,其考试内容和考试方式便并不符合职业教育选拔人才的要求和特点,表现为高考在技术技能型人才的识别上存在着"失灵"风险。

原因在于,职业教育致力于培养人的职业能力,所学知识通常为具有涉身性、情境性特征的、难以用文字、符号进行逻辑说明的缄默知识。③ 知识体系规训着考试内容,那么职业教育的考试内容应该是考生运用专业知识和技术技能解决工作任务的认知特征和熟练情况,反映的是对"职业能力效度"的测评。④ 高考以学科知识和统一笔试为考试内容和考试方式,即使高考改革一再侧重于在命题和考试技术上精雕细琢从而彰显公平公正,但是实际上高考的考试内容与培养技术技能人才所要考察的技术知识与思维模式并不匹配。⑤ 也正因如此,长期以来,对于一张考卷

---

① 潘懋元.从选拔性考试到适应性选才——高等教育普及化阶段试行"套餐式"招生模式的设想[J].高等教育研究,2021,42(09):1—4.
② 郑若玲.中国教育改革40年:高考改革[M].北京:科学出版社,2018:86.
③ 贾文胜,徐坚,石伟平.技能形成视阈中现代学徒制内在需求动力的研究——从知识结构的角度[J].中国高教研究,2020,(09):98—103.
④ 赵志群,黄方慧."职教高考"制度建设背景下职业能力评价方法的研究[J].中国高教研究,2019(6):100—104.
⑤ 徐国庆.中等职业教育的基础性转向:类型教育的视角[J].教育研究,2021,42(04):118—127.

选拔学术型与应用型两类人才的质疑声一直不断。①

2014年,国务院《关于深化考试招生制度改革的实施意见》要求要建立起分类考试、综合评价、多元录取的考试招生模式。其中,分类考试指的是高职院校与普通高校在考试招生上相对分开,也正是那时候开始,我国开始了全国范围内的省级统筹下的高职分类考试改革,且如今已经向着构建职教高考制度迈进,以希望能够彻底实现职业教育考试招生的独立。在高考竞争从精英化走向了大众化以及高等教育几近普及化的今天,分类考试既回应了高校分类、特色办学的客观要求,意指不同类型高校能以与自身特点相匹配的选拔方式招生,也意味着广大考生能够根据现实需要,自主选择合理、公平和有效的评价标准来实现自身与学校的双向选择和匹配。

2020年,中共中央、国务院印发的《深化新时代教育评价改革总体方案》要求扭转不科学的教育评价导向,指向的也是要将以往过于单一的人才选拔与评价标准破除掉,促进和完善更加多元化的人才评价体系。同时,其"针对不同主体和不同学段、不同类型教育特点,分类设计、稳步推进,增强改革的系统性、整体性、协同性"以及"完善高等职业教育'文化素质+职业技能'考试招生办法"亦是《总体方案》中明确的政策指引和改革要求。

设立职教高考可被视为是以"基于选择的分类"替代"基于筛选的分类",通过建立新的评价标准,使得学科知识掌握者才能在高考中取胜的考试评价标准的单一性得以终结,使技术技能知识及其掌握者也可通过高考来获得自身价值的确认。这不仅提升了高考选材的科学性、公平性,也使广大考生可根据自身的知能结构和兴趣爱好来选择成才道路,体现了尊重个体差异、实现个人公平而差异化发展的思想。

三、助力职业教育的评价改革和现代职业教育体系完善

教育评价某种程度上也是教育方向,评价指挥棒一定程度上会左右学校的办学导向。② 长期以来,职业教育没有能够有效建立起服务于自身的教育评价体系,而是多依附于普通教育,并因此带来了不少弊端。例如,高职教育的评价指标体系较多地借鉴了普通高等学校本科教学工作水平评估指标体系的框架和精神,③简单"迁移"普通教育评价的后果是一些职业院校被视为是本科的"压缩饼干",培养出的人才在专业理论上不如本科阶段、专业技能上又不如中职。再如,职业院校考试招生未建立起独立的选拔通道,依附于现行高考的后果是现行的高考专科批次的录取机制违背了职业教育是培养面向社会专业应用型技术人才的目标,也严重影响了高职的生源。④

---

① 边新灿.公平选才和科学选才——高考改革两难价值取向的矛盾和统一[J].中国高教研究,2015(09):27—32+62.
② 中共中央 国务院.深化新时代教育评价改革总体方案(2020-10-13)[2021-11-01][EB/OL]. http://www.gov.cn/zhengce/2020-10/13/content_5551032.htm
③ 任占营.新时代深化职业教育评价改革的现实意义、政策路径和成效表征[J].职教论坛,2021,37(08):14—20.
④ 马婷.论我国高等职业教育招生制度发展变革[J].赤峰学院学报(自然科学版),2013,29(18):258—259.

人才和教育的类型不同决定了不同类型人才、不同类型教育的选拔和评价方式不同,因而应该依照不同类型人才和不同类教育的特征设计考试。不同的教育类型需要不同的评价体系,服务于学术型人才选拔的现行高考,即使其评价之尺再精准,也不应被盲目用来度量另一个类型的教育。① 因而,构建职教高考制度,最直观的意义在于建立起符合职业教育特色和类型定位的招生考试制度。

知识的层次性决定了考试内容的位阶关系,高考的考试内容既要反映高等教育对人才选拔的基础要求,也要顾及中等教育的教育内容与教育实际。高考将这二者共同熔铸在了考试内容和形式之中,并以此来检验考生是否具备进入高等教育继续学习的潜力和基础。在这个过程中,高考及其考试内容发挥了区分和连接中等教育与高等教育两阶段内容的"旋转门"的机制作用——既可以有效筛选出能够进入高一级培养规格的技术技能型人才,也可以有效促成技术技能型人才培养规格的螺旋式上升。但是目前,在职业教育的人才培养体系中,还没有形成这样的"旋转门"机制。

虽然,我国已经建立起了中等职业教育、高职专科教育和职业本科教育的职业教育三级学校体系。但是,从低到高学校体系的建立只有伴随人才培养规格的提高和人才培养的高质量才有意义。易言之,要杜绝不同学段之间衔接不畅、低效重复的现象,使各级职业院校在人才培养上能够实现精准定位、高效衔接,使培养规格呈螺旋上升的趋势。已有的从中职到更高层次职业教育院校就读的衔接机制,有对口招生、单独招生、长学制贯通项目等,但是这些衔接机制还未完全覆盖和落实到教学内容、专业设置层面,而且所作用的专业和院校的数量有限,运作上多为项目化的形式而导致稳定性不够。

从深层次的内涵层面来看,三级职业教育学校体系之间依然各自独立,缺乏内部通畅的衔接通道。职业教育需要在体系内部理顺各级职业教育之间的衔接关系,建立自成体系的内部升学通道——通过一种统一的考试招生制度将中等职业教育和职业专科教育、职业本科教育在教学内容、专业设置、培养规格上衔接起来,促进中高职统筹协调发展,使职业院校的学生可以通过参加职教高考实现在职业院校和专业中的自由报考、自由选择。②

从这个意义上说,构建职教高考制度除了是要建立起与职业教育类型教育特点相符合的考试招生制度,还在于能够以一种"旋转门"机制般的存在连接中等职业教育和高等职业教育两个层次,通过"旋转门"的转动,使分别处于门两侧的中职教育和高职教育在专业设置、教学标准和人才培养等方面对应、衔接和协同起来,构建起内部衔接的现代职业教育体系。

总而言之,职教高考作为专门为职教学子设置的升学途径,是为技术技能型人才设置的评价

---

① 龚方红,刘法虎.彰显类型特征的职业教育评价新蓝图——《深化新时代教育评价改革总体方案》解读[J].国家教育行政学院学报,2020(11):26—33.
② 教育部.教育2020收官系列新闻发布会第三场:介绍"十三五"期间职业教育改革发展情况[EB/OL].(2020-12-08)[2021-11-01]. http://www.moe.gov.cn/fbh/live/2020/52735/

制度,是助力实现职业教育评价的科学性、独立性和客观性等核心追求的应有举措。同时,也是直面和解决当前职业教育体系内部不衔接、不完善、不均衡、不协调的必要一环。

一项考试制度的建立过程也是与之相配套的考试内容、方式与录取标准的建立过程,考试评价改革会带动职业教育课程、教学、人才培养方式、管理理念等方面改革,其对于公众认可技能积累和技能评价结果使用有着重要意义,也将助力于整个职业教育的人才培养体系的完善。

四、拓宽高考"独木桥"以成就有边界和有选择的升学竞争

高考形态与国家经济社会背景之间存在强关联性,从精英教育阶段转向大众教育阶段后,现行高考作为大众升学的独木桥逐渐走向过度竞争。高考起源于国家经济社会发展对高端人才的需要。从统一高考制度建立直到20世纪90年代,大学生被纳入国家干部培养计划、毕业后会获得国家干部的身份,因而早期高考一定程度上也兼具了干部预筛选职能[1]。这意味着高考把知识变成一种资本,特定知识(此处指的与高考考试内容相一致的知识)掌握的多寡成为精英识别的符号,特定知识资本掌握程度高的群体通过高考角逐顺利跻身精英群体,高考既成为了精英群体的"加冕仪式",也成为了精英生产以及再生产的制度化手段——促成了知识精英从引才、识才到育才和用才的闭环。于个人而言,高考胜利意味着科举制胜利者般的"朝为田舍郎,暮登天子堂"的收益,因而人们选择参加高考成为一种对自身的投资行为,这与人们普遍视高考为"改变命运"的一次机会的看法相吻合;于社会而言,高考传递了社会流动由取决于先赋因素向自致因素转变的"知识改变命运"的信号,发动更多人加入到这场建立起自身文化资本的风潮中来,同时于无形之中促成了高考的除社会功能以外的教育功能,即人们在以高考为目标加强知识学习的同时,使国家教育的标准化程度迅速提高、引导了教育发展方向、促进了文化传播、提升了国民素质和推动了社会进步;于国家而言,这场知识与权力的结盟既使得知识为权力所用、增强了权力的合理性和权威性,也保证了知识产生更大影响力和发挥对国家建设的作用[2]。

既然参加高考能够实现自身往高端分配性人力资本的转化、获得极高的回报,但为何在新世纪之前高考未形成极高的竞争压力呢? 这是因为,有效的前置性社会分流成就了这一阶段高考竞争的有限性,而这不仅与当时整体的教育发展水平和经济发展水平相关,还与下一级教育的结构与发展水平有关。首先,上世纪80年代之前,我国国民经济水平还不高,高中的毛入学率直到1998年前都没有高过四成,在初等、中等教育结束后直接参加工作是多数人的选择,适龄人口中只有少数会参加高考[3]。其次,彼时我国还处于农业经济向工业经济的转型阶段,经济建设需要的是大批初级和中级技能人才,在高等教育规模尚小和以普及和发展中等教育为重点的时期,中等教育结构中的职业教育规模要高于普通高中。在人们普遍还未有条件接受高等教育且中等教

---

[1] 刘海峰.高考改革的理论与历史[M].武汉:华中师范大学出版社,2016:12.
[2] 彭拥军.高等教育与农村社会流动[M].北京:中国人民大学出版社,2007:1.
[3] 陆一.学业竞争大众化与高考改革[J].教育研究,2021,42(09):81—92.

育中职业教育的规模相当甚至略高于普通教育时,社会便存在一个有效的前置性分流机制,使得高考只是少部分知识精英的"高远志向"。

20世纪80年代以后,高等教育逐渐从极度精英化阶段发展到精英阶段,21世纪以后逐渐进入大众化阶段,现在已经基本上发展到普及化阶段。90年代末开启了我国高等学校急剧扩招的序幕,2000年高等教育本专科招生人数比1999年增加了100余万人,增长比率达到36.78%[①];2001年高等教育共招本科、高职(专科)学生464.21万人,比上年又增加了87.45万人,增长比率达23.21%[②],这样的扩招速度一直持续多年,直到使我国提前5年实现了高等教育毛入学率40%以上的目标。这种升学热情的背后有着深刻的人口、经济动因。我国于1980年开始全面实施独生子女政策,第一批独生子女在1998年刚好年满18岁。历来崇尚考学出仕的中国家庭在独生子女政策下,使自家孩子接受高等教育几乎成为每一个家庭的"标配"。与此同时,改革开放使我国经济社会发生翻天覆地的变化,城镇居民家庭可支配收入翻倍增长,亿万家庭经济条件的改善以及国家助学金政策的完善使得因经济条件制约而无法上大学的情况越来越少,这些都成为了促成高校扩招的社会动因。除此之外,中等职业教育内部发展的不平衡、中专教育体制改革以及国有企业对社会职能的剥离使得过去中等职业教育的吸引力严重下降。1995年,中职招生数占整个中等教育阶段的57.4%,达到历史顶峰,到2000年比例下滑至不到50%,到2001年进一步下滑至41.8%[③],中职规模的急剧萎缩意味着更多人涌向普通高中和计划参加高考,社会前置性的分流机制效用下降。自此,高考制度从致力于选拔精英到服务于大众升学。

服务于大众升学的高考"独木桥"逐渐走向过度竞争。虽然高考录取率从恢复时的4.8%提升至如今的80%以上,但是竞争激烈程度却有增无减。虽然高等教育资源总量获得极大增长,但是考生心中理想的教育资源依然有限且仅限于"金字塔顶"。高考在考试类型上属于常模参照式的考试,录取的唯一依据是高考考试分数,且该分数只有置于全体考生中才有解释力,即高考录取是根据考生成绩在团体中的相对位置来甄别和衡量考生的个体差异和相对水平——考试成绩在团体中的相对位置越高,通过高考所能取得的高等教育资源才能越稀有。而且,学生要想获得理想的高等教育资源,基本上只能依赖于一年一次的高考并且要在全体考生中取得靠前的位次。这使得近30年来高考的竞争压力几乎笼罩着学生的整个中等教育阶段甚至传导至义务教育阶段,高考成为全社会关注的高利害事件。此外,高考考试内容的"瓶颈性"也成为了"绑架"基础教育的"紧箍咒",表现为考生要想通过高考获取理想的高等教育资源就必须要在基础教育阶段反复钻研高考考试内容,高考及其备考过程成为了一种"精神洗礼"和"磨炼意志"

[①] 教育部. 2000年全国教育事业发展统计公报[EB/OL]. (2001-06-01)[2022-12-01]. http://www.moe.gov.cn/s78/A03/ghs_left/s182/moe_633/tnull_843.html
[②] 教育部. 2001年全国教育事业发展统计公报[EB/OL]. (2002-06-13)[2022-12-01]. http://www.moe.gov.cn/s78/A03/ghs_left/s182/moe_633/tnull_844.html
[③] 徐国庆. 从分等到分类:职业教育改革发展之路[M]. 上海:华东师范大学出版社,2018:38.

的过程[①]。

从上述梳理来看,构建职教高考制度,意味着拓宽了高考赛道,考试途径的扩充使考生无须仅依赖高考及其成绩排位来决定高等教育资源获取。同时,职教高考还意味着现行高考评价标准的单一性终结,被纳入高考考试范围的知识体系不再仅限于学科知识,高考胜利者不再仅限于学科知识精英,技术技能知识及其掌握者也可通过高考来获得自身价值的确认,考生可通过自身的知能结构和兴趣爱好来选择成才道路。

五、妥善回应和满足中职毕业生的公平发展的基本权利

考试和招生在本质上是两个不同的环节,考试指的是在教育过程中对学生的知识、技能、各项能力与素质的测量,招生指的是围绕学校培养目标寻求培养对象。但是,由于我国长期以来将考试成绩作为招生录取的唯一标准,因而构建职教高考制度同时意味着考试和升学两方面的权利。

但是,长期以来,职业教育人才的培养与发展规划设计中,由于缺乏系统的制度框架,没有对职业教育与普通教育对等的框架进行一体化设计,职业教育本身也缺乏独立的考试体系,导致学生选择职业教育的机会成本大幅增加,表现为"职业教育以就业为导向而控制升学"以及"职业教育类级划分的'不妥'和层次衔接的'不畅'"阻碍了职业教育学子获得公平发展的机会和权利。

一方面,因为国家以政策形式确立了职业教育要以就业为导向,因而开始严格控制升学口子。综观职业教育考试招生制度改革的改革历程,发现国家曾在放开升学和控制升学的问题上多次摇摆甚至出现骤然的态度转变,直至分类考试改革以来才逐渐彻底放开中职生升学[②]以及通过分类考试改革来促进职业教育的考试招生办法科学化。综观我国中职教育的人才培养目标,不难发现,国家职业教育的规划和发展一直存在着明显的效率为本和工具价值为本的思想,这背离了教育固有的合理、正常的功能。每当职业教育要稍稍放开一点对于升学的管控,就会有大批人疾呼这会戕害职业教育以就业为导向的使命。在职业教育的发展中,直接就业与继续升学的对立在职业教育中表现得尤为明显。究其原因,很多人认为两者不可共生,但实际上这是对职业教育"就业导向"的曲解。

不可否认,中等职业教育对经济社会发展的社会作用决定了就业导向的优先性。但是,教育事业的本质属性应该为教育性,也正因如此,决定了我们不能忘记关注学习主体的个体需求。为维护职业教育的就业导向,国家曾一度严格控制职业教育毕业生继续升学,这在本质上违背了教育公平。各级各类教育的学习者都有继续学习的权利,这种权利在不同的教育类型中是没有区

[①] 俞敏洪.重燃高考精神[J].中关村,2018(07):99—100.
[②] 2021年,教育部办公厅发布《关于进一步完善高职院校分类考试工作的通知》,提到"要引导符合报考条件的考生结合自身实际理性报考,不得限制高职院校招收中职学校毕业生的比例"。

别的。① 任何教育都需要继续教育和就业的双重功能。②

另一方面,职业教育类级划分的"不妥"和层次衔接的"不畅",同样影响着职业教育的吸引力、人才培养质量和学子公平发展的基本权利。高等教育阶段的职业教育因长期止步于专科层次而成为一种"断头教育",由于没有本科层次的职业教育,意味着普通教育学子学历的起点成为了职业教育学子的学历终点,而职业教育毕业生如果想要一个本科学历则仅能通过"换轨"到普通教育体系去参加现行高考或者是"专升本"、成人高考、自学助考等形式实现。但是,上述考试的考试内容偏重理论,考试形式为单一的笔试,这与考生职业教育所学不相一致,而后续入读的为普通教育类型序列的高等院校,因为分属于学术教育体系和职业教育体系,转入后的人才培养方案、课程设置、专业设置等无法与原有学校实现"接续培养",不仅导致考生之前所学技能和专业基础知识基本荒废,也让融入新教育类型的学生因缺乏相应基础而导致学习困难。

随着经济社会快速发展,城乡生活条件、收入水平大幅度提升,新生劳动力追求高学历的愿望越来越强烈,获得更大教育收益的需求越来越迫切。2020 年,我国新增劳动力平均受教育年限已达到 13.8 年,③相当于大学二年级。过去 70 多年里,从新中国成立初期到改革开放前是以初等教育为主,从改革开放初期到世纪之交是以中等教育为主,进入新世纪后高等教育大发展,学历教育结构重心上移。职业教育从严格控制升学到如今类型优化与现代职业教育体系背景下重新认识升学,隐喻了国家终于下决心着手打破已有的路径依赖,重新选择、设计和构建职业教育内部以及职业教育与普通教育之间的沟通衔接机制,这一机制便要通过深化考试招生制度的改革、构建职教高考制度来实现。

受教育权的内涵具有法律确定性,但也在不断发展。如今,受教育人权的重心正在从获得教育机会向获得优质教育过渡,边界也开始向早期教育和终身学习延伸。国家对受教育人权负有尊重、保护和实现的义务,应在教育的可得、可进入、可接受和可适应四个方面增强责任承担。④现如今,从国家明令"不得限制高职院校招收中职学校毕业生的比例"⑤来看,职业教育被限制升学已经彻底成为了历史,如今国家在认识上已经超越了就业与升学之间的对立,在关注国家本位、技术本位和效率的同时,更加关注学习者自身的自由选择需要。

---

① 徐国庆.作为现代职业教育体系关键制度的职教高考[J].教育研究,2020,41(04):95—106.
② 范先佐.教育经济学(第二版)[M].北京:中国人民大学出版社,2012:129.
③ 教育部.我国新增劳动力平均受教育年限人均达 13.8 年,进入高等教育阶段[EB/OL].(2021 - 03 - 31)[2021 - 06 - 06]. http://www.moe.gov.cn/jyb_xwfb/moe_2082/2021/2021_zl25/bd/202104/t20210401_523924.html
④ 申素平.重申受教育人权:意义、内涵与国家义务[J].清华大学教育研究,2020,41(06):25—31.
⑤ 教育部办公厅.关于进一步完善高职院校分类考试工作的通知[EB/OL].(2021 - 11 - 18)[2022 - 01 - 06]. http://www.moe.gov.cn/srcsite/A15/s7063/202201/t20220129_596842.html

第二节　关于职教高考功能的探讨

一、高考作为一项考试以及高考在中国的功能界说

考试是一定组织中的主体根据目的需要,选择和运用有关资源对客体的某些方面的水平进行测量、甄别和评价的活动。① 考试最基本的功能是测量,在测量功能的基础上又衍生出反馈、诊断、区分、选拔、调控、预测、激励等其他功能。② "高考"是"普通高等学校招生全国统一考试"的简称,全称为"中华人民共和国(不包括香港特别行政区、澳门特别行政区和台湾地区)普通高等学校的招生考试,是由普通高中毕业生和具有同等学力的考生参加的选拔性考试"。③

从其定义可以看出,高考至少包含如下几个特征:其一,高考本质是一次考试,因而具有一般考试活动的所有功能;其二,考试结果将作为普通高校招生所用,从这个意义上说,"考试"与"招生"本属于两个环节的工作,但在高考中,都寄托在了考试这一个环节之上;其三,考试为选拔性考试,本质上为常模参照的分数解释方式,即以考生成绩在团体中的相对位置为解释标准,以及用来甄别和衡量考生的个体差异和相对水平;其四,目前高考是我国普通高校招生的主体途径,这表明此项考试具有极高的权威性和高利害性。

高考因其上述几个特征而在中国国情之下被赋予超越一般考试的重要意义、承担了超越一般考试的基本功能。

首先,高考的教育功能。高考于个人而言,学生以高考为目标快速系统化、结构化地学习了人类文明建构的知识体系,提升了自身的文化素质,充分调动学生的主观能动性,体现人的主体精神;于国家而言,迅速提高了国家教育标准化程度,引导了教育发展方向,营造了"尊师重学"的良好风尚;于社会而言,快速传播了人类文明建构的知识体系,迅速促进了人力资源转化为人力资本,促进了国民素质的整体提升,形成了最佳群体效应。

其次,高考对于高中教育乃至基础教育的指挥棒功能。高考内容被熔铸在学校教育教学过程之中,产生了对于高中教育甚至基础教育的指挥棒效应,即高考考试内容几乎成为教育教学活动的轴心,高考的科目设置、内容调整、形式变化等直接影响到基础教育阶段和高中教育的课程设置。④ 这样的指挥棒效应甚至一度使基础教育陷入"片面追求升学率"的严重弊病。

再次,高考的筛选和选拔功能。作为普通高校的入学招生考试,高考连接中等教育和高等教育且发挥着重要的传导作用,即将高等教育对人才培育的需求以考试内容的形式体现在高考之

---

① 廖平胜.考试是一门科学[M].武汉:华中师范大学出版社,2003:26.
② 边新灿.新一轮高考改革的多视域考察[M].北京:北京大学出版社,2017:109.
③ 杨学为.中国考试大辞典[M].上海:上海辞书出版社,2006:371.
④ 郑若玲,宋莉莉,徐恩煊.再论高考的教育功能——侧重"高考指挥棒"的分析[J].全球教育展望,2018,47(02):105—115.

中,以此来检验考生是否具备进入高等教育继续学习的潜力和基础。从这个意义上说,高考类似于一个"旋转门",高等教育中的知识体系是这个"旋转门"得以动起来的动力。但同时要说明的是,中等教育和高等教育同时对高考产生影响,两个阶段的教育目标通过教育内容将影响传导至高考的考试内容之中。高等教育影响高考分类和科目设置,如果高等教育的层次、结构、分类、院系设置发生变化,就需要调整高考分类和考试科目设置,否则可能会导致中等教育和高等教育两个教育阶段人才培养的脱节,从而严重影响教育质量。[①]

最后,高考的社会功能。高考的社会功能可具体解读为教育投资、促进社会流动和维护社会安定的功能。高考把知识变成一种资本,特定知识(此处指的是与高考考试内容相一致的抽象知识)掌握的多寡成为能否进入大学继续学习的信号,这使得个人参加高考成为了一种对于自身未来发展的教育投资。同时,高考传递了社会流动由取决于先赋因素向自致因素转变的重要的信号,给予人公平竞争的机会,个人的流动和晋升不以家庭出身和继承等自然获得,也不依赖政治权力与财富交换,基本上决定于个人努力,这种形式上的绝对公平对维护社会的和谐稳定起到了积极作用。因而,人们选择参加高考成为一种对自身的重要投资行为,这与彼时社会普遍视高考为"改变命运"的看法相吻合。

同样的作为一项考试,职教高考拥有一般考试活动的所有功能,即通过考试的测量结果了解考生的知识、能力和技能等是否达到能够升入职业高等院校就读的基础,体现了考试的认定、诊断、预测和选拔功能。此外,还因为使用了"高考"字眼,又意味着该项考试将拥有与现行高考制度相类似的激励导向、指挥棒效应、社会功能、分流调控等基本特征和制度功能。

还需要指出的是,职教高考的出现,是现行高考从单轨运行转变至现行高考与职教高考双轨并立的高考改革的重要体现,增加了单轨制高考时代不具备的一项功能——分流调控,即广大考生亦可以通过职教高考升入职业专科院校、职业本科院校和应用型本科院校等高等院校,缓解了现行高考"千军万马过独木桥"的竞争压力。有关职教高考以"指挥棒效应"影响中职教育教学工作和办学方向,以"筛选器"职责作为职业高等院校的招生入学考试,以"增长极"般的存在完善技能评价和承认技术技能积累,以"扩容器"的作用成就高考有边界和有选择的竞争,以及以"分流阀"的特殊功用促进更合理的教育分流和职普融合等具体功能,将在接下来一一展开论述。

二、指挥棒——影响中职教育教学工作和办学方向

多年来,中职学校有且只有一个办学导向——就业。2005年,《国务院关于大力发展职业教育的决定》明确要求职业教育要强化就业导向并以此指导职业教育的教育教学改革,这相当于职业教育就业导向的一元性在国家政策中被确认和巩固。基于此,多年以来,广大中职学校均以此

---

① 廖平胜.考试是一门科学[M].武汉:华中师范大学出版社,2003:265.

作为办学导向的政策指引,围绕着市场定专业、围绕技能培养来安排教育教学,并因此形成面向就业的办学模式。高职分类考试的推广实施以及职教高考的提出,使升学从与就业完全对立而被严格控制到逐渐放松再到如今的进阶升级,可以说,是给中职教育及中职生开辟了一条前所未有的新路。

中等职业教育已进入历史性转折阶段,就业功能基本完成历史使命后,成为应用型人才培养体系的基础教育是它的另一个重要功能。[1] 出口的转变带动着中职教育定位和导向的转变,意味着中职教育的专业建设、课程建设、实习实训、教育教学和办学方向的转变。目前,中职教育在"就业导向"之下多倾向于围绕市场定专业,在其引导下制订教学计划、教学大纲、教材及教学实施活动,核心目标在于按市场需求培养技能型人才。到了如今,在转变至"就业""升学"双定位下,必然要对先前的教学组织方式作出调整。[2]

职教高考在解决"怎么考"深层次问题的过程中,还要协同中职学校思考"怎样教"的重要考量。一是要防止中职教育彻底走向升学,要深刻规避应试主义倾向所带来的颠覆性后果,[3]使中职教育由原来的就业导向转向根据学生学习情况自由选择的就业和升学兼具的导向。二是要合理设计职教高考的内容,即考试内容要充分体现职业教育培养特色。三是以职教高考的制度引导中职教育"教-学-考"的相辅相成。要抛弃过去中职教育将学生打造成"即用性质"的单一工具型人才的做法,转变为既注重职业行动能力的培养,教授工作实践知识,为具体职业服务,也不忽视涉及具体情境、动作技能、团队合作、职业认同感、职业道德等专业理论知识的内化,形成从职业认知能力到职业技能和职业行动能力的完整建构,注重技能养成与专业知识的交叉融合。

三、筛选器——作为高等职业院校的招生入学考试

职教高考一头连着中职,一头连着高职,既服务于中职升学,也服务于高职专科、职业本科的招生。高考在中等教育的基础上进行,目的是为高等教育筛选新生,因而受到两阶段教育的双重制约。一方面,高考内容要顾及中等教育的教学内容,但又不能完全以中职的实际水平为标准;另一方面,如果完全弃中职教育内容于不顾而完全以高职教学内容为中心,亦会不利于中高职的内容衔接与高职选拔要求。从总体上来看,职教高考的初衷毕竟是选拔出适合继续就读高等教育的中职生,因而某种程度上,考试内容中更多地要体现高等职业教育的需求。从这个逻辑出发点来思考职教高考作为中职生就读高职院校筛选器的作用,就需要分析高职教育在培养规格上高于中职教育的表现,即其"高等性"的体现。

相较于中职,高职教育的"高等性"主要体现在其能够培养适应更为复杂的技术性任务的人

---

[1] 徐国庆.中等职业教育的基础性转向:类型教育的视角[J].教育研究,2021,42(04):118—127.
[2] 汪宝德.中职学校面对三校生高考的困惑及对策探讨[J].卫生职业教育,2014,32(12):18—19.
[3] 高钰雅."职教高考"影响下的中职学校办学困境[J].职教通讯,2019(19):13—18.

才,这些任务可能是操作性的,也可能是设计性的和管理性的,共同特点是既在一个职业上达到技术熟练程度,[①]又要具备一定程度的理论型技术知识、经验型技术知识、实体型技术知识和方法型技术知识,以使其能够实现复杂技术问题的解决以及技术创新。[②] 这意味着能够就读职业高等教育的中职毕业生不仅要有特定岗位应知应会的能力和知识,还要能够满足该职业更加综合的知能结构要求。

职教高考意味着中职生向上升学通道的打通,但这种通道的打通只有伴随人才培养规格的提高,并能够为高职输送高质量的人才才有意义。易言之,要让职教高考保持一定的筛选度,且这种筛选度要能够体现中高职在培养规格上的不同,尤其是能够体现出高职相较于中职不仅是熟练掌握了一定的技能,更是在技术知识层面实现了升级的"高等性"特征。职教高考制度,正可以以考试内容作为具有传导作用的"旋转门"机制,来有效促成梯度式技术技能型人才培养规格的向上递增,有效筛选出能够进入高一级培养规格的技术技能型人才。

除此之外,大批职业高等院校在世纪之交伴随着高等教育扩招而大规模建立和发展起来,但因当时政策规定,职业高等院校一开始就被置于从现行高考招收普高毕业生的招生"从属"地位,未能在初始阶段建立起符合自身培养特色和类型定位的独立的招生入学考试制度。从这个意义上说,后来的分类考试改革以及职教高考的建立也是在弥补之前阶段造成的不足。

四、增长极——完善技能评价和承认技术技能积累

以现行高考制度为参照,其在普通教育内部以系统化的科学理论知识为载体,既要在考试中满足高等教育的人才选拔要求,又要兼顾中等教育的教育内容和实际,以"旋转门"机制般的存在形成了普通教育人才培养的内循环体系。但目前职业教育的考试招生还没有形成这样的机制。

从整体上看,职业教育始终缺少一个权威性、统一性的考试,能够在满足区域、院校以及专业等范围广泛性的基础上,以"分界线"的形式来区分和引领两阶段的人才培养的规格。之前单独招生、对口招生、长学制贯通等中职生进入高等职业院校继续学习的考试途径,其共同的不足之处,在于未能有效杜绝不同学段之间衔接不畅、低效重复的现象。即使长学制贯通培养旨在让两阶段的学习内容在人才培养上能够精准定位、高效衔接,培养规格呈螺旋上升,但因为项目仅在部分专业实施,且一般是若干中、高职院校之间的合作项目,因而项目的持续性、稳定性饱受质疑。

虽然,毕业证书、职业资格证书、职业技能等级证书等也能够充当技术技能人才已有水平的反映和对未来阶段学习产生一定的预测效度,但由于上述证书尚不能完全反映企业对技术技能人

---

① 李玉珠.高职教育的类型特征及其分析[J].中国高教研究,2014,(10):107—110.
② 李政.职业教育现代学徒制的价值审视——基于技术技能人才知识结构变迁的分析[J].华东师范大学学报(教育科学版),2017,35(01):54—62+120.

才的真实要求,以至于最终没有发挥应有的效果和产生应有的预测效度。① 由此产生的对于构建职教高考制度的启示是,要使职业技能的评价保证科学性,满足效度、信度、区分度和客观性等测评技术标准的要求。

一项使用了"高考"字眼的考试制度的建立,对考试本身的科学性、公平性、效率性和标准化程度要求很高,因而考试方案制定、考试模式组建和考题设计的过程中势必要投入大量的人力、物力、财力、时间等进行建设。而考试制度的建立过程也是这项考试的科学化程度、标准化程度等不断提升的过程,诸如考试大纲、试题编制、考试常模、评分细则、分卷考试、阅卷规则、题库建立、标准分数制度等的建立也都是围绕着技能评价和承认技术技能积累来进行。职教高考制度的构建,不仅意味着建立起了符合职业教育类型特色和满足人才培养需求的考试招生制度,而且也以一种"纲举目张"的作用促进了对技能评价和技术技能积累的完善。

五、扩容器——拓宽赛道成就有边界和有选择的升学竞争

高考连接着我国中等教育和高等教育,为从中等教育通向高等教育设置一定的教育考试是完全必要的,国家现代化也需要通过竞争机制选拔出高层次专门人才来参与建设。毫无疑问,高考制度也是最符合中国国情和文化心理的普通高校选拔新生的考试制度,但前提是竞争应该是适度和良性的。

考试不是高考走向过度竞争的根本原因,但是,考试途径和评价标准的唯一性加剧和放大了高考的过度竞争。如果未能从考试评价上作出彻底改革,就难以根治择校热、减负难、教育焦虑等顽瘴痼疾。而且,现行高考在服务于大众升学后,不仅意味着服务对象的成倍扩容,更意味着要更审慎地根据考试环境和考试主体的变化而构建起新的筛选机制。

增加职教高考的赛道,扮演着一个"扩容器"的角色,有助于成就高考有边界和有选择的竞争。首先,增加职教高考意味着考试途径的扩充,考生无须仅依赖高考及其成绩排位来决定能否获得高等教育资源。上大学不再是"自古华山一条路",而是"条条大路通罗马"。其次,设立职教高考还意味着考试评价标准的单一性的终结。高考胜利者不再仅限于学科知识掌握者,被纳入高考考试范围的技术技能知识掌握者也可通过高考体系中的职教高考来获得自身价值的确认,从而鼓励考生可通过自身的知能结构和兴趣爱好来选择成才道路。

国务院《关于深化考试招生制度改革的实施意见》提出,要建立"分类考试、综合评价、多元录取的考试招生模式"。其中,分类考试是综合评价和多元录取的基础和前提,直接决定了综合评价的质量与多元录取的效果。在高等教育大众化和高考竞争大众化的今天,分类考试既回应了高等教育大众化阶段高校分类、特色办学的客观要求,意指不同类型定位、不同发展特色的高校

---

① 赵志群,孙钰林,罗喜娜."1+X"证书制度建设对技术技能人才评价的挑战——世界技能大赛试题的启发[J].中国电化教育,2020,(02):8—14.

都能以与自身特点相匹配的选拔方式招生,也意味着广大考生能够根据自身发展的现实需要,自主选择合理、公平和有效的评价标准来实现自身与学校的双向选择和匹配。

中共中央、国务院印发的《深化新时代教育评价改革总体方案》提出"扭转不科学的教育评价导向",指向的也是破除单一的人才选拔与评价标准,促进和完善多元化的人才评价体系。构建职教高考,也是对上述政策导向的一种回应。职教高考与现行高考一起构成了"基于选择的分类",替代之前"基于筛选的分类",不仅增加了高考选择性,分散现行高考的升学压力,拓宽学生上大学的门路,还通过建立新的评价标准,让每个人找到适合自己的求学之路,体现了尊重个体差异、实现个人公平而差异化发展的思想[①]。

六、分流阀——促进初中后职普教育分流更加理性合理

教育分流一般是指初中后普教和职教的分流,其立足点是根据学生的差异与优势进行分类指导、因材施教,基于"分类的选择"将学生送入普通教育所在的学术型或职业教育所在的应用型学习体系。然而,在现实中,善意的选择性分流机制起到了排他性分流机制的作用,表现为主动选择职业教育轨道的学生数量远远低于普通教育轨道的学生数量,而来到职业教育体系的学生多为未达到普通高中录取分数线的考生,他们多是被迫选择职业教育而非理性地自主选择。

造成这种情况的原因之一是分流手段的不完善,即两类教育在出口处的选择不等同、不平等以及二者之间未能建立起沟通衔接的"立交桥"。具体说来,如果通过中考进入高中后,未来通过高考可以自由考取全国范围的大学;但如果被迫被分流至了中职,想要继续升学却仅能通过单独招生、对口招生等途径进入本省范围的大学就读,而这类大学无论是在学历层次、办学质量、社会声誉等方面都与高考能够被录取的大学在范围和数量上相差甚远。

如此一来,中招考试不自觉地成为了"上不了高中读中职"的"魔咒"的分水岭,这相当于将普通教育视为"一流"、职业教育视为"末流",进而形成了"教育内卷""剧场效应""抢跑"等教育短视行为,妖魔化了职业教育的同时,还固化了家长、学校、全社会的教育焦虑。

但如果构建起职教高考制度,一方面,建立起了更符合高职人才培养特点的考试招生制度;另一方面,职教高考制度旨在让任何职业院校的学生都可以通过职教高考制度进入任何一个职业院校的任何专业学习,[②]这意味着其将以权威考试制度般的存在提升考试结果在报考院校和专业的选择度和流通性。更有意义的是,该制度会带动高等教育的分类发展。随着制度的不断成熟,通过职教高考招收新生的学校类型和层次也会逐渐扩充,直至未来应用型高校基本通过职教高考招生。

在现行高考单轨制的基础上设立职教高考的轨道,旨在以考试结果的等值、考试地位的等同、知识类型的等价建立起职业教育和普通教育纵向贯通、横向融通的"立交桥"。高考制度从服

---

① 姜蓓佳,徐坚.构建职教高考制度的动因、意义与行动[J].国家教育行政学院学报,2022(02):54—62.
② 教育部.教育2020收官系列新闻发布会第三场:介绍"十三五"期间职业教育改革发展情况[EB/OL].(2020-12-08)
　　[2020-12-31].http://www.moe.gov.cn/fbh/live/2020/52735/

务普通教育单一赛道"h"的形态转变为服务职普并列双赛道的"H"形态的转变。职教高考以和现行高考并立的形式存在,使高考制度成为职业教育和普通教育纵向贯通、横向融通的载体。

出口的平等和渠道的畅通将推动原有热衷于选择普通高中进行升学的生源,也可选择职教高考途径进行升学,使得原有的硬性教育分流转变为理性选择。这不仅将从整个教育体系中分流现行高考升学的压力、拓宽学生上大学的"门路",也将通过出口的畅通和平等,更合理地进行教育分流、增强职业教育的吸引力,激励更多青年走"技能成才"的道路。

七、差异协同等值同效——职教高考与现行高考之关系

基于上述分析,我们可以总结,除了旨在建立起符合职业教育人才评价特点的考试招生制度以外,职教高考制度还承载着将中高等职业教育在专业、教学内容等在内涵方面连接起来以实现技术技能人才的接续培养的重要功能;此外,职教高考制度还对整个教育体系起着缓解单轨制高考的竞争压力、实现不同类型的高校能够分类选拔人才,以及转变原"筛选器"的被迫选择的硬性分流为根据自身的知能结构和学业兴趣而主动选择的理性分流的重要调节作用。

上述功能,体现的是职教高考要与现行高考差异化发展,以及分别作为应用型和学术型两类人才培养和输送的循环体系的协同发展。但是要注意的是,职教高考和现行高考除了差异化发展和协同发展以外,二者还要在考试成绩应用上等值同效,因为这是实现职教高考作为促进初中后教育分流更加理性合理的分流阀作用的重要前提。图4-1展示了职教高考与现行高考组成的高考体系。

首先,职教高考与现行高考在高考体系中是差异化发展的两条平行轨道。差异体现在以下若干方面:其一,服务对象上,职教高考连接中等职业教育和高等职业教育,是中等职业教育及其同等学力者通向高等职业教育的考试招生制度;现行高考连接普通高中和普通高校,是普通高中及其同等学力者通向普通高校的考试招生制度。其二,招生院校上,职教高考服务于职业高等教育的招生,现行高考服务于普通高等教育的招生。职业高等教育包含专科层次的职业教育、本科层次的职业教育,那么职业专科院校、职业本科院校以及开展职业教育的应用型本科院校均应通过职教高考招生。普通高等教育即高等教育阶段实行普通教育的院校,主要指的是以目前的研究型大学为代表的普通本科院校。过去很长一段时期,"普通高校"这一概念,在内涵及外延上囊括了所有高等院校,但实际上这样是混淆了教育的分等与分类,[①]应借助构建职教高考制度的契

[①] 教育从类型上分为普通教育、职业教育和特殊教育,从层次上包括初、中、高级层次,现有教育类型的分类后有层次的分级。普通教育有初级、中级和高级的层次,分别对应着义务教育、普通高中教育和普通高等教育,职业教育也能够分为初、中、高级三个层次,但是初级阶段作为初中后分流政策之前的教育阶段更多是普职融合的形式存在,但在课程上职业教育的内容被熔铸在劳动教育、职业生涯教育等课程之中,中级阶段的职业教育即中职,高级阶段的职业教育即包括专科、本科以及研究生层次在内的职业高等教育。教育先有类型上的分类、后有层次上的分级。具体参见:本刊编辑部.学习宣传贯彻全国职业教育大会精神 加快构建现代职业教育体系——专访教育部职业教育与成人教育司司长陈子季[J].国家教育行政学院学报,2021(05):3—10.

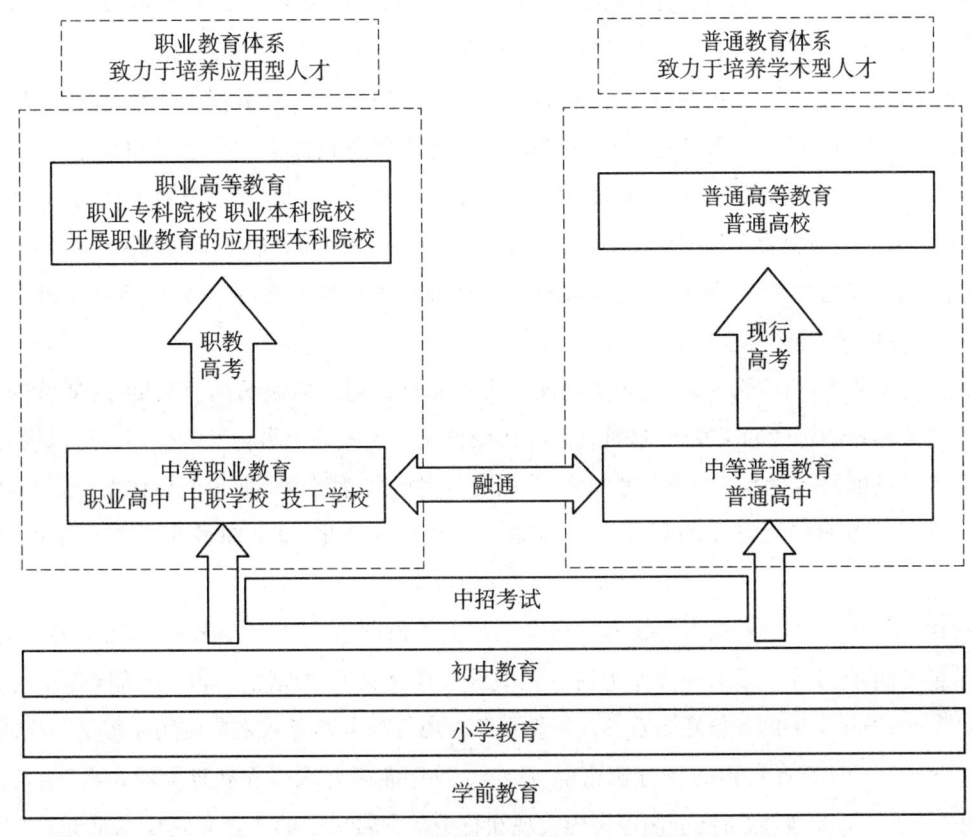

图 4-1 职教高考与现行高考组成的高考体系图示

机正本清源。其三,考试内容上,职教高考的知识体系来自于职业教育知识系统,评价方式为"文化素质+职业技能";现行高考的考试内容即现有的现行高考的考试内容,植根于学科知识体系。

其次,职教高考与现行高考作为高考体系中并立的双轨,共同服务于我国高等院校选拔新生,虽然二者所包含的要素不同,但二者形成的合力却大于分力,共同推动教育体系的进一步完善和改革发展。这其中的原理与逻辑可用差异协同律来解释。差异协同律由中国系统辩证学的创始人乌杰提出。差异协同律借助于差异原理、协同原理、自组织原理等来解释系统物质世界的运动规律,并在经济学、科学等多个领域发挥了方法论层面的指导作用。差异协同律的核心观点是:"系统发展的原因在于系统内部发展要素差异、和谐与自组织的差异"[1],"差异的竞争、变化、共存、融合的现象,比对立更具有普遍性和客观性,更接近物质系统本质","协同效应能够产生合力、动力,而这样的合力大于分力,合力更能够推动系统的整体发展。"[2]差异协同律被视为是系统论的中心定律,差异不仅是矛盾的对立成分,也是制度的对立成分,更是多方制度协同效应的成分。

---

[1] 乌杰. 系统辩证学[M]. 北京:中国财政经济出版社,2005:86—89.
[2] 乌杰. 系统辩证学[M]. 北京:中国财政经济出版社,2005:90.

具体到职教高考与现行高考组成的高考体系上,二者虽在服务对象、招生院校、考试内容等要素上截然不同。若将二者拆分开,都仅能够服务于一个教育类型的考试招生工作(体现差异性)。但是,当二者合力,便可使得高考体系进一步提升选材公平性、选材科学性(体现协同产生合力)。从整个考试招生体系来看,当高考制度从服务于普通教育单一赛道"h"的形态向着为服务职普并列的双赛道的"H"形态转变时,高考制度成为了职业教育和普通教育纵向贯通、横向融通的载体,而当职业教育考试招生"断头路"打通时,会引导初中后普职分流时因升学道路未打通而倾向于选择普通高中的一部分学生主动回流到职业教育轨道上来,从而促进更加合理和理性的普职分流(体现协同产生动力)。

从上述分析来看,双轨并行、差异协同的高考体系比目前单轨制的高考制度,更能够推动和服务于教育体系的整体健康发展,这符合差异协同律所认为的几项事物发展规律。可以说,构建与现行高考制度协同发展的职教高考制度,看似是与现行高考制度走向了差异化发展方向,但实则可与现行高考协同而产生的新的合力和动力。也正因如此,设立职教高考势在必行、切实可行。

再次,职教高考和现行高考要在考试成绩应用上等值同效,内涵上包括考试结果的等值、考试地位的等同,这是实现职教高考作为促进初中后教育分流更加理性合理的分流阀作用的重要前提。其一,考试结果的等值意味着参与职教高考与现行高考的考试结果应用原理是一样的,即凭借考试成绩可实现在特定的教育轨道中、从中等教育继续升入高等教育而不用再"换轨";同时,考试结果具有流通性,可在全国范围内实现在特定教育轨道中的专业和院校志愿上的充分选择。其二,考试地位的等同,意味着职教高考与现行高考一样,同属于国家教育考试制度,由国家统一设置和举行。

第五章　职教高考的考试内容与考试形式探讨

在前文论述了为何设立职教高考后,本章旨在回答"职教高考是什么样的"。考试的目的、内容和形式是一个有机整体,彼此不可割裂,考试内容和形式作为一对范畴,是一个事物的两个方面,不仅都统摄于考试目的,而且两者必须协调统一。以此为思路指引,本章基于"考试目的"来探讨职教高考的"考试内容""考试形式"应该是什么样的。首先,基于职教高考的考试目的和职业教育的知识论讨论,分析职教高考考什么的问题,共涉及考试内容在知识系统层面、"考试科目"层面以及每个科目要考查什么内容三个层面。其次,以考试内容和形式是一个事物的两个方面、必须协调统一为出发点,吸收第四代评估理论所带来的考试评价建立的观点启发,从职教高考的组织形式(考试举办主体与考试组织形式)、考试形式("纸笔测试"还是"操作考试")以及实现形式("文化素质""职业技能"考试内容的试题设计)三个层面探讨职教高考怎么考的问题。

第一节　关于职教高考考试内容的探讨

考试内容有广义和狭义之分,广义上的考试内容指的是考试考什么,既包括了考试科目的问题,也包括每个科目要考查的内容;狭义的考试内容指的是每个科目所要考查的内容。[①] 基于这个定义并联系本研究的具体语境,做出如下框定:

(1)在基于考试目的和知识论的视角讨论职教高考考什么的时候,考试内容指向的是比考试科目更上位的概念,即考试科目所来源的内容框架。(2)探讨"文化素质""职业技能"的考试内容和选择依据时,指向的是考试科目。

但是,需要说明的是,由于普通教育体系植根于学科知识,所以使用"科目"来指代考试内容中的例如"语文""数学"等考试内容是合适的。在职业教育中,虽然在探讨"文化素质"考试的内容时,可以沿用"科目"来指代文化知识的考试内容;但对于"职业技能"的考试内容,本研究虽然依然使用了"考试科目"作为名称指代,但在内涵上实际指向的是根据职业教育考试内容框架所

---

① 张耀萍.高考形式与内容改革研究[M].武汉:华中师范大学出版社,2016:5.

析出的内容体系,这一内容体系在逻辑上与"科目"不可等同,但在分析单位上与"科目"处于同一层次。

一、职教高考考什么——基于考试目的和知识论

对于考试内容的探讨,既是科学展开考试的前提条件,也是考试研究的实质性任务。通常来说,考试的内容要根据考试目的来确定,并根据考试目的的逻辑展开,要反映出该领域人类社会生产与社会生活认识的结晶。考试内容是主考者与被考者交互活动的介质,是一种能力指标体系,也是一个知识系统形态,能力指标体系被隐匿在该知识系统之中。① 简言之,考试内容是出于一定的考试目的、基于一定的知识系统被提炼出来的能力指标体系。由此带来的启示是,职教高考的考试内容要通过职教高考的考试目的和职业教育的知识系统两方面的讨论来进行确定。

(一) 职教高考考什么——基于职教高考的目的

职教高考的目的是什么?根据本研究对于职教高考范围的框定,职教高考是"中华人民共和国(不包括香港特别行政区、澳门特别行政区和台湾地区)职业高等学校的招生考试,是由中等职业教育毕业生和具有同等学力的考生参加的选拔性考试"。即,职教高考最直接的考试目的是为职业高等学校选拔新生,那么围绕这一目的来探讨职教高考的考试内容,就需要以职业高等学校的选材要求为抓手展开讨论。同时,职教高考是选拔性考试,因而其分数解释方式为常模参照,常模的确立要根据被测群体在所测特性上的一般水平或者水平分布状态来确定。② 由此,职教高考的考试内容不仅要根据职业高等学校选材要求,还要从接受中等职业教育的群体在中职阶段学习内容和教育目标的一般水平来确定。

其一,从高等职业教育的特点和知识论基础来看。高等职业教育的核心特征是"高等性"和"职业性",前者指的是相较于中职教育阶段的技能教育,高职旨在培养从事技术应用、技术创新等能够用到更高级的文化基础知识、专业知识的更高规格的技术技能人才;后者体现在相较于普通高等教育,高职的教育内容为职业能力、专业技能等。③ 如果说普通高等教育的知识论基础是自然科学、工程科学与人文社会科学,高职教育的知识论基础应定位于技术科学。技术科学是传统科学与实践的桥梁,其科学性不同于工作经验的知识,其技术性也不同于传统的科学知识,只是在载体上通常是以科学概念或公式形式表达的技术实现的原理、方法的知识。④

其二,从中职教育与高职教育之间的培养规格的递增和衔接关系来看。中等职业教育的教育目标与彼时所处的社会、政治、经济发展密切相关并随之做出调整,如今可概括为培养"德智体美劳全面发展的高素质劳动者和技术技能人才",表现出了由"专门人才"向"复合型人才"的转变

---

① 李家林.考试评价概论[M].广州:世界图书出版广东有限公司,2014:64.
② 漆书青.现代测量理论在考试中的应用[M].武汉:华中师范大学出版社,2003:106.
③ 廖龙,王贝.基于职业能力评价模型的"职教高考"体系构建[J].职业技术教育,2020,41(31):24—28.
④ 徐国庆.高职教育高等性的内涵及其文化分析[J].中国高教研究,2011,(10):68—70.

以及能够适应劳动力市场快速变化的"宽专多能"复合型人才的特征。[①] 其中,"专门人才"是指熟悉某一特定领域的专业知识和技能的人才,而"复合型人才"是指知识面广、适用性强、通用性强的掌握了多项才能和知识类型的人才。如此,中职学生群体中能够在大学继续深造的人,不仅需要具备可以在高等职业教育相关专业进行培养的学习潜力,还应该具备所对应的专业方面的知识基础、技能基础。[②]

基于上述讨论,我们可以总结,如果从职教高考是服务于职业高等学校的选材这一考试目的出发,综合考虑高等职业教育的特点及其知识论基础、中职教育与高职教育之间的培养规格的递增和衔接关系、中职阶段学习内容和教育目标的一般水平等方面,职教高考应该选择中职阶段专业技能、专业理论知识学习水平的考察。同时,为了衡量其是否具有接受更高知识位阶的技术技能知识的潜力,又要在考试内容中体现出一定的对于个体思维能力的考查,比如技术知识中的描述性定理和技术理论知识等。

(二) 职教高考考什么——基于职业教育知识论

职业教育的考试评价要体现出职业教育的知识的类型化特征。那么,职业教育的知识系统是怎样的? 类型化的知识体系是影响考试内容最直接的也是最根本的维度,其以正统知识生产者的身份规训着考试内容,对于考试内容的影响路径是:知识的生产模式决定了考试内容的呈现形式、知识的组织逻辑影响高考内容的组织以及知识的层次性决定了考试内容的位阶关系。[③]

职业教育培养的是直接走向就业的技术技能人才,通常来讲,职业教育根据职业活动的规律和职业能力的要求来建立和组织教学内容,教学组织的依据则是人对特定职业及其职业相关的环境、资源的认知和人与上述客体互动关系的认知规律。可以说,职业教育区别于普通教育的最大特点在于职业教育的主要教学内容是职业能力。那么,什么是职业能力呢?

在职业教育中,能力是指胜任一项工作所必需的个人特质,如知识、技能、态度和价值观等。至于职业能力,我们可以从诸多学者、教育部门或者人力资源部门的工作文件中找到关于它的阐释。

徐国庆认为,职业能力的形成即知识与工作任务之间联系的形成。[④] 姜大源说,职业能力来自于职业情境中的行动训练,是动作技能、分析技能和判断力共组之下的一种能力。[⑤] 赵志群说,职业能力与具体情境、可学习性、内部结构有关,是指个体在处理任务时所需要的类似于个人是一个主管能够发挥出来的能力。[⑥] 周衍安分析,职业能力是各种心理因素的集合,包括在实际工

[①] 宋晓欣,闫志利,杨帆. 中职教育人才培养目标的历史演变与现实定位[J]. 教育与职业,2015(33):10—13.
[②] 张瑶祥. 高职招生改革需着力解决的几个问题[N]. 光明日报,2013-06-15(10).
[③] 李政. 我国职教高考内容改革[J]. 职教论坛,2022,(02):31—37.
[④] 徐国庆. 职业能力的本质及其学习模式[J]. 职教通讯,2007(01):24—28+36.
[⑤] 姜大源. 基于全面发展的能力观[J]. 中国职业技术教育,2005(22):1.
[⑥] 赵志群. 职业教育工学结合一体化课程开发指南[M]. 北京:清华大学出版社,2009:19.

作情境中的分析能力、判断能力、理解能力等,不同的职业能力,上述要素所占的比例是不同的。[①]罗特(Ruth)将职业能力分为自我能力、专业能力、方法能力和社会能力。[②] 埃鹏贝克(Erpenbeck)将职业能力描述为"人们可以在他人的帮助下或者能够自发地处理专业领域相关事件的能力,这个能力的发挥需要在特定的场景下才能产生且行为主体在该事件的处理过程中具备愿意接受挑战的意愿"。[③] 上海市《职业教育国际水平专业教学标准开发指导手册》对职业能力的定义是"个人完成工作任务的水平",即完成任务的目标、绩效要求。人力资源和社会保障部《国家技能人才培养标准编制指南》将职业能力定义为"在现实工作情境中解决专业问题的综合能力"。[④] 英国国家职业资格体系(NVQ)将职业能力解释为"按照行业设定的能力标准将知识和理解应用于工作场所的能力"。[⑤] 在德国,职业能力被认为是"在典型工作情境中表现出的知识、才能、技能和态度的综合",[⑥]他们认为职业能力是一个多层次的复杂结构,而不仅仅是资格证书上列出的表面的能力要素。

综合上述观点来看,职业能力不仅意味着通用和关键技能能力,也意味着在具体情境中运用专业知识完成任务和解决问题的能力,对职业能力的考查离不开具体场景,必须是一种对技能水平和认知水平的综合性考查。

需要注意的是,"为了有效地培养职业技能,职业教育的课程结构需要与工作结构相匹配,即职业教育的课程是从工作结构中获得的,职业教育的知识是与工作知识能够对应起来的,学校里学到的即工作过程中的知识。"[⑦]由此看,重在培养职业能力的职业教育,其培养的有效性需要仰仗于工作实践知识的教授。易言之,职业能力的培养来自于工作知识的教授。

所谓工作知识,是独立存在并具有特定结构和性质的关于工作的原理、过程、方法、工作所需的工具和材料等特殊形式的知识。通常来说,人们用它来指代工作过程中具有实践功能的知识而非理论性知识。至于其来源,既可能来自实际理论知识的创造性应用,也可能来自包含大量工作者实践智慧的经验建构,即知识是围绕工作过程有机生成的。[⑧]

同时,工作知识不仅包括工作原则等理论知识,还包括团队合作、职业认同、职业道德等隐性知识和本领。与常见的以文字、图形等方式储存和传播的可编码的、可明确表达的显性知识不

---

① 周衍安. 职业能力发展和职业成长研究[J]. 职教论坛,2016,(10):61—64.
② Roth, H.. Pädagogische Anthropologie [M]. Hannover: Hermann Schroedel Verlag, 1971.
③ Erpenbeck, J., Von Rosenstiel, L, Grote, S., eds. Handbuch Kompetenzmessung [M]. Stuttgart: Schaeffer-Poeschel, 2008.
④ 赵志群. 职业能力研究的新进展[J]. 职业技术教育,2013,34(10):5—11.
⑤ Harveyl. The British Experience in Assessing Competence [M]//Palombac Catherine, A. & Banta, T.W.: Assessing Student Competence Inaccredited Disciplines: Approach to Assessment in Higher Education [M]. Virginia: Stylus Publishing, 2001:217.
⑥ 赵志群. 职业能力研究的新进展[J]. 职业技术教育,2013,34(10):5—11.
⑦ 徐国庆. 职业教育课程论[M]. 上海:华东师范大学出版社,2008:26.
⑧ 徐国庆. 工作知识:职业教育课程内容开发的新视角[J]. 教育发展研究,2009,28(11):59—63.

同,默会知识是难以用文字、符号等进行逻辑说明的,这类知识具有涉身性、情境性和保密性的特征,[①]在知识形态上呈现出一种基于知识应用的质性结构。[②] 工作知识的这一特征为考试内容的选择、设计和衡量带来了挑战。

基于上述讨论,我们可以总结,职业能力及其形成过程中所依托的工作知识,理应是甚至必须是职教高考的考试内容。综合上述两方面职教高考的考试内容要根据职教高考的目的和职业教育的知识系统两方面确定。我们可以基本确定,职教高考的考试内容理应来自于高职教育对于选材的要求(体现引领性)、中职阶段的教育内容和中职受教群体的一般水平(体现指导性)以及职业教育类型化的知识体系(体现规训性)等方面,本质上是对职业能力的测试,具体包含了专业技能、专业理论知识、工作知识等内容。

二、"文化素质+职业技能"评价的提出和政策指引

现如今,"文化素质+职业技能"的评价方式是国家政策中明确规定和连续提及的职业教育考试招生办法。这意味着,职业教育的考试内容既要彰显职业教育的特色,也要对作为所有教育类型共同发展基础的通用性文化知识进行考查。原因在于:

首先,职教高考作为职业高等教育的入学选拔性考试,学生只有具备了一定的文化基础知识,才能在操作技能的掌握与灵活的经验知识的获得上得到提升。[③] 职教高考需要组织具有一定难度的文化素质考核,以检验学生是否具备接受高等教育的能力。高等教育的高并非高在技能,而是高在对于理论知识的理解、认知与运用,且从过去包括现在,高等学校普遍认为中职生的数学、外语学习能力弱。

其次,从"培养什么人"问题出发,无论哪种类型的教育,都应以"立德树人"为旨归。除了专业知识和技能以外,文化课程往往体现的是通识能力和学习能力基础。[④] 就职业教育的人才培养来说,不仅要传授学生技术技能,职业能力的培育,职业精神、工匠精神的传承,职业操守的熏陶等方面的培育同样至关重要,这是德育在职业教育中的特色体现。除了学习专业知识,也要通过加强文化知识的学习来促进手脑并用、视野开阔、思维活跃和灵感激发,这是智育在职业教育中的重要性体现。

再次,文化知识的学习,有利于学生为专业学习和未来发展打下文化基础和人文底蕴,基础扎实、知识广博一定程度上有利于学生成长为有能力、有素质的人才。加强文化素质教育从更深

---

① 贾文胜,徐坚,石伟平.技能形成视阈中现代学徒制内在需求动力的研究——从知识结构的角度[J].中国高教研究,2020(09):98—103.
② 姜大源.中国现代职业教育体系建设的探索与当务[J].神州学人,2021(11):10—15.
③ 徐国庆,王璐.公共基础课建设是中等职业教育发展的重要基础[J].中国职业技术教育,2020(09):5—9.
④ 徐涵.应进一步明确中职文化课的功能定位[J].江苏教育,2019(4):1.

层次、更充分的角度体现了人的全面发展的要求。① 如果过分强调专门教育、对通用文化知识重视不够,将导致学生知识视野狭窄、可持续发展能力不足等问题。② 因而,"文化素质＋职业技能"的考试评价方式彰显的是,接受高层次职业教育的技术技能人才应该是"德技并修"的、高素质的,从而为其在专业能力和通用能力上的可持续发展奠定基础。

"文化素质＋职业技能"评价方式的首次提出是在2014年国务院《关于深化考试招生制度改革的实施意见》,之后便一直沿用。但是,这样的考试内容指引早在世纪之交的一些国家政策中已经"有迹可循",但是由于当时的经济社会发展背景和教育发展背景,这些政策于当时并未在实际中得到有效落实。

具体说来,1998年,国家教委、国家经贸委、劳动部印发了《关于实施〈职业教育法〉加快发展职业教育的若干意见的通知》,这是国家政策中较早的对于中职生的考试招生要突出技能考核的政策规定。2002年,国务院《关于大力推进职业教育改革与发展的决定》提出对口招收中职毕业生时,要加强对专业知识、职业技能的考核,如果该生已经取得了与专业相关的中级职业资格证书,即可免于技能考核。这一点可以说,为后来省级政府统筹管理下的高职分类考试改革中个别地区的吸收应用提供了"制度灵感"。

例如,甘肃、海南和广东的"文化素质＋职业技能"评价方式的操作办法,是按照技能证书的等级或者技能大赛的获奖级别来对中职生的职业技能测试进行赋分,不再另行组织职业技能测试,可谓有着上述政策指引的"影子"。

2003年,教育部等六部门《关于实施职业院校制造业和现代服务业技能型紧缺人才培养培训工程的通知》,强调要按培养技能型人才的要求,确定高职院校对口招收中职毕业生的考试科目和标准。《国家中长期教育改革和发展规划纲要(2010—2020年)》、教育部《关于积极推进高等职业教育考试招生制度改革的指导意见》均延续了要完善"知识＋技能"高职考试招生办法的要求,后者还对不同考试对象的考试科目进行了细化。国务院《关于深化考试招生制度改革的实施意见》、《国家职业教育改革实施方案》以及中共中央办公厅、国务院办公厅《关于推动现代职业教育高质量发展的意见》等政策文件,在提出高职分类考试改革、建立职教高考制度的同时,均再次强调了要完善"文化素质＋职业技能"的考试招生办法。

2020年,教育部等九部门发布《职业教育提质培优行动计划(2020—2023年)》,第一次就"完善'文化素质＋职业技能'评价方式"提出进一步的具体要求,包括了分值比例、命题依据、考试方式、组织主体等等。2021年,教育部办公厅发布的《关于进一步完善高职院校分类考试工作的通知》,其中就文化素质考试、职业技能考试的考试依据、办考主体、分值要求等作出进一步规定。

总的来说,国家于世纪之交就提出了高职院校考试招生要采用"文化素质＋职业技能"的评

---

① 教育部.关于加强大学生文化素质教育的若干意见[EB/OL].(1998-04-10)[2021-10-21]. https://www.suibe.edu.cn/mytp/2020/0617/c12917a125242/page.htm
② 沈雕.通专融合:高素质技能人才的"利器"[N].中国教育报,2021-12-23(07).

价方式,确立了对中职生的升学考察以职业技能考查为主,甚至为一些地方后来的创新提供了"制度灵感",但整体上这些制度雏形在政策出台并未被有效地投入实践。直到2010年,随着社会背景变化,国家提出"完善'知识+技能'的考核办法"以及"加快完善'知识+技能'的考核办法",开启了这一考试办法在现实中大面积落地、推广和创新的新时期。而且,在后来的如《职业教育提质培优行动计划(2020—2023年)》《关于进一步完善高职院校分类考试工作的通知》等文件中,国家继续就该评价方式的技能考核比例、技能考核形式、技能考核的内容、试题命制的依据、考试评价的主体、考试评价的载体等方面作出了进一步的框架性规定。现如今,"文化素质+职业技能"的评价方式正在以国家设计宏观框架、地方因地制宜地完善和执行的方式进行实践探索。

三、文化素质的考试内容及选择依据

职业教育考试招生实行"文化素质+职业技能"的评价方式,这是国家的政策指引。本研究前述部分使用了"文化知识"作为"文化素质+职业技能"评价方式中"文化素质"的同义表达。"文化素质"抑或是"文化知识"在本研究中具有一定意义上的同义内涵,本研究无意于过多着墨于二者的辨析,而是倾向于探讨二者在具有同义内涵的基础上职教高考以哪些科目为考试内容。这既是更值得探讨的内容,也是职教高考研究更需要廓清的现实问题。那么,职教高考应该选择哪些科目作为文化素质的考试内容呢?

如果从政策中寻找关于职业教育考试的文化素质考试内容的指导,首先是2019年教育部等九部门发布的《职业教育提质培优行动计划(2020—2023年)》,该文件点明文化素质考试由省级教育行政部门根据《中等职业学校公共基础课课程标准》统一组织。其次,2021年,教育部办公厅《关于进一步完善高职院校分类考试工作的通知》点明了中职学校毕业生的文化素质考试须进行完善——由省级高校招生委员会统一组织或经省级招委会批准的少数优质高职院校组织,有条件的省份可使用中职学校学业水平考试成绩,其内容和标准根据教育部颁布的《中职学校公共基础课课程标准》统一制定。

教育部于2019年10月印发了《中等职业学校公共基础课程方案》,该文件提到"公共基础课程是中等职业学校课程体系的重要组成部分,将中等职业学校公共基础课程分为必修课程、限定选修课程和任意选修课程。其中,必修课程由思想政治、语文、历史、数学、外语、信息技术、体育与健康、艺术,物理、化学等10门组成,是国家根据学生全面发展的需要设置,要求所有学生必须全部修习"。

2020年1月起,教育部又分批发布了中等职业学校公共基础课中10门必修课程的课程标准,明确规定了学科课程具体标准、学科核心素养等内容。这表明,国家十分重视中职教育的公共基础课程改革,力求以公共基础课程改革带动教学改革,进而促进中职教育人才培养质量尤其是文化素质方面的提升。

鉴于此,在国家已经规定了中职学校要开足开够由思想政治、语文、历史、数学、外语、信息技术、体育与健康、艺术、物理、化学10门组成的公共基础必修课程的情况下,可以进一步考虑职教高考的文化素质考试内容覆盖上述科目或抽取部分作为职教高考的文化素质考试内容。

从现行高考和普通教育体系中寻找文化素质学习的依据发现,文化素质在学校学习科目中通常指代的是语数外三门"主课"。人们通常认为,语文、数学、外语的教育通用性最强,其次是自然科学、社会科学的具体学科。[1] 语文是培养听、说、读、写四项基本技能的基础,良好的沟通、敏捷的思维、流利的口才、深刻的思想均需要通过语文学习而得到提升。

通常认为,如果个人的语文基础差,那么很有可能其语言组织能力也较弱,不能准确、完整地表达思想、情感。而且,语文所培养的能力对于学习其他学科也有很大帮助。比如,通过阅读获取信息、撰写报告等。数学是培养逻辑思维、计算能力、空间想象能力等的基础。数学对于其他自然科学的学习亦起着必不可少的作用。例如,模型的建构、规律的发现、数据意义的挖掘等。外语的学习本质上是学习一门语言,通常是为了拓展国际视野、满足与其他国家和文化交流的需要,以及拓宽获取信息与表达自我的途径。世界上大多数尤其是最新的资讯大多是用英语记录,英语可以说是世界的普通话,掌握英语可以有效帮助个体更直接、更自主地获取世界的资讯。此外,语言不仅仅是知识和信息的载体,还是思维的工具。通过学习语言,个体能够了解和掌握不同的思维风格和方式,可以培养批判性思维和创造思维等高级的思维技能。因而,作为高中阶段教育的中职教育,中职生升入高一级学校的文化素质考试科目,也理应像普高学生参加现行高考那样,以语数外三门主课为必考。

从职业教育作为专业教育的教学实际来看,除了语数外三门主课作为文化素质考试的科目以外,还有必要增加思想政治科目作为必考,以及以选考的形式对于物理、生物、化学、历史等课程进行考查。原因在于,对于前者,思政课是体现、落实立德树人根本任务的基础课程。思政以培育学生的政治学科核心素养为主要内容,有利于中职学生树立正确的政治方向,坚定理想信念,树立爱国主义情怀,同时也可以作为考察职业道德、法律素养和心理健康水平等涉及职业素养方面的基本载体和抓手。对于后者,则是因为一些专业理论学习的需要,比如,旅游管理的学生最好要有历史课、地理课的选修,化学课理应成为例如药物制剂专业的必修课。[2]

总的来说,职教高考文化素质测试重点是学生对基本文化知识的理解和应用,是考查表达、推理、逻辑等基本技能的考试。职教高考文化基础知识考查的目的是让中职学生和普通高中生保持大致相同的文化基础水平,满足高中的共同要求,为进入高等教育奠定文化基础和思维基础,也利于扭转大众对职业教育的学生文化素质低下的刻板印象。[3] 考试科目上,语数外思想政治四科为必考,如果必要或者时机成熟,物理、生物、化学、历史等科目可根据专业需要进行选考。

但同时可以商榷的是,职教高考文化素质考试的难度应当适当低于现行高考相应科目的难

---

[1] 徐国庆. 作为现代职业教育体系关键制度的职教高考[J]. 教育研究,2020,41(04):95—106.
[2] 王笙年. 职教高考考试模式及其制度体系构建探讨[J]. 职教论坛,2020,36(07):20—26.
[3] 徐国庆,王璐. 公共基础课建设是中等职业教育发展的重要基础[J]. 中国职业技术教育,2020(09):5—9.

度,因为职教高考的主要目标参与群体是中职生,他们不仅要注重学习文化知识,还要注重专业学习。因此,文化知识的测试难度可能与普通高中生相比适中且足够即可,不求与现行高考的考查水准完全等同,但在内容上要与职业教育知识体系相契合。

四、职业技能的考试内容及选择依据

本研究的前述部分认为,职教高考考试内容应包含专业技能、专业理论知识以及工作知识,本质上是对职业能力的测试,这与国家政策规定的高职考试招生实行的"文化素质+职业技能"评价方式中的"职业技能"在含义及指代上相近。同样的,本研究无意于过多地着墨于"职业技能""专业技能""专业理论知识"以及"工作知识"之间的概念辨析,旨在发掘上述概念在作为考试科目层面上的考试内容应该是什么样的,即讨论哪些内核具备考试价值以及能够被"考试"。

(一)专业技能

专业技能作为中职教育阶段的主要学习内容之一,是一种"可利用的学习成果",可以成为职教高考的职业技能测试的内容之一。而且,技能也具备一定的统一性和可被测量的特征。对技能的评价实则是对于"经过有目的、有组织反复练习形成的自动化的动作和技巧"的评价。[①]

但是,这仅回答了专业技能具备一定的考试价值的问题,还有两个更重要的问题:其一,作为一项考试,效率性原则十分关键,因而并非一个专业的所有专业技能都要被列为考试内容;其二,从科学性的原则来看,如何更科学、有效地对专业技能进行评价十分关键。

对于这两个问题的回答,首先要关注一个重要前提。即考试内容会受到社会发展规律的制约,体现出一定社会的时代要求,因而考试内容的设置要符合社会主流价值、反映最新的知识成果。[②] 将其移植到专业技能作为考试内容的考试中来,意味着我们要关注如今时代背景下的专业技能形式形态。

随着大数据、人工智能等新技术的快速迭代更新,我国现代产业体系也在转型升级,这意味着中等职业教育致力于培养的学生特定岗位的实践能力(专业技能),很有可能随着生产自动化的普遍采用而不再被需要,或者需要的是在偶尔"机器不能换人"的情况下"回归人工"时能够"及时顶上"的人;又抑或是需要将单一的专业技能转变为完成一系列环节的所需要的专业技能的支撑之一,即其所发挥作用的环节和功能从"独立"走向"联结",人的能力发挥不再是流水线上的"一环",而是在基本掌握了整个流程的基础上而能够发挥更综合的作用。

乍看之下,生产自动化似乎只需按几个按钮即可完成生产过程,但除了按下这些按钮还要了解何时以及为何要按下按钮,这意味着技术附加后的生产活动比原来要复杂得多,因为它需要更深厚的知识作为支持。在自动化生产线上生产的工人,需要熟悉和跟踪他们所从事的整个生产

[①] Stasz, C.. Assessing Skills for Work: Two Perspectives [J]. Oxford Economic Papers, 2001,(3):385-405.
[②] 李家林.考试评价概论[M].广州:世界图书出版公司,2014:65.

线上包含的过程及其原理,并能够在自动设备发生变化时找出问题出在何处。

现代生产的另一个趋势是个性化生产。这种生产方式对工人的动作技能的要求显著降低,但对工人心智能力的要求却显著提高。不仅有对从业者的熟练技能的要求,还有对审美、沟通、基本素质、思维、问题解决能力、创造力和合作能力等综合方面的要求。

有鉴于此,我们可以总结,如果是仅"独立"地抑或是"单独"地考查某一项专业技能并无实质性意义,而是要将视野从"局部"放大到"整体"——用整体化的观念对待专业技能的考核,即将专业技能的考核置于工作环境中的一个典型任务之中来进行,在典型任务中选取专业中具有通用性、基础性的若干种专业技能来进行考核。

(二) 专业理论知识

对于专业理论知识在职业教育学习以及职业教育评价中的重要地位,目前基本没有见到否定的观点。国家政策方面,从1998年《关于实施〈职业教育法〉加快发展职业教育的若干意见的通知》到2002年《关于大力推进职业教育改革与发展的决定》都延续了对中职生的考试招生要"突出对职业知识和职业技能的考核""注重专业知识、职业技能的考核"的政策指引。这在一定程度上也印证了专业理论知识具备充分的考试价值。

从中职目前的教学内容来看,部分具有较高技术水平的专业的教学内容中已经有大量的专业理论知识,如机械、电子等专业,其专业需要掌握的理论知识的难度水平实际上并不亚于普通高中开设的物理、化学等学科知识。[①] 因而,在专业中选取一些课程作为专业理论知识的考试科目,在职教高考中可以实现。

实际上,以专业理论作为职业技能测试的考试内容已经是部分地区已有职业教育考试中的成熟做法,然而,对此比较多的观点是职业教育评价尤其是"职业技能"测试,不能完全以专业理论知识为内容。

例如,现实中一些地区由于没有组织有效的技能测试,而以文化课和专业理论为考试内容,被视为是不能满足职业教育人才选拔的要求。[②③④] 因而,就考试科目层面而言,专业理论知识的考试在实践上已经较为成熟,但就现状和问题来看,还需要在一定程度上合理控制其作为职业技能测试的比例。

过去很长一段时间甚至包括现在,为了满足市场和适应"就业"一元导向,中职阶段的教育内容更多地以"技能"为立足点,在如今"就业""升学"二元导向下,中职教育自身也面临着在专业理论学习和技能掌握两个方面同时下功夫等人才培养方案上思路的调整。[⑤] 可以说,中职自身也正

[①] 徐国庆.作为现代职业教育体系关键制度的职教高考[J].教育研究,2020,41(04):95-106.
[②] 杨岭."技能高考"的发展困境与改革策略——以湖北省为例[J].中国考试,2013(03):58—62.
[③] 霍永丰,张丽丽.国家示范性高职院校单独招生存在问题及原因简析[J].考试与招生,2012(1):33—35.
[④] 冯典钰.职业教育"技能高考"政策研究——以湖北省为例[D].武汉:华中师范大学,2016:17—26.
[⑤] 汪宝德.中职学校面对三校生高考的困惑及对策探讨[J].卫生职业教育,2014,32(12):18—19.

处于建立专业理论的内容体系结构的阶段。中职专业数量达到了358个。[①] 如果每个专业都设立各自的专业基础课程,那么在职教高考中要给每门专业基础课都出一张试卷,命题工作量将十分巨大,这无疑是为考试内容层面的专业理论的办考工作带来极大挑战。

对此,各省比较通用的做法是,按照专业大类来组织专业理论的考试。这样的做法不仅是为了操作层面的可实现和效率性,其本身也具有一定的学理依据。专业理论知识蕴含着应用逻辑,可以被广泛应用于人类社会的各类技术活动之中。这意味着,同样的专业理论知识可以被专业群概念下的多个专业共享(在各自专业之中或者在对接具体的职业情境、工作岗位时,相同的专业理论知识有更具体、更特殊的应用和变化)。因而,以专业大类或者专业群为组织单位,选取该专业群中共同的、基础的、经典的、通用的专业基础知识作为考试内容是可行的,但关键性和技术性的工作在于,一定要甄选出能够体现该专业大类或专业群最核心的而且是应用面最广的专业理论知识。

有鉴于此,我们可以总结在作为考试科目层面上的考试内容时,专业理论知识在被"考试"时,从可操作性和经济性的角度来说,可以考虑以专业群或专业大类为一个组织单位,选取该群或该类中共同的、具有基础地位的专业理论课作为考试科目。但是,就专业理论知识应该以"专业大类"还是以"专业"为单位进行考试这一问题,从考试科学性、考试效度的高要求的角度来说,即使中职专业众多,为每一门专业出具专业理论课的考试试卷工作量巨大,也应该不遗余力地进行。因而,在这个问题上,说到底是一个考试在公平性与效率性、科学性与经济性上需要平衡的问题。

(三) 职业能力以及工作知识

如前所述,职业教育的主要教学内容是职业能力,而职业能力的培养来自于工作知识,因而职业能力实为在具体情境中运用专业知识、关键技能等解决问题和完成任务的能力。同时,对职业能力的考查离不开具体场景,也必须是一种对技能水平和认知水平的综合性考查。那么,职业能力从考试科目的层面,该如何被设计和进行考察呢?

"能力体现在人们从事活动的过程中而且在过程中得到能力的检验、锻炼甚至提升"。[②] 因而,对能力的考察离不开具体活动。对于能力的考察分析存在着两种范式,其分歧在于对考查能力的活动性质的不同理解。第一种以要素范式来考查能力,认为可从人类复杂多样的具体活动中抽取行动的基本要素来理解能力。基于此,此类范式考察的多为单一项的能力,例如记忆力、注意力、表达力、观察力等。第二种以行动范式来考查能力,认为人的能力必然在现实中有着与其对应的活动,因而要通过相对完整的行动单元来展现。[③]

[①] 教育部. 关于印发《职业教育专业目录(2021年)》的通知[EB/OL]. (2021-03-17)[2021-12-10]. http://www.moe.gov.cn/srcsite/A07/moe_953/202103/t20210319_521135.html
[②] 彭聃龄. 普通心理学[M]. 北京:北京师范大学出版社,1988:537.
[③] 徐国庆. 职业教育课程、教学与教师[M]. 上海:上海教育出版社,2016:21.

上述两种能力分析范式均有一定的科学性,第一种立于能力可被单独抽取出来考察的基点之上,认为能力要素与工作过程存在"可分离性",通过评价独立于工作过程之外的能力来获得对个体能力的评价。第二种认为职业能力的评价只能通过实际工作来实现,因而需要为其打造一个可以附着的"介质",该"介质"通常为一个个将职业能力蕴含其中的典型工作任务。

这两类评价职业能力的模式的逻辑起点,除了对于能力评价范式的要素论或行动范式论的不同以外,其背后的动机是混合使用了"技能"和"能力"。技能是从事工作所需的客观条件,人们通过学习和培训获得技能。技能是标准化的,可以测试。能力强调认知层面的意义,通常指特定领域的心理认知特征和发展潜力。能力获取是多种多样的,因为它是人格或素养的一个组成部分。多元意味着没有唯一解,而是要根据具体情境提供不同的解决方案。

从这个意义上来说,"职业能力测评与一般的职业技能考试有着本质上的区别",[①]其中,前者不仅需要掌握基本技能,更重要的是还需要具备解决不可预知的、没有标准答案的专业问题的能力。

回到职教"考什么"的问题讨论上,如前所述,职教高考的目的是为培养规格更高的高职院校选拔新生,"高"是高在了认知能力而非基本操作技能。职业教育以工作知识为职业能力培养的"原材料",工作知识本身也处在快速的变化之中,这使得高一级的职业教育甚至是目前的中职教育都应该致力于给予个体"能够于行动中反思本质的实践之知识",使得个体能够获得自主发展和更新,最后走向"专业性职业而不是普通的事务性职业"。[②] 也正因如此,职业院校都应该将工作过程系统化作教学内容,即让教育教学"基于工作过程",让学生在学校学习时就能体验和了解到工作流程的完整结构,让学生的学习结果是能够完成一些在所学专业(职业)中具有典型意义的综合性的工作任务(即"工学结合")。[③]

从这个意义上说,职教高考在考试科目层面上的内容理应为典型工作任务,而且这样的考试内容设计也与我国职业教育目前一直倡导的"工学结合""校企合作""产教融合"的基本精神相一致,考试内容这样设计不仅是与职业教育教学、教法的呼应,也会同时以其"指挥棒"作用而助力"教-学-考"的联动改革。鉴于此,职教高考考试内容的职业能力的考查,理应以综合性的典型工作任务为呈现方式。

第二节 关于职教高考考试形式的探讨

考试形式有宏观、中观和微观三个层面上的内涵,宏观层面的组织形式,体现的是考试制度

[①] 赵志群. 职业能力测评的若干问题[J]. 顺德职业技术学院学报,2018,16(01):1—5+18.
[②] 俞涛,曾令奇. 学科知识的逻辑与学科范式的构建——基于职业导向的高校学科建设分析[J]. 职业技术教育,2014,35(07):21—26.
[③] 赵志群. 对工作过程的认识[J]. 职教论坛,2008,(14):1.

的结构方式和表现方式;中观层面指的是考试内容的组合形式和实施形式,体现的是考试的分类形式、考试科目的组合形式以及考试方法等;微观层面的考试形式是相对具体的考试内容而言的,体现的是题型设计等。① 本节在上一节对于职教高考考试内容的讨论的基础上,参考考试形式有宏观、中观和微观三个层面划分的方式,从职教高考的组织形式(考试举办主体与考试组织形式)、考试形式("纸笔测试"还是"操作考试")以及实现形式("文化素质""职业技能"考试内容的试题设计)三个层面,对于职教高考的考试形式进行分别讨论。

一、职教高考怎么考——基于考试内容和第四代评估理论

(一)职教高考怎么考——基于考试内容

考试的目的、内容和形式是一个有机整体,不可割裂,考试内容和形式作为一对范畴,是一个事物的两个方面,不仅都统摄于考试目的,而且两者必须协调统一。可以说,任何偏离考试目的的考试内容和考试形式都将造成考试的失败。② 考试内容根据考试目的的逻辑展开,考试形式则是考试内容展开的具体形态。由此带来的启示是,要基于考试内容来探讨考试形式。

从职教高考的考试内容来看,文化知识考试在于提升考试内容的通识性,而职业技能测试(此处使用了国家政策中的名词指代,其实际上指的是本研究前述的专业模块的专业技能、专业理论知识、工作知识),本质上是对"反映职业活动和个人职业生涯发展所需要的职业能力"的考查,即不仅要对通用的、关键的动手操作技能进行考察,更重要的是要对职业能力这种认知技能或称心智技能进行评价。考试内容根据考试目的的逻辑展开,因而职业技能测试本质上是一种能力本位的评价。那么,能力本位的评价该如何操作呢?

基于能力的评估是在批判单一知识评估的基础上设计的一种评估模式,最早出现在美国的教师教育中,后来广泛应用于职业教育和培训。能力本位的评价是职业教育中的标准参照测评,因为其在测评内容、方法、标准、组织结构等方面与职业教育内容、培养目标和培养标准相一致。与普通教育中的考试命题参考于教学标准,主要考查学生对教学内容的掌握程度,有对错之分以及反映的是"课程的效度"所不同,能力本位评价的内容依据的是职业能力标准,主要考察个体应用知识和技能解决实际问题的能力(也可称为完成工作任务的能力,职业能力发展状况,对于特定工作相关的认知水平等),没有对错之分、只有水平高低之分,没有标准答案,反映的是"职业的效度"。③ 实际上,任何测试都无法保证其对于被测特质的完全精准的测量。一般来讲,提高考试效度依赖于考试各环节的技术质量,如严密的试题命制、标准化的考试实施、精确的阅卷以及考

---

① 张耀萍.高考形式与内容改革研究[M].武汉:华中师范大学出版社 2016:5.
② 李家林.考试评价概论[M].广州:世界图书出版公司,2014:67.
③ 赵志群.职业能力评价在职业教育发展中的现实意义[J].职业技术教育,2019,40(25):1.

试结果的科学使用等。① 能力本位的信度和效度取决于工作任务的典型性、标准的明确性和评价环境的稳定性。②

由此来看,有效实施能力本位评价的最重要的基础性工作是构建起职业能力标准,从而为能力评价提供可参照的内容标准。作为评价标准,能力建设应依靠专家团队,所开发的能力列表在内容覆盖、呈现方式、内部逻辑等方面均应该是明确的,可以代表行业的基本需求,而且能够尽量适用于各个地区的行业基本需求,但是地方也可在上述标准的基础上根据本地区产业发展特点适当增减。

研究表明,在职业中析取出数量有限的通用能力特质要素是可行的。③ 但同时,在提取能力特征要素时,需要考虑智能化生产对工作过程的影响。例如,数控机床在机械行业广泛使用,许多机械企业的员工所要具备的专业知识已经从操作数控机床转变为通过编程来操作。因而,要关注技术变革对于特定职业对能力特质要素的要求的影响,并在一定周期内对能力标准进行更新。

(二) 职教高考怎么考——基于第四代评估理论

2020年10月13日,中共中央、国务院印发了指导教育评价改革的纲领性文件——《深化新时代教育评价改革总体方案》,提出"改进结果评价,强化过程评价,探索增值评价,健全综合评价"的评价改革方向,切实破除"唯分数、唯升学、唯文凭、唯论文、唯帽子"等"五唯"的顽瘴痼疾。就职教高考怎么考而言,对标《深化新时代教育评价改革总体方案》的基本精神,也要"以多破唯地构建起职业教育评价的新格局"。④

职业教育是一种跨界的教育类型,该属性决定了职业教育评估的多元主体要求,职业教育的生态环境决定了它的生存和发展必须关注与它有各种关系的利益相关者,⑤需要回应和解决政府、行业、企业、学校、学生、教师等多方利益相关者的利益需求,以体现职业教育评价主体的多元。第四代评估理论所倡导的评估主体多元化和全面参与、评估过程强调平等协商、评估标准强调适切性和弹性、评估结果强调共同建构和共同认可、评估目的强调促进发展等原则,与职业教育的考试评价在跨界特征上契合,因而可被用作从整体上分析职教高考如何办考的理论指导。

现代教育评估的发展历程可划分为19世纪末至20世纪30年代间"测量"(Measurement)为特征、20世纪30年代"描述"(Description)为特征、20世纪50年代末到70年代末"判断"(Judgment)为特征和20世纪80年代以来"协商"(Negotiation)为特征四个时代。

---

① 吴根洲. 高考效度研究[M]. 武汉:华中师范大学出版社,2016:167.
② 赵志群,黄方慧. "职教高考"制度建设背景下职业能力评价方法的研究[J]. 中国高教研究,2019(6):100—104.
③ 徐国庆. 职业选择测试的原理及我国的开发路径[J]. 全球教育展望,2021,50(04):55—66.
④ 任占营. 以多破唯:构建职业教育评价新格局的路径探析[J]. 高等工程教育研究,2021(01):11—16.
⑤ 李名梁. 应重视职业教育相关者的利益诉求[N]中国教育报,2012-07-18(06).

第四代评估理论由库巴(E. G. Guba)和林肯(Y. S. Lincoln)提出,是以"协商"为核心,提倡"共建""全员参与""多元化"的评价范式。[①] 第四代评价理论的引入在教育评价领域受到了极大的关注,在此基础上,参与式评价、发展性评价、校本评价等新模式层出不穷。

虽然,每一代教育评价都具有时代意义,但从发展的角度看,前三代教育评价始终存在诸多弊端,主要表现在[②]:(1)管理主义倾向所带来的评估活动是封闭的、排斥性的,由此造成评估主体拥有绝对的控制权和话语权下的评估标准、程序和结果存在着不公平,以及评估主体和评估客体关系紧张与对立的情况。(2)忽视价值多样化,导致评价作为纯技术过程,进而导致价值中立性不足,被评价的价值要求难以满足,由此产生的评价结果并不一定体现"真实、客观"。(3)过分强调科学实证主义,过分强调评价过程是为了证实某种事实的发生却忘记了事实本身也是依据人为的构建而存在的而且会受各种社会关系和环境的影响。[③]

从弥补前三代评估范式的不足为出发点,第四代评估理论诞生于价值观多元化的时代,基于建构主义哲学,该理论认为评价不是"纯粹客观"过程,而是评价的参与方尤其是评估者及其对象在平等协商后,通过互动过程达成共同心理结构的过程。[④] 因此,它具有以下主要特点:(1)从回应出发,打破目前评价中过度的管理倾向和相对固定的评价模式,将其作为各利益相关方(包括教育行政部门)通过沟通和协商达成共同心理结构的过程,评估的出发点是回应各利益相关者的诉求、冲突,通过沟通达成共识。(2)以共建为本质,以协商为途径。通过沟通协调来缩小分歧,尽可能达成共识。因为利益相关者的价值观和观点不同,有效的评估结果应该是所有参与评估活动的人共同构建的结果。

第四代评估理论虽然不可能是完美的,不能服务于所有评价目标,但它为教育评价实践带来了新的理念,提供了新的评价方法和范式。其主要观点可为职教高考怎么考提供以下思路指引:

其一,第四代评估理论强调评估标准的适切性和弹性、评估目的强调促进发展等,这启示本质上作为能力本位的测试的职教高考,重要的基础工作是要构建起科学的职业能力标准,而且与这一标准相配套使用的评分标准,应按照职业教育所培养的技术技能人才从"新手"到"熟手"到"能手"到"高手"规格递增来设计相应的评分等级,以体现评估标准与人才培育类型的适切性,按照考生所展现出的技能水平和专业知识掌握情况,来动态判定其处于哪一层次以及可以激励他未来向更高层次发展。

其二,职业教育的跨界特征决定了其评价主体的多元性,第四代评估理论也强调评估主体的

---

① [美]埃贡·G. 古贝,EGONG. GUAB 伊冯娜·S. 林肯等. 第四代评估[M]. 秦霖,蒋燕玲,等,译. 北京:中国人民大学出版社,2008:86.
② 卢立涛. 回应、协商、共同建构——"第四代评价理论"述评[J]. 内蒙古师范大学学报(教育科学版),2008(8):1—6.
③ 刘康宁. "第四代"评估对我国高等教育外部质量保障的启示[J]. 国家教育行政学院学报,2010(9):45—49.
④ [美]埃贡·G. 古贝,EGONG. GUAB 伊冯娜·S. 林肯等. 第四代评估[M]. 秦霖,蒋燕玲,等,译. 北京:中国人民大学出版社,2008:86.

多元化和全面参与,这启示职教高考在办考思路上打破行政主导职业教育评价的传统格局,打造政府、学校和行业企业等第三方共同组成的职业教育评价共同体,为职业教育的评价注入行业要素和市场要素,建立行业企业参与评价的激励机制以增强行业企业的参与程度。

其三,第四代评估理论倡导评估过程的平等协商、评估结果强调共同建构和共同认可等,这启示职教高考可通过扣准关键环节、做实制度安排的方式来实现职教高考的多元评价共同体的有效建构。例如,可通过将行业企业的岗位标准和用人标准移植到职教高考的考核评价目标中,职教高考的考试评价方案要经过行业协会、企业专家的深入论证,以形成企业行业参与职业教育评价的制度化机制,来保证职教高考本质上是对职业能力的测试,而且也有利于增强企业行业对于职教高考的考试评价结果的认可程度。

二、职教高考的考试举办主体与考试组织形式

从考试运行的角度看,考试是考试的主体(考官)根据考试目的运用人力、财力、物力、时间、空间、信息等一定的有形和无形资源来作用于应考者的过程。① 对于职教高考的组织形式的讨论,是对于该项考试的考试形式在宏观组织管理层面"由谁办考"和"组织分工"的讨论,因而涉及了考试举办主体("由谁办考")与考试组织形式("组织分工")两个层面。

(一)由谁办考——职教高考的考试举办主体

根据考试举办的主体,通常可分为全国统考、分省统考、各校单考等。如果单从职业教育的特点并结合前述部分第四代评估理论的相关观点来看,职教高考的举办主体应涉及国家、高校、企业行业等多个利益相关者,因而应该建立起各个利益相关者都能有效参与和表达意愿的考试共同体;如果从"高考"字眼并结合我国当下的现实背景来看,职教高考办考的工作重心应该"高位运行",即至少由国家或者省级层面统一组织、企业行业合理参与的形式来举办;如果从政府职能转变、扩大高校招生自主权、深入推动教育管办评分离的改革等背景来看,职教高考应朝着由专业化机构办考、招考分离或者高校自主招生的方向办考。可见,考试制度所处的社会背景和思考问题的出发点的不同,会使得职教高考的举办主体及其办考模式截然不同。

将视野放置世界来看,其他国家和地区的高职教育入学方式呈现出以下四种形式:

其一是开放式。以美国和加拿大的社区学院为代表,政府和学校不再单独设定考试门槛,不举行统一的招生考试,凡持有中学毕业证书的学生以及年满18岁的本社区公民,只要有接受高职教育的意愿,社区学院就会基本满足。其二是证书制。以英国、澳大利亚、瑞士等为代表,这三个国家依托职业资格证书与普通教育文凭在地位上的等值关系建立起了成熟的国家资历框架,求学者凭借"高中毕业会考+职业资格证书"等材料申请入学,而不再举行额外的入学考试。其三

---

① 李家林.考试评价概论[M].广州:世界图书出版公司,2014:73.

是统一考试制。以中国为代表,依托统一考试来选拔新生。其四是综合选拔制。以德国、日本为代表,综合选拔制即考虑多种因素和多方面条件,综合衡量,入学资格一般有学历和实践经历两方面的要求,对于未受过职业教育的文理高中的毕业生,要求通过补习达到一定专业基础后方可入校。

可以说,这四类模式所折射出的即为政府、高校、社会第三方主体在职业院校考试招生工作中的不同主体地位。政府、高校、社会第三方这三者之间的权力配置,属于国家社会领域和政治领域权力格局演变的范围。社会第三方作为主要主体参与的前提,是第三方具备足够的公信力和政府相应权力的下放和赋予。

我国第三方主体承担社会职能起步较晚,发育也较为迟缓。改革开放之前,作为改革初始条件的资金、技术、劳动力、话语权等权力资源都掌握在党和国家手中,形成了长期的高度集中的管理体制。后来,随着改革开放以及市场经济体制等的不断深入,社会领域开始获得了一些自主性、掌握了一些自主权。但整体上,政府之外的主体的权力增长是一个缓慢的过程,这在教育考试领域尤其是分配高等教育入学机会的考试上,使公众普遍产生了一种"唯政府"能够提供合法性、合理性、权威性和具备公信力的考试的认识。

这样的社会背景对于职教高考的举办主体的影响是,即使国家充分放权,但是社会公众的"唯政府"心理以及职业技能测试组织难度较大的客观事实,促使即使是灵活多样的考试方案也必须要以国家的统一规范为前提,[①]即国家的分权放权要划定界限,让相关主体在既定权力空间中进行有边界和有限探索创新。

中国特殊的国情和公众心理使得职教高考在未来相当长的一定时期内,很大程度上还要以政府主导的形式来举办考试。但是,国家也在不断简政放权、下移权力重心、推进分权治理。作为其他利益相关者,也都有着自身的利益诉求,因而在政府主导的前提下,就各个利益主体如何有效地参与职教高考的办考工作进行"责权利"方面的讨论,明晰作为政策制定和政策执行方的央地两级政府之间、政府部门之间、同类机构上下级之间、中高等院校之间等利益主体在高职考试招生工作上所该肩负的责任以及掌握的权力限度等,是十分必要和有意义的,这便涉及了办考的组织分工问题。

(二) 组织分工——职教高考的考试组织形式

合理、有效地选择和使用资源是实现预期测试目标的前提。对于举办一项考试,在制度层面主要涉及考试制度、管理制度和录取制度三个方面,表5-1展示了职教高考办考的重要环节与组织分工。

---

① 李鹏,石伟平. 职教高考改革的政策逻辑、深层困境与实践路径[J]. 中国高教研究,2020(06):98—103.

表 5-1 职教高考办考的主要制度、重要环节与组织分工

制度	考试制度					录取制度			
要素	考试形式、考试内容					招生计划名额、录取方式、志愿填报、录取技术			
环节	考试大纲制订	试题命制	考试组织和实施（考场确定和布置、考务人员选聘与管理、考务等）	评分阅卷	成绩公布和管理	招生院校和专业的确定	招生计划的编制	分数线划定	组织录取、公布录取结果
管理制度									

考试制度是关于考试活动中考试形式与考试内容的规则体系，涉及的制度要素有考试形式、考试内容等，涉及的主要环节有考试大纲制订、试题命制、考试组织和实施（包括考场确定和布置、考务人员选聘与管理等考务工作）、评分阅卷、成绩公布和管理等。

录取制度是依照一定的招生名额并根据考试的结果，由高校与考生进行互相选择的过程，涉及的制度要素有招生计划名额、录取方式、志愿填报、录取技术等，涉及的主要环节有招生计划的编制、招生院校和专业的确定、分数线划定、组织录取和公布录取结果等。

管理制度指的是为了考试的顺利举行所组织的各项协调活动，涉及的是合理运用各项人力、物力、财力、信息等资源，以实现考试的组织、指挥、协调、控制和创新等，[1]涉及的主要环节与考试制度、录取制度中有多次交叉，某种程度上是保障前两种制度的稳妥实施和有效实现，当然，还包括了上述两项制度没有直接囊括进去的政策宣传、经费管理等。

上述环节的实现过程离不开办考主体之间的密切配合、权力制约和相互监督，一项考试的组织办考过程，就是不同主体形成制度合力，力求实现公平竞争、择优录取和避免投机取巧、确保法治大于人治的过程。在这过程中，良善的制度设计、明确且合理的职责划分、责权利的对称、专业化的机构和队伍是重要前提。上述方面的组合方式会引向不同的办考模式和办考结果。

从国家考试评价史来看，有三种不同考试组织分工模式：一是政府主导，二是院校主导，三是专业考试机构主导。从发展趋势看，考试评价正逐渐从政府主导或高校主导的模式向考试评价机构主导的模式转变。[2]

本研究无意于在这个阶段探讨何种办考模式对于职教高考而言是最优的，因为考试的举办环境并非总是理想状态下的，其会受到办考者的能动性、自身组织的规模、人员的结构、经济实力水平、所处的社会环境等众多因素的制约。[3] 但作为本研究的重要研究问题之一，又必须就如何办考作出一个相对明确的回答。对于这个问题的详细探讨，将在通过实证调研、掌握了更多实际情况后，于后续章节进行详述。

---

[1] 李木洲.高考改革的历史反思[M].武汉：华中师范大学出版社，2016：45.
[2] 周彬.教育考试与评价政策[M].上海：上海教育出版社，2011：17—18.
[3] 李家林.考试评价概论[M].广州：世界图书出版公司，2014：73.

此处，本研究要提出的一些办考的组织分工方面原则性的建议是，无论何方为办考主体，也无论办考模式为几何，都要将"责权一致"或"责权利对称"作为组织设计的重要原则。

"责权利对称"指的是组织或组织职位配置的责任与权力、责任与利益、权力与利益分别对等，并且责任、权力与利益统一集中于同一主体。"责"有两层含义，一是指职位所对应的义务，即该职位上份额范围内应该做什么，二是指如果工作出现问题对产生的不利影响进行责任承担的强制性义务。"权"是指个人或组织在业务运行活动中，在受托职责范围内可以自由使用的权力。"利"既有物质利益，也有精神利益。

责任、权力和利益是组织管理的重要原则，其每一项分别与组织结构、权力等级和激励标准相对应。权责利统一是组织架构完善、机制运行合理、激励措施得当的重要标志，权责明确统一是保证组织活力和执行力的关键。清晰的组织架构意味着分工明确，良好的权力运用水平意味着履职尽责，合理的激励标准意味着要充分激发行动者的动机，三项内容相辅相成，不可偏向单一方面。"如果个人或组织承担了特定责任，则应授权其履行该责任，并获得与其承担的责任相同的利益。"[①]职教高考的任一种办考模式，在组织的分工中，必须坚持责任、权利和利益的对等统一。从而使它们形成一个"等边三角形"，以相互支持、促进、约束和调节彼此。

三、以"纸笔测试""操作考试"为考试形式的选择依据

通过上一部分考试内容的探讨，本研究认为，职教高考的考试内容可分为通用和专业两个模块，前者主要指文化知识，后者主要涵盖专业技能、专业理论知识、工作知识，本质上是职业能力的测试。对于通用模块的文化知识的考试，考试内容上是语文、数学、英语、思想政治、化学等科学知识的科目，因而在考试形式上可以选择纸笔测试，这也是目前普通教育最常见、最通用的考试形式。对于专业模块的考试，即当职业能力所需要的专业技能、专业理论知识以及工作知识，作为考试科目层面的考试内容时，是职教高考考试形式的难点所在，该如何科学、公平、有效率地以及经济地组织起专业模块的考试？接下来着重对这部分进行探讨。

职业教育是赋予学习者从事某种职业性工作所需能力的教育，因而其学业评价实际上也是评价学生对于职业活动的掌握情况。职业院校学生的学习好坏，应该从其在真实的职业实践场景中的表现来进行判断。[②]对于职教高考的考试形式似乎毫无疑问地要以操作考试来进行。但本研究认为，从考试组织的经济性、效率性来看，根据考试专业的性质，实际上部分专业的职教高考可以以纸笔测试的方式进行。

其一，对职业能力的考察，如果该职业能力中所涵盖的专业知识较多，则以纸笔测试为考试方式是可取的。原因在于，对职业能力的考察要依托典型工作任务，而典型工作任务的解决也需

[①] 周三多,陈传明,鲁明泓.管理学——原理与方法(第三版)[M].上海:复旦大学出版社,1999:127.
[②] 赵志群.职业教育学业评价方法刍议[J].中国职业技术教育,2021,(10):27—34.

要学生认知层面的知识掌握。根据工作过程的认知心理结构,[①]一些分析与判断知识、工作情景知识都是能够以纸笔测试的考试方式进行。例如,旅游管理专业的学生被要求就一个景点作出讲解,不仅可以采取现场考试,让其在控制时间内落实在纸笔上也可达到考试目的。又比如,物理、生物、化学的实验不仅有通过亲自操作实验进行考试,也有纸笔测试让学生以卷面形式来答题。当然,纸笔测试也有一定局限性,毕竟会答题不会操作的现象也是会客观存在的,而现场讲解不仅考察景点的知识储备,也有神态、形体等表达方面的展示,以及根据听者反应进行相应调整、互动等临场发挥等方面的考察必要。

其二,以纸笔测试作为职业技能测试的考试方式,在实际中已有成熟的经验可以参考。COMET(Competence Measurement)职业能力测评是由德国不莱梅大学和北京师范大学等联合开发的大规模职业能力诊断工具,基于"初级到高级"的能力发展逻辑,建立起一个包含"水平""内容""行动"三个维度的跨专业能力模型,采用开放式试题进行测试,所测出来的学生的职业能力发展等级分为名义、功能性、过程性、设计等几个层次。[②] 根据 COMET 能力测评,被测学生在两小时内用纸笔解释一个考题的解决方案,评分老师一般是既有丰富实践经验也具备教育经历的专家,由评分老师根据考生的解题程度来给分。如果专家判断学生达到了 know that 级别,例如已经运用专业术语、专业理论来解释该问题,但可能表述完整或者解决办法不完全合理,给一档分数;如果学生达到了 know why 级别,不仅是正确完整地使用了专业术语、专业理论,解释方案也有的放矢、基本完整,可以拿到更高一档的分数;如果在答题中表现出对该问题的解决方法与非专业人士(比如没有经过该专业、该领域训练的人)如出一辙,没有表现出任何专业能力,则可能拿不到分数。

对于这样完全以笔试形式考察职业能力的做法,可能有人会质疑,是否会有考生因表达能力欠佳而导致"心里有"却"写不出"的情况?答案是——基本不会。因为大多数评分标准并不看表达过程中的修辞能力、措辞是否优美等,而是看专业术语的规范使用、专业知识尤其是定理性的解析是否准确到位和规范。例如,只要被试者准确写出了"专业术语"则会给分,但如果知识储备未达到能够准确使用专业术语的程度,反映的实际上是专业能力的不足而非语言水平的不佳。[③]

有鉴于此,对于一些所考察的职业能力在认知层面比重较高的专业,实际上是可以考虑以纸笔测试来代替操作考试的,但对于操作比重较高的专业,为了保证评价质量,即所谓信度、效度、区分度和客观性等要求,还是应不遗余力地举办现场操作考试。

四、如何进行"文化素质""职业技能"考试的试题设计

试题设计的基本要求是可感知、可观测、可计量、可重复使用和可等值,所谓试题设计指的是

[①] 徐国庆.职业教育课程、教学与教师[M].上海:上海教育出版社,2016:87.
[②] 赵志群,劳耐尔.COMET 职业能力测评方法手册[M].北京:高等教育出版社,2018:55.
[③] 赵志群.职业能力测评的若干问题[J].顺德职业技术学院学报,2018,16(01):1—5+18.

为实现所确定的试卷量程的需要,用可观测和可操作的形式编制题目及其相应的评分标准的过程。① 职教高考中,文化知识的考试可以参考普通教育的出题方式,因为其知识来源与普通教育一样,均是植根于学科知识体系,因而有成熟的流程和规律可循。

但是,职教高考中专业模块的试题设计就比较复杂了。原因在于,职业技能测试中的专业技能、专业理论知识、职业能力等在考试科目的层面的考试内容,需要依托典型工作任务呈现,本质上是一种"能力测评"。如何进行本质上是能力测评的职业技能测试的试题设计?这一问题既是职教高考考试研究的重要方面,也是职教高考实际办考工作中最重要的基础性工作之一。

对于文化素质测试的试题设计来说,国家政策中已经规定了"由省级教育行政部门根据《中等职业学校公共基础课课程标准》统一组织"。② 中等职业学校课程标准是国家专业教学标准的下位概念,二者都是职业教育标准化建设的重要组成部分。"标准"通常被视为某方面的表现要达到的最终程度,重点是比较结果,同时,"标准"也意味着对事物发展过程的规范。课程标准的制定主线是课程知识与学科素养,课程标准需要与专业教学标准相衔接,课程标准实际上是对课程性质与任务、学科核心素养与课程目标、课程结构、课程内容、学业质量和课程实施等6个方面的规范,明确了学生应具有的正确价值观念、品格和关键能力。③ 基础模块、拓展模块等课程设置的形式,对学生所要达到的文化基础与综合素质的程度的过程进行了详细描述。④

《中等职业学校公共基础课课程标准》既从课程角度明确了中职生在文化知识方面所要学习的内容,也从形成角度展现了要达到这样的程度的过程,因而可以作为职教高考的文化素质考试命题依据、考核目标。可以说,"职教高考"制度以《中等职业学校公共基础课课程标准》为文化课程的命题依据,后者为前者的制度基础、前者也以评价指挥棒般的存在督促后者的落实。

对于职业技能测试的试题设计来说,本质上是要开发出等值的典型工作任务,而这些典型工作任务在试题特点上属于一种情境性考试题目,这是一项标准化的案例式任务,可用来观察一个人的工作能力和态度,借此判断被试者的职业能力水平。前文已经阐释过,对抽象能力的评价"去情境化"是没有意义的,职业能力评价内容须体现职业能力发展的逻辑。⑤ 这个逻辑对于职业能力的试题设计来说,意味着出题者要挖掘出典型工作任务过程中的可以被抽象化和普世化的"问题解决方式",⑥且该"问题解决方式"还要能够被迁移到在考试中等值的一个个工作任务(即一道道试题)中重复使用,还要能够被基于评分标准来进行量化。对于"该问题解决方式",需要

---

① 张远增. 考试评价论[M]. 上海:华东师范大学出版社,2018:184.
② 教育部等九部门. 职业教育提质培优行动计划(2020—2023年)[EB/OL]. (2020-09-23)[2021-12-26]. http://www.moe.gov.cn/srcsite/A07/zcs_zhgg/202009/t20200929_492299.html
③ 屈璐,杨帆. 论中职公共基础课的历史演进、价值取向与功能定位[J]. 职业技术教育,2020,41(25):23—28.
④ 徐国庆,王璐. 公共基础课建设是中等职业教育发展的重要基础[J]. 中国职业技术教育,2020,(09):5—9.
⑤ 赵志群. 职业能力测评的若干问题[J]. 顺德职业技术学院学报,2018,16(01):1—5+18.
⑥ Rauner, F., Maclean, R.. Handbook of Technical and Vocational Education and Training Research [C]. Dordrecht: Springer, 2008:656-660.

包含体现该专业群或者专业大类下辖专业的通用的、奠基性的专业技能,任务完成过程中必须要运用到专业理论知识以及工作知识。学生在完成该典型工作任务的过程,即学生运用中职阶段学习的专业技能、专业理论知识和培养的职业能力引导着其在该典型工作任务中一步步行动的过程。

　　这样的试题设计要求能够实现吗?答案是确定的。原因在于,作为面向职业、培养学生职业能力的职业教育,每个专业面向的职业是相对确定的。而且,研究显示,一个职业通常包含10—15个典型工作任务。① 这意味着,看似无限的"职业世界"实际上可以从中确定出一定数量的典型工作任务。但同时,作为试题的典型工作任务,在开发程序、开发技术上要注意以下几点:

　　其一,作为试题的典型工作任务,需要较为完整地展现出该专业面对的主要职业的工作过程以及完成该过程需要用到的个体的行动模式。每道试题的完成需要调动自身对该项工作任务完整的行动理解,即从获取学习与工作任务的相关信息开始,经过计划、分析、实施、记录、展示和评价,直至最后总结鉴定。例如,一个电工的典型工作任务的工作流程,包括电子系统和设备的组装和安装、调试、编程、操作、维护、维修、优化、质量控制、客户服务和客户咨询等。

　　其二,作为"考题",典型工作任务的设计必须依照"从初学者到专家"的职业发展逻辑展开,因为只有这样才能根据学生"解题"的程度和进度来进行评分。在现实中,工作任务既包含了日常任务,也包含有困难的情况下所要解决的复杂任务。要将典型工作任务设计成能够根据解题程度、按照步骤给分的考试题。工作过程的知识可以分为三个层次,最低层次是know that,即指导行动的知识,第二个是know how,即解释行为的知识,最高层次是know why,即能够对工作内容进行解读和反思。

　　另外,典型任务没有标准解也没有唯一解。② 按照这个原理,试题的设计需要以工作过程与企业生产流程为导向(即具有工作相关性),按照教育学规律编排,符合"从初学者到专家"的职业发展逻辑规律,从初始步骤包含简单、封闭性的动作技能任务,即针对"初学者"的主要考察基本操作技能的"定向和概括性任务",随步骤提高到需要学生调动专业理论知识才能完成的针对"提高者"的"关联性任务"抑或是"具体与功能性知识",再随步骤提升至需要更高阶的解决复杂问题的综合能力和创造能力的"基于经验的职业能力系统化的任务"。

　　其三,考题的设计要体现出和具备对中高职两个阶段教育的职业能力培养的"分级"功能。这样的"分级"既是从考试目的来说(即职教高考的考试目的之一是从中职生中选拔出能够接受高等教育的人,因而作为常模参照考试,考试内容设计上要兼顾到高等职业教育的选材要求以及中职群体在中职阶段学习内容和教育目标的一般水平),也是基于客观存在的职业岗位本身也具有级别特征的现实情况,而这样的级别特征因为职业教育以培养职业能力为主要内容进而"移

---

① 赵志群.典型工作任务分析与学习任务设计[J].职教论坛,2008,(12):2.
② 赵志群.职业能力测评的若干问题[J].顺德职业技术学院学报,2018,16(01):1—5+18.

植"到了不同阶段或者说不同层级、级别的职业教育上。这也正是,已有研究认为的,高职考试招生中对职业技能的考核,水平要达到职业资格证书体系中相应的中等技术水平[①]这一考试内容上的"分级"思想。

如此一来,作为考题的典型任务的选取,要维持在中职阶段的每个专业所对应的职业的分级之上。这为试题开发又增添了三条技术上的要求:

其一是对于职业建立起职业仓[②]的研究,其二是对每个专业对应的职业分级的研究,其三是建立中职生作为被试群体的在中职阶段的职业能力级别的常模。对于职业的研究,是为了寻找到职业中的分级导致职业教育目标和培养规格的分级这一背景下,作为典型工作任务的试题设计的内容来源。对每个专业对应的职业分级进行研究以及建立常模,[③]是为了给试题设计的难度水平提供客观依据。

同时还需要注意的是,一些专业所面对的职业在分级上主要以基层层次为主,难以客观、科学地分为低、中、高等多层次。[④] 那么对于这一类专业,实际上其本身也面临着是否该从职业教育学校体系中退出的讨论。正如已有研究所指出的,要建立起职教高考,可能现有的一些中职专业会面临"无试可考"的情况。[⑤⑥]

本研究认为,处理方法可以为两种:其一是在考试内容上向该专业所面向的更高阶的职业去考。例如,中职阶段学习烹饪专业的学生,在职教高考中的考试专业可为"食品健康""营养学"等。其二是此类专业从学校体系中退出,以社会培训的形式来为需要的人提供学习服务。从这个意义上来说,职教高考的专业模块的试题设计,要格外注重专业性、通用性的结合以及面向不同职业的分级特征,而这也以"反推"的形式,倒逼包括专业在内的职业教育人才培养的内容体系改革。

---

① 匡瑛.高等职业教育发展与变革之比较研究[D].上海:华东师范大学,2005:221—222.
② 孙善学.职业教育分级制度理论与实践[M].北京:高等教育出版社,2018:117.
③ 常模指的是被试群体在所测特性上的一般水平或者水平分布状态,其中所测特性并非随意所指,而是被试群体在一定时段内普遍地、稳定地存在着的心理特质,要掌握这种一般水平或者水平分布状态,需要通过科学抽样,以客观原则和态度,科学编制施测测验以及以严格的方法将常模样组的行为样本导引出来,通过合理的统计分析将水平以具体数值的形式确立下来,以建立起常模。(引自:王后雄.教育考试的理论与方法[M].北京:北京大学出版社,2011:33.)
④ 李宇红.职业教育分级制研究——职业教育分级框架与分级标准建构研究[M].北京:中国财富出版社,2014:47.
⑤ 王笙年.职教高考考试模式及其制度体系构建探讨[J].职教论坛,2020,36(07):20—26.
⑥ 屈璐,尹毅.我国高职院校分类考试招生制度的演进、问题及改革路径——以四川省为例[J].职教通讯,2021(03):41—47.

第六章 高职分类考试的基本进展与问题呈现

如前文所述,目前,职业教育的考试招生正处于"分类伊始,进阶升级"阶段。职教高考提出之前,职业教育的考试招生在现行高考改革背景下,以"高职分类考试"的形式进行。作为一项地方性教育考试制度,省级政府是统筹管理和组织实施高职分类考试的关键主体,国家更多的是从宏观层面对地方政府提出原则性的框架要求。本章从静态的政策梳理与动态的实证调研两方面出发,以利益相关者理论为视角,以中央和全国 31 个省区市对于高职分类考试改革的政策安排以及对国家教育主管部门工作人员、12 省区市的省级教育主管部门工作人员、中职学校、高等院校、通过分类考试进入高校就读的学生以及企业代表 6 类利益相关者的访谈为分析资料,运用第二章建立的"基于利益相关者理论的高职分类考试实践模式的分析框架",从"作为一项考试怎么考"作为"一项制度怎么建"这两个本研究所确立的研究维度,呈现目前分类考试改革的进展和主要问题。之后,基于高职分类考试的项目实然与职教高考的制度应然,对于"目前各地的高职分类考试在内涵功能上尚不能与职教高考等同"这一判断进行专门剖析与论述。

第一节 被视作职教高考先行阶段的高职分类考试

2005 年以前,高职院校的考试招生活动基本依附于普通高校的招生选拔,2007 年教育部同意江苏、浙江、湖南、广东四省在部分示范性高职院校中开展单独招生改革试点工作后,高职院校的考试招生逐渐走向相对独立。《国家中长期教育改革和发展规划纲要(2010—2020 年)》第一次提出,逐步实施高等学校分类入学考试,且点明了高等职业教育入学考试由省级政府组织。2014 年《国务院关于深化考试招生制度改革的实施意见》对考试招生制度改革设定了"2014 年启动,2017 年全面推进,到 2020 年基本形成分类考试、综合评价、多元录取的考试招生模式"的时间表,要求各省级政府在国家顶层设计的框架范围内,结合本地情况,研究制定本地区深化考试招生制度改革的实施方案。2019 年《国家职业教育改革实施方案》提出建立职教高考制度,而职教高考实际上是以高职分类考试改革的形式在推进,可以说,高职分类考试是未来建立与现行高考平行的职教高考的"探路者"和先行阶段,在现阶段的定位是"省级政府为主统筹管理,学生自主选择、学校多元录取、社会有效监督"的中国特色高等职业教育考试招生制度。

一、高职分类考试以省级政府统筹管理的价值意蕴

（一）职业教育管理体制决定分类考试以地方为主责

我国职业教育施行省级统筹的管理体制，这是在90年代初的国务院文件以及《职业教育法》里确立的，中央在之后的政策文件中向地方政府持续分权赋能。《国务院关于大力发展职业技术教育的决定》首次明确了中央和地方在职业教育方面的职责，其中教育部（该文件中称国家教育委员会）掌握大政方针，地方政府在中央方针政策下统筹安排本地职业技术教育的布局、专业（工种）设置、招生等具体规划。1996年以及2022年修订通过的《职业教育法》都将发展职业教育设定为地方政府的法定职责。2013年，中共中央《关于全面深化改革若干重大问题的决定》提出扩大省级政府教育统筹权。之后，《国家教育体制改革领导小组办公室关于进一步扩大省级政府教育统筹权的意见》《关于深入推进教育管办评分离促进政府职能转变的若干意见》等一系列政策赋权，进一步向地方下放高等职业教育（专科）的招生考试、专业设置、招生计划调节和专科学校设立与管理等权力，并通过建立国务院教育督导委员会办公室，以及出台《对省级人民政府履行教育职责的评价办法》《对省级人民政府履行教育职责评价的测评体系》，来督促地方政府切实履行在教育工作上的统筹责任。职业教育在省级统筹的管理体制下，高职分类考试改革也以省级政府为主责方。

（二）地方试点先行先试是职教考试改革的有益经验

源于地方、服务地方、基层首创是职业教育考试改革的有益经验。高职分类考试演化至今，地方先行先试功不可没，发挥了良好的试点效应。2007年，教育部《关于同意江苏、浙江、湖南、广东等四省在部分示范性高职院校中开展单独招生改革试点工作的批复》允许高职院校开展自主招生改革试点工作。但是，实际上这项制度的雏形来自于上海市2005年的首创。2005年，上海开始在三所民办高职院校施行由学校依法自主进行入学考试、确定入学标准和实施招生录取的自主招生考试，取得了良好示范效应，后被吸纳为国家政策。时至如今，高职单独招生改革已经覆盖到港澳台地区以外的所有省市自治区。不只如此，2013年教育部《关于积极推进高等职业教育考试招生制度改革的指导意见》中明确的中高职贯通招生、技能拔尖人才免试入学、面向中职毕业生的技能考试招生等高职院校分类考试招生途径，其原型多来自江苏、天津、湖北等省市的政策创新。

"试点"一般被解释为"正式进行某项工作之前所做的小型试验，从而取得经验"或者被认为是"正式进行某项工作之前，做小型试验的地方"。[①] 试点是寻找政策工具以实现特定政策目标的

---

① 辞海编辑委员会.辞海:词语卷[Z].上海:上海辞书出版社,1979:3178.

过程①，既能够为正式活动积累经验，提前发现难点，也提供了纠错的机会。在以往的中央政府在地方进行政策试点的实践中，实际上是试验风险分散到地方，促使地方政府政策创新能够为中央政府提供政策试错的机会。②而且已有实践多数情况下都肯定了"政策试点"对于社会转型和制度创新的积极作用，认为"试点制度"使中国的改革发展达到了"稳中求新、求进、求变"的效果。具体到本研究场域，高职分类考试在地方统筹下进行先行先试，既有利于调动地方政府的积极性，让各省区市有机会根据自身的实际情况做出本地区的具体决策，在区域竞争中能最大程度地释放活力；也能够激励地方制度创新、形成基层首创的改革经验，在区域间互学互鉴中提高国家整体的制度能力。③

考试招生制度作为一项高利害的改革，施以试点先行然后推广的渐进式改革是应有策略。试点过程一般分为政策创新和政策扩散两个阶段。④前者为"先行先试"阶段，上级政府宽泛的政策为下级政府提供自由操作的空间，便于因地制宜地推进政策创新；后一阶段把试点地区形成的经验进行有效认定，之后在其他地区进行复制⑤以实现试点的"逐步推广"。国家在建立职教高考制度之前，先通过高职分类考试改革来让地方先行先试，实际上反映的就是"试点"的思想。

（三）职业教育改革发展需要基于和满足区域适应性

职业教育发展通常以区域资源为基础、以区域推进为手段、以区域特色为亮点、以服务区域为依归，⑥因而改革与区域相适应是职业教育发展的重要特征。职业教育性质上属于地方性准公共产品。按照蒂伯特·马斯葛洛夫的分层蛋糕模型理论的解释，地方政府比高一级政府更能够提供反映居民偏好的产品组合。⑦职业教育与经济社会联系紧密、对产业环境的依存度较高，省级政府由于有较大的区域统筹权、区域自主权，在承接中央对地方的财政转移支付的同时，还具有面向市县的转移支付能力，这种对低一级政府更高的资源支配和调动能力，使得省级政府对于职业教育的统筹具有天然的优势。⑧

虽然，我国是"政令出于中央"的大一统体制，由国家根据经济社会发展的背景和需要出台相关政策，省级及以下政府通过向上负责来推动政策实施。但是，地域广阔、人口众多的现实因素使得地方发展的非均衡性特征明显。在由中央和地方等多级政府共同组成的政治体制里，任意一级政府往往不能执行所有级别政府的公共职能。因而，为了使中央政策尽可能地照顾到每个

---

① 赵慧.政策试点的试验机制：情境与策略[J].中国行政管理，2019(1)：73—79.
② Heilmann, Sebastian. Policy Experimentation in China's Economic Rise [J]. Studies in Comparative International Development, 2008,43(1)：1-26.
③ 任占营.《职业教育提质培优行动计划（2020—2023年）》的治理意蕴探析[J].高等工程教育研究，2021(01)：10—16.
④ 张昕婧.政策试点的局限[D].长春：吉林大学，2020：7.
⑤ 刘伟.政策试点：发生机制与内在逻辑——基于我国公共部门绩效管理政策的案例研究[J].中国行政管理，2015(5)：113—119.
⑥ 庄西真.职业教育现代化的区域性与阶段性[J].国家教育行政学院学报，2019(10)：3—9.
⑦ 曹淑江.教育制度和教育组织的经济学分析[M].北京：北京师范大学出版社，2004：158.
⑧ 任占营.《职业教育提质培优行动计划（2020—2023年）》的治理意蕴探析[J].高等工程教育研究，2021(01)：10—16.

地方的实际特征,既有效实现政府的公共职能,又可发挥各级政府的优势,往往由中央政策做出统一部署,施行央地两级政府的分权治理。

新世纪以来,《国务院关于大力推进职业教育改革与发展的决定》(国发[2002]16号)《国务院关于大力发展职业教育的决定》(国发[2005]35号)《国务院关于加快发展现代职业教育的决定》(国发[2014]19号)《国务院关于印发国家职业教育改革实施方案的通知》(国发[2019]4号)《中办国办关于推动现代职业教育高质量发展的意见》(中办发[2021]43号)等规划职业教育发展的顶层设计文件,无不强调各地要"结合本地实际推进工作",以体现和提高职业教育与地方区域的适应性。也正因如此,面对相同改革目标任务的省级政府,因其基于的本地资源不同和需求不同,而呈现出了差异化的改革结果。

二、中央政策对于高职分类考试改革的框架性要求

(一)实行地方主责的管理体制并划定改革进度

表6-1呈现了中央政策对高职分类考试改革的整体框架性要求。总体上,基于职业教育在省级政府层面统筹协调的管理体制,地方政府既要接受上级政府的行政命令,还必须负责在国家政策框架内制定和实施本地区的具体实施计划。改革进度上,国家要求各省2015年高职院校招生总数的一半左右要通过高职分类考试录取,2017年高职分类考试成为高职院校招生的主渠道;2019年提出构建职教高考制度,2021年要求"加快建立职教高考制度"。

表6-1 中央政策对高职分类考试改革的整体框架性要求

时间	文件名	主要内容
2010	《国家中长期教育改革和发展规划纲要(2010—2020年)》	第一次提出逐步实施高等学校分类入学考试,且点明高等职业教育入学考试由省级政府组织。
2013	《中共中央关于全面深化改革若干重大问题的决定》	"推进考试招生制度改革"。
2013	教育部《关于积极推进高等职业教育考试招生制度改革的指导意见》	第一次就高职院校的考试招生做专门部署。
2014	国务院《关于深化考试招生制度改革的实施意见》	加快推进高职院校分类考试,就改革进度要求"2015年通过分类考试录取的学生占高职院校招生总数的一半左右,2017年成为主渠道"。
2019	《国家职业教育改革实施方案》	首次明确提出要"建立'职教高考'制度"。
2021	中办国办《关于推动现代职业教育高质量发展的意见》	提出"加快建立'职教高考'制度,完善'文化素质+职业技能'考试招生办法,加强省级统筹,确保公平公正"。
2021	教育部办公厅《关于进一步完善高职院校分类考试工作的通知》	"不得限制高职院校招收中职学校毕业生的比例",并从完善招生计划安排、考试内容和形式、招生录取机制、监督管理办法等方面对于加强省级统筹作出强调。

(二) 中央政策对省级统筹分类考试的内容要求

1. 考试方面：完善"文化素质＋职业技能"的考试内容和形式

2014年，国务院《关于深化考试招生制度改革的实施意见》提出高职院校考试招生实行"文化素质＋职业技能"评价方式。2020年以来，《职业教育提质培优行动计划（2020—2023年）》《关于进一步完善高职院校分类考试工作的通知》等教育部文件从技能考核比例、试题命制依据、考试评价主体等方面进一步提出具体要求。总的来说，国家对于分类考试在考试方面的要求是考试内容要突出职业教育特点，考试形式要具有规范性，文化素质考试和职业技能测试要依标进行，以及省级教育主管部门要担负起在考试组织实施方面的主体责任。省级政府需要统筹考虑、综合设计不同生源群体接受高等职业教育的多种入学方式。

2. 招生录取：完善招生计划安排和面向不同群体的录取办法

2014年，国务院《关于深化考试招生制度改革的实施意见》首次划定了2017年分类考试要成为高职院校招生主渠道的改革进度要求。2021年，教育部办公厅《关于进一步完善高职院校分类考试工作的通知》要求保持分类考试作为主渠道的同时，鼓励有条件的地区进一步扩大分类招考规模，并且第一次提出"不得限制高职院校招收中职学校毕业生的比例"。职业教育具有开放性特征，要坚持面向人人、有教无类。除中职生外，普通高中毕业生、退役军人等社会人员也被列为分类考试的生源群体，以体现职业教育是服务全民终身学习的重要途径。总体上看，中职毕业生以职业技能成绩为主要录取依据，需要各地合理确定文化素质和职业技能成绩在录取中所占比例。而且，国家鼓励有条件的地方尽快建立中职学生学业水平测试制度和中职学校学生综合素质评价制度，并将其应用至分类考试的录取中。普通高中毕业生以高中学业水平考试和职业适应性测试成绩作为录取依据，需要各地完善高中学业水平考试的成绩认定、折算办法。对于社会生源和符合免试条件的技能拔尖人才，分别需要严格审核资格和依照程序规范录取。

3. 组织管理：履行地方政府主体职责和健全多级监督管理体系

举办高职分类考试于政府部门，意味着考试权和招生权两项公权力的行使。其中，考试权包括考试决策权、考试实行权和考试组织权，涉及考试的规定、运行和管理；招生权意指国家在社会公众委托和法律授予下，保障考生的受教育机会均等，在考试的公平公正公开前提之下，使考试中成绩优异者实现受教育权。[①] 政府部门行使考试权和招生权的作用方式是，依托相关主体单位通过政策、法规制定来设置报考条件、录取条件、考试内容和方式等。具体到高职分类考试工作上，鉴于中央政府将分类考试的统筹管理权、试题命制权和专科招生计划的编制权均让与省级政府，那么省级政府是分类考试的考试实行权、考试组织权和招生权的实际掌握者。如此一来，省级政府须以更具细节性、操作性的措施，将中央政策细化到分类考试的具体任务分工和工作进度中，以体现责任担当。2021年，教育部办公厅《关于进一步完善高职院校分类考试工作的通知》强

---

① 覃红霞.高考法律问题研究[M].杭州:浙江教育出版社,2017:39.

调了省级招委会、省级教育行政部门、招生考试机构和有关高职院校要在当地党委和政府的统一领导下履行好主体责任,要求各地对分类考试进行宣传、报名、考试、录取的全过程监督管理,以及建立健全国家、地方、学校、社会多级监督工作体系。

三、各省级政府对于高职分类考试改革的政策安排

2014年,国务院出台《关于深化考试招生制度改革的实施意见》后,各省级政府被要求考虑制定本地区的实施方案。本研究从各省政府、教育主管部门、省级招考机构网站,共收集到覆盖除新疆以外的30个省区市的69份省级深化考试招生改革的政策文件(见附件8)。

省级政府发布的本地区深化考试招生制度改革的实施方案中,尽管有对招生对象包括中职生在内的高职分类考试作出生源面向、考察内容、实施进度等部署,但作为一份综合性文件,其对于高职分类考试中面向中职生的考试规定依旧是相对笼统的。本研究的研究范围将职教高考的生源对象限定为中职毕业生,因而有必要专门梳理各省区市面向中职生的高职分类考试制度安排。

以各省区市2024年相关公开政策文件为研究对象,本研究从省级政府、教育厅(局)、省级招生主管部门网站共收集到69份覆盖了全国31个省区市的面向中职生的分类考试政策文件(详见附件9)。31省区市中的大多数以"单独考试""自主招生""提前招生""对口考试"等点明了具体考试途径的方式作为文件名,是该年份针对该项考试的专门规定;也有若干省区市以"××年普通高校招生工作"为文件名,高职分类考试中面向中职生的考试规定以段落形式包括于其中。

(一)怎么考——各省对中职生分类考试的考试形式安排

除传统的参加现行高考以外,目前面向中职生的高职分类考试有自主招生(也有省份叫提前招生、单独招生)、对口招生(有省份叫单考单招、对口单招、对口招生、技能高考、三校生高考等)、贯通式培养(如中高职贯通"3+3"、中高职贯通"3+2"、中本贯通"3+4"、初中起点五年一贯制等)、注册入学、技能拔尖人才免试入学5种类型。但是,值得注意的是,各省区市不见得对上述途径都有实践,而不同省区市即使对于同一途径,亦有着不尽相同的名称叫法、具体的考试内容规定和组织实施的不同标准化规范程度。

1. 对口招生

现如今,对口招生在大多数省份都得以普及,且基本都在按照国家要求,以"文化素质+职业技能"的评价方式组织考试,只不过由于其是由省级招生部门单独组织的考试,因而在诸多具体制度安排上区域特色浓厚。例如,招生层次上,多数省区市的中职生通过对口招生考试,既能够升入专科院校,也可升入本科院校,但也有如辽宁省的对口招生考试仅指代升入本科学校学习,[1]

---

[1] 辽宁招生考试之窗.辽宁省2021年职业教育对口升学考试招生工作考生须知[EB/OL].(2021-04-14)[2021-10-06]. https://www.lnzsks.com/newsinfo/IMS_20210414_39757_9M6aHvcbNT.htm

西藏和新疆则只可通过对口考试升入职业专科院校;招生专业上,多如福建等地有30类左右的专业分类,也有湖北、河北等地10余类左右的专业,且专业大类数量不同的背后每个专业大类所涵盖具体专业数量和名称也不尽相同;考试形式上,半数以上的省市区施行专业理论笔试与操作考试相结合的方式来考察职业技能,也有部分省域以统一笔试的形式进行;考试内容等方面的具体不同将在下一部分"考什么——各省'文化素质＋职业技能'的操作办法"中展开。

2. 单独招生

单独招生赋予高校自主确定单招的专业、计划数、考查方式和内容、考试时间、评分标准、录取模式等的机会,省级教育行政部门及其招考机构不过多干涉考试的具体设计和运行,一般来说,仅对高校的招生章程宏观指导和执行情况进行监督,因而单独招生模式是高校招生自主权的生动体现,也帮助一部分生源情况不太好的院校缓解了招生压力。给予自主招生高校在招生专业、招生计划数、考试内容、考试时间、评分标准、录取模式等方面充分的权力,是各省区市普遍的做法,而不同在于,一些省区市为进一步保证考试的公正公平公开,会发布专门的管理办法来予以规范。例如,浙江省通过《浙江省高职提前招生试点管理暂行办法》《浙江省教育考试院关于加强三位一体招生和高职提前招生工作管理的通知》等文件加强考试工作队伍建设、学生信息审核、成绩等重要数据的存档、校验、归档和信息安全等重要方面和环节。[①] 河南省通过出台《关于进一步规范河南省普通高等学校招生行为的若干规定(试行)》,着力维护高职单招考试公平公正,切实维护考生的合法权益。[②]

3. 贯通项目

长学制贯通培养项目亦广泛存在于省区市的高职分类考试改革中,但区别在于贯通项目的专业设置、规范程度、转段要求、项目数量以及贯通层次的不同。中高职贯通多以初中起点的五年一贯制或者"3＋2"、"3＋3"形式存在,中本贯通多以"3＋4"、"3＋2＋2"的形式存在,且普及程度不及中高职贯通项目。

无论是何种贯通模式,其作为项目制,在各省区市的专业设置、标准化规范程度等方面差异较大。以中高职贯通为例,前三年在中职学校就读后,通过转段考试进入高职院校就读的转段要求,在多个地区不尽相同,某些省区市的转段仅在中职学校与高职学校启动该项目向省级教育行政部门申请时,注明一些原则性要求,实际施行中由两所合作学校自行掌握,而高职院校为了保障生源、中职学校为了给"报名该项目的学生及其家长有所交代",因而转段考试的通过率几乎达95%以上,转段考核的区分度较低。

还有些省区市则将管理重心升高以保证项目质量。例如,重庆市贯通培养项目的转段考试

---

① 浙江省教育考试院.浙江省教育考试院关于做好2021年高职提前招生工作的通知[EB/OL].(2021－04－16)[2021－10－06]. https://www.zjzs.net/moban/index/8a11f15578d9caf40178d9e895560001.html

② 河南招生考试信息网.河南省教育厅安排部署2021年高等职业教育单独考试招生和技能拔尖人才免试入学工作[EB/OL].(2021－03－22)[2021－10－06]. http://www.heao.com.cn/main/html/pz/202103/content_19318599137.html

也按照"文化素质＋职业技能"的评价方式进行,其中文化素质考试还与全市应用型本科和高职专科对口招生的文化素质考试一起举行,由重庆市教育考试院统一命题和组织考试,这样的转段要求势必更加严格、统一和规范。江苏省从2021年起,亦将中职学生转段升学工作统一纳入对口单招,其中"3＋4"分段培养考生须参加对口单招文化统考(不含专业综合理论),取得语文、数学、英语三科成绩,并达到转段院校的要求,否则不能参加转段录取。① 除此之外,中本贯通项目相较中高职贯通项目,专业和院校数量更少,在地域上普及程度也不高。

4. 注册入学和免试入学

注册入学和技能拔尖人才免试入学这两种途径,也先来自地方实践,后被吸纳为国家政策。《职业教育提质培优行动计划(2020—2023年)》就上述两条招考途径提出,"逐步取消现行的注册入学招生""严格执行技能拔尖人才免试入学条件"。

注册入学诞生于我国苏南地区,后在河南省、福建省等地也有实践,总体上存在于少量的公立院校和多数民办院校。注册入学的原型来自于欧美国家,在国外高等教育模式多种多样,宽进严出的前置条件下,为更多人接受高等教育以及体现职业教育的开放性提供机会,关于该途径的讨论和研究多集中于入学后的培养,因为生源先前的学习基础不同,因而对注册入学学生的培养更要保证质量、因材施教。

技能拔尖人才免试入学的制度原型,来自天津市2005年出台的《关于天津市中等职业院校技能竞赛获奖学生免试升入高职院校学习的意见》《关于天津市高等职业院校技能竞赛获奖学生免试升入本科高校学习的意见》,彼时允许技能大赛获奖选手免试进入高职院校和本科院校深造。2020年,教育部办公厅《关于做好有关高校保送录取世界技能大赛获奖选手工作的通知》提出,凡在世界技能组织主办的"世界技能大赛(World Skills Competition)"中获奖的中国国家代表队选手且符合以下条件者,具备保送至高校深造的资格。符合有关省(区、市)高考报名条件的中职毕业生,可保送至高校相应的高职或本科专业。该文件还就保送程序和工作要求进行了规定。各省区市关于技能拔尖人才免试入学的条件,基本上依照着这一文件。如今,技能拔尖人才免试入学也在多省区市以"独立入学途径"或者对口考试、单独考试的"加分政策""照顾政策"的形式存在,但在能够免试进入的院校层次以及免试的科目规定,于不同省区市不尽相同。

表6-2列举了代表省区市技能拔尖人才免试入学的具体规定,通过归类发现:(1)技能拔尖的体现普遍为应届中职生身份的国家级或省级技能大赛获奖者,具有高级工或技师资格(或相当职业资格)或获得县级劳动模范先进个人称号的中职毕业生。(2)免试形式多为相关对口专业的专科院校免试入学(如黑龙江、四川、河北、浙江、辽宁、河南、湖北、湖南等地);或者免除职业技能测试(如福建、山东、重庆);也有如广东、湖南采取的是按照技能大赛获奖和技能等级证书的级别

---

① 江苏省教育厅. 江苏省2021年普通高校对口中等职业学校毕业生单独招生工作实施办法[EB/OL]. (2020-10-26)[2021-10-06]. https://www.jseea.cn/webfile/highschool_zjgk_zz_files/2020-10-30/2873.html

来分别赋分的形式。(3)接受技能拔尖人才免试入学院校层次多数为专科院校，也有部分省区市的本科院校参与。

表6-2 各省技能拔尖人才参加职教高考的优惠政策(2024年)

序号	省域	条件	形式	可升入院校
1	上海	在世界技能组织主办的世界技能大赛中获奖且符合本市高考报名条件的三校生	可向招生院校提出高职或本科专业保送申请	本科、专科
2	浙江	获得教育部等国家部委举办的全国职业院校技能大赛、全国数控技能大赛一、二、三等奖的应届中职毕业生(含符合条件的随迁子女)	免试升至省内相同或相近的专业，对于申请攻读本科专业的学生，须增加文化课考核	专科
		在世界技能组织主办的"世界技能大赛(WorldSkills Competition)"中获奖的中国国家代表队选手且符合浙江省高考报名条件的中职毕业生		本科、专科
3	青海	院校自主		
4	辽宁	①获得由教育部主办或联办的全国职业院校技能大赛三等奖及以上奖项的中等职业学校应届毕业生；②获得由我厅主办或联办的省级职业院校技能大赛一等奖的中等职业学校应届毕业生；③高中阶段教育及以上学历毕业生中，目前在职在岗且具有高级工或技师资格(或相当职业资格)并获得县级人民政府及以上劳动模范(先进个人)称号者	所报考的专业应与其具备的专业技能相对应，且该专业已被省教育厅列入到当年单独招生院校招生计划之中	专科
5	西藏	—		
6	宁夏	获得由教育部主办或联办的全国职业院校技能大赛三等奖及以上奖项，或由自治区教育行政部门主办或联办的职业院校技能大赛一等奖的中等职业学校应届毕业生	可申请应用型本科专业和高职(专科)专业免试录取(须与获奖专业相同或相近)	本科、专科
		具有高级工或技师资格(或相当职业资格)、获得县级劳动模范先进个人称号的在职在岗中等职业学校毕业生	可申请高职(专科)专业免试录取	专科
7	河北	①获得由教育部主办的全国职业院校技能大赛三等奖及以上奖项；②由省级教育行政部门主办的省级职业院校技能大赛一等奖的中等职业学校应届毕业生；③具有高级工、技师资格、获得县级劳动模范先进个人称号的在职在岗中等职业学校毕业生	免试录取	专科
8	广东	取得相关职业技能等级证书的中职应往届毕业生，符合国家、省、学校相关要求的，报考普通高职自主招生相关专业可免于职业技能考核	具体免于职业技能考核的条件和要求，由有关招生院校结合自身实际，充分论证后自行确定，并在招生简章中提前公布。免于职业技能考核的考生职业技能考核成绩按职业技能测试满分值计算	专科

续 表

序号	省域	条件	形式	可升入院校
9	山东	①获教育部主办或联办的全国职业院校技能大赛三等奖及以上奖项的中等职业学校应届毕业生;②获全省职业院校技能大赛一等奖的中等职业学校应届毕业生;③具有高级工(含)以上职业资格并获得县级(含)以上劳动模范或同等荣誉称号(表彰文件中明确规定享受劳动模范待遇者)且具有中等职业教育学历的在职在岗人员	免于春季高考"技能"和"专业知识"考试	本科(有文化录取控制分数线)、专科(直接录取)
10	广西	—		
11	甘肃	—		
12	海南	①具有高级工(三级)及以上职业资格(职业技能等级)的考生;②获得全国职业院校技能大赛三等奖(含)以上或全省职业院校技能大赛三等奖(含)以上的考生	免试入学	专科
13	湖南	在校期间在世界技能组织主办的"世界技能大赛(World Skills Competition)"中获奖的中国国家代表队选手	可保送至省内具有对口招生任务的高职或本科与获奖赛事相应的专业就读	本科、专科
		在校期间获"全国职业院校技能大赛""中国职业技能大赛"一、二、三等奖或"湖南省职业院校技能竞赛""湖南省职业技能大赛"一等奖(金奖)	可免试推荐到省内具有对口招生任务的高等职业院校与获奖赛事相应的专业就读	专科
		在校学习期间获"湖南省职业技能大赛""湖南省职业院校技能竞赛"二等奖(银牌)、三等奖(铜牌)的中职应届毕业生	报考获奖赛项对口专业可免予职业技能测试。其中获得二等奖(银牌)的学生可按技能测试成绩满分计入综合成绩;获得三等奖(铜牌)的学生可按技能测试成绩满分的80%计入综合成绩,也可选择参加报考学校组织的技能测试取得测试成绩,取两项成绩的较高分数计入综合成绩	
14	贵州	在校期间获教育部牵头举办的全国职业院校技能大赛三等奖及以上、教育厅牵头举办的贵州职业院校技能大赛二等奖及以上的中职生	免试进入高职(专科)院校学习,专业须相同或相近	专科
15	黑龙江	获得黑龙江省中等职业学校技能大赛一等奖,全国中等职业学校技能大赛一、二、三等奖	免试录取	专科

续 表

序号	省域	条件	形式	可升入院校
16	四川	①获得由教育部主办或联办的全国职业院校技能大赛三等奖及以上奖项或由省级教育主管部门主办或联办的省级职业院校技能大赛一等奖的中等职业学校应届毕业生,具有高级工或技师资格(或相当职业资格)、获得县级劳动模范先进个人称号的在职在岗中等职业学校毕业生,可由有关高职学院免试录取。②在世界技能组织主办的"世界技能大赛(World Skills Competition)"中获奖的中国国家代表队选手且符合条件者,具备保送至高校深造的资格,即符合我省高考报名条件的中职毕业生可保送至有关高校相应的高职或本科专业	保送至有关高校相应的高职或本科专业	本科、专科
17	吉林	—		
18	山西	参加职业院校技能大赛(中职组)各比赛项目获得全国一、二、三等奖的考生	在文化素质总成绩中分别加40分、30分、20分	本科、专科
		参加职业院校技能大赛(中职组)各比赛项目获得全省一、二、三等奖的考生	在文化素质总成绩中分别加20分、15分、10分	
		获得职业院校技能大赛(中职组)全国等级奖和全省一等奖的考生	可先享受加分照顾参加本科院校录取,若未被本科院校录取,则可申请免试到相应专业的专科(高职)院校学习	
		信息技术类、加工制造类、土木水利类、交通运输类、资源环境类、石油化工类、种植园艺类、养殖类、医学相关类、护理类、财经商贸类、司法服务类、旅游服务类、文化传媒类、教育类等15类专业,对获得上述比赛一、二、三等奖的考生	免试相应专业职业技能,视为职业技能考试成绩合格	
19	天津	—		
20	湖北	取得中级以上职业技能等级证书的中职毕业生,报考对应或相近专业时,可在职业技能部分加分(技师证书加80分,高级工证书加50分,中级工证书加30分,直至该项满分为止)		专科
21	福建	①代表我省获得全国职业院校技能大赛、世界技能大赛、中国技能大赛(国家级一类大赛)三等奖及以上(或前10名)以及福建省职业院校技能大赛、世界技能大赛福建省选拔赛一等奖的中等职业学校应届毕业班学生	报考相关对口专科专业的,可予以免试录取	专科
		获得福建省职业院校技能大赛二等奖的中等职业学校应届毕业班学生	报考相关对口专科专业的,可免予职业技能测试,其职业技能测试成绩按满分计,同时录取总成绩加5分	

续 表

序号	省域	条件	形式	可升入院校
		获得福建省职业院校技能大赛三等奖的中等职业学校应届毕业班学生	报考相关对口专科专业的,可免予职业技能测试,其职业技能测试成绩按满分计	专科
22	重庆	在学习期间参加教育部主办和联办或认定的全国职业院校技能大赛三等奖及以上奖项的中等职业学校应届毕业生	报考高职专科对口专业类,免文化素质和职业技能测试	专科
			报考应用型本科对口专业类时免职业技能测试,只需参加文化素质测试,职业技能测试成绩依获奖等级,一、二、三等奖分别按450分、430分、410分赋予	本科
		在市教委主办和联办的市级技能大赛获得一等奖的中等职业学校应届毕业生以及具有高级工或技师资格(或相当职业资格)、获得县级劳动模范先进个人称号的在职在岗中等职业学校毕业生	报考高职专科对口专业类,免文化素质和职业技能测试	专科
			报考应用型本科对口专业类时免职业技能测试,只需参加文化素质测试,职业技能测试成绩按420分赋予	本科
23	北京	凡获得人力资源和社会保障部(原劳动和社会保障部)统一印制、北京市人力资源和社会保障局(原北京市劳动和社会保障局)颁发的车工、钳工、电工、烹饪技能鉴定证书,秘书职业资格证书和获教育部考试中心颁发的全国计算机等级证书、NIT 全国计算机应用技术证书、全国公共英语等级考试二级以上证书及北京市财政局颁发的会计证书者报考相关专业的	经过招生学校的认定可以免试专业技能考核的部分内容	专科
24	陕西	①获得由教育部主办或联办的全国职业院校技能大赛三等奖及以上奖项,或由省级教育行政部门主办或联办的省级职业院校技能大赛一等奖的中等职业学校应届毕业生;②具有高级工或技师资格的在职在岗中等职业学校毕业生;③获得县级及县级以上人民政府授予的劳动模范荣誉称号的在职在岗中等职业学校毕业生	免试升学	专科
25	安徽	①获得全国职业院校技能大赛、世界技能大赛、中国职业技能大赛(国家级一类大赛)三等奖及以上(或前10名)以及全国职业院校技能大赛、世界技能大赛安徽省选拔赛一等奖的中职学校、中等技工学校应届毕业生;②具有高级工或技师资格(或相当职业资格),获得县级劳动模范或先进个人称号的在职在岗中职学校毕业生	免试录取	专科

续表

序号	省域	条件	形式	可升入院校
26	河南	①获得由教育部主办或联办的全国职业院校技能大赛三等奖及以上奖项,或由省级教育行政部门主办或联办的省级职业院校技能大赛一等奖的中职毕业生;②具有高级工或技师资格、获得县级劳动模范先进个人以上称号的在职在岗中职毕业生	免试录取	专科
27	内蒙古	—		
28	云南	报考对口专业获得自学考试委员会、省人力资源和社会保障厅等有关部门颁发的专业等级证书者	初级专业等级证书+10分;中级专业等级证书+15分;高级专业等级证书+20分	本科、专科
		①获世界技能大赛、中国技能大赛,以及教育部主办或联办的全国职业院校技能大赛三等奖及以上奖项的云南省中等职业学校毕业生;②获云南省职业院校技能大赛一等奖的云南省中等职业学校毕业生;③具有高级工或技师资格的在职在岗云南省中等职业学校毕业生;④获县级及以上劳动模范荣誉称号的在职在岗云南省中等职业学校毕业生	免试录取	专科
29	江西	在校学习期间获得"江西省职业院校技能大赛"三等奖以上的应届毕业生	免试就读高职院校相同或相近专业	专科
30	江苏	获得世界技能大赛奖项、中华人民共和国职业技能大赛银牌及以上、全国职业院校技能大赛二等奖及以上、江苏技能状元大赛金牌、江苏省职业院校技能大赛一等奖的考生	可根据志愿直接录取省属院校本科专业学习	本科
		获得中华人民共和国职业技能大赛铜牌、全国职业院校技能大赛三等奖、江苏技能状元大赛银牌、江苏省职业院校技能大赛二等奖的考生	可根据志愿直接录取省属院校专科专业学习;如该考生成绩达到本科投档要求,可参加本科阶段投档与录取	
		获得省级技能大赛优秀奖考生的专业技能成绩	可认定为当年本专业全省统一专业技能考试合格线分数	本科、专科
		获得国家级技能大赛优秀奖及以上与省技能大赛三等奖及以上的考生的专业技能成绩	可认定为当年本专业全省统一专业技能考试合格线的120%(超过满分300分,以满分300分计)	
		技能大赛获奖考生也可参加专业技能考试,如专业技能考试成绩与获奖认定专业技能成绩不相一致,按其较高分值计算专业技能成绩		

续 表

序号	省域	条件	形式	可升入院校
30	江苏	国家及省技能大赛美容美发项目中,模特选手与技能操作选手享受同等奖励政策。		本科、专科
		根据全国职业院校技能大赛要求,每年省赛后要新增部分项目省级选拔赛。参加省级选拔赛获奖选手与省技能大赛获奖选手享受同等奖励政策		
		获得省技能大赛优秀奖的考生可享受同等条件下优先录取政策		
		获得省职业院校创新创业大赛三等奖以上奖项、省"三创"优秀学生称号的考生可享受同等条件下优先录取政策		
31	新疆	对于获得自治区和兵团教育行政部门认可的职业技能大赛其他自治区级奖项的学生,在达到基本录取条件的情况下可优先录取,具体办法由各招生院校确定,并在当年招生章程、简章中公布		专科
		对于在校期间获得全国职业院校技能大赛一、二、三等奖或自治区职业院校技能大赛一、二等奖获得者可免试入学。在同等条件下,招生院校可优先录取申请就读专业与获奖项目(或中职就读专业)相对应或相近的学生		

注:通过附录9文件中的相关表述整理。

(二) 考什么——各省"文化素质＋职业技能"的操作办法

国家政策规定,除现行高考途径外,任何生源通过任何考试途径报考高职院校,均要采用"文化素质＋职业技能"的方式对其进行考试评价,并且强调对于中职生的考试招生要突出技能考核,以专业技能成绩为主要录取依据。此外,国家政策还曾就文化素质考试的命题依据、分值占比作出原则要求,支持地方建立中职学业水平测试制度,鼓励产教融合型企业联合高职学校一起招生。

通过梳理发现,各地深化考试招生制度改革的实施方案都遵照了国家对于"文化素质＋职业技能"评价方式的规定。但是,实施方案作为一份综合性文件,其对于高职分类考试中面向中职生的考试规定依旧是相对笼统的,且30个省区市中仅有一半在方案中就考试科目、考试方式上作出进一步规定,亦有辽宁、广西、湖南等15地仅提到"实施'文化素质＋职业技能'的评价方式"而未就考察方式及内容作进一步规定。在高职分类考试改革的实施过程中,省级政府及其招生考试管理机构,均会在每一年提前发布该年度的对口招生、单独招生等高职分类考试中面向中职生的工作通知,各地也在一年又一年的通知中对本地区的考试办法进行逐步完善。本部分将通过内容分析法,以各地最新发布的高职分类考试中面向中职生的考试规定为资料(详见附录9),从"文化素质""职业技能"两部分的考试内容、组织方式、分值比例、专业分类等层面,更细节地呈现各省区市目前面向中职生的"文化素质＋职业技能"评价方式的具体操作办法。

1. 文化素质的考试安排

表6-3列举了若干省区市面向中职生的对口考试中文化素质考试的内容,通过归类发现:(1)对口招生的文化素质考试多为全省统一组织的语数英三科目或者语文、数学两科;(2)部分地区加试了政治科目或者计算机基础,例如西藏、新疆将英语科目替换为了政治,云南的考试科目

为语、数、英和政治,江西的考试科目为语、数、英和计算机;(3)部分地区将专业理论考试归类到了文化素质考试的部分,如江苏和甘肃将专业理论考试纳入文化素质考试科目之列;(4)福建则是将中等职业学校学业水平考试的成绩作为评价所用,参考公共基础知识(德育、语文、数学、英语)和专业基础知识的合格性、等级性考试成绩。

表6-3 各省面向中职生的升学考试中文化素质考试的规定(2024年)

序号	省域	考试名称	文化素质考试		
			考试科目	组织形式	分值
1	上海	专科学校自主招生	文化素质测试使用中等职业学校学生学业水平语文、数学、英语3门科目等级进行折算	全市统一的中职学业水平测试	A+为满分70分,E计40分,相邻两级之间的分差均为3分
		"三校生"高考	语文、数学、外语(含听力)	全市统一,笔试	3科,每科满分均为100分
2	浙江	单独考试	语文、数学2门(拟报考有外语要求的学校、专业的考生,须先参加全国英语等级考试一级(PETS—1)及以上级别笔试,获得笔试合格成绩后,方可报考相应专业)	全省统一,笔试	各150分
		提前招生	高校根据专业特点重点考查中职生的文化素质	—	
3	青海	高职院校单考单招	院校自主		
4	辽宁	高职单招	院校自主		
5	西藏	对口高职考试	高职语文、高职数学、高职政治	全区统一,笔试	各150分
6	宁夏	高等职业教育分类招生考试	语文、数学、英语	全区统一,笔试	各100分
7	河北	高等职业教育单独考试招生	语文、数学	全省统一,笔试	各150分
		对口升学	语文、数学、英语	全省统一,笔试	各120分
8	广东	"3+证书"考试	语文、数学、英语	全省统一,笔试	各100分
		高等职业院校自主招生	文化基础,内容涵盖自然科学和人文科学基本知识、职业道德基本要求、人际交往基本常识、汉语言写作基本能力等技术技能型人才必备的实用性知识要求	院校自主	200分

续 表

序号	省域	考试名称	文化素质考试		
			考试科目	组织形式	分值
9	山东	春季高考	语文、数学、英语	全省统一,笔试	语文、数学各120分,英语80分
		高职单独考试	高校自主确定		共200分
10	广西	高职对口中职自主招生	院校自主进行文化基础与职业技能相结合的测试,测试成绩作为招生录取的依据;"2+3"直升考生也必须参加测试,测试成绩作为直升录取的依据。鼓励各院校积极探索统一组织、联合测试、成绩共享的测试方式		
		本科院校对口招收全区中等职业学校毕业生考试	测试内容以教育部发布的现行中职公共基础课程教学大纲为基本依据,文化素质测试成绩占总成绩的比例不超过50%。招生院校负责制定本校招生专业的专业要求及测试大纲等内容,同一专业有多所院校招生的,由相关招生院校协商确定1所招生院校负责制定		
11	甘肃	高职分类考试中职升学考试	包括公共基础和专业基础考试成绩两部分,公共基础(语文、数学、英语、综合素养)、专业基础(8个专业类别)	全省统一,笔试	语文、综合素养100,数学60、英语40;专业基础250
		高职分类考试单考单招	①有中职升学考试成绩的按中职升学考试成绩计算 ②无中职升学考试成绩的由招生院校统一组织文化素质测试		
12	海南	职业本科单独招生	语文、计算机应用基础、职业道德与法律	全省统一,笔试	语文100分,计算机应用基础、职业道德与法律各50分
		高职(专科)对口单独招生			
13	湖南	普通高等学校对口招生	语文、数学、英语(含听力①)	全省统一,笔试	各120分
		高职(高专)院校单独招生	语文、数学、英语	院校自主	共300分
14	贵州	高职(专科)分类考试	文化综合(包括语文、数学、英语)	全省统一,笔试	语文120分,数学100分,英语80分
15	黑龙江	职业教育春季高考	语文、数学、外语(英语、俄语)	全省统一,笔试	各100分
		高职单招	院校自主		
16	四川	对口招生	语文、数学、英语	全省统一,笔试	各150分
		高职单招	语文、数学、英语	全省统一,笔试	各100分
17	吉林	对口招生	语文、数学、外语	全省统一,笔试	各150分
		高职单招	语文、数学、外语(与对口招生统一组织)		

---

① 英语听力测试内容及测试办法与普通高校招生全国统一考试相同。

续 表

序号	省域	考试名称	文化素质考试		
			考试科目	组织形式	分值
18	山西	对口升学	语文、数学、外语	全省统一,笔试	各100分
		高职单招	可使用中等职业教育学生学业水平考试成绩,高职院校经批准也可以自行组织文化课考试		
19	天津	高职分类考试	语文、数学、外语	全市统一,笔试	各150分
20	湖北	技能高考	语数英	语文、数学各90分,英语30分	共210分
		高职单招	文化素质	院校自主	共200分
21	福建	高职分类招考	中职学业水平考试公共基础知识(德育、语文、数学、英语)和专业基础知识		合格性、等级性
22	重庆	应用型本科和高职专科对口招生	语文、数学、英语(无听力测试)三科合卷	全市统一,笔试	各100分
		中高等职业教育贯通培养项目转段招生			
23	北京	高职自主招生	语文、数学、外语	全市统一,笔试	各150分
24	陕西	高职综合评价招生	参加高职院校组织的文化素质测试,考试内容依据《中等职业学校公共基础课课程标准》制定,院校自主		
		高职单独招生	语文、数学、英语	全省统一,笔试	各150分
25	安徽	高职分类考试	语文、数学、英语	全省统一,笔试	语文120,数学120,英语60
		应用型本科对口招生			
26	河南	对口招生	语文、数学、英语	全省统一,笔试	各100分
		高职单招考试	以《中等职业学校公共基础课程教学标准》为基本依据,重点考查考生的文化知识素养	院校自主	—
27	内蒙古	对口招生	高职语文、高职数学、高职英语	全区统一,笔试	语文、数学150分,英语100分
		单独招生	院校自主		
28	云南	高职本专科招收三校生	语文、数学、英语、政治	全省统一,笔试	语文120分,其他100分,最后按300分满分折算计入总分
		高职单招	院校自主		200分

续 表

序号	省域	考试名称	文化素质考试		
			考试科目	组织形式	分值
29	江西	三校生类考试	语文、数学、英语、计算机	全省统一,笔试	各150分
		高职单招考试	语文、数学	院校自主	—
30	江苏	中职职教高考	语文、数学、英语、专业综合理论	全省统一,笔试（中职学业水平测试）	语文、数学150分,英语100分,专业综合理论300分
		转段升学	"3+4"考生须参加中职职教高考文化统考(不含专业综合理论),取得语文、数学、英语三科成绩,并达到转段院校的要求,否则不能参加转段升学录取		
31	新疆	三校生升高职考试	语文、数学、政治理论	全区统一,笔试	各150
		优秀中职生直升高职	招生对象为中等职业教育在读期间所有课程均合格,达到所在学校及专业的毕业要求,所有考试科目平均成绩排名在同年级同专业学生前20%以内(可不含最后一学期成绩)的学生,如有学生放弃报考:可顺次递补。院校自主组织考试		

注：通过附录9文件中的相关表述整理。

2. 职业技能的考试安排

各省区往往根据专业的不同需要采取笔试或实际操作测试的方式来组织技能测试。表6-4列举了若干省区市面向中职生的对口考试中职业技能测试的考试内容,通过归类发现：(1)对口招生的职业技能测试组织方式大多数为全省统一、若干主考院校分点实施的按专业大类的现场技能操作考试；(2)也有如天津、河南、西藏、吉林、内蒙古、湖南等地的职业技能测试为全省统一的笔试；(3)还有如上海、新疆、安徽、贵州、北京等地的职业技能测试由招收中职生的高等院校自行组织；(4)广东、海南、甘肃以职业技能等级证书和各级职业技能大赛奖项的获得来取代职业技能测试,广东省中职生拥有省教育厅公布的证书中的一种才能报名对口招生,其中考本科院校还需要加试由本科院校自行组织的职业技能操作考试,甘肃省则按照证书、技能大赛获奖等级来为职业技能测试的操作考试赋分；海南中职生在全国职业院校技能大赛获奖可免职业技能测试入读本科院校相应专业,中级Ⅰ(四级)及以上职业资格(职业技能等级)证书持有者可免职业技能测试入读专科院校相应专业；(5)尚有地区未组织职业技能测试,江西三校生对口升学考试中仅对语文、数学、英语和计算机四科进行了考试,其政策文件中未见对职业技能测试的相关规定。

表6-4 各省面向中职生的升学考试中职业技能测试的规定(2024年)

序号	省域	考试名称	职业技能考试			
			测试内容	组织形式	分值	专业大类
1	上海	专科学校自主招生	职业技能测试为素质技能测试(统一命题)或校考,具体由试点院校自主确定其中一项,并在招生章程中公布	院校自主	200	—
		"三校生"高考	职业技能测试2科,考试内容、时间详见各招生院校招生章程	职业技能测试由考生报考的第一志愿院校组织实施	200	—
2	浙江	单独考试	技能操作考试	职业技能操作考试全省统一组织、分点实施。	合格性	17类
			理论知识考试	各类别职业技能理论知识考试全省统一组织,相应类别职业技能操作考试合格者方可报考	300	
		提前招生	以职业技能考试成绩为依据,试点高校根据本校培养目标和学科专业的要求组织必要的综合测评,中职考生重点考核文化素质			—
3	青海	高职单招		院校自主		—
4	辽宁	高职单招		院校自主		—
5	西藏	对口高职考试	高职专业综合	全区统一,笔试	300	17类
6	宁夏	高等职业教育分类招生考试	专业知识、技能操作	全省统一,指定院校实施	300	22类
7	河北	高等职业教育单独考试招生	专业能力测试、技术技能测试	由各考试类牵头院校组织与命题	专业能力测试100分,技术技能测试350分	10类
		对口升学	专业理论、专业技能考试	全省统一,指定院校实施	专业理论满分240分,专业技能满分150分	10类
8	广东	"3+证书"考试本科层次	本科层次招生的考生还须参加招生院校自行组织的职业技能测试。职业技能测试考试说明由招生院校在本校招生网站公布	由高校按照5:4:1的比例(文化科目、职业技能测试、技能证书折算成绩)合成总分(满分450分)。证书要求及折算方法由各招生院校自行研究确定	450	—
		"3+证书"考试专科层次	证书替代(发布了证书目录)	各高校提出各招生专业的具体证书要求	—	—

续 表

| 序号 | 省域 | 考试名称 | 职业技能考试 ||||
			测试内容	组织形式	分值	专业大类
9	山东	高职自主招生	专业综合理论考核满分值为150分,职业技能考核满分值为150分,有证书可免试		400	—
		春季高考	专业知识、技能	"专业知识"由全省统一命题,统一组织考试;"技能"由主考院校负责命题并组织考试,考生参加1次考试	专业知识200,技能230,共430	30类
		高职单独考试	专业技能测试	原则上不单独组织技能测试,报考高职(专科)单独考试招生的考生需参加春季高考技能测试,考试成绩由招生院校认可,最多可参加2次测试,取最高测试成绩计入总成绩	230(可以春季高考"技能"部分分数替代)	30类
10	广西	高职对口中职自主招生	在自治区招生考试院指导下,由各院校具体组织实施,职业技能考试成绩占比原则上不低于50%		—	—
		本科院校对口招收中职生	测试内容以教育部发布的现行专业教学标准中的核心技术技能为基本依据,职业技能成绩中知识测试成绩占比不高于30%,自治区教育厅指导,百色学院牵头组织,其他招生院校配合		—	—
11	甘肃	高职分类考试中职升学考试	按专业大类进行3门科目笔试,共240分,根据职业技能证书和职业技能大赛情况进行加分,加分规则见脚注①			8类
		高职分类考试单考单招	由招生院校结合企业对技术技能型人才的需求,按照学生意愿和特长,组织职业适应性测试		—	—
12	海南	职业本科单独招生	专业能力测试、技术技能测试	由招生院校结合专业培养需要,自主命题、自主组织实施考核,可免试,详见脚注②	共200	—
		高职(专科)对口单独招生				—

① 甘肃职业技能测试加分项包括两项:一是取得与所学专业相关的国家职业技能等级证书初级加20分、中级加30分,高级加40分,只计1次,不重复计分。二是参加县(校)级及以上职业院校技能大赛获奖加分:获县(校)级一等奖90分、二等奖加70分、三等奖加60分;获市级一等奖加130分、二等奖加110分、三等奖加100分;获省级一等奖加170分、二等奖加150分、三等奖加140分;获教育部举办的国家级一等奖加210分、二等奖加190分、三等奖加180分;省教育厅推荐,参加行指委组织的全国行业性比赛并获奖(其他社会团体、行业协会和企业等组织的比赛除外),按照省级相应奖项加分;世界技能大赛获奖与同级职业院校技能大赛同等对待;竞赛获奖加分以表彰文件和证书原件为准,按最高等级加分,不累计加分。
② 海南省已取得全国职业院校技能大赛三等奖(含)以上获奖证书并报考相应专业的考生,可免职业本科招生职业技能测试。已取得中级工(四级)及以上职业资格(职业技能等级)证书(或其他行业相应资格证书)并报考相应专业的考生,可免高职(专科)对口单独招生职业技能测试。经审核免职业技能测试的考生,其职业技能测试成绩记满分200分。

续 表

序号	省域	考试名称	职业技能考试			
			测试内容	组织形式	分值	专业大类
13	湖南	普通高等学校对口招生	专业综合知识/艺术类专业全省统一考试	全省统一,笔试	390	16类
		高职(高专)院校单独招生	主要采取笔试、机试或实践操作、技能展示等方式考查考生职业技能	招生院校组织实施,艺术类、体育类专业及乘务相关专业可适当提高职业技能测试成绩所占比重,但不得高于综合成绩的70%		16类
14	贵州	高职(专科)分类考试	职业技能	院校自主	—	
15	黑龙江	职业教育春季高考	技能操作	由18所高职院校负责组织实施,上机考试、笔答、现场操作三种考试方式。	200	18类
			院校自主			—	
16	四川	对口招生	笔试+操作考试	组考院校负责实施	350(笔试200,操作150)	16类
		高职单招	重点考查职业技术理论知识	院校自主进行笔试	200	—
17	吉林	对口招生	3门共同基础课(信息技术、职业道德与法律、经济政治与社会),3门专业课(每年随机抽选)	全省统一,笔试	共同基础课3门各30分,专业课3门共210,总计300分	10类
		高职单招	院校自主		300	—
18	山西	对口升学	专业基础知识考试、基本技能实际操作考试	专业基础知识机试,基本技能实际操作操作测试、机试或现场面试,全省统一,指定院校实施	300(专业基础90,操作210)	15类
		高职单独考试	院校自主,主要考查本专业基本操作技能			
19	天津	高职分类考试	综合能力,分为管理服务类/工程技术类/艺术类/体育类,报考艺术类和体育类须选报管理服务类或工程技术类的综合能力考试,并参加全市统一组织或招生学校组织的专业测试		200	4类
20	湖北	技能高考	专业知识考试,技能操作考试	全省统一,指定院校实施	专业知识考试150,技能操作考试340,共490	10类
		高职单独考试	职业技能	院校自主,根据证书可加分/免试	200	—

144

续 表

| 序号 | 省域 | 考试名称 | 职业技能考试 ||||
			测试内容	组织形式	分值	专业大类
21	福建	高职分类招考	职业技能测试	全省统一,指定院校实施	200	30类
22	重庆	应用型本科和高职专科对口招生	专业综合理论测试、专业技能测试	全市统一,指定院校实施	专业综合理论测试200分、专业技能测试250分	17类
		中高等职业教育贯通培养项目转段招生	含专业理论笔试和专业技能实作,测试科目、标准、内容由"对接高校"自行确定。原则上在专业核心课程中随机确定3门	由开展项目转段招生的普通高校将方案报市教育考试院审核备案后自行组织实施	3门,每门150分,满分450分	—
23	北京	高职自主招生	综合专业课一科,或专业基础课、职业技能课两科	院校自主	每科150分	—
24	陕西	高职综合评价招生	专业能力测试、技术技能测试	院校自主		—
		高职单独招生		拟报考职教单招本科院校及专业的考生必须参加职业技能考试,由承担当年职教单招本科招生任务的省属高校自主组织实施		
25	安徽	高职分类考试 应用型本科对口招生	专业能力测试、技术技能测试	院校自主,专业理论考试200分,技能测试250分		—
26	河南	对口招生	专业基础课两科合卷,专业课两科合卷	全省统一,笔试	专业基础课250分;专业课200分	21类
		高职单招考试	以《中等职业教育专业简介(2022年修订)》为基本依据,重点考查考生的综合专业能力、岗位技能、通用技术等	院校自主	分值占比原则上不低于总分值的50%	21类
27	内蒙古	对口招生	高职专业课综合	全区统一,笔试	350	16类
		单独招生	院校自主			
28	云南	高职本专科招收三校生	职业技能考核	全省统一,院校实施	300	20类
		高职单招	职业技能考试,院校自主		200	—

续 表

序号	省域	考试名称	职业技能考试			
			测试内容	组织形式	分值	专业大类
29	江西	三校生类考试	无			
		高职单招考试	专业能力测试、技术能力测试	招生院校自主命题、组织与实施	职业技能部分占比不低于50%	19类
30	江苏	中职职教高考	专业技能考试	专业技能考试形式和内容由各专业联考委确定,化工、农业、旅游管理、纺织服装、药品等5个科目组的考生按照中职学考有关要求参加考试,考试分为A、B两场,A场考试合格后方可参加B场考试	300	17类
		转段升学	转段考生均须参加牵头高校和中职校按已公布的转段升学方案组织的转段考核,并达到相关要求,否则不能参加转段升学录取			
31	新疆	三校生升高职考试	无			
		优秀中职生直升高职	招生对象为中等职业教育在读期间所有课程均合格,达到所在学校及专业的毕业要求,所有考试科目平均成绩排名在同年级同专业学生前20%以内(可不含最后一学期成绩)的学生,如有学生放弃报考,可顺次递补。院校自主组织考试。			

注:通过附录9文件中的相关表述整理。

3. 文化素质与职业技能的分值比例

表6-5列举了若干省区市面向中职生的对口考试中文化素质和职业技能测试的分值比例,发现:2024年,(1)接近半数省区市的对口考试职业技能测试占比已经超过了50%,职业技能测试的形式有笔试进行亦有操作考试;部分省区市如江苏、福建、重庆、山东、山西,职业技能测试中既有专业理论笔试也有技能操作考试,文化素质笔试、专业理论笔试、技能测试考试整体占比大致均衡;还有如湖南、河南、内蒙古等地,职业技能测试以统一笔试为主要形式。(2)部分省区市如安徽、贵州、陕西等地,由院校自主进行职业技能测试,广东、海南、甘肃以证书、技能大赛情况替代职业技能测试。

表6-5 各省面向中职生的升学考试中文化素质和职业技能测试的分值比例(2024年)

序号	省域	考试名称	总分	文化素质考试分值	占总分比重	职业技能测试					占总分比重
						专业理论笔试分值	占分比重	技能操作分值	占分比重		
1	上海	专科学校自主招生	—	使用中职学业水平测试语数外成绩折算	—	院校自主,共200分				—	

146

续 表

| 序号 | 省域 | 考试名称 | 总分 | 文化素质考试分值 | 占总分比重 | 职业技能测试 |||| 占总分比重 |
						专业理论笔试分值	占总分比重	技能操作分值	占总分比重	
		"三校生"高考	500	语数外,共300	60%	院校自主,2科,各100分				40%
2	浙江	单独考试	600	300	50%	职业技能考试满分为300分。其中,职业技能理论考试以原始分计入考生总成绩,职业技能操作考试是合格性考试,考试合格按现行分值满分计入总分				50%
		提前招生	以职业技能考试成绩为基本依据,试点高校根据本校培养目标和学科专业的要求组织必要的综合测评,中职考生重点考核文化素质								
3	青海	高职院校单考单招	院校自主								
4	辽宁	高职单招	院校自主								
5	西藏	对口高职考试	750	450	60%	全省统一笔试,共300分				40%
6	宁夏	高等职业教育分类招生考试	600	300	50%	专业知识、技能操作共300分,承担职业技能测试试点的院校组织实施				50%
7	河北	高等职业教育单独考试招生	750	300	40%	专业能力测试100分	13.33%	技术技能测试350分	46.67%	60%
		对口升学	750	360	48%	专业理论240分	32%	专业技能150分	20%	52%
8	广东	"3+证书"考试本科层次	750	300	40%	本科院校额外自行组织职业技能测试,由高校按照5:4:1的比例(全省统一文化科目考试成绩占50%、职业技能测试考核成绩占40%、技能证书折算成绩占10%)合成总分(满分450分)				60%
		"3+证书"考试专科层次	—	300	—	证书替代				
		高职自主招生	500	200	40%	专业综合理论150	150	职业技能考核	150	60%
9	山东	春季高考	750	320	42.67%	200(专业知识)	26.67%	230	30.66%	57.33%
		高职单独招生	430	200	46.51%	原则上不单独组织技能测试,考生需参加春季高考技能测试,230				53.49%
10	广西	高职对口中职自主招生	600	—	不高于50%	—				不低于50%

147

续 表

序号	省域	考试名称	总分	文化素质考试分值	占总分比重	职业技能测试				占总分比重
						专业理论笔试分值	占总分比重	技能操作分值	占总分比重	
11	甘肃	本科院校对口招收全区中等职业学校毕业生考试	—	—	不高于50%	—	不高于30%	—	—	—
		高职分类考试中职升学考试	—	300	—	250	—	证书/大赛替代		—
		高职分类考试单考单招	—	300	—	由招生院校结合企业对技术技能型人才的需求，按照学生意愿和特长，组织职业适应性测试				—
12	海南	职业本科单独招生	400	200	50%	专业能力测试、技术技能测试，由招生院校结合专业培养需要，自主命题、自主组织实施考核，可免试，共200				50%
		高职（专科）对口单独招生								
13	湖南	普通高等学校对口招生	750	360	48%	390	52%	—	—	52%
		高职（高专）院校单独招生	600	300	50%	院校自主，共300				50%
14	贵州	高职（专科）分类考试	—	300	—	院校自主				—
15	黑龙江	职业教育春季高考	500	300	60%	上机考试、笔答、现场操作三种考试方式，200 分				40%
16	四川	对口招生	800	450	56.25%	院校自主				
						笔试200，操作150，共350				43.75%
		高职单招	500	300	60%	院校自主进行笔试，200				40%
17	吉林	对口招生	750	450	60%	300	40%	—		40%
		高职单招	750	450	60%	院校自主，总分300				40%
18	山西	对口升学	300	300	100%	90	合格性	210	合格性	合格作为录取前置条件
		高职单独考试		院校自主							
19	天津	高职分类考试	650	450	69.23%	200	30.77%	—	—	30.77%

148

续 表

序号	省域	考试名称	总分	文化素质考试分值	占总分比重	职业技能测试 专业理论笔试分值	占总分比重	技能操作分值	占总分比重	占总分比重
20	湖北	技能高考	700	210	30%	150	21.43%	340	48.57%	70.00%
		高职单招	400	200	50%	院校自主,根据证书可免试/加分,共200分				50%
21	福建	高职院校分类考试	—	合格性、等级性	—	共200分,根据大赛可加分,上机考试、笔答、现场操作三种考试方式,全省统一,主考院校实施				—
22	重庆	应用型本科和高职专科对口招生	750	300	40%	200	26.67%	250	33.33%	60%
		中高等职业教育贯通培养项目转段招生	750	300	40%	院校自主进行3门专业课考试,满分450				60%
23	北京	高职自主招生	—	450	—	1门或者2门,每门150分,院校自主				—
24	陕西	高职综合评价招生	院校自主			院校自主,其中知识性考试分值原则上不高于30%				—
		高职单独招生	—	450	—	拟报考职教单招本科院校及专业的考生必须参加职业技能考试,由承担2024年职教单招本科招生任务的省属高校组织实施				—
25	安徽	高职分类考试	750	300	40%	200	26.67%	250	33.33%	60%
		应用型本科对口招生								
26	河南	对口招生	750	300	40%	专业基础课250	33.33%	专业课200	26.67%	60%
		高职单招	院校自主							原则上不低于总分值的50%
27	内蒙古	对口招生	750	400	53.33%	350	46.67%	—	—	46.67%
		单独招生	院校自主							
28	云南	高职本专科招收三校生	600	300	50%	全省统一,招生院校牵头,共300				50%
		高职单招	400	200	50%	院校自主,200分				50%
29	江西	三校生类考试	600	600	100%	无				0

149

续 表

序号	省域	考试名称	总分	文化素质考试分值	占总分比重	职业技能测试				占总分比重
						专业理论笔试分值	占总分比重	技能操作分值	占总分比重	
30	江苏	高职单招考试	450	招生院校自主		院校自主,原则上应根据招生专业大类的培养要求进行设计,包括专业能力测试和技术能力测试,要充分体现岗位技能、通用技术等内容				不低于50%
		中职职教高考	1000	400	40%	300	30%	300	30%	60%
		转段升学	"3+4"考生须参加中职职教高考文化统考(不含专业综合理论),取得语文、数学、英语三科成绩,并达到转段院校的要求,否则不能参加转段升学录取								
31	新疆	三校生升高职	—	450	—	无				0
		优秀中职生直升高职	招生对象为中等职业教育在读期间所有课程均合格,达到所在学校及专业的毕业要求,所有考试科目平均成绩排名在同年级同专业学生前20%以内(可不含最后一学期成绩)的学生,如有学生放弃报考,可顺次递补。院校自主组织考试,技能拔尖者可依托优惠政策免试入学								

注:通过附录9文件中的相关表述整理。

4. 职业技能测试专业大类的分类情况

部分省区市以专业大致对口为原则,按照专业大类统一组织了职业技能测试。表6-6列举了2024年代表省区市对口招生职业技能测试专业大类的分类情况,发现:(1)无论是以"理论笔试+操作考试"形式考察对口招生职业技能测试的12省区市,还是以统一笔试为形式进行的7省区市,还是不额外组织考试而是以所获证书、大赛获奖的级别进行加分的甘肃等地,其招生专业大类的数量和覆盖的具体专业地域特色浓厚、差异较大;(2)从分类数量上看,专业大类分类数量最多的是山东、福建分为了30类,还有以统一笔试为考试形式的天津市将职业技能考试仅分为"管理服务类""工程技术类"2类;(3)从分类标准来看,不同省区市即使名称相同或相近的专业大类,其所涵盖的具体的专业数量和名称亦不相同,有的省区市分类标准偏宏观,有的分类更具体。

表6-6 各省面向中职生的升学考试中职业技能测试专业大类的分类情况(2024年)

序号	省域	专业大类数量	所覆盖的专业
考试方式为理论笔试、操作考试(12省区市)			
1	黑龙江	18类	农林牧渔大类、资源环境与安全大类、能源动力与材料大类、土木建筑大类、水利大类、装备制造大类、轻工纺织大类、食品药品与粮食大类、交通运输大类、电子与信息大类、医药卫生大类、财经商贸大类、旅游大类、文化艺术大类、新闻传播大类、教育与体育大类、公安与司法大类、公共管理与服务大类

续 表

序号	省域	专业大类数量	所覆盖的专业
2	福建	30类	汽车类、制造类、航运技术管理类、计算机类、电子类、电工类、教育类、农林类、畜牧类、医药卫生类、食品类、化工类、渔业类、音乐与表演类、广播影视类、体育类、土木工程类、城市轨道交通类、美术与设计类、商贸管理类、办公事务类、公共管理与服务类、铁道运输类、旅游服务类、物流管理类、财经管理类、服装类、纺织类、形象设计类、餐饮类
3	江西	19类	教育类、语言类、管理类、会计类、计算机类、医学类、设计类、机械类、机电类、铁路类、建筑类、交通类、材料/环境类、食品类、水利类、艺术类、网络(融)媒体类、农学类、电力类
4	宁夏	22类	农林牧渔、资源环境与安全、能源动力与材料、土木建筑、水利、装备制造、生物与化工、轻工纺织、食品药品与粮食、交通运输、电子与信息、医药卫生、财经商贸、旅游、文化艺术、新闻传播、教育、体育、公安与司法、公共管理与服务、物流、葡萄与葡萄酒
5	山东	30类	现代农艺、烹饪、畜牧养殖、建筑、机械制造、设备维修、机电技术、自动控制、电气技术、电子技术、化工与环境、服装、车辆维修、运输、数字媒体、网络技术、软件与应用技术、医学技术、药学、护理、财税、市场营销、电子商务、国际商务、物流管理、酒店管理、旅游管理、公共服务与管理、学前教育、艺术设计
6	浙江	17类	机械类、计算机类、文秘类、化工(环保)类、药学类、建筑类、烹饪类、旅游类、服装类、财会类、电子与电工类、商业类、外贸类、医学护理类、农艺类、艺术类、其他类(除汽车专业外)
7	江苏	17类	建筑类、机械类、机电一体化类、电子电工类、计算机类、化工类、农业类、财会类、市场营销类、旅游管理类、艺术类、烹饪类、汽车类、纺织服装类、体育类、食品类、药品类
8	重庆	17类	园林类、机械加工类、电气技术类、汽车类、计算机类、电子技术类、土建类、护理类、药剂类、电子商务类、旅游类、会计类、服装设计与工艺类、教育类、畜牧兽医类、艺术类、其他类(院校单独组织)
9	山西	15类	信息技术类(5个专业群)、加工制造类(5个专业群)、土木水利类(5个专业群)、交通运输类(3个专业群)、资源环境类(4个专业群)、石油化工类、种植园艺类(2个专业群)、养殖类、医学相关类(3个专业群)、护理类、财经商贸类(2个专业群)、司法服务类、旅游服务类(5个专业群)、文化传媒类(3个专业群)、教育类(2个专业群)
10	四川	16类	农林牧渔类、土木水利类、财经商贸类、计算机类、电子信息类、智能制造类、旅游类、餐饮类、纺织服装类、材料化工与资源环境类、汽车类、公共管理与服务类、护理类、医药类、教育类、交通技术与服务类
11	河北	10类	建筑类、机械类、农林类、畜牧兽医类、旅游类、学前教育类、医学类、财经类、电子电工类、计算机类
12	湖北	10类	机械类(车工、铣工、钳工、焊工4个工种)、电气电子类(电气、电子两个方向)、财经类(会计专业人员、电子商务师、营销员3个职业/工种)、计算机类、建筑技术类、旅游类(导游服务和酒店服务2个工种)、农学类(种植类、养殖类2个类别)、汽车维修类、学前教育专业、护理专业
考试方式为笔试(7省区市)				
13	河南	21类	农林类、养殖类、计算机与网络类、财经商贸类、食品与烹饪类、服装纺织类、机电与制造类、电子信息与电气类、管理与文秘类、旅游服务类、化工与材料类、资源环境与工程建筑类、美术与设计类、营销与物流类、医药卫生类、音乐与舞蹈类、交通运输类、公安司法类、国际商务类、教育类、体育类
14	西藏	17类	财务会计类、藏医医疗类、畜牧兽医类、公共管理类、供用电技术类、护理类、计算机类、建筑工程类、旅游管理类、汽车维修类、体育教育类、铁道运输类、物流管理类、学前教育类、艺术设计类、园林绿化类、作物生产类

续 表

序号	省域	专业大类数量	所覆盖的专业
15	湖南	16类	师范类、种植类、养殖类、机电类、电子电工类、计算机应用类、建筑类、旅游类、医卫类、财会类、商贸类、文秘类、英语类、服装类、美术类、音乐类
16	内蒙古	15类	计算机类、农学类、牧医类、烹饪类、财会类、美工设计类、旅游类、汽驾类、建筑类、机电类、化工类、幼师类、医学类、体育类、采矿类
17	吉林	10类	财经商贸类、公共管理与服务类、旅游类、装备制造类、农林类、畜牧业类、土木建筑类、医药卫生类、电子与信息类、文化艺术类
18	天津	4类	管理服务类、工程技术类、艺术类、体育类
19	云南	20类	农林类、电工技术类、经济管理类、机械类、建筑工程类、计算机信息类、旅游类、艺术类、外语类、烹饪类、生物化学类、国土资源类、体育类、教育类、交通运输类、医学类、护理类、药学类、铁道运输类、水利水电类
考试以证书替代/加分(3省)			
20	广东	未进行专业大类分类,发布了证书替代目录	
21	海南	未进行专业大类分类,发布了证书/竞赛免试目录	
22	甘肃	8类	农林牧渔类、医药卫生类、工业类、土木水利类、信息技术类、财经商贸类、旅游服务类、教育与文化艺术类
考试方式为院校自主,未进行专业大类分类(9省)			
23	青海	—	
24	辽宁	—	
25	上海	—	
26	广西	—	
27	贵州	—	
28	北京	—	
29	陕西	—	
30	安徽	—	
31	新疆	—	

注:通过附录9文件中的相关表述整理。

第二节　高职分类考试改革在考试层面的探索

一、考试途径多元但存在明显不足

(一)招考缺乏统一通道,且选择度和稳定性不够

目前,高等职业教育考试招生方式有高考、单独招生、综合评价、技能考试招生、中高职贯通、技能拔尖人才免试招生等。具体到各省区市,面向中职生的考试途径,首先在名称上都欠缺统一表述(表6-7),这一定程度上不利于公众建立起对于分类考试"严肃性""权威性"的认知。

表6-7 各省区市面向中职毕业生的高职分类考试名称

省　　　域	考　试　名　称
重庆、安徽、河南、湖南、四川、内蒙古、江西、吉林	对口招生
黑龙江、山西、辽宁	对口升学
贵州、宁夏、福建	高职分类考试
天津、山东	春季高考
湖北	技能高考
上海	三校生高考
陕西	职教单招
江苏	对口单招
河北	高职单招
浙江	单独考试
北京	高职单考单招
云南	高职本专科招收三校生考试
新疆	三校生升高职考试
甘肃	中职升学考试
西藏	对口高职考试
广东	3+证书

注:通过附录9中的文件整理得出。

而且,各省在考试内容、考试形式、组织形式、招生专业、招生层次上亦差异较大,这些差异性对建立国家层面的统一的职教高考制度有所掣肘,不同地区乃至同一地区不同的考试招生途径,也势必会对考试结果的等值性、通用性和公平性带来影响。

正如有受访者提到,"现在中职生升学的途径有很多,形式上有贯通培养也有考试升学,但这些与真正意义上的职教高考还有很大区别。"(G131-2-1,东部某新设立的市属公办高职院校校长)从高考制度来看,其必须具备能够为高校公平公开选拔新生、为考生选择适合的高校和专业提供充分的选择机会以及必须是国家层面统一规划的制度三项基本特征。[①]

从这一点来看,目前职教高考制度远远没有建立起来(即使一些省份已经使用了"职教高考"的名称),而这也是高职分类考试和职教高考作为高等职业教育的考试招生两个阶段和两个名称,在功能、内涵上的本质不同之体现。

---

① 徐国庆.作为现代职业教育体系关键制度的职教高考[J].教育研究,2020,41(04):95—106.

目前多元的升学途径,致使通过不同的途径升入同样院校的难度不一,这不符合考试的公平原则。例如,有受访者结合自身经历指出,"'3+2'虽然也有转段考试,但是省教育厅规定不能有太高的淘汰率,而且除了过程性考核外,我们组织转段考试也不能太难的。还有一个问题就是你会发现,因为和若干个中职学校有'3+2'合作,各个学校的培养质量不同,不同学校考出来成绩就天差地别,满分二百分,我们有一些合作学校他可能上来的学生最低只能考到六十,那有一些合作好一点的学校的,可能在一百分以上或一百二十分以上,差距就很明显了。学校与学校之间差距很大,但能考入同样的学校。"(G133-2-3,东部某国家"双高"计划高水平学校建设单位教务处处长)

更为重要的是,其多以项目制的方式运作,导致稳定性不够,考试结果也不具备流通价值,不能使持有该考试结果的考生,具有院校和专业方面的充分选择度。"目前,中职生升学途径很多,苏南地区还有注册入学,所以有学上是不成问题的,但问题在于选择度的问题,升入好学校的机会太少,以及有些考试没有较高层面的统一组织,导致考生的成绩没有流通性。"(Z132-3-5,东部某中职学校招就处处长)

这样稳定性欠缺的特征不仅出现在一两个招生考试途径上,甚至部分全省统一组织的、组织重心较高的对口招生考试和个别省份统一组织的部分考试内容的单独招生考试,其招生院校、专业和计划数几乎"一年一变"。以辽宁省为例,辽宁省对口招生考试仅指代升入本科学校学习,每年对口招生的招生院校、招生计划及招生专业变动频繁。2019年辽宁对口升学中,中职生可从中职升本、中师升本,从14个专业大类考入20余所本科院校,2020年则略有减少,只有不足20所本科院校的13个专业大类招收中职生,而到了2021年则出现大幅减少,仅有4所本科院校从2个专业大类招收中职生。[①] 到了2024年,辽宁干脆取消了对口招生,仅保留单独招生。

长学制贯通项目的稳定性同样存疑,多依靠两个阶段学校之间的"私交"来做保证,其中低一阶段的学校在话语权上处于劣势。有来自中职学校的受访者提到,"中高职'3+2'项目相对稳定,中本'3+4'项目稳定性不好,招中职生的本科会有各种各样的理由在想不合作的时候就终止合作,这跟他们在高等院校里的发展定位、发展阶段有关。比如,之前和我们合作很好的本科因为工程认证就把我们甩了,因为中职生作为一个生源类别,在他的工程认证里会增加他的工作量,也有许多政策上没有设计好、对应好的问题,就会成为他们放弃和中职合作的正当理由。高校会不会继续和我们贯通招生这个事,我们每年都要担心一次,在这一点上我们中职学校没一点和高校商量的余地,要看他们脸色。"(Z132-3-1,东部某中职学校副校长)

在中等职业教育由过去的就业导向转到如今的就业与升学的双重导向下,既然职业教育和普通教育是同等重要的地位,那么就应该拥有各自独立的成长通道和人才培养体系。"目前,其实各个省市都有职教高考制度的初始形态,接下来要着力解决的是如何把它完善和如何统一的

[①] 数据均由笔者从《辽宁省2021年职业教育对口升学考试招生工作考生须知》《辽宁省2020年职业教育对口升学考试招生工作考生须知》《辽宁省2019年职业教育对口升学考试招生工作考生须知》中测算而来。

问题。"(S131-1-1,东部某省教育厅职成处主任科员)从这一点来看,构建职教高考制度正是为了解决考试路径不统一、考试稳定性不高、考试应用不广即考试成绩不能具有广泛的院校及专业上的选择度的问题。

(二)贯通项目内涵不足,影响项目优势的持续性

各地已经普遍推行中高职贯通、中本贯通项目,除了前述的稳定性问题以外,还存在一些其他方面的不足:

一是部分地区的贯通仍仅停留在学校体系、专业名称、实训基地、校企合作等资源和技术的贯通层面,缺乏在学习内容、课程体系、教师队伍、质量体系的监控等内涵层面的贯通。究其原因,是省级层面甚至国家层面对于中职和高职两个阶段缺乏内涵层面的衔接标准的建设。

正如有受访者提到,"我省已经做了将近10年的构建现代职业教育体系的探索,对'贯通'的理解经历了一个由表及里的过程。最初,在开始做中高职贯通的时候,政策制定者同一大批学者对这个项目的认识是,贯通本质上是课程体系、教师队伍、实训基地、校企合作资源、质量体系的监控等的贯通,后来发现中职和高职在两个法人的独立领导下,上述东西的贯通难以实现,贯通陷入了一种瓶颈。再后来找到了问题的症结,就是缺乏一种标准的衔接——因为资源的贯通是技术问题,外在的学校体系看似是打通了,但学习内容等内涵层面没有衔接起来。所以,我省近几年对42个贯通专业进行了专业建设,在省级主管部门统筹下做了中高职贯通的专业标准,目的就是解决内涵衔接不畅的问题,要从内涵上把两个阶段的教育贯通。"(G131-0-4,东部某国家"双高"计划高水平学校建设单位原常务副院长)

目前已经有不少省区市意识到这一点并且做出一些行动,但基本只在省内一些专业上发挥作用,而未覆盖全部中高职专业以及辐射到全国的更多地区。

二是不同类型的贯通项目在自身优势和独特性上体现不足。目前各地探索出的贯通项目有中职与高职分段培养("3+3")、中职与本科分段培养("3+4")、中职、高职与本科分段培养("3+3+2")、高职与本科分段培养("3+2")、高职与本科联合培养("4+0")、五年制高职与本科分段培养("5+2")等多种类型。但是,上述贯通项目的主要区别,往往体现在合作院校、招生对象(面向普高生还是中职生)、招生规模、入学条件(于中考或者高考的哪个批次录取、于中考或者高考成绩的哪个分数段录取)、教学要求、转段要求等方面,在专业设置上往往仅笼统表示"往年招生生源充足,办学特色明显,适合中职、高职专科、本科衔接的专业",而未充分体现出对于哪些专业适合长学制培养的思考。而且,对不同项目入学条件的遴选是基于中考、高考等学科考试成绩,而非职业技能、职业适应性的评价,未体现出不同贯通项目在专业设置、选拔方式上的差异与独特性。

《职业教育提质培优行动计划(2020—2023年)》指出,"贯通专业以始读年龄小、培养周期长、技能要求高的专业为主"。但在实际中,虽有中职学校的校长们意识到了这一问题,但因为省级教育主管部门未充分意识到或者还未有效致力于这一问题的解决,致使贯通项目优势的持续性不足。

例如,"一些专业适合设置考试来招生,有些适合五年制等长学制来培养,这种专业设置上应该有点区分的。有些偏技术技能的搞一个'3+2'就没问题,但是你比方有一些侧重于研发,就得搞一个'3+4'中本贯通,就需要时间长一些,因为它的难度不一样。"(Z214-3-2,中部某国家级重点中职学校校长)

再如,五年制贯通与"3+2"中高职贯通在内涵上的差异也未充分彰显。"现在五年制高职这个东西实践上不错,受家长学生欢迎,但是内涵研究没搞好,它跟'3+2'相比、跟对口单招升学的学生相比它的优势在哪里缺少研究,已有结论只是说在一个校园里利于一体化设计课程、使得培养具有连贯性等等,但这些都比较肤浅,结论下得也比较草率,实际上是不够有说服力的。"(Z132-3-2,东部某国家级重点中职学校教务处处长)

(三) 单独招生组织松散,影响考试结果的认可度

从当前各省组织单独招生的情况看,除上海、广东、海南、吉林等地对单独招生的考试内容做出规定或者以中职学业水平考试成绩作为替代以外,其余省份多由高校完全自主确定单独招生的专业、招生计划数、考试方式和内容、考试时间、评分标准、录取模式等,即使部分省份印发了关于单独招生的管理办法,但单独招生的考试组织管理整体上比较松散,尤其是命题权、考试权的下放,不可避免地影响考试信度和效度、考试组织专业化程度以及该项考试的社会认可度。

高职单独招生考试在自主性得到落实的同时,招考的科学性受到质疑。长期以来,高职院校跟随统一高考进行考试招生,在单独招生考试改革前并不具备自主考试命题的经验。但是,自从高职单独招生考试改革试点实施以来,高职院校成为考试命题的主体,需要自行开展命题、招生、录取等全程工作。由于缺乏专业的命题经验和部分省份缺乏相关的标准制定和统一的框架引导,高职院校独立命题的科学性受到质疑。

从各省出台的单独招生的工作通知来看,从招生专业、招生计划数、考试内容、考试时间、评分标准、录取模式等方面均给予高校充分的权力是普遍做法,仅有少数省区市在办考上出台了专门的管理办法来提高考试的规范性、科学性。从考试形式来看,各院校自主组织的主要考试形式是"笔试+面试",普遍缺乏对命题以及考题是否真正适合技术技能型人才成长方式的专门研究。

正如有受访者指出的,"单独招生,职业院校的自主权还是比较大的,各个学校可能不一样,然后哪个学校的招生方案更成熟或者说更成功,现在讲不清楚,要让时间来检验"。(G135-2-1,东部某国家"双高"计划高水平专业群建设单位副校长)单独招生作为高校自主权的生动体现,是有必要予以承认和继续保留的,主要问题不在于"要不要"该种考试途径,而是如何让该种考试途径"更好"。但是同时,单独招生应该与外部质量控制体系构建同步进行,而这也是接下来该种考试途径要努力完善的地方。

二、操作办法成形但科学性有待提升

(一) 考试内容特色渐显,命题科学性有待提升

"文化素质+职业技能"的评价方式作为分类考试和职教高考的总体评价要求,彰显了职业教育考试与普通教育考试的根本差异所在,其中"职业技能"考试被视为职教高考在内容层面的特色。

从目前全国 31 个省区市的整体情况来看,有 28 个省部分或统一组织实施了"文化素质+职业技能"评价的考试来作为中职生继续就读职业专科院校和本科院校的途径,3 个未统一组织实施考试的省区市以高等院校单独或联合的方式组织了考试。在 28 个部分或统一组织"文化素质+职业技能"评价的省份里,11 个省区市以"全省统一组织、主考院校实施"的方式进行了职业技能测试中的操作考试,有 7 个省区市以笔试形式统一组织了职业技能测试,有 10 个省区市将职业技能测试交由招生院校自行组织,有 3 个省份以"证书等级""大赛成绩"作为职业技能测试的赋分依据而不再额外组织职业技能测试。①

从"表 6-5 各省面向中职生的对口考试中文化素质和职业技能测试的分值比例"中的相关统计发现,已经有超过半数的省区市基本做到了《职业教育提质培优行动计划(2020—2023 年)》要求的职业技能测试分值超过总分值的 50%。因而,从整体上来看,目前的高职分类考试中"文化素质+职业技能"的评价方式已经得到了较大面积的推行,尤其是对作为职业教育考试招生内容特色的"职业技能"的考查。

调研中发现,目前各地主要采用基于职业技能考试项目结果的绩效考核方式。测试的内容通常来自与特定专业对应的典型工作任务,被试者必须在规定时间内完成特定项目。考官会根据由重要的观察点或技术参数组成的考试评分标准来对考生的典型任务完成度进行评价。

以 2021 年湖北省电子与电工类操作考试为例,考生需要在 150 分钟内完成电子产品制作与调试、电路综合分析、电路安装与调试等三项典型工作任务,由监考人在现场根据评分标准对考生的现场操作、安装工艺、安全文明操作等方面现场打分。(表 6-8 呈现了湖北省技能高考电子与电工类样题示例与评分标准)。②

表 6-8　湖北省技能高考电子与电工类样题示例与评分标准(2021 年)

任务 1:安装与检测电路(分值:100)
安装如图(图略)所示电路,用 BVR 导线安装与检测。三相电源为 AC380 V,其插头(插座)蓝色为零线,控制电路为 AC220 V。

考核项目	配分	考察内容	评分标准
器材检测	10	根据电路图,对电力拖动实训板上元器件进行检查,在开考 30 分钟内如果认为元器件功能不正常的可申请更换。对板上已连接的部分主回路进行检查及修复。若原理图中出现 KA 可用实操板上 KM 代替。	每错判 1 处扣 3 分;若超时更换每个扣 5 分;若操作不当损坏器件每只扣 10 分。

---

① 此处的数据均由笔者根据附录 9 中的文件信息整理测算而来。
② 湖北省教育考试院.2021 年湖北省技能高考考试大纲[EB/OL].(2020-10-15)[2021-11-07]. http://www.hbea.edu.cn/html/2020-10/12561.html

续 表

考核项目	配分	考察内容	评分标准
电路布线	10	主电路按图对主电路补齐接线(红色)、接线牢固规范。标号正确。	每缺或错1处扣2分
	20	按图完成控制电路接线、接线牢固正确,板前线入线槽,布线合理。	
	10	针线鼻子压接要牢固,接点不得松动、裸铜过长、压绝缘层、损伤导线绝缘或线芯。	每缺或错1处扣1分
	10	按图示线号对控制电路进行标号,不得漏套或错套编码管。	
配线	10	按钮盒内压接针型鼻及标号,出线整齐并进出线孔。	每缺或错1处扣1分
	10	按钮/行程开关须接入端子排并注明引出端子标号。	
调测电路	8	(1) FR整定电流2.8A; (2) KT延时时间设置4秒;	考生独自操作演示,考评员现场评分,错1处扣4分
	4	(3) 0—1间按下SB2时的电阻值是(600—750)Ω;	
	8	需合上QF1,模拟KM2通电 (4) L1与U间的电阻值是(无穷大)Ω; (5) L2与V间的电阻值是(0—100)Ω;	
总分	100	安装电路得分=现场安装分(考评员A和B的平均值)	

任务2:调试电路(分值:30)
考生须举手示意,考评员核查起动电阻值无短路,可通电试车(三次内)评分。一次达标得30分,增加试车一次扣10分,短路一次扣15分。不得独自通电,若犯规一次扣15分。

项目	次数			评分标准
短路次数	1	2	—	短路1次扣15分
试车次数	1	2	3	增加1次扣10分

根据安装的电路试车完成的功能比例评分。

任务3:安全文明操作(分值:20)

项目	安全意识	恢复现场	考场纪律
	满分5分	满分10分	满分5分

  这样一来,选择哪项任务、在一项任务中寻找哪些关键技能,以及依托什么载体来综合考查职业技能,是影响考试效度的关键。[①] 从上述湖北省技能高考的样题示例来看,在考题设计即选择典型任务上已经展现出了一定的科学性——即在某些专业大类的技能测试中,学生利用先前获得的知识在特定的真实或模拟情境中完成任务或解决问题,以此来作为学生的知识和技能的测试方法,工作任务的完成程度即考生解决问题能力、沟通与合作能力以及批判性思维的掌握标志。[②] 湖北省作为启动职业技能测试较早的省份,在试题命制的科学性上已经探索出许多先进

[①] 李政. 促进公平还是激化不公? 职业教育高考制度改革的"公平疑虑"及其消解[J]. 职教通讯,2021(03):22—30.
[②] 赵德成. 表现性评价:历史、实践及未来[J]. 课程·教材·教法,2013,33(2):97—103.

经验。

但是，这样科学的试题命制并未覆盖至所有专业大类以及其他省份的职业技能测试中去。

正如有受访者提到，"现在技能考试的内容和我们专业教学标准的全覆盖和对接感觉做得不是特别够，下一步肯定要加强。而且，有的学校可能你考什么我就教什么，你不考的我就不教了。但是我们理解的，无论考与不考，中职学校应该把这个专业里面的基本的专业技能教给学生。那么解决办法是，一方面是考核应该覆盖的内容有待完善，这是下一步我们准备做的；另一方面是搞学业水平测试，而且这个考试要与毕业或者是升学挂钩。这样一来是对办学水平进行监督，二来也分解技能考试命题覆盖的压力"。(S242-1-1，中部某省教育厅职成处副处长)

此外，一些与市场对应密切、与现实生产情景联系密切的专业，要格外关注技术发展对技能考试命题的影响，且同时需要在考试命题中建立起动态调整机制，及时更新考试大纲和试题命制，避免所考内容已经被"现实情境"所淘汰。

有受访者提到，"我所在的专业，元器件的更新换代非常快，我们在教学中都要随时注意这一点，避免学生在学校学的东西到他顶岗实习和就业的时候已经变了。我看过我们省职业技能测试里专业理论知识的考题，这一点做得不够，用的元器件是已经落后的，这种你考还有什么意义？我们学校都不教了，市场也不用了，居然还出在考题里"。(Q-1，东部某小型制造业产业类企业企业主、"双师型"教师)

再者，试题设计背后更深层次的问题是，试题内容能否真实、全面地反映学生三年的学习成果。如果能够以"短期突击"的形式通过职业能力测试，就必然会危及制度的合法性。这种问题在一些地方中已经出现。

例如，有受访者表示，"现在出现个什么情况，就是原本在普通高中他很难升上本科的学生到了高二转学到中职，因为普通高中的语数外课程比中职难，他已经比一般的中职学生好，然后他到中职之后，再通过后面技能的学习然后去参加职教高考去抢占中职生的升本名额，这对中职生是不公平的。解决方式是，技能测试的考题一定不能是能够通过短期培训、突击式学习就能通过的。一定要体现职业教育学习梯度的上升，让没有中职专业学习基础的学生要想参加职教高考，得先到中职学校补习技能，比如得需要个0.5—1年时间，把技能培养补习到一定水平之后才能应对职教高考的技能测试"。(G135-2-2，东部某国家"双高"计划高水平专业群建设单位副校长)

（二）外部支撑制度缺失，影响招考分离的科学性

大部分省份由全省统一组织职业技能的测试，广东、海南和甘肃则探索了新的考试形式——按照技能证书的等级或者技能大赛的获奖级别进行赋分，从而不额外组织职业技能测试，初步呈现出了"考招分离"的特点。

根据广东的政策设计，职业专科院校的职业技能测试以获得省教育厅公布的证书之一为替代，报考本科院校额外参加由院校自行组织的职业技能操作考试。表6-9列举了广东省"3+专业技能课程证书"考试证书目录。[①]

表6-9 广东省"3+专业技能课程证书"考试证书目录(2024年)

组考单位	证书名称	证书等级
广东省教育考试院	专业技能课程证书,包括电工、电子、机械、土木工程、化学、旅游、会计、教育基础综合、生物技术基础、美术基础、音乐综合、体育技能、护理、烹饪等14种类型	E级及以上
教育部考试院(原教育部考试中心)	全国计算机等级证书、全国英语等级证书	合格
人力资源社会保障部门备案的职业技能考核鉴定机构、经人力资源社会保障部门备案公布的职业技能等级评价机构	职业资格证书(或职业技能等级证书),包括汽车维修工、电工、保育员(师)、车工、电梯安装维修工、锻造工、防水工、钢筋工、焊工、混凝土工、机床装调维修工、架子工、模具工、汽车维修工、钳工、中式烹调师、中式面点师、西式烹调师、西式面点师、铣工、制冷工、铸造工等52种类型	中级及以上
"1+X证书制度试点"职业技能等级证书	证书目录见网址 https://gdx.gdpi.edu.cn/info/1005/1384.htm	
卫生行政主管部门	护士执业资格考试成绩合格证明或护士执业证书	合格

从目录来看,代表报考资格和职业技能测试凭证的证书种类包含广东省教育考试院组考的14种专业技能课程证书(E级以上)、国家教育考试院组考的全国计算机等级证书、全国英语等级证书(合格),人力资源社会保障部门备案的职业技能考核鉴定机构、经人力资源社会保障部门备案公布的职业技能等级评价机构组考的52种职业资格证书(中级以上),"1+X证书制度试点"职业技能等级证书以及卫生行政主管部门组考的护士执业资格考试成绩合格证明或护士执业证书(合格)等5类。考生持上述目录中发布的证书之一方可报考。值得一提的是,代表报考资格的证书种类从2021年的4类共计37种,扩张为2024年的5类几百种,其中主要增加的是"1+X证书制度试点"职业技能等级证书。

但在访谈和资料收集中发现,部分招生院校对于证书与招生专业的对应性上把控不严,不少院校在招生简章中写明"只需以下课程证书的其中一种",而所列证书范围较大,甚至写明"不限证书种类"。这大大制约了招考分离的可行性以及证书作为替代职业技能测试的科学性。

正如有受访者提到,"广东没有组织全省统一的技能测试,而是以证书来替代,只要有省教育厅公布的可以用于升学凭证的14类证书中的一种即可报考,而且给予了学校自主权来定哪个专业组或专业参考哪一个或者哪几个证书。但是,从执行上,无论是生源比较好的我们学校还是其他比我们差的,基本上所持有的证书和报考专业完全对应的目前做不到,所以就存在可能报考机电、数控专业这种对专业基础要求比较高的专业,考生拿了全国英语或者计算机的证

[①] 广东省教育考试院.关于做好2021年普通高等学校招收中职毕业生"3+专业技能课程证书"考试招生工作的通知[EB/OL].(2020-10-26)[2021-08-19]. http://eea.gd.gov.cn/ptgk/content/post_3114977.html

书,然后加上全省统一组织的文化考试过线就可以了,这是个问题。也就是说,考和招没有完全对应起来,是放了很多水的。"(G144-2-1,东部某国家"双高"计划高水平专业群建设单位招就处处长)

2002年,国务院《关于大力推进职业教育改革与发展的决定》曾就高等职业院校招收中职生提出,"对取得相应中级职业资格证书的中等职业学校毕业生,可以免除技能考核"。2013年11月,党的十八届三中全会就推进考试招生制度改革指出,推动招生考试相对分离、学生多次考试、学校依法自主招生、专门机构组织实施、政府宏观管理、社会监督运行的考试机制,从根本上克服一考定终身的弊端。① 2021年11月,教育部办公厅《关于进一步完善高职院校分类考试工作的通知》在完善职业技能考试部分提到,"鼓励有条件的省份,对相关职业技能大赛获奖或取得相关职业技能等级证书的考生,报考相关专业可免予职业技能考试"。

如今,甘肃、海南、广东的实践可谓是对上述政策指导的一种应用。而且,从国家政策依据来说,"文化素质+职业技能"评价方式的职业技能测试,以技能证书的等级或者技能大赛的获奖级别来对中职生的职业技能测试进行赋分的做法值得推介。

但是,以证书取得来替代组织职业技能测试的前提,是证书要能够较为准确地对应和基本覆盖招生专业,以及能够准确而完整地反映招生院校对于考生职业技能方面的考查要求。

正如有受访者指出,"本科院校因为额外自行再组织一个技能测试,所以有一定的筛选性,但是专科院校完全拿证书替代就另说了。虽然全省统一的技能考试组考压力大,但还是很有必要的,尤其是在证书体系还不完善的情况下,考证可以作为一个辅助的东西。比如有证的加分,按照证书的级别和含金量加分。另外呢,职业教育毕竟还有一个兜底的功能,如果学生没有证书,那么文化成绩再好也没有报考资格,我认为这也不太合理"。(G144-2-2,东部某民办职业本科院校招生办主任)

沿着这一思路,目前在证书体系尚不完善的情况下,统一组织职业技能测试仍有必要。但是,在未来证书体系完善的前提下,可以考虑从招考分离的角度来设计分类考试和职教高考——将职业技能测试与"1+X"证书、国家资历框架以及学分银行等设计互通起来。这样一来,既可免除额外组织考试的烦琐性,实现考试与招生分离,也体现了把升学评价融合到过程性的培养之中,做到一次评价、多次使用以及承认了技术积累,体现了职业教育的开放性。

(三)考试标准建立不足,考试组织专业性须提升

高职分类考试的评价要看"文化素质"和"职业技能"两部分,而这两部分的考试组织方式有很大不同。考试内容和考试形式是一体两面,以语、数、外等学科体系为内容的文化素质考试可采取纸笔测试的考试形式,专业理论知识测试也可以纸笔测试为组织形式。

---

① 第十八届中央委员会.中共中央关于全面深化改革若干重大问题的决定[EB/OL].(2013-11-15)[2021-12-13]. http://www.gov.cn/zhengce/2013-11/15/content_5407874.htm

但是，以职业能力、操作技能等内容组成的典型工作任务为试题的职业技能测试的组织则需要"另辟蹊径"——原因在于，操作考试对考试场地、考试设备、评分标准等考试组织方面要求与传统的纸笔测试不一致。那么，构建有效的、全面的职业技能测试的考试管理计划和执行准则，对操作考试的全过程实行标准化、规范化管理，是维护考试安全、堵住考试漏洞、减少违规行为发生的重要前提。

从维度分解来看，与高职分类考试的组织管理相关的任务，包括考试方案、考试大纲和试题库、试题设计和评分标准确定、试卷管理以及准备工作、考试工作制度、执行机构和人员的专业化建设等。

从调研情况来看，上述方面存在着不同程度上的不足，从而制约着考试组织的专业性。具体说来，多个省区市的职业技能操作考试，评分主要由主考院校相关专业的教师组成的监考人员，基于评分标准来进行，打分主要通过扣分制，扣分往往是以对具体细节、环节的观察来作为证据。如此，考官对操作过程全面细致的观察是影响考试效果的重要因素。这种评分方法对考生和考官来说都是一种考验。

例如，在电路焊接工作任务的评价中，虽有标准化的工艺标准，但在实际操作过程中，评委单凭观察来打分难免仍会有主观性误差。针对这一问题，已有省份作出了一些调整，"我们之前组织职业技能测试是打分制，有个问题就是组考压力很大，学生会出现分分必争的情况，每场考试申诉的很多。从2022年开始改成了合格性考试。"（S133-1-1，东部某省教育厅职成处副处长）

将职业技能操作考试由打分制改为合格制，表面上看是为了避免机械评分和分分必争现象，其背后折射的是从分析性量规到整体性量规的转变。关注细节、评价精准体现的是一种分析性量规，是否满足多方要求、整体上是否有效完成体现的是一种整体性量规。[①]

以典型工作任务为试题，体现的是职业教育的类型特色、以真实的工作世界为教学内容和对职业能力的培养为教育目标，从这个角度来说，职业教育的考试评价应选取整体性量规为评价方式。况且，真实世界的工作过程不是简单的操作或线性过程，因而也就不能简单按照"对-错"标准或"投入-产出"关系来衡量。[②] 易言之，试图以标准化的评分方法来评价职业技能，所得出的职业效度并不高。但是，作为一项筛选性考试，又要使得考试具备一定的区分度，从这个角度来说，分析性量规同样必不可少。

有鉴于此，本研究认为应构建起一种分析性量规和整体性量规相结合的评分标准，既避免评分的机械性和单一性，也要顾及职业教育以真实工作世界为教育内容、以职业能力为考察目标的

[①] 赵志群，孙钰林，罗喜娜."1+X"证书制度建设对技术技能人才评价的挑战——世界技能大赛试题的启发[J].中国电化教育，2020，(02)：8—14.

[②] Young, M. National Qualifications Frameworks as a Global Phenomeron [J]. Journal of Education and Work, 2003, 16(3)：223-237.

特征。

如果说评分标准、考评人员的专业化建设等是职业技能测试的"软建设",那么涉及考试场地的选址、考试设备的管理等是更有挑战性的"硬投入"。职业能力测试的难点不仅在于试题设计、评分标准、评分办法难以完全标准化,还在于对操作工具和环境的依赖性很强。

调研中发现,以电子电工类的技能操作考试为例,有考试经历者提到,"我们学校的实训设备与考试时候的设备不太一样,虽然操作规范、基本工具与仪器仪表相类似,但是我们在考试时候需要花一定时间先了解操作方法。"(X132-4-19,东部某通过对口单招进入职业专科院校的原职业高中学生)

对于这样的情况,中职学校的负责人表示,"虽然主考院校提前公开了操作平台的机器型号,作为学校也确实应该给学生提供与考试时候一样的设备供他们提前熟悉。我们学校原来的设备,除了跟考试的不完全一致,其他也没有什么不好,有的有钱的学校还可以为了考试专门再投入,对于我们这种没有多余经费的学校实在是压力大,而且买一两台还不行,买得多连有没有场地放置都成问题。"(Z132-3-3,东部某中职学校副校长)

本研究认为,就这一问题可从减少得分点或扣分点与是否能够熟悉设备使用之间的联系、若干院校之间资源共享、企业捐助、设备租赁、个别主考院校负责为政府统一设置考试基地和提供设备并分批服务于不同学校的备考等途径加以解决。

(四)行业企业参与分类考试招生的长效机制尚未形成

高校的招生权在性质上属于公权力,与国家发展和个人利益相关,这就决定了高校招生不能只因自己的利益为主导,还要考虑到国家、社会的权益。[①] 职业教育的特点决定了企业、行业等市场主体需要参与职业教育。

在职业教育考试招生政策演变过程中,国家不仅给省级政府下放了一些权力,企业和行业作为重要的第三方也经常被提及,期望行业企业能够在职业教育的人才培养中发挥重要作用。

2002年,教育部、国家经贸委、劳动和社会保障部《关于进一步发挥行业、企业在职业教育和培训中作用的意见》提到,行业组织在政府主管部门授权或委托下,可以指导特殊专业和艰苦行业的定向招生、毕业生就业工作。2020年,教育部等九部门《职业教育提质培优行动计划(2020—2023年)》提到,"鼓励高职学校与产教融合型企业联合招生"。2022年新修订的《职业教育法》提到,国家鼓励职业学校在招生就业、人才培养方案制定、师资队伍建设、专业规划、课程设置、教材开发、教学设计、教学实施、质量评价、科学研究、技术服务、科技成果转化以及技术技能创新平台、专业化技术转移机构、实习实训基地建设等方面,与相关行业组织、企业、事业单位等建立合作机制。

这样来看,随着由原来"政府一把抓"式的管理模式向着政府、学校、市场等共同参与的多元

[①] 张民选.高校招生考试制度改革研究[M].上海:上海教育出版社,2008:17—18.

共治的模式转变,政府从办学资源的垄断性提供者及事无巨细的管理者,转变为"宏观协调"和"支持引导"的引导者,并期望通过赋予一部分权利给企业行业等这些原来处于治理结构边缘位置的主体,来使其能够参与职业教育治理。其背后动因是,政府希望通过企业之手来发挥企业行业作为市场主体能够准确、快速捕捉市场变化的优势,使职业教育发展更加贴近社会需求,更加提升职业教育的适应性。

根据前文构建的分类考试改革的分析框架,企业是分类考试政策出台后的潜在型利益相关者。那么,行业企业在参与分类考试的过程中,其权利和责任该如何划分呢?

一般来说,企业参与职业教育的好处是获得能够为公司发展作出贡献的优质人才,同时可运用高校的教育资源来进行职业培训,部分企业参与校企合作的动机还在于利用学校在专业知识和智力支持方面的优势,促进新技术、新工艺、新产品、新方法的推广。[①] 企业的上述特点导致了如果是以"零散"力量来参与不能为其带来持续创收的活动,其必定是没有充足的动力和积极性的,那么便需要有效的平台来将这些零散力量组织起来。行业组织代表着本行业全体企业的共同利益,在企业、政府和院校之间能够发挥参谋、服务、监督和协调的作用,其权责在于要为三者间的合作提供有效的信息交流平台、人才共享平台。

行业作为开展职业教育工作的重要主体,在参与职业教育的办学、人才培养等环节的工作上已经积累了一些经验。首先表现为,在教育部统筹下,行业已经建立起了覆盖了国民经济所有门类的、由行业主管部门或行业组织等牵头组建和管理的,旨在对相关行业职业教育和培训工作进行研究、咨询、指导和服务的全国性、非营利性、非常设性专家组织[②]——56个由教育部牵头并联合了行业主管部门所成立的全国行业职业教育指导委员会。

自1999年国家首次成立了34个全国中等职业教育教学指导委员会以来,经过4次主要调整和增设,目前,已经形成了由教育部联合行业主管部门牵头成立的57个全国行业职业教育指导委员会。[③] 全国行业职业教育指导委员会往往通过印发行业人才发展文件、开展产教对话活动、召开工作会议、开展行业人才需求预测等方式在职业教育的专业设置、标准制定、项目评审、大赛开展等方面发挥指导作用。[④]

但是,也正是由于全国行业职业教育指导委员会在培养环节的参与经验未能在考试招生这一职业教育的入口环节延伸,因而目前分类考试仍处于评价主体较为单一、多元评价体系尚未建立的局面。

---

① 池春阳.利益相关者视角下高职教育产教融合长效机制研究[J].教育理论与实践,2021,41(33):16—20.
② 教育部.全国行业职业教育教学指导委员会工作规程(试行)[EB/OL].(2021-11-24)[2022-01-05].http://www.moe.gov.cn/srcsite/A07/moe_953/202112/t20211209_586131.html
③ 教育部.关于公布全国行业职业教育教学指导委员会(2021—2025年)和教育部职业院校教学(教育)指导委员会(2021—2025年)组成人员和工作规程的通知[EB/OL].(2021-11-24)[2022-01-05].http://www.moe.gov.cn/srcsite/A07/moe_953/202112/t20211209_586131.html
④ 邱懿,薛澜.我国高等职业教育考试招生制度现状、问题与展望[J].中国考试,2021,(05):33—39+55.

调研发现,虽然部分省区市在分类考试的命题环节已经注重邀请行业企业代表的参与,但是,参与方式往往以"一次性""项目制""碎片化"为特点,未能形成长时期的、制度化的、跟踪式的、全过程式的参与机制,这使得企业行业能够在其中发挥的作用被迫打了折扣。

"我省对于分类考试中的技能操作考试是成立了各个专业大类的联考委的,我作为企业专家也曾参与过我所在专业的联考委的工作会议。有一个感受是,从参与主体看,选派了企业专家来参与命题或者是考试组织的讨论,但是企业专家实际上未必懂教育,也就是说,企业专家在他企业里是行业翘楚,但你把他请过来他未必懂命题、教育这类事情。很多企业的人到会了其实就是开个会的心态,在很短的时间内发表一下自己的看法、看看出的题怎么样等等,可能并没有发挥出足够的效果。另外就是,也没有形成常态化。实际上作为考试来讲,要开发出典型工作任务,这个过程是非常难的,你靠找一些专家以这种短期形式来帮你把把关肯定不行的,质量难保证。实际上应该还是由教育部门专门组建起一支队伍,然后投入相当的人力、物力、财力来专门做这个事。或者干脆是,企业能够从招生即招工、培养过程到毕业后学生或学徒到企业工作,形成和院校的深度合作,让企业成为真正有话语权、有参与感、有决策权的主体。现在总感觉是,说得很多,还说企业不热衷于校企合作,实际上是没有好好设计、没有制度作为支撑让它长效运行的问题"。(Q-1,东部某小型制造业产业类企业企业主、双师型教师)

有鉴于此,构建起企业行业参与职业教育考试招生的长效机制和有效平台,成为未来要着力解决的问题。由于目前我国公众在心理上有一种"唯政府"才能够提供权威性和公信力的考试的认知,因而由行业企业来完全承包考试招生工作暂时无法实现,那么通过横向赋权的形式让行业企业参与到考试招生办考筹备中是比较现实和稳妥的做法。

这方面,可以充分发挥教育部已经统筹建立起来的全国行业职业教育指导委员会的专家积聚和广泛联系高校、企业的平台作用,由教育部统筹和委托各个全国行业职业教育指导委员会,为本行业所包含的专业研制出台职业技能测试的考试要求、标准化考试大纲、建立题库等。

三、中职生与中职学校诉求存在阻滞
(一) 学生:升学欠缺选择性以及对文化课程的被迫轻视

如前文第二章利益相关者理论部分的阐述,中职生是高职分类考试从政策出台前贯穿到政策执行中的、兼具了米切尔评分法中合理性、影响性和紧急性全部三个属性的确定型利益相关者。那么,从后来政策出台后以及执行过程中,政策是否有效地回应了中职生的利益诉求呢?

邓恩(William N. Dunn)指出,政策回应是指政策对特定群体的需求、偏好或价值观的满足程度,可能有一些政策符合有效性、效率性和公平性的标准,但它们仍然不能满足特定群体的实际

需求的情况。[①] 本研究将这样的政策回应理解为回应的"不充分性""偏差性"。

通过与21位已经通过分类考试进入高等院校就读的中职生、3位通过分类考试进入高等院校就读的普通高中毕业生和3位仍在中职院校就读的中职生进行访谈发现,目前分类考试的政策存在着对学生群体的利益诉求回应的"不充分"和"有偏差"现象。

1. 目前高职分类考试能够通向的院校和专业缺乏选择性

考试制度应赋予取得特定考试成绩的学生在高等学校及其专业之间充分的选择自由度,但目前这样的选择度在高职分类考试中并不存在,因为考生只能通过高职分类考试进入特定高等学校的特定专业。

例如,有受访者提到"优质的高校不招收三校生,基本上就是一些比较普通的应用型大学,和民办的一些高校会收三校生。我认为应该开放更多的学校,激励一些文化程度比较高、文化水平基础比较好的学生有机会考到更好的学校。一些好的大学你应该开放,哪怕你要的分数高,但是起码应该让三校生有机会,这样也可以激励更多的三校生自己去抓好文化基础课。可是现在的情况是,我进了中职以后,考名牌大学是没有可能的。我觉得未来的孩子,可能会越来越考虑这个问题。不仅是文凭的问题,更是文凭含金量的问题。"(Z131-3-1,东部某国家级重点中职学校校长)

目前,各省区市通过分类考试招收中职生的学校,基本上均为地方本科院校、职业专科院校和民办院校,期望能有更多的高校尤其是高水平学校能够通过职教高考招收中职毕业生,这一点成为众多中职生对于分类考试改革最大的诉求。

正如受访学生所言,"我们只能考取省内的本科或者高职,那些本科学校也比较一般,不像现行高考有去省外还有去顶尖大学的机会。"(X132-4-2,东部某通过中本贯通进入应用型本科院校的原中职学生)而且,一部分通过分类考试招收中职生的院校学费较贵,也因此"劝退"了部分本来能就读本科院校的中职生。例如,有受访者表示,"我中考的时候是过了高中线但没有到重点高中线,而中职学校现在也有考本科的单考单招,所以就选择了一所比较好的中职。其实我对口单招的时候成绩也达到了本科线,但是没去,因为招收中职生的本科院校很多是三本或者民办的,像我读的专业一年学费是接近三万,所以我就放弃了本科,来到了目前的高职校。我觉得给中职生的升学途径有是有,但是能选择的范围太小了。"(X133-4-3,东部某通过对口招生进入职业专科院校的原中职学生)

由于选择度有限,分类考试对考生的吸引力有待商榷。而且,从考试权来说,目前的高职分类考试没有给予中职生像普高生那样平等的选择高校就读的机会。

长期以来,我国高层次职业教育一直处于"空白"阶段,职业本科建设起步晚、时间短,规模和水平也都还处于发展中阶段。从2014年开始,国家在《国务院关于加快发展现代职业教育的决

[①] [美]威廉·N.邓恩.公共政策分析导论[M].谢明,等,译.北京:中国人民大学出版社,2002:436.

定》《中共中央国务院关于深化体制机制改革　加快实施创新驱动发展战略的若干意见》《现代职业教育体系建设规划（2014—2020年）》等一系列文件中不断提及要采取试点推动、示范引领等方式，实现对一批普通本科院校向应用型技术型大学转型的引领。

地方普通院校向应用型高校转型与职业教育的发展规划置于一起，表明国家政策倾向于使转型后的应用型高校参与职业教育人才培养、通过高职分类考试招收中职学生。

2014年4月，178所地方本科院校联合发布《驻马店共识》，宣布向应用型大学转型。有研究人员统计了教育部、地方政府、地方教育主管部门和高校网站上公布的类似普通本科院校计划向应用型转型的信息，发现全国共有27个省区市的524所转型试点学校。①

从转型现状来看，应用型本科院校数量已经初具规模，但问题在于其内涵层面还未完全得以转变，大部分省区市通过分类考试招收中职生的应用型高校仍十分有限，且在培养模式上也与中职教育的人才培养内容接续不良。

"虽然，应用型本科院校已经开始向中职生开放招生计划，但一方面，学校数量和质量以及专业不多，中职生能升入的本科院校很有限；另一方面，这类院校的办学定位、人才培养模式、评价体系等还是比照着研究型大学，实际上应用型本科培养的也是应用型人才，应该和我们职业教育是一伙的，都属于应用型。"(G131-2-1，东部某新设立的市属公办高职院校校长)

这表明，通过高职分类考试拓宽中职学校毕业生的升学渠道仍任重而道远。未来，一方面要加快发展本科层次职业教育的建设步伐，从学校规模、专业布局等方面全方位与职教高考制度的建设对接起来，互为支撑、有机结合，鼓励应用型高校实施职业本科教育，引导应用型本科和职业本科在招生计划中投入更多面向中职生、专科生的指标，②通过高职分类考试（职教高考）招收中高职生；另一方面，国家出台政策推动应用型高校切实回归应用型内涵，在人才培养上与同属于应用型人才培养的中职学校、高职院校加强沟通衔接。

2. 目前中职教育对文化课程的忽视及其带来的弊端

过去很长一段时间，我国中等职业教育一直强调"就业导向"的办学理念，教学内容重在培养学生的"一技之长"即职业技能，这与过去工业水平和技术发展的阶段密切相关，造成彼时中等职业教育更多地重视学生的就业能力，相对忽视了学生的素质教育。

进入21世纪以来，随着国家政策中将中职教育人才培养定位为"高素质劳动者和实用人才"③

---

① 郭俊朝，尹雨晴.地方普通本科高校向应用型转变试点五年回顾与思考[J].职教通讯，2021(08)：23—31.
② 中共中央办公厅　国务院办公厅.关于推动现代职业教育高质量发展的意见[EB/OL].(2021-10-12)[2022-01-12].http://www.moe.gov.cn/jyb_xxgk/moe_1777/moe_1778/202110/t20211012_571737.html
③ 国务院.关于大力推进职业教育改革与发展的决定[EB/OL].(2002-08-24)[2021-01-26].http://www.moe.gov.cn/jyb_xxgk/gk_gbgg/moe_0/moe_8/moe_28/tnull_491.html

"一流技能人才和高素质的劳动者"①"高素质劳动者和技术技能人才",②③这彰显了新时期对中职教育所培养人才的高素质诉求,隐含了要更加重视文化课程的学习。

已有研究发现,中职学校忽视文化课程学习的现象比较严重,在校长们对中职生进入劳动力市场时的诸多素质按重要程度进行排序时,超过80%的校长将文化基础知识排在了末位。④ 这样的做法在当前中职教育向基础职业教育转向、就业和升学双导向的背景下,呈现出一系列弊端,而背后动因与长时间以来对中职学生文化课程学习能力差的"刻板印象",而这种"刻板印象"使得中职学校在安排文化课程教学活动时,刻意地降低了语、数、外等课程学习的难度。

有受访者讲述了这样一个故事,"来中职工作之前,我一直是在普通高中工作的。在两类学校工作感触很深的一点是,我们职业教育因为通常来讲招收的是中考成绩中下的学生,那么因为这些学生的语、数、外成绩比普通高中的低,就认为这些学生就是差,实际上不是的。我曾经听过我们学校思政课的教学,感觉教的东西思辨性不够,我跟任课老师提出意见,那个老师说中职的学生只能讲到这个程度。我不信,为了做个实验,我就邀请了我原来普通高中的老师来做同课异构。结果发现,同样的课程内容,让普通高中老师来上,他对学生思维层次的要求要高很多,而我们中职的学生也并没有如之前那个老师以为的那样听不懂或是怎样,反而表现得非常精彩。普高的老师也说,从这堂课的表现来看,他完全不觉得中职学生比普通高中的差,甚至中职的学生思路更开阔、脑子更灵活。就通过这个事情,我们学校的老师们就在反思,以往包括我们整个社会是不是惯性地过于低地判断了中职学生的学习能力"。(Z132-3-3,东部某原在普通高中工作过的中职学校副校长)

许多中职学校自认为中职生在语、数、外课程上学习困难而刻意降低文化课程教学难度的做法,遭受到了来自中职生群体的"不满"。

"中职时候我们学的语、数、外这些真的太简单了,平常上课根本不需要听的,考试前老师一份试卷一份答案发给你,然后你就背,考试就跟默写一样,一点技术含量都没有,所以上语、数、外这些课我们都不想听。"(X132-4-10,东部某通过中高职贯通进入职业专科院校的原中职学生)

而这样类似的做法更为他们后续进入高一级学校继续学习带来了因基础不牢而"先天落后"的情况。"我觉得我们中职阶段的语、数、外太简单了,甚至跟初中比都没什么难度的增加。现在

---

① 人力资源和社会保障部.关于大力推进技工院校改革发展的意见[EB/OL].(2010-08-23)[2021-01-16].http://www.mohrss.gov.cn/xxgk2020/fdzdgknr/qt/gztz/201407/t20140717_136528.html
② 国务院.关于加快发展现代职业教育的决定[EB/OL].(2014-06-22)[2021-01-16].http://www.moe.gov.cn/jyb_xxgk/moe_1777/moe_1778/201406/t20140622_170691.html
③ 国务院.国家职业教育改革实施方案[EB/OL].(2019-02-13)[2021-01-16].http://www.moe.gov.cn/jyb_xwfb/gzdt_gzdt/s5987/201902/t20190213_369226.html
④ 李向辉,常芳.中职教育对"以就业为导向"的误读、危害与治理[J].教育发展研究,2016,36(05):31—34.

到了高职以后觉得一下子难度加大了,从中职上来,考大学英语四六级觉得好难。我们机电专业要学高数,中职时候的数学特别简单,现在高数感觉有点跟不上。跟我们专业的普通高中过来的同学相比,我们去数控机床上操作这些已经是轻车熟路,但是一到数学、英语上,我们跟他们差了一大截"。(X132-4-8,东部某通过中高职贯通进入职业专科院校的原职高学生)

乍一看,中职学校降低了语、数、外等文化课程学习难度的做法似乎无法让人接受,但本研究通过调研却发现这样也并非全无道理——原因在于,一方面,中职教育所需要的语、数、外等文化基础课程,要一定程度上围绕职业教育培养的核心目标,表现为提升文化课课程内容的实用性,防止文化课程与专业课程之间是阻隔关系,实现文化课与职业能力培养的有机结合。

正如有受访者提到的,"比如机电一体化、工业机器人、数控这些,我要开化学、物理、数学课程,而且要保持一定的难度,因为如果打不好基础,它升到高等教育高数就学不好了。但是像学前教育、旅游管理、人物形象设计这些专业,你要求他们把数学学得跟上面那些专业一样完全没必要,因为跟他们专业不适配,那么这些专业只把数学这种科目学到通识水准就行了,更多的课时和精力要花在专业的东西、技能的东西上。"(Z236-3-1,中部某中职学校校长)

另一方面,从目前来看,中职教育毕竟更多地招收的是初中阶段文化课程学习成绩并不突出或者偏科严重的学生,学生学习基础与学习能力的离散度高,那么文化课课程内容的难度也确应符合这类学生的学习基础和认知特点。

例如,该位受访者又提到,"职教高考的话,我认为一定要以考技能为主,学科导向的考试比例要减少,因为本身初中之后来读职业教育的学生某种程度上已经证明了不适合学术教育,而你职业教育体系内的考试一定要与职业教育的知识类型相匹配,与职业教育学生的学习特点相匹配。"(Z236-3-1,中部某中职学校校长)

鉴于此,各地以及各中职学校在遵照《中等职业学校公共基础课程方案》①设计本校的文化课课程内容时,内容选择应围绕特定专业能力培养的需要,以生活性、情境化、职业化为原则来对课程内容进行选择与构建,使得文化课程的内容与专业课程的内容、专业面向的职业能力培养互相服务;呈现形式上,可以充分运用实践应用案例等方式加强学生对知识的理解与应用,以模块的形式呈现。②

中等职业教育作为高中阶段教育,它与普通高中教育的共同目标是奠定国民基本科学文化素养。目前,我国中职教育的课程设置主要以专业课程为主,其公共基础课程远低于普通高中课程设置中公共基础课程所占的二分之一的比例。③

对此,中职学校应尽快改变中等职业学校学生不擅长文化基础教育的刻板印象,更加重视文

---

① 2019年10月,教育部公布了中等职业学校12门公共基础课程的教学大纲,并印发了《中等职业学校公共基础课程方案》,从课程设置、学时、课程结构与学分、课程实施与评价、条件保障等方面对中等职业学校公共基础课进行了明确规定。此文件意在引导中等职业学校"开足、开齐"文化课,并从原则性层面对文化课教学改革提出了建议,但是,文化课课程的改革与实施还是要由中等职业学校来完成的。
② 杨满福,张成涛.高职扩招背景下中等职业学校转型发展的策略研究[J].中国职业技术教育,2020,(31):40—46.
③ 陈鹏.中等职业教育基础性定位的再认识[J].国家教育行政学院学报,2021,(05):26—32.

化基础教育,避免将学生培养成"单向度的技术人",而是应放眼于学生的职业生涯和终身发展,致力于培养"完整的技术人"。①

(二) 中职学校:转型期的困顿与职业学校体系定位不足

1. 转型期的中职教育在升学与就业上的"冲突"

就业导向与升学导向的纷争由来已久。前文也曾梳理过,中等职业教育在新世纪之前的办学定位基本被确立为"就业导向"。如果说早些时期的中职是由于彼时高等教育仍属精英教育为社会背景导致的"天然性"以就业为目的,那么新世纪之交直至2010年之前,则是通过强行限制中职毕业生的升学比例来使其维持"就业导向"。2005年,面对当时已经成势的"升学潮流"下,国家曾在政策中强调"坚持以服务为宗旨、以就业为导向的职业教育办学方针,……从传统的升学导向向就业导向转变",②更通过划定"3个5‰"来从招生计划室严格控制专升本、五年制高职招收初中毕业生及高校对口招收中职毕业生的规模。③ 但是,从实际来看,这样的规定也并没有完全"遏制"住中等职业教育的升学趋势。后来,随着职业教育事业开始在更广阔的背景下开展,国家基本上不再严格控制中职生的升学比例。

现如今,从国家政策文件中的相关表述来看,中职教育已经处于向"基础性"转向的时期。例如,2019年,《国家职业教育改革实施方案》为中等职业教育的未来发展做出新的定位,将其视为普及高中教育和中国特色职教体系的重要基础。2020年,教育部等九部门关于《职业教育提质培优行动计划(2020—2023年)》要求对中职教育的基础作用予以强化。2021年,中办国办关于《推动现代职业教育高质量发展的意见》在要求对中职办学质量予以提升的同时,还为其补充了要为高职输送技术技能扎实、文化基础合格的生源的使命。

调研中,不少中高职院校的受访者们都表达了转型期的职业教育在两个导向上的"为难":

"我们技工学校的学生想要就业的话是不愁的,但现在升学越来越多的情况下,相当一部分学生可能顶岗实习都没有好好做了,技术也没有好好练。近几年,好多企业招不到人。"(G132-2-3,东部某技师学院招就处副处长)

"像我们这种地方基本都是升学,基本上就没什么就业的学生了,应该讲我们培养的质量还是不错的,但是企业招人很难。再继续下去的话,有时候我都在想我们的校企合作的意义在哪里? 实训室建设的意义在哪里?"(Z131-3-1,东部某国家级重点中职学校校长)

"现在中职学校我觉得"中职崩溃论"里面一个最重要的原因是什么呢? 中职的学生全

---

① 张建云.中等职业教育如何走出就业导向的认识误区[J].职教论坛,2019(06):129—133.
② 国务院.国务院关于大力发展职业教育的决定[EB/OL].(2005-10-28)[2021-01-16]. http://www.gov.cn/zhengce/content/2008-03/28/content_5549.htm#1
③ 教育部和国家发改委.关于编制2006年普通高等教育分学校分专业招生计划的通知[EB/OL].(2006-02-16)[2021-01-16]. http://www.moe.gov.cn/s78/A03/moe_639/tnull_18778.html

部都升学,那现代学徒制、校企合作就受到极大的挑战,学生都不愿意就业了,即使就业很好,也要去追求学历。同样的,到了我们高职,专升本的比例也是越来越高,虽然我们还是要坚守实训,不想去给学生辅导那些专升本的考试内容,但是学生对此也不是很满意的,因为教的内容和专升本的内容不完全一致,他就要到外面去报班,收费还很贵。同时,跟我们合作的企业也没法交代,我们还有那么多订单班、现代学徒制班,结果告诉他们全部都升本去了。"(G133-2-3,东部某国家"双高"计划高水平学校教务处处长)

从这个角度看,中等职业教育强调一维导向的"就业教育"的长期固化,为当前向着就业和升学二维平行的转变带来困境。现如今,我们正处于中等职业教育"就业导向"和"升学导向"价值观碰撞的混沌时代。

能够就业表明个人可以通过"交换"自身的某些特长、潜质、能力等来为自身获得谋生的资源手段,它象征着个人在通往成年的道路上迈向了有意义的一步。[①] 中等职业教育于上世纪八九十年代的"就业火热"现象是当时社会背景的产物,时至今日,在高等教育即将迈入普及化、家庭少子化、青年追求体面就业、自由创业和自我价值实现的社会背景下,再以单一出口来限制青年人的选择已经"不合时宜"。可以预见,未来一段时期的中职教育仍将处于这样的"改革阵痛期"。

"就业""升学"两种价值取向看似为"东风与西风相互压倒"的"二选一"式的价值选择问题。但是,本研究认为,应以"开放"态度来面对这样的现实情境——正如现阶段,正在通过扎实构建起"文化素质+职业技能"的职业教育考试评价制度来坚守职业教育类型特色一样,校企合作、现代学徒制等职业教育的重要内容,亦会在新时期以一种更"合时宜"的方式继续存在和发挥作用。

2. 学校体系定位不足,影响人才培养的接续性

目前,部分试点地区的中职生通过高职分类考试可进入职业专科院校、职业本科院校以及应用型本科院校就读,但三类院校在办学特色和定位、人才培养目标、内涵、专业对口设置、教育理念、教学内容等方面的界限和区别不够明晰,这导致高一级学校的人才培养规格并不比中职学校高。

例如,有受访者提到,"我们学校有一个专业既有中高职贯通,也有中本贯通,这个专业在我们学校是王牌专业,我们这个专业是出过全国技能大赛的冠军的。但我发现,我们这个专业的所在的专科、本科院校某些方面还不如我们,我们的学生到他们那里在能力上没有得到更高水平的开发,可能只是学历高了。比如,我们合作的本科院校,在教学资源、横向课题、教材编写等科研方面能够合作得比较好,但对很多技术操作上以及对这个专业现实情景中的职业、岗位的了解是不够的。我们合作的高职,因为他们专业开设的时间比我们晚,专业底蕴、师资水平还不如我们,他们高职的老师在科研水平上不如和我们合作的本科院校,在实践教学、实验实训上又

[①] 刘能. 中国社会的急剧转型与青年就业的观念演变[J]. 人民论坛,2018,(35):118—120.

不如我们,因为他们的老师很多是从普通教育过去的,是从事理论研究的。所以,即使他们是高一级的学校,但不见得能够在专业水平上引领我们。"(Z131-3-1,东部某国家级重点中职学校校长)

另一省区市的中职学校负责人也遇到了类似情况。"我们学校是一所老牌中专,有着非常深厚的发展基础和辉煌的办学成绩,为我们国家培养过一大批铁路人才。但是由于特殊原因,我们没有升为高职。目前,我们省内没有高水平的铁路专业的高职院校,我们学校在与6所高职院校合作的14个专业中,仅有铁道信号和铁道施工与养护两个专业在列,而电力机车运用与检修、铁道车辆运用与检修、电气化铁道供电、铁道运输管理等传统铁路特种专业在高一级院校里专业上是缺位的,亟待跟进。"(Z214-3-1,中部某国家级重点中职学校校长)

因而,一些省区市在注意到这一问题之后,已经开始有意地控制长学制贯通的规模以及通过设立新型高职院校来促进高职的内涵建设,提升高职办学的整体水平。① 还有的地方则采取了放慢长学制项目扩张节奏的方式,来试图反推中高职学校各自更好地找好自身的定位。例如,有受访者说道,"这几年我省在有意控制五年一贯制的规模,理由是,已有的一些五年一贯制都在高职学校办,但实际上师资储备、实训条件可能还没有中职好,有部分高职院校将中职学校单纯认为是自己的生源池,规模求大,实际上技术技能的人才培养质量有可能与中职相比是倒挂的。"(S350-1-1,西部某省教育厅职成处干部)

除了作为人才规格要素的知识、能力培养等的"倒挂",高一级学校在培养内容上的重复也是学校体系定位不足、影响人才培养接续性的表现。例如,有受访学生表示,"现在高职和我以前中专的时候有的证书和专业课有重复,比如茶艺课,我们中专的时候就学过而且还拿了证书,所以大一的时候的茶艺课,同学们就联合向学校申请,你如果不是给我上中级或高级课程的话,我们觉得这课没必要,后来学校就把这个课给关掉了。"(X132-4-23,东部某通过中高职贯通进入职业专科院校的原中职生)

人才培养的接续,体现在培养目标的层次性、能力培养的贯通性、职业素养的一致性、培养模式的整体性等方面。首先,要依靠学校体系的完整建构,职业教育的学校体系要包括中职、高职、本科、研究生教育等各个层次;其次,要为层次间的顺畅转换创造条件,对课程标准、专业教学标准、专业目录、人才质量评价标准、培养目标等方面进行一体化设计。②

但是,我国高等职业教育起步较晚、先天不足,长期止步于专科层次,是其人才培养规格"倒挂"现象的重要原因。高等职业教育的定位问题是我国高等职业教育发展中的一个痛点,几十年来人们对"高等"含义的认识总发生动摇,影响了高等职业的健康发展。③

---

① 上海教育新闻网.上海拟在这4个区各设一所高等职业学校,背后下了一盘怎样的"棋局"?[EB/OL].(2021-11-24)[2022-01-12].http://www.shedunews.com/shanghai/con/2021-11/24/content_9356.html
② 李坤宏.类型教育视域下职业教育人才贯通培养的原则、问题及路径[J].教育与职业,2022,(02):13—20.
③ 匡瑛.高等职业教育的"高等性"之惑及其当代破解[J].华东师范大学学报(教育科学版),2020,38(01):12—22.

我国高等职业教育虽然在1985年就确立了在教育体系中的正式地位,但真正得以大规模发展是伴随着世纪之交的高等教育扩招才实现的。高职的发展是通过"三改一补"实现的,即从当时现有的专科高校、职业大学和成人高校中选择几家符合条件的对其进行改革、改组和改制,选择一些符合条件的中专对其进行改办,以及允许部分本科院校开设高职学院从而作为发展高等职业教育的基础外,不另外新建高职院校。[①] 因此,可以说,高等职业教育是在一种"未进行许多投入"的状态下起步。在高职发展之前,我国职业教育主要以中职层次为主,高职专科虽然定位在应用型人才培养,但由于人们彼时在学术型人才、应用型人才的界限、培养模式等方面的模糊认识和认识不足,致使其一度被视为是本科教育的"压缩版"。[②]

因而,高职教育的内涵建设不足以及我国整体上职业教育层次的不健全,致使每个阶段都未能相对完整地独立对应产业相关岗位的职业能力培养,进而使得在中、高、本三个阶段的职业能力逐级提升这一要求目前难以实现。

有鉴于此,一方面,要发展本科层次、研究生层次的职业教育,形成完整的纵向学历层次体系;另一方面,加强职业教育的内涵建设——以从初学者到成熟从业者的职业岗位(群)要求为参照系,进行各个学历层次的人才培养目标的基准定位和推演,从理论知识结构、技术能力结构及其权重分配以及同一专业在不同层次(阶段)的职业性、岗位性要求出发,对不同阶段的人才培养规格和标准进行整体设计,体现随学校层次上升的人才培养规格的螺旋递进与内在一体化。

第三节 高职分类考试改革在组织层面的探索

一、央地两级政府及高校在办考层面的责权划分

高职分类考试包含了报名、考试、录取等多个环节,涉及中央政府(主要是教育部)、地方政府(主要是省级政府、省教育厅、省教育考试院、市级政府等)、高等院校、中等学校、考生与家长、社会(比如培训机构、企业等)等多个主体。通常来讲,各级人民政府、教育主管部门、招生考试管理部门在内的各级行政机关、拥有自主招生权的高校是高职考试招生工作的主要治理主体,考生受教育权、考试权的平等实现正是依赖于上述主体在考试招生录取工作中的全方位、多层次协作。

前文提到,高职分类考试改革施行的是中央宏观指导、省级统筹管理的体制,即中央政府和省级政府在该项工作上是分权治理的模式。分权治理的要义是详细划分央地两级政府在公共事务上的职责分工,使两级政府职责得以明确、政府治理目标得以强化,减少政府职能履行的真空地带。那么,在高职分类考试工作上,两级政府以及高校的责权利是怎样划分的?

---

① 教育部. 面向21世纪教育振兴行动计划[EB/OL]. (1998-12-24)[2022-01-05]. http://www.71.cn/2011/0930/633199.shtml
② 徐国庆. 从分等到分类——职业教育改革发展之路[M]. 上海:华东师范大学出版社,2018:100.

(一) 中央政府在高职考试招生工作上的责权划分

某种意义上讲,中央政府即代表国家。[①] 国家价值追求的目标是实现社会公共利益,利用国家的强制力和意识形态来保护公共利益。[②]国家利益在高职考试招生上的诉求体现在,通过考试选拔进读高等职业教育的人才,促进人才的有序竞争、合理流动,促进人力资源的开发,为社会经济发展提供源源不断的人才;通过维护考试的公平性、有效性、科学性保持社会团结和维护社会安定,[③]从而保持统治阶级的统治地位。

国家权力在高职考试招生方面发挥作用的方式是通过制定制度、政策、法规等,实现规定和调控职能以保证事业发展服从国家的领导,通过设置报考条件、录取条件、考试内容和方式等来推行符合国家利益的主流价值标准,以达到公众意志与国家意志的一致。

考试权是执行国家教育考试的规范、运行和管理在内的公权力,体现的是考试决策权、考试实行权以及考试组织权。招生权是在国家、法律和公众的委托下,维护招生考试领域的公平、公正、正义,确保考试成绩优异的考生平等获得受教育权的一种权力。[④] 国家考试权和招生权的权力行使和相关职责的履行主要依托相关主体单位来实现。

考试决策权掌握在中央政府的组成部门——教育部这一主体单位手中。依照1991年《国务院关于大力发展职业技术教育的决定》中的主体分工并结合高职考试招生的工作实际,教育部负责把握高职考试招生改革的方向,统一部署和指导高职考试招生改革办法和程序,会同国家发改委、财政部、人社等相关部门依照各自的权责分工来共同做好招生计划、资金来源管理等工作。

考试实行权和考试组织权由教育部直属的教育考试机构来行使,即成立于1987年的教育部考试中心(已于2022年3月更名为国家教育考试院)。国家教育考试院是负责国家教育考试专项职责任务的教育部直属单位,具有部分行政管理职能。根据教育部发布的《2024年普通高等学校招生工作规定》中划分的相关主体的招生管理职责[⑤]并结合高职考试招生工作实际,表6-10展示了国家教育考试机构的主要职责。

表6-10 教育部及国家教育考试机构在高职考试招生上的主要职责(2024年)

职责方面	主　要　内　容
授权	教育部授权教育部教育考试院、有关省级招委会和高校组织考试命题工作;授权教育部教育考试院研究推进考试内容改革体系化建设,制定考试标准。
政策制定	制订高等职业教育的考试招生工作相关规定。

---

① 罗必良.新制度经济学[M].太原:山西经济出版社,2005:636.
② 古振宇.高考录取制度研究[M].杭州:浙江教育出版社,2017:116.
③ 宋洁绚.我国高校招生考试制度的形成与演化——基于国家主义的视角[M].武汉:武汉大学出版社,2015:118.
④ 覃红霞.高考法律问题研究[M].杭州:浙江教育出版社,2017:39.
⑤ 教育部.2024年普通高等学校招生工作规定[EB/OL].(2024-03-11)[2024-08-26]. http://www.moe.gov.cn/srcsite/A15/moe_776/s3258/202403/t20240320_1121360.html

续 表

职责方面	主 要 内 容
政策制定	确定高校招生考试种类
业务指导	指导高等职业教育的考试招生工作
	指导有关部门(单位)、省级教育行政部门和高校编制招生来源计划
	指导各省(区、市)研究制订高考改革实施方案,并对改革实施情况进行督导
业务监督	保护考生和考试招生工作人员的正当权益
	履行公开和监督高校公开招生信息相关职责
	组织或督促有关部门调查处理招生工作中发生的重大问题
培训	组织开展招生工作的科学研究,培训有关人员,开展宣传工作
科研	组织开展招生工作的科学研究

(二)省级政府在高职考试招生工作上的责权划分

改革开放以来,我国社会权力向多极结构发展,反映到国家教育考试改革领域,体现为以试题命制权、招生计划下放至省区市为核心标志的政府权力的下放。但是,由于我国的大一统体制,致使地方政府与中央政府在结构与职能上基本一致,而且中央政府通过顶层设计能够较容易地实现对地方的行政影响甚至控制,因而地方政府所代表的依然是国家利益和公众利益,体现在考试招生工作上其权力与国家权力性质相同。[①]

地方作为国家的组成部分,如果说国家代表整体利益,那么地方则代表局部利益,但是地方利益既有与国家利益一致重合的地方,也有明显的独立之处。具体到高职的考试招生上,地方政府的利益诉求是维护公众对政府的拥护和信任,通过举办公平的考试不仅筛选出接受高职教育的人,同时尽可能多地吸引外地优秀生源,并期望这批人将来毕业后为本地经济社会发展作出贡献,[②]当然也有地方政府官员对政绩追求的需要。[③]

省级政府在考试招生工作上的权力来自于中央的让与,省级政府可根据本地区具体情况对国家政策进行进一步的补充和细化,或者是在上级政府的授权下进行一些试行措施,那么此时,地方政府的"隐形经济人"身份便浮现,即省级政府不仅是一个依赖于上级政府的组织,而且成为一个具有独立经济利益的经济组织,[④]使得中央政府与省级政府更多地倾向于一种相对对等的契约关系而非单纯的上下级关系。省级政府为寻求更多的本位利益,在政策制定和执行过程中便有可能产生和上级政府讨价还价的博弈行为,比如将改革方案一拖再拖或者几乎照搬上级政策等,亦有可能通过继续向下一级政府让渡部分权力来规避改革风险。

---

① 张耀萍.高考形式与内容改革研究[M].武汉:华中师范大学出版社,2016:177.
② 宋洁绚.我国高校招生考试制度的形成与演化——基于国家主义的视角[M].武汉:武汉大学出版社,2015:119.
③ 李峻.转型社会中的高考政策研究——基于利益相关者理论的分析[M].长沙:湖南人民出版社,2013:61.
④ 吴红雨.地方利益、地方政府与地区一体化[J].中共浙江省委党校学报,2003(03):61—65.

国家层面的考试管理和招生管理分别由国家教育考试院和教育部学生司分别专门管理,省级层面考试管理和招生管理由招生考试委员会专门负责。国家教育部及国家教育考试院对于考试权和招生权的掌握体现在改革方向把握等顶层设计上,而在职业教育由省级政府统筹管理的体制以及考试命题权由中央下放至省区市的现实情境下,省级层面的招生考试委员会是考试权和招生权真正的拥有者。

省级招生委员会由多部门组成,包括保密、纪检、公安、教育、宣传、组织部门以及中高等院校代表等。人员聘任上,本级人民政府负责人通常兼任本级招生委员会的主任委员,本级教育部门以及其他政府职能部门、代表高校的负责人通常会被聘任为副主任、副主任委员、委员。1987年,《普通高等学校招生暂行条例》将我国高校入学考试的录取体制确立为学校负责、招办监督,在省市区三级分别成立高校招生委员会,各级招委会对本级人民政府负责的同时,在业务上听从上一级招委会的指导,其中地、区两级的招委会职责由省级招委会规定。

省级招生委员会及其办公室在获得考试命题权之前,其主要职责是监督高校的招生录取工作和负责国家考试的组织管理工作,到了2004年教育部下放了部分考试命题权给部分省区市后,省级招生管理部门获得了更大的权力,也同时承担了更多的责任:

(1)考试方面,省级统考的大纲、命题、参考答案和评分标准的制定由省级招生委员会负责;(2)招生方面,省级招生委员会继续承担着招生过程中高校与学生的中介职能,因而是行政区域内考试机构、考试环境管理和考试安全保障的主体,是考试的组织者、管理者、监督者和服务提供者,全面负责命题、印卷、考场指定、监考、阅卷、成绩发布等各环节工作,组织区县一级的招办安排考生报名、考试、志愿填报等工作,监督考试招生录取工作的全流程全过程,对本地区的考试违规问题,与公安等相关部门通力合作依法开展调查、取证和惩处。

此外,2016年,教育部通过《关于进一步规范高等教育招生计划管理工作的意见》将高职专科计划下放至各省统筹安排,但是参与高职分类考试的专业仍须经省级教育行政部门备案后由教育部汇总发布。[1] 由此,从考试组织到招生计划,高职考试招生工作的管理重心基本全面从国家向省级政府下移。根据教育部发布的《2024年普通高等学校招生工作规定》中划分的相关主体的招生管理职责[2]并结合高职考试招生的工作实际,表6-11呈现了省级教育考试机构的职责。

表6-11 省级教育考试机构在高职考试招生上的主要职责(2024年)

职责方面	主 要 内 容
政策制定与执行	执行教育部有关高等职业教育考试招生工作的规定
	结合本地区实际制订必要的补充规定或实施细则

---

[1] 邱懿,薛澜. 我国高等职业教育考试招生制度现状、问题与展望[J]. 中国考试,2021(05):33—39+55.
[2] 教育部. 2024年普通高等学校招生工作规定[EB/OL]. (2024-03-11)[2024-08-26]. http://www.moe.gov.cn/srcsite/A15/moe_776/s3258/202403/t20240320_1121360.html

续 表

职责方面	主 要 内 容
考试组织	汇总并公布高校在本省(区、市)的分专业招生计划和有关招生章程中的主要内容或高校公布招生章程的网址
	接受教育部委托组织统考试题的命制工作,并加强命题、评卷、考务工作队伍建设;负责本行政区域内组织高考及相关特殊类型招生省级统考、治理考试环境、维护考试招生安全稳定、做好考试卫生防疫、整肃考风考纪等工作。指导、监督属地有关高校组织的特殊类型招生考试
	负责组织考生报名、思想政治品德考核、体检、考试、评卷、考生信息采集及电子档案制作、录取以及其他有关工作;协调有关省级招委会解决不符合本地报名条件的进城务工人员及其他非户籍就业人员随迁子女回流出地高考报名
考试监管	指导、监督高校执行国家招生政策及本校招生章程
	履行公开和监督高校招生信息公开相关职责,对本地区有关教育行政部门、招生考试机构、高级中等教育学校及所属高校信息公开工作进行考核、评议和责任追究
	负责对违规考生、学校、机构等进行处理;配合高校对单独招生和特殊类型招生中违规考生、学校等进行调查处理;配合公安等相关部门对违法考生、学校、机构等依法开展调查、取证和惩处等工作
	根据考生或者其法定监护人的申请,对高校信访答复情况进行复查
	保护考生和招生考试工作人员的正当权益,保障招生考试工作人员的正当待遇
	受行政部门委托调查处理或协助有关部门调查处理本地区高等职业教育考试招生工作中发生的重大问题
科研、培训	组织开展招生、考试的科学研究、宣传和培训工作

(三) 高等院校在分类考试招生工作上的责权划分

考试招生方面的权力于高校而言,更多的指的是招生自主权,这实质上是基于权力下放的高校人才选拔的有限裁量权,在法律授权下,高校招生具有一定的自主性。但是,高校招生自主权并不完全是高校自身的意愿表达,而是高校、政府及社会三者之间关系的集中反映。①

高校的核心利益主要包括知识利益和经济利益,②知识利益指的是学校通过招收合适的学生来提升自身的知识创新和传承能力并以此获得良好的社会声誉,经济利益于公办院校而言指的是政府从一定利益出发对其经费的投入,于以营利性为目的的私立院校而言,旨在通过办学和招生获得经济收益。③ 因而,高等院校在考试招生中的利益诉求形成了"合适生源-良好声誉-财政资源"三者的循环往复。④

在过去计划经济时代,公办高校的运行(包括高等院校的设立或停办、院系及专业的设置、招生计划、基本建设、财政决算、学校干部任免、教学内容等)几乎完全依附于政府,学校根据政府的

---

① 覃红霞.高考法律问题研究[M].杭州:浙江教育出版社,2017:52.
② 古振宇.高考录取制度研究[M].杭州:浙江教育出版社,2017:118.
③ 李峻.转型社会中的高考政策研究——基于利益相关者理论的分析[M].长沙:湖南人民出版社,2013:65.
④ 宋洁绚.我国高校招生考试制度的形成与演化——基于国家主义的视角[M].武汉:武汉大学出版社,2015:122.

规定、政策及指令进行考试招生、教育教学、干部任免等活动，私立高校虽然在办学经费上自负盈亏，但是在院校及专业设置、招生计划、教育教学工作上仍要受制于政府管控，因而，那时候的高校自主招生权还基本无从谈起。

现如今，随着招生市场化以及国家政治经济体制改革的不断完善，高校的招生自主权得到越来越大的尊重，由过去被动接收向着如今逐渐主动选择合适的生源过渡。1985年，《中共中央关于教育体制改革的决定》首次提出扩大高等院校的办学自主权；1993年，《中国教育改革和发展纲要》提出确立高等学校的法人地位，这意味着高校由过去的依附者彻底转变为独立法人，这为高校争取自身利益提供了法律保障；1998年，《中华人民共和国高等教育法》正式确立了高校的法人实体地位，使得作为法人的高校依法享有办学自主权，在办学方向、招生就业、专业和课程设置、人员招聘、职工职务晋升等方面能够更充分地表达自身的利益愿望。《高等教育法》第三十二条规定"高等学校根据社会需求、办学条件和国家核定的办学规模，制定招生方案，自主调节系科招生比例"。但是，法律规定的权力具有概括性和一般性，其具体的指向内涵仍需要根据实际情况进行界定。

根据教育部发布的《2024年普通高等学校招生工作规定》中划分的相关主体的招生管理职责并结合高职考试招生的工作实际，表6-12总结了高校的招生自主权体现。

表6-12 高校招生自主权的主要内容(2024年)

方面	主要内容
招生录取的附加条件	高校在《普通高等学校招生体检工作指导意见》等有关要求的基础上，可根据本校的办学条件和专业培养要求，提出对考生身体健康状况的补充要求。
招生章程	高校依据《中华人民共和国教育法》《中华人民共和国高等教育法》和教育部有关规定制订本校的招生章程。高校依据招生章程开展招生工作。
招生考试办法	在高考综合改革省(区、市)招生的高校，要按有关要求提出招生专业(或专业类)对高中学业水平考试的选考科目要求，并向社会公布。省级招办要汇总在本省(区、市)招生高校的选考科目要求，并向社会公布。 有关高校制定的特殊类型考试招生办法须符合教育部及生源省份相关规定，且不得与本校招生章程内容相违背。高校特殊类型考试工作方案和招生办法经学校党委常委会研究确定后，报属地省级教育行政部门核定。
制定和调整招生计划	根据我国经济社会发展的需要，加强对人才需求的分析、预测，结合自身办学条件、毕业生就业情况和各省(区、市)的生源情况，做好招生专业结构、层次结构、区域结构的调整，自主、科学、合理地安排招生来源计划。高校对本校编制的来源计划负责，相关说明内容应简明扼要，且与国家招生政策规定、学校招生章程保持一致。
	高校经向其主管部门申请，并经教育部核准备案，可面向部分国家重点建设项目用人单位安排少量定向就业招生计划。
	安排跨省(区、市)招生的本科高校，在国家核定的年度招生规模内，可以预留少量计划，用于调节各地统考上线生源的不平衡。预留计划不得超过本校本科招生计划总数的1%。
	高校及其主管部门要切实加强对调整计划使用的管理和监督。高校应集体研究决定本校调整计划的使用原则，调整计划应安排在生源人数多、质量好的省(区、市)使用。

续　表

方面	主要内容
录取工作	高校和省级招办应按照"学校负责、招办监督"的原则实施新生录取工作。
	高校应按照向社会公布的招生章程中的录取规则进行录取。

高等院校的招生工作由校长和学校相关部门负责人组成的招生指导小组负责,同时招生办公室设有专职人员。根据教育部发布的《2024年普通高等学校招生工作规定》中划分的相关主体的招生管理职责并结合高职考试招生的工作实际,表6-13对高校在考试招生方面的主要职责进行梳理。

表6-13　高校在高职考试招生上的主要职责(2024年)

职责方面	主要内容
政策执行和补充制定	执行教育部有关招生工作的规定,以及主管部门和有关省级招委会的补充规定或实施细则
编制和调整招生计划	根据主管部门下达的年度招生规模及国家有关规定编制并报送本校分省分专业招生计划
招生章程	制订本校招生章程
组织招生录取	组织实施本校招生工作,负责协调和处理本校招生工作中的有关问题
	组织本校特殊类型招生考试工作,并对考试安全、疫情防控负责,依据《国家教育考试违规处理办法》《普通高等学校招生违规行为处理暂行办法》对违规考生进行认定、处理,并将违规事实处理结果报生源所在省级招办
	对录取的新生进行复查并负责协调处理有关问题
	履行高校招生信息公开相应职责
招生宣传、监管	组织开展招生宣传工作
	根据考生或者其法定监护人的申请,对高校有关招生录取行为进行调查、处理并给予答复
其他职责	承担省级招委会委托的评卷等工作,支持有关招生管理部门完成招生方面的其他工作

综合上述阐述,发现:(1)在高职分类考试工作的利益上,中央政府和省级政府的利益大部分是重合的,表现为促进人力资源的开发,促进人才的有序竞争、合理流动,保持社会团结和维护社会安定从而保持统治阶级的统治地位等;但是,省级政府作为中央政府在地方的代理人和执行体,[1]结合职业教育的区域性特征,其相比中央政府,利益还体现在了吸引或者留住本地优秀生源以未来满足本地区经济发展的人才需求以及地方政府官员对政绩追求的需要。

(2)在高职分类考试工作的权力上,国家权力主要由考试权和招生权两部分组成,考试权主要体现在,通过政策来规定考试的报考条件、录取条件、考试内容和方式等以达到公众意志与国家意志的相一致;招生权体现在,在社会公众委托和法律授予下,维持招生考试领域的公平、公正

---

[1] 袁明圣.宪法架构下的地方政府[J].行政法学研究,2011(01):99—105.

和正义。省级政府在考试招生工作上的权力来自于中央的让与,主要体现为被赋予了命题权和专科招生计划的编制权,省级政府为寻求更多的本位利益,有可能在政策制定和执行过程中产生和上级政府讨价还价的博弈行为。

(3) 在高职分类考试工作的职责上,考试权和招生权的权力行使和相关职责的履行主要依托相关主体单位来实现,国家层面的考试决策权掌握在教育部手中,由其把握改革方向,统一部署和指导改革方法和步骤,会同相关部门依托职责分工,共同做好招生计划、经费来源管理等方面;考试实行权和考试组织权由教育部直属的现国家教育考试院行使,结合高职考试招生的工作实际,其主要职责体现在指导作用(包括国家改革方案、招生计划编制、地方改革实施方案等),督导作用(高校招生职责履行、地方改革实施情况等),自行或授权其他单位进行命题研究、考试大纲等标准制定工作,考试研究和培训,考生权益维护等工作。在职业教育由省级政府统筹管理的体制以及考试命题权由中央下放至省区市的现实情境下,省级层面的招生考试委员会是考试权和招生权真正的拥有者,即在中央进行了顶层设计的前提下,由地方统筹将其细化和予以实现。

(4) 至于高校,高校能够招到自身理想的学生是其获得经济利益和知识利益的重要基础,其招生权的主要内容也是围绕着高校能够在与国家招生权的博弈中能够获取多少主动性。结合着《教育法》《高等教育法》和教育部有关规定,高校在高职分类考试中对于"单独招生"这种考试招生途径有着较大的权力,表现为在相关法律和规定下,组织考试、设置考试内容和考试形式、安排考试时间、自主进行划线录取等。但是,除了这一途径之外,高校在高职分类考试上的权责更多地表现为"执行""协调""配合"国家以及省级的考试管理部门和招生管理部门的工作,以及在相关管理部门的"委托"下承担阅卷等考务工作。

二、中央简政放权与强化地方主责之间存在政策期待与承接张力

(一) 省域间履职情况的差异导致政策供给的非均衡

中央政府给予了省级政府充分的统筹管理权和自由裁量权,国家政策多从总要求、总目标、总原则和实施进度对相关工作作出部署。上级政府框架性、指导性的政策给下级政府的自主运作留出空间,目的是便于因地制宜地推动政策创新,但同时,也有可能滋生地方政府在履职过程中仅满足最低要求的"温床"。[①] 当某一级政府在上级政府的权力让与下成为了一个具有独立经济利益的经济组织时,[②]该级别政府的"隐形经济人"身份便浮现,为寻求更多的本位利益,在政策制定和执行过程中便有可能产生和上级政府讨价还价的博弈行为。比如,将改革方案一拖再拖或者几乎照搬上级政策等。

调研中发现,省域间因基础条件不同而呈现出政策供给的非均衡状态。

[①] Florini Ann, Hairong Lai, Yeling Tan. China Experiments: From Local Innovations to National Reform [J]. Brookings Institution Press.2012,86(4):896—898.
[②] 吴红雨.地方利益、地方政府与地区一体化[J].中共浙江省委党校学报,2003(03):61—65.

其一，部分地区对分类考试理解片面，未能完整把握改革意义。访谈中发现，部分省级政府职能部门工作人员在认识观念上，没有准确和完整地理解分类考试的含义。部分受访者将分类考试窄化地等同为目前已经实施的单独招生、中高职贯通培养项目、对口招生等中职升学途径，认为只要高职院校的考试举行和现行高考分开了就是建立起职业教育的考试途径了，进而认为分类考试工作已经落实到位了。但实际上，现有的分类考试途径仅是一定程度上满足了中职生的升学需要，其在功能上还远未达到真正的分类考试所包含的意义。

具体说来，虽然单独招生、中高职贯通培养项目等现有考试途径一定程度上已经连接起了中等和高等教育阶段的职业教育，但这种衔接仅停留在表层，不仅考试成绩的流通性和项目自身的稳定性不足，而且大部分地区未在上述途径的考试内容和考试大纲上设置统一标准，也就未能有效杜绝不同学段之间衔接不畅、内容重复的现象。

对于分类考试的完整含义来说，独立设置的职业教育考试制度不仅为中职学生打通向上成长的通道，也将中职和高职专科、职业本科在内容上衔接起来，以实现职业教育人才培养的系统性和接续性。实现这一目标的前提是，考试相当于一个区分和连接中职教育与高职教育的"旋转门"，而中职和高职两个阶段的专业设置、培养目标、课程体系、培养方案等，均可以通过"旋转门"的转动实现对应和衔接。以此来看，分类考试改革的完整意义还未得到一些政策主体的完整准确理解，那么改革效能自然也就未能得到充分释放。

其二，部分地区改革任务不够细化，满足于一般化部署、原则性要求。省级政策作为国家宏观政策的"配套政策"和"实施细则"，其本身的制定水平影响后期政策落地能达到的效果，如果具体操作性的办法缺席则会大大弱化政策的实际指导意义。调研发现，部分地区仅对分类考试进行了一般化部署和原则性要求，改革任务泛化，致使改革与分类考试提出之前相比，处于停滞状态。

例如，国家政策从考试依据、分值比例、考试形式等对"文化素质＋职业技能"的评价方式提出整体要求，而作为工作实际来说，考试大纲制订、试题命制、考试组织和实施（包括考场确定和布置、考点以及考务人员选聘与管理、考务）、评分阅卷、成绩公布和管理等方面的"配套"是真正完善"文化素质＋职业技能"的过程体现，上述环节是否得到周密安排，直接影响到评价方式是否完善、是否满足考试科学性和组织规范化要求。

调研发现，部分省份未就上述问题作出应有的进一步具体部署，在完善"文化素质＋职业技能"评价方式方面的相关表述与国家政策表述并无二致。正因如此，有些地区的分类考试仅以高职院校的单独招生这一种形式为主，考试监管也仅覆盖到汇总和公布招生院校的招生章程、要求招生院校的招生信息公开和录取名单上报等，这显然与国家要求的地方履行主体责任和健全多级监督管理体系存在较大差距。

（二）缺乏命题研究支撑成为多数地区办考的薄弱环节

职业教育考试的命题研究处于刚刚起步和极其薄弱的阶段，命题工作直接关系到考试的科学性和公信力,这方面工作交给各省独立去做,对于多数省份来说确实会因为专业能力缺失而难以保证质量。

对此,有受访者建议要提高这方面的管理重心。"个别省可能在自己省内有一些职业技能测试的考题开发、考题研究的立项,但是做得也是比较艰难,而且还没有推广到全国。实际上,国家应该及时把一些基础比较好的省级方案全国推广一下。"(S133-1-1,东部某省教育厅职成处副处长)

"国家可以牵头让若干做得比较好的、基础比较好的省份把考试大纲对照着国家的专业目录做出来,然后各个省在组织本省技能考试的时候结合实际情况来进行增减和细化或者也可以补充进去本地特色的专业和内容,国家规定宏观的,省里把握操作层面的"。(G135-2-2,东部某国家"双高"计划高水平专业群建设单位副校长)

由此看,一些地方之所以职业技能测试进展有限,很有可能是由于专业能力上的不足导致的"观望不前"和"延后执行"。

(三) 不同地区职教发展基础差距较大,改革局势不相一致

调研过程中发现,一些地区尤其是西部地区的职业教育发展基础较为薄弱,表现为:一是高等职业教育仍处于起步阶段。

例如,有受访者提到"我们那边现在只有12所中职,1所高职,2所高专。边远地区学历层次高的这种确实是很少,所以说你指望它1所对12所开展中高职贯通压力很大,所以第一步是至少要争取在几个人口比较多一点的地市设高职,中本贯通这些我们还没有,远远没有达到那个阶段。"(S354-1-1,西部,省教育厅职成处副处长)

二是学生在中职后继续接受高等教育的需求尚不够大,因而先发地区已产生的诸如"中高职贯通""中职生升学需求被抑制"等问题在后发地区还不突出。

例如,有受访者指出"本省中职毕业之后大部分是就业的,所以还没有遇到东部地区普遍性的'升学焦虑'问题。我们省中职升学比例低的原因,一方面是升学渠道上比较窄,另一方面是中职三年的最后一年顶岗实习去了,升学考试复习时间不能保证,所以实习结束后他们没再回来读书,加上本省也属于劳动力输出大省,相当一部分中职学生认为毕业后就业是第一选择,对于学历追求,没有东部地区那样热切。"(S353-1-1,西部某省教育厅副厅长)

由此看,由于各省职业教育发展的基础条件差距较大,因而在国家采取省级统筹的管理体制,允许地方因地制宜地开展改革、杜绝"一刀切"的做法是可取的。但是同时,国家考试管理部门如现国家教育考试院应履行其指导、督导、研究和培训等职能,督促各省的改革处于推进状态而非"消极执行"。

正如有受访者所提出的,"建议国家加强分类考试改革的督导,各个省到底做成什么样,看各个省有没有落实,形成一个闭环。"(S354-1-1,西部某省教育厅职成处副处长)

三、省级统筹与院校自主的两难及责权利不对等

（一）部分地区院校牵头组考造成的责权利不对等

就"文化素质＋职业技能"评价中的技能测试而言，接近半数省份的技能操作考试以全省统一、分点实施、专业大类组织的形式开展（湖北、黑龙江、重庆、宁夏、山东、四川、河北、江苏、福建、云南、山西、浙江等），这些省份中，相当一部分省的职业技能测试考试方案以"委托"形式交由个别院校牵头制定，即由省级招考机构选定若干个主考院校，由其牵头，联合其他院校共同负责职业技能测试的考试方案制定、试题命制、考试说明制定，被选为考点的院校需要承接全省考生到该校考试，考后在省级考试管理机构"授权"下公布分数线、录取结果等。

例如，广西在《自治区招生考试院关于做好我区 2024 年高职院校分类考试招生工作的通知》中表示，"考生须参加所申报院校组织的高职单招、退役军人单招或高职对口招生测试并取得相应成绩。测试工作由各院校具体组织实施"。在测试命题方面特别提到，"各院校要严密组织、规范管理命题工作，成立专门工作机构负责命题工作，并制定工作方案于 2024 年 2 月底前报我院审查备案……试题应当符合考试目标要求，具有较高的信度效度、必要的区分度和适当的难度，不出偏题、怪题和没有考查意义的题目……各院校须在测试结束后 10 个工作日内，将试卷（一式三份）报我院备案（多所院校联合组织测试的由牵头院校负责上报）[①]。又如，山东省在《关于印发 2024 年春季高考统一考试招生技能测试工作实施办法的通知》里，就评卷及成绩发布方面提到，"春季高考技能测试评卷、统分和成绩发布工作由各主考院校负责。……主考院校在各自规定的时间段内，在学校网站向考生提供成绩查询。考生对成绩如有疑问，可于成绩正式公布次日起 3 日内，向主考院校申请成绩复核，逾期不再受理"[②]。

通过前文梳理，在职业教育由省级政府统筹管理的体制以及考试命题权由中央下放至省区市的现实情境下，国家考试管理机构的职责主要体现在指导作用、督导作用以及考试研究、标准制定工作上；省级层面的考试管理机构在中央顶层设计下负责细化和落实考试改革，是考试权和招生权真正的拥有者，因而理应是考试方案制定、考试组织的真正"责任人"；高校的招生自主权仅在单独招生、特殊类型招生上具有较高的权力完整性，在其他类型考试上更多的是"执行""协调""配合"和在"委托"下承担阅卷等部分考务工作的角色。

然而，部分省区市的"文化素质＋职业技能"评价中的技能测试，省级考试管理机构以"委托"形式指定部分院校几乎完整地承担了组考工作，不仅将命题权拨付与主考院校，还将诸如"考试方案制定""考试组织""命题""阅卷评分""考试安全""划定分数线""分数公布""录取"等多个本属于省级招考机构的职责范围的工作都交予主考院校负责。

[①] 广西招生考试院.自治区招生考试院关于做好我区 2024 年高职院校分类考试招生工作的通知[EB/OL].(2023－10－31)[2024－08－25]. https://www.gxeea.cn/view/content_1013_29597.htm

[②] 山东省教育招生考试院.关于印发山东省 2024 年春季高考统一考试招生技能测试工作实施办法的通知[EB/OL]. (2024－01－30)[2024－08－25]. https://gaokao.chsi.com.cn/gkxx/zc/ss/202402/20240201/2293255917.html

调研中,多个所在学校参与了上述被"委托"组考的院校负责人表示,主考院校承担了超于自身责权范围的工作量,反映了部分地方省级统筹不够、责任担当不强的问题。

例如,有受访者所在院校承担了该省不止一个专业大类的组考工作,他表示,"省考试院委托组考院校来出题、组织考试、评分甚至录取,这本不属于学校的职能,我认为这某种程度上就是省教育考试管理机构的不作为。"(G135-2-1,东部某国家"双高"计划高水平专业群建设单位副校长)

就这一问题,某省虽也采取了指定主考院校负责相应专业大类技能测试组考工作的办考方式,但通过"分区划片",即在全省不同方位设置多个院校共同负责一个专业大类的技能测试的方式来分解组考压力,得到了该省受访者中组考院校之一的认可。

"我省的技能测试也是由组考院校来负责,但是省的面积比较大,考生又多,所以一个大类不止一个组考院校,按照地区来划分的,可能几个临近的地级市集中到一个组考院校来。而且我们命题是由技能考试专业大类联考委负责的,组考院校更多承担的是考务方面的工作,相近地级市集中到一两个院校考试,省教育考试院牵头把工作统筹起来,院校配合,这样蛮好。"(G132-2-1,东部某国家"双高"计划高水平专业群建设单位某系副系主任)

同样,为了分解院校的组考压力,浙江从2022年开始,职业技能考试由省统一制定各类别合格标准,市县组织实施,……职业技能操作考试时间、地点、形式等由各市县自主确定。①

此外,由院校承担组考任务的主要争议点除了试题命制、分数线划定、录取等超出了高校职责范围,从而给其造成了巨大压力之外,受访者们还提及较多的一个问题是,组考经费不能得到保障。

例如,有受访者提到"技能考试组织起来很耗费人力、物力、财力、精力。一个是程序很严密,我们都很紧张,老怕出事儿,老怕哪个环节出问题。另外这个也花费很多钱的。所有的辅料都是学校出钱。教育厅说补助,但经费根本覆盖不了花费,学校承担这个组考任务都是贴钱干活。"(G137-2-1,东部某国家"双高"计划高水平专业群建设单位党委书记)

同样的意见也被另一个省的受访者提到,"全省三四千人都来这一个学校考试,压力很大,投入也很大。考生虽然交了报名费,再由教育厅给组考学校,但入不敷出,我们可能平均一个考生还要贴一百块。原先承接这一块呢,也算是半自愿半强制吧,反正这个活就是你们干了,而且还不能出问题,出了问题还要追责。"(G133-2-3,东部某国家"双高"计划高水平学校建设单位教务处处长)

---

① 浙江省教育厅办公室.关于做好2021年单独考试招生工作的通知[EB/OL].(2021-04-20)[2021-10-25]. http://jyt.zj.gov.cn/art/2021/4/20/art_1532983_58916929.html

这一问题需要引起重视,因为以技能为基础的考试招生模式实施成本较大,如果相关主管部门不能保障一定的教育投入,未就经费保障机制进行完善,[①]长此以往,会因物质保障不足而影响到考试组织质量,进而损害考试公平性。

(二) 统一考试与院校自主在职教考试招生上的两难

在政策或制度实施过程中,会有代表各自需求的不同利益主体参与其中。高职分类考试是来自权力部门(教育行政机构)、公共服务机构(高等职业院校)、个人(教师、学生及家长)等"行动者"之间因高职招生、技能型人才培养等目的聚集在一起,互动过程中权衡不同"行动者"利益关系的产物,"行动者"之间由于立场不同、价值观不同、利益诉求不同,会产生一些难以调和的矛盾,[②]体现在办考工作上便是统一考试与院校自主的两难。

本校最适合什么样的生源、本校能够为该类生源提供怎样的培养方案以及这样的培养能够给该类生源带来怎样的发展等问题上,高等院校具有很大的发言权,这在高校明确自身使命的基础上,通过制定本校的招生策略和筛选标准来实现,并通过向社会公布的招生章程来呈现。

2002年,国务院《关于大力推进职业教育改革与发展的决定》首次提出"高等职业学校可单独组织对口招生考试";2005年,上海部分高职院校开始由学校依法自主进行入学考试、确定入学标准和实施招生录取;到2007年,教育部同意江苏、浙江、湖南、广东等四省在部分示范性高职院校中开展单独招生改革试点,后来试点学校范围与试点区域逐步扩大。现如今,单独招生(亦有省份称之为"提前招生""自主招生")已经成为高职考试招生的主要途径之一。

招生自主权于高等职业院校而言,还因为职业教育特有的区域性特征而显得更为重要。区域职业教育的发展程度,往往与该地区经济社会的发展程度具有高度的正相关性。国务院《关于加快发展现代职业教育的决定》明确要求专科高等职业院校要培养服务区域发展的技术技能人才。

这表明,区域特色鲜明的职业教育要体现产业经济的区域特色。同时,由于各地区自然资源和区位优势的差异,支柱产业、特色产业、适合发展的重点产业各不相同,该地区的产业结构和产业形态各不相同,那么作为为区域产业经济的发展服务的职业教育,也会被深深地打上"区域"的烙印。

由此看,在招生自主权落实与职业教育区域性特征的双重因素下,高职考试招生的组织层次不宜过高,从充分尊重职业院校在面向市场办学时人才培养的自主性出发,职业院校的考试招生应由院校自主组织。

正如有位受访者谈到的,"现在我们基本上就只有编制招生计划结构的自由、对于考试设计等真正体现招生自主权内涵的东西没有体现。职业教育本来就应该是开放办学的,根据考生先前的基础以及与专业是否适配来决定录不录取。但是现在,除了单独招生,大批通过统一考试招收学生,考的是最具一般性的东西,很难考出学生个人的潜质和基本能力。尤其是按照批次录

---

① 刘晓,陈乐斌.百万扩招背景下的高职招生制度改革:现实诉求与改革路径[J].高等职业教育探索,2019,18(05):1—7.
② 凌磊.被赋予的多样性:我国"职教高考"制度的困境与出路[J].中国高教研究,2022(01):63—68.

取,学生填报志愿的第一逻辑是能否稳上而不是出于个人兴趣。我们为什么做不到国外那样'开放入学''开放招生'呢?让学校和学生真正实现'互选',如果说现行高考的高利害性不适合这样,我们职业院校作为面向市场开放办学的教育类型,完全可以灵活一些。"(G362-2-2,西部某国家"双高"计划高水平专业群建设单位校长)

但是,从省级教育主管部门的立场以及中国国情下公众"唯政府"才能够提供权威性和公信力的考试的心理特点来说,考试的统筹层次过低一定程度上会影响公众对考试的"公信力"印象。而且,从以院校为单位单独组织考试,其考试结果是否等值可比的角度来说,考试组织的重心不宜过低,以"全国一盘棋"的形式或者至少全省统一的形式来组织招生考试似乎更有效率、更加可比和可控。

然而,统筹重心较高地来组织招生考试,同样面临不小的挑战:

一是职业教育的区域性致使不同地区即使相同的专业也往往具有不相一致的培养内容,这使试题命制以哪些地方的教学内容为主要依据成为一个争论点。

二是中职阶段的职业教育已经是一种专业教育,其不像普通高中教育那样无论文理科所面对的考试科目是有限的,如果要求省级考试管理机构为本地区每一个中职教育的专业都开发出若干套考试题目,如此浩大的工作量确实让其一时之间难以完成。

三是职业技能测试的考试形式为操作考试,现行高考的纸笔测试尚可做到全国同一时间开考,如果技能测试也采用相同组织方式,那么意味着要在全国范围内或是同一省市范围内同一时间组织技能考试,这样做的可操作性很低,不仅在于组织上的困难,还在于要在全国范围内普遍地建设起用于技能考试的考试站。这其中不仅涉及考试场地、设备的标准难以完全统一的问题,还涉及公共教育经费难以承担后续更新、维护费用的问题。[①]

实际上,在分类考试改革中,是尊重院校的招生自主权力、完全使其以自主命题、自主考试的行使进行招生,还是提高管理中心统一考试、使得考试成绩更具有流通性?客观来说,这两种方式各有优缺点,作为省级教育主管部门的受访者,对此问题也表达了政策制定层面的矛盾心理。

例如,有受访者提到,"职业教育不像普通教育那样是按照学科出卷的,职业教育它比较特殊的地方在于专业数量非常多,而且试题命制有一定难度。全省统一考试,按理来说,是比较受大众认可的,也便于统一划线、让学生能凭成绩报考多所学校,而不像是单独招生那样一家家去考。但是统一组织也有弊端,因为专业比较多,现在是按照专业大类组织技能测试,这就导致部分中职专业的学习特色没有在大类中体现,考的是专业大类里面共同的基础课。总的来说,考试效率、成本控制与考试内容信度效度之间的矛盾比较难解决。"(S131-1-1,东部某省教育厅职成处主任科员)

综合上述阐释发现,统一办考与院校自主的两难问题确实一时之间难以得以解决。换言之,职教高考制度建构的可能性,正在受制于其考试内容与方法上的不可能性。客观地说,没有完美

---

① 徐国庆.作为现代职业教育体系关键制度的职教高考[J].教育研究,2020,41(04):95—106.

无缺的制度,选择哪种制度模式主要取决于其能否最大限度地满足制度的目标要求。

从目前所处的阶段来看,以统一形式来组织招考更符合当下的文化心理和发展阶段。但是,优化政府、院校在考试招生上的权力配置[①],使统一考试与院校自主达到一种"协作"办考关系,是未来要努力的方向。

第四节 高职分类考试并不等同于职教高考

一、高职分类考试的项目化特征及主要问题

2014年,省级统筹下的分类考试改革在全国铺开,这对于我国探索构建符合职业教育类型特色的考试招生制度来说是较大的突破,但我们只能把它视为我国职业教育考试招生制度改革的一个过渡阶段。原因在于,虽然高职分类考试改革有一些进步和成就,但仍然存在缺陷,最大的问题在于高职分类考试途径均带有项目化的基本特征。

项目是以事为本位的动员组织方式,是由特定的组织在有限的时间和资源限制内实现明确的预期目标,无论是机构、资源还是其本身都不可避免地带有一种临时性。[②] 高职分类考试途径整体上可分为弹性项目和固定项目,弹性项目以长学制贯通项目为代表,固定项目以单独招生、对口招生、技能高考等为主要形式。长学制贯通项目作为弹性项目体现在,通常它是由中等学校与高等院校一起向省级教育主管部门申请接续人才培养项目,学生前三年在中职学校就读,经过转段考试后进入与中职学校合作的高等院校就读。长学制贯通项目的组织形式通常是院校自下而上地向上级教育行政部门申请来发起设立,项目质量、项目内容等多由项目发起者自身决定,这符合"弹性"一词的"一个变量相对于另一个变量发生的一定比例的改变的属性"的内涵解释,因而被命名为弹性项目。单独招生、技能高考、对口招生等途径之所以被命名为"固定项目",在于上述途径通常是由省级教育主管部门自上而下组织设立的,模式相对统一、内容相对固定。

基于上述分析,高职分类考试途径整体呈现出项目化特征,这存在一些问题。

首先,无论是固定项目还是弹性项目,最大的问题在于,考试能够通向的结果是相对固定和预先设置的,选择余地较小。参加现行高考的学生,基本上有机会能够进入全国的普通本科学校、本科层次职业学校和高职(专科)学校就读(此处暂不讨论新高考改革中选考科目对于报考院校和专业志愿的影响)。但是目前,参加高职分类考试的学生,仅能够升入本省的部分本科院校和高职(专科)学校。一言以蔽之,从考试结果的应用来看,现行高考能够为考生选择适合的高校和专业提供充分的选择机会,[③]但是,高职分类考试作为省级政府统筹下的还处于初步建立阶段

[①] 刘世清,崔海丽.高校招生自主权:历史嬗变与困境突围[J].华东师范大学学报(教育科学版),2018,36(03):125—134+170.
[②] 王雅静.教育项目制:高职教育的项目治理逻辑[J].现代教育管理,2020(02):123—128.
[③] 徐国庆.作为现代职业教育体系关键制度的职教高考[J].教育研究,2020,41(04):95—106.

的公共制度,①即使一些省份已经使用了"职教高考"的名称来替代高职分类考试,但实际上其在功能上还远没有达到职教高考制度应有的效果。

其次,项目化的问题还在于项目的不稳定性。调研中发现,无论是长学制贯通项目还是对口考试,即使是全省统一组织的考试,招生计划、招生院校和专业在本就选择有限的情况下,数量和质量还不稳定,这给作为考生的中职生和作为下一级学校的中职学校极大的不安全感和无奈感。如果项目本身不够稳定,那么项目质量的高低变化便在所难免,而且也将影响教育主管部门对其的财政投入。因为当项目随时都有变数的情况下,考查项目质量的依据也因具有"飘萍"特质而难以把握。由此来看,项目化的高职分类考试途径决定了它不可能成为我国职业教育考试招生的最后途径,仍需要在其基础上将改革继续深入下去。

二、职教高考制度作为高考制度的应然特征

职教高考制度本质上既是"高考"也是"制度",这决定了其具备一些应然特征。一方面,职教高考制度作为高考,如前文所述,其能够发挥一系列作为高考才能发挥出的功能。具体说来,一是对个人和社会进行人力资本开发和培养的教育功能,二是影响中等教育的教育教学及办学导向的指挥棒功能,三是作为高等院校的招生考试的筛选和选拔功能,四是促进社会流动和维护社会安定的社会功能。前文也曾就职教高考的制度功能做过专门阐述,其作为指挥棒能够影响中职教育的教育教学内容和办学定位,其作为筛选器能够作为高等职业院校的招生入学考试,其作为增长极能够完善技能评价和承认技术技能积累,其作为扩容器成就有边界和有选择的升学竞争,其作为分流阀能够促进初中后教育分流更加理性合理。

此外,本研究经过分析论述,认为职教高考与现行高考是差异协同等值同效的关系。这意味着,职教高考作为高考体系的其中一个轨道,其与现行高考一样,亦是一种统一的高等教育资源分配机制,而且职教高考与现行高考的考试成绩等值同效。考生凭借职教高考成绩也可通往相应大学就读,而无须仅依赖现行高考来获得高等教育机会。

另一方面,制度因其属性引致了其指导性、约束性、权威性、强制性、程序性。② 职教高考制度作为制度,其能够发挥出作为制度的诸如引导与规范、激励与惩罚、调解与建构等一系列功能。③ 具体说来:

其一,职教高考制度的引导与规范功能,意味着制度规定了人们通过职教高考能够升入怎样的院校、通过怎样的考试升入院校,以及这样的考试该由谁组织、办考主体又该依照怎样的权责分配来促成制度运行。借助制度提供的规则信息,复杂的不同主体间的行为关系变得更易理解、

---

① 邱懿,薛澜.我国高等职业教育考试招生制度现状、问题与展望[J].中国考试,2021(05):33—39+55.
② 丁志刚,于泽慧.论制度、制度化、制度体系与国家治理[J].学习与探索,2020,(01):38—43.
③ 柳欣源.义务教育公共服务均等化的制度构建[D].上海:华东师范大学,2017:54—55.

更可预见和更加有序,为人们的分工与合作提供规范,从而保证活动有序开展。

其二,职教高考制度的激励与惩罚功能,意味着制度一经确立就要执行,执行的效果通常用激励与惩罚、限制与否定去维护。制度的引导和规范作用决定了职教高考的科目和权责分配,当组织内的个人偏离组织的目标和规则时,激励和惩罚的作用就相应地需要发挥作用了。同时,通过建立激励制度同样也可树立权威、确认正确行为,从而激励个人遵守组织倡导的规则。

其三,职教高考制度的调解与建构功能,意味着通过特定的制度设计而在不同层次、不同程度、不同范围内,以不同方式、不同内容、不同角度,调节和优化着资源配置方式,从而扶弱固强,维护区域间、群体间的发展平衡和社会公平。

三、目前的高职分类考试与职教高考不等同

目前的高职分类考试既不具备高考的功能,也不具备高考作为制度所具备的特殊属性,在内涵以及功能上均不能与职教高考等同。

一方面,高职分类考试在考试结果、考试地位上还无法与现行高考相提并论,即其与现行高考之关系不是职教高考与现行高考那样的差异协同、等值同效的地位。原因在于,现行高考是国家层面的教育考试制度,由国家统一设置和进行,因而考试结果的应用具有广泛性。但是,作为新高考改革背景下的高职分类考试,其在各省的统筹下进行,成绩应用非但不出省,即使是在省内也无法凭借该成绩实现在院校志愿上的充分选择。

另一方面,高职分类考试也未能充分发挥出职教高考才具备的"指挥棒""筛选器""增长极""分流阀"功能。

其一,高职分类考试由众多考试途径一起组成,不同考试途径的考试内容和考试形式不尽相同,虽然其能够一定程度上为特定高等院校选拔和输送中等教育阶段的考生,但是由于招考缺乏统一通道,并不能够发挥出对于中等教育教育学内容和办学方向的"指挥棒"作用。

其二,高职分类考试虽然在"文化素质+职业技能"评价方面探索出了一系列可行的操作办法,有部分省份还通过完善配套改革、加强政策制定使考试在科学性、规范性上已经达到了一定的水准。然而,地方对于考试大纲、试题编制、考试常模、评分细则、分卷考试、阅卷规则、题库建立、标准分数制度等方面的标准建立本质上仍是地方标准,而地方在制度设计时主要立足于本地实际,往往解决的是中观层面甚至微观层面的问题。[①] 而且,这样的标准也未通过学习效应而政策扩散至全国进而发挥在更大范围内发挥作用。因而,高职分类考试也就未能充分发挥出如职教高考般的"增长极"的作用。

其三,因为高职分类考试途径整体上呈现出不稳定的项目化特征,其对于中等教育阶段的学

---

① 肖冰.职业教育国家制度建构的路径依赖与关键节点——兼论"职教20条"的制度意义[J].高等工程教育研究,2020(05):140—146.

生吸引力尚且有限,也就不会对初中后的普职分流产生较大的理性分流的带动作用,因而也就不能充分地发挥出职教高考的"分流阀"功能。

职业教育的考试招生制度改革,伴随着职业教育追求与普通教育的平等地位、强调类型特色、建设现代职业教育体系的进程。如第三章所述,从职教高考制度的价值与预期目标上看,其目的不是仅仅为了解决中职生的升学问题,它还将以其是一种评价手段的变革而发挥"牛鼻子"的带动作用,不仅能够从内涵上衔接三级职业教育体系的教学内容,从功能上实现中职生可通过职教高考进入任一职业院校的任一专业就读,[①]助力完善技术技能人才的接续培养,还能够引导初中后的普职分流从硬性分流向理性分流转化等。面对这样的价值目标和发展需求,从项目化走向制度化是职业教育的考试招生必然选择。

前期,项目化的高职分类考试途径的确也有约束和规范的一面,但该约束未具有普遍性,而且约束未达至内涵层次,也未能使相关主体在价值认同的基础上转而将相关约束要素化为内在的自觉行动。

知识的层次性决定了考试内容的位阶关系,高考的考试内容既要反映高等教育对人才选拔的基础要求,也要顾及中等教育的教育内容与教育实际。高考将这二者共同熔铸在考试内容和考试形式之中,并以此来检验考生是否具备进入高等教育继续学习的潜力和基础。在这个过程中,高考及其考试内容发挥了区分和连接中等教育与高等教育两阶段内容的"旋转门"的机制作用——既可以有效筛选出能够进入高一级培养规格的技术技能型人才,也可以有效促成技术技能型人才培养规格的螺旋式上升。[②]

但是目前,省级统筹的高职分类考试途径基本还不能形成这样的"旋转门"机制。单独招生、对口招生、长学制贯通等考试途径,在一定程度上连接了中高职教育,但是由于各地在考试内容和评价标准上缺乏统一性,也就未能有效杜绝不同学段之间衔接不畅、内容重复的现象。

制度要能够稳定、连续、系统地运行,从而摆脱突发的、碎片化的、临时的状态。职教高考作为一项制度,有稳定并周期发生的行为模式,不仅有完整的制度基础,还以制度的约束力将其价值内化,让刚性的制度成为人们内在的自觉行动,以自身工作助力制度目标实现,而这也是实现职教高考内涵衔接功能、升学选择功能的重要前提。

未来,职教高考要瞄准"指挥棒""筛选器""增长极""扩容器""分流阀"功能以及其与现行高考的差异协同、等值同效之关系,从规则性、规范性和文化-认知性三个制度要素入手,加强资源统筹和资源配置,找寻有效载体,健全相应机制,全方位推动职业教育考试招生从高职分类考试的项目化向职教高考制度的制度化进化,从而完成作为独立、专门的职业教育考试招生制度的职教高考制度的自我建构。

---

① 陈子季.用制度体系促进职业教育高质量发展[N].中国教育报,2019-12-10(01).
② 姜蓓佳,徐坚.构建职教高考制度的动因、意义与行动[J].国家教育行政学院学报,2022(02):54—62.

第七章　职教高考制度的基本构想与实施路径

如前文所述,已经有不少地方将本地区的高职分类考试称为"职教高考"。但是,本研究认为,目前各地的分类考试在内涵功能上尚不能与职教高考等同。本章讨论从高职分类考试改革向职教高考制度的转向问题。首先,在前述章节政策梳理和实证调查的结论基础上,总结分类考试改革为职教高考提供的制度基础。之后,基于目前阶段确立职教高考的模式选择,对该模式的职教高考制度构建的总体思路进行梳理和阐明。再次,结合理论与实践的平衡,勾画本研究所提出的职教高考模式的框架体系及其运行方式。最后,基于前述章节所展现的高职分类考试中各个利益主体之间的互动关系,以及考试内容、考试形式等考试关键要素与考试整体运行之间的作用机理等影响因素,在新制度主义制度化实现机制分析框架的指导下,提出推进职教高考制度化的实现机制。

第一节　高职分类考试为职教高考提供的制度基础

一、考试模式上形成了统一考试与单独考试两种类型

时至今日,高职分类考试改革已经走过了近10年之久。虽然2013年教育部《关于积极推进高等职业教育考试招生制度改革的指导意见》,明确了以高考为基础的考试招生办法、单独招生、综合评价、面向中职毕业生的技能考试招生、中高职贯通招生、技能拔尖人才免试招生6种高职院校分类考试途径。但实际上,现行高考、综合评价、中高职贯通以及技能拔尖人才免试入学4种考试途径,或少被中职生选择,或不属于中职生的升学途径,或以项目化形式开展而不具有考试结果应用的地域广泛性和院校普遍性。

本研究通过对全国31个省区市分类考试改革政策文本的梳理和对12个省区市的访谈调研发现,作为地方性教育考试,高职分类考试在各地实践过程中呈现出多种组织样态,甚至考试名称也不甚繁多(如前述章节,表6-7所示的各省面向中职毕业生的对口考试名称,28个省区市呈现出16种名称之多)。但是,整体上从考试模式来看,可以总结为全省统一考试和院校单独考试两类模式。

对于全省统一考试,通常意味着由省级教育主管部门统一举行考试和统一划线录取。其中,文化素质考试通常为全省统一组织,职业技能测试的考试方式为全省统考或院校单考或多校联考。在实际中,湖北省的技能高考、山东省的春季高考、上海市的三校生高考、河南省的对口招生考试、浙江省的单独考试、江苏省的对口单招等均属于统一考试模式(即使其中个别地方使用了"高考""单独"等字眼,但其在性质上仍属于全省统一考试模式)。

然而,政府主导的统一考试,实际上仍未走出"对口招生"①的固有模式,而且选择性和稳定性都不充分。虽然,考试流程上要经过院校和专业填报、统一参加考试、统一划线录取,但是,学生基本上能够报考的专业和院校仍然局限在省内。易言之,看似组织重心较高、有选择余地的考试模式实际上还是"配菜模式",而非如现行高考那般的"自选模式"。至于稳定性,即使是全省统一组织的考试,但也不乏一些地方的招生院校、专业和计划数几乎"一年一变"。

对于院校单独考试,通常意味着文化素质考试与职业技能测试均交由招生院校自主举行,省级教育主管部门仅从高校招生章程的发布和执行来宏观指导和监督考试招生工作。单独招生模式是高职分类考试中地域普及最广泛、最能体现高校招生自主权的考试途径。可以说,高职院校的单独招生是目前高等院校招考中对于高校招生自主权展现得最彻底、地域开展范围最普遍的考试招生途径。在实际中,海南省的对口单独考试招生、浙江省的提前招生、上海市的自主招生、山西省的单独考试招生等均属于单独招生模式。对于单独招生模式,碍于我国公众在心理上有一种"唯政府"才能够提供权威性和公信力的考试的认知,以及高职院校在长期的统一招考制度影响下,往往缺乏主动用权的意识、合理用权的能力,在行使自身招生自主权时重视"招"轻视"考",因而制约着这类模式的实施效果。

综合上述方面,无论是政府主导的统一考试模式还是院校主导的单独招生模式,在地方上均已形成了较为成熟的操作流程,其现有的这些流程均可以为未来升级为职教高考奠定比较好的组织资源、物质资源和人力资源基础。但是,这两类考试途径也都有着比较明显的缺陷,而这些缺陷更是未来职教高考需要考虑突破的地方。

二、考招环节上形成了考招统一与考招分离两类模式

考试招生是人才选拔、分流的入口,顾名思义,是通过考试的手段筛选、分配及调节全社会的入学机会。招生和考试在本质上是两个不同的环节,招生指的是围绕学校培养目标寻求培养对象,考试指的是在教育过程中对学生的知识、技能、各项能力与素质的测量,但由于我国长期以来将考试成绩作为招生录取的唯一标准,因而二者在理论与实践中常常一起出现。实际上,

---

① 制度雏形来自于1999年教育部、国家计划委员会《关于印发〈试行按新的管理模式和运行机制举办高等职业技术教育的实施意见〉的通知》里开创的"对口招生考试"。该文件首次提出"招生对象主要面向当年参加全国普通高等学校统一招生考试的考生,也可招收少量的中等职业学校应届毕业生。由省办统一择优录取。对招收相关或相近专业的少量的中等职业学校应届毕业生,其文化课和职业技能水平应由省级招生部门单独组织考试,并确定具体的录取标准。"

虽然考试先于招生且服务于招生,但考试不应是招生的唯一依据,二者应该从主体、职能、责任、手段上予以分离,使得相关主体各司其职、各归其位,形成多方协同、多环联动的格局。①时至今日,地方在实行高职分类考试时,在考试招生两个环节上形成了考招统一和考招分离两类模式。

考招统一是绝大部分地区选择的模式,表现为无论是政府主导的考试模式还是院校主导的考试模式,组织考试和招生的主体相对统一。对于考招分离,广东、海南和甘肃在职业技能测试上的做法初步呈现出了"考招分离"的特点。广东的职业技能测试以获得省教育厅公布的证书之一为替代,由招生院校根据人才培养需要和各专业学习情况提出各招生专业的具体证书要求,报考本科院校额外参加由院校自行组织的职业技能操作考试。甘肃对于职业技能测试进行了按专业的统一笔试,操作考试以加分制形式进行,按照考生所获的与所学专业相关的国家职业技能等级证书或者在校期间参加国家、省、市、县(校)级技能大赛成绩的级别来进行赋分,从而代替了职业技能测试的组织。实际上,这样的评价方式在一些早期国家政策中已经有迹可循,但是碍于当时的教育发展背景,并未在实际中得到有效落实②。如今,甘肃、海南和广东的实践可谓是对上述政策指导的一种应用。

2013年11月,党的十八届三中全会就推进考试招生制度改革,提出探索招生与考试的相对分离,以能够实现考生具备多次选择的机会、学校能够依法自主招生、专业机构负责实施、政府仅进行宏观统筹以及社会参与监督的考试运行方式,从根本上解决"一考定终身"的弊端。③ 实行招生和考试分离,被看作是学生摆脱"分数"束缚、完善政府教育治理体系、提高教育治理能力的重要手段,助力完善考试制度改革的关键一招。④

如果从政府职能转变、扩大高校招生自主权、深入推动教育管办评分离改革等背景来看,职教高考应朝着由专业化机构办考、招考分离或者高校自主招生的方向办考。但是,以证书取得来替代组织职业技能测试的前提,是证书要能够较为准确地对应和基本覆盖招生专业,以及能够准确而完整地反映招生院校对于考生职业技能方面的考查要求。

从目前海南、甘肃和广东的实践来看,对相关利益主体的访谈发现,招考分离在形式上目前看似可行,但在科学性上却正在受制于技术支撑程度和关键要素的欠缺。沿着这一思路,虽然职业技能测试可以由职业资格证书、技能等级证书代替,这样既可免除额外组织考试的繁琐和局限

---

① 周海涛,景安磊.招考分离的意义、内涵和路径[J].中国高教研究,2014,(10):8—10+51.
② 2002年,国务院《关于大力推进职业教育改革与发展的决定》提到中职生报考高职院校单独组织的对口招收时,如果考生已经具备专业相应的中级职业资格证书则可免除技能考核,这是国家政策中较早的对于中职生的考试招生的技能考核可由职业资格证书代替的表述。2021年11月,教育部办公厅《关于进一步完善高职院校分类考试工作的通知》在完善职业技能考试部分,针对新时期的高职分类考试提到,"鼓励有条件的省份,对相关职业技能大赛获奖或取得相关职业技能等级证书的考生,报考相关专业可免职业技能考试"。
③ 第十八届中央委员会.中共中央关于全面深化改革若干重大问题的决定[EB/OL].(2013-11-15)[2021-12-13]. http://www.gov.cn/zhengce/2013-11/15/content_5407874.htm
④ 周海涛,景安磊.招考分离:跨出高考制度改革的一大步[J].求是,2014(06):41—42.

性,实现考试与招生分离,也体现了把对人的升学评价融合到过程性的培养之中,做到"一次评价、多次使用",以及体现了职业教育的开放性。但是,在目前证书体系尚不完善的情况下,统一组织职业技能测试仍有必要,在未来证书体系和国家资历框架完善的前提下,方可从招考分离的角度来设计职教高考。

三、"文化素质+职业技能"评价方式形成操作性办法

"文化素质+职业技能"的评价方式是高职分类考试在考试内容上最能体现职业教育特色的核心部分。研究者普遍认为,职教高考制度构建的关键点和难点,正在于妥善设计高职院校招考中职考生的"职业技能测试",[1]科学确定文化知识和职业技能的考试内容及权重,[2]回答考什么(突出技能)、要达到什么标准(具备操作技能和智力技能)、怎么招考等关键问题[3],妥善解决技能测评的考务组织的公平与效率[4]等。

国家政策从技能考核比例、试题命制依据、考试评价主体等方面就完善"文化素质+职业技能"的评价方式提出了原则性要求。通过对全国31个省区市分类考试改革政策文本的梳理和对12个省区市的访谈调研发现,有28个省统一组织实施了"文化素质+职业技能"评价考试。

对于职业技能测试,有12个省区市以"全省统一组织、主考院校实施"的方式进行了职业技能测试中的操作考试,有7个省区市以笔试形式统一组织了职业技能测试,有10个省区市将职业技能测试交由招生院校自行组织,有3个省份以"证书等级""大赛成绩"作为职业技能测试的赋分依据而不再额外组织职业技能测试。

从整体进度来看,各地就完善"文化素质+职业技能"评价还是比较积极的,为稳步实施"文化素质+职业技能"的评价方式找到了一些科学载体和可行办法,形成了一批成熟的操作性办法和经验。

首先,各省"文化素质+职业技能"的考试科目及内容已趋于成形。以对口考试为例,大部分省份的文化素质考试由全省统一组织语、数、英考试,亦有部分省份加上思想政治、计算机等科目。例如,西藏、云南、新疆在语、数、英的基础上加试了政治;江苏、甘肃、山东将专业理论考试置于文化素质考试模块之中;甘肃和吉林在语、数、英基础上加试了计算机应用基础、职业道德与法律、哲学与人生等科目;福建高职分类考试中的文化素质考试,使用了中职学业水平考试中公共基础知识(德育、语文、数学、英语)和专业基础知识的合格性、等级性考试成绩。

其次,多数省份的职业技能测试以专业理论笔试和操作考试两项或其中一项为内容。技能测试的专业理论笔试通常以该大类专业共同的专业基础内容、进入相关专业的高等教育阶段所

---

[1] 何颖.高考双轨制改革:受教育权深化保障的有益机会[J].重庆高教研究,2015,3(01):20—25.
[2] 赵志群,黄方慧."职教高考"制度建设背景下职业能力评价方法的研究[J].中国高教研究,2019(06):100—104.
[3] 鄢彩玲.关于建设我国"职教高考"制度的建议与思考——德国经验借鉴[J].高教探索,2021,(08):98—102+116.
[4] 李政.促进公平还是激化不公?职教高考制度改革的"公平疑虑"及其消解[J].职教通讯,2021,(03):22—30.

必备的专业基础知识、基本理论等为依据,考试科目通常为该专业大类共同的2—3门专业基础课程。职业技能操作测试的命题依据通常为教育部2014年颁布的《中等职业学校专业教学标准(试行)》、该大类专业共同的基础专业技能、国家相关行业初级技术等级标准要求、相关职业岗位的基本技能以及技能操作过程中相关职业素养等,考试内容和形式通常为在规定时间内完成所抽取的1个工作任务。湖北、天津、云南、浙江、江苏、山东、甘肃、宁夏、河北、山西等地颁布了各专业大类的考试大纲、考试说明(重庆)、试行方案(浙江)、考试标准(江苏)等,就职业技能测试的考试内容、命题范围、参考教材、考试题型、考试科目、评分标准等做统一规定。

再次,已经有接近半数省份的职业技能测试分值占比超过了50%(详见表6-5)。除了通过提高技能考试赋分比重来强调技能考查以外,一些地区还通过提高职业技能测试分数在总成绩中的排序权重,将专业技能成绩为主要录取依据。福建在高职分类招考投档录取部分规定"按专业基础知识、职业技能测试、公共基础知识科目成绩从高分到低排序确定考生位次"。黑龙江依据总成绩从高到低排序,成绩相同则按技能操作测试成绩、语文成绩、数学成绩、外语成绩的单科顺序再次排序。浙江规定"各类别的职业技能操作考试合格者,方可报考相应类别的职业技能理论知识考试"。重庆应用型本科和高职院校招收中职生的对口考试中,先按照文化素质、职业技能测试两项的总分数排序,总分相同时以职业技能测试成绩为基准再进行排名。

此外,部分省份不仅就职业技能测试的考试大纲、考试内容、命题范围、参考教材、考试题型等做了统一规定,探索建立标准化的考试组织流程和评分模式,还在完备试题命制、规范考试组织、明确评分标准等方面进行了职业技能测试的标准化建设。例如,江苏成立技能考试专业大类联考委,由联考委组织实施本专业大类的技能考试的命题工作,并于2014年出台《江苏省普通高校对口单招专业技能考试工作指导意见》,对技能考试专业大类联考委的组织机构和职责,考试人员的选聘、培训以及岗位职责,包括考点设置与布置、考场设置与布置、考场编排、准考证打印和发放等在内的考前准备工作,命题的基本原则、组织管理,制卷和封装,试题保密和保管,考试实施,成绩通知与查分等内容和环节做了详细规定。山西研制了《山西省中等职业学校毕业生对口升学考试考务工作手册》等实践操作规范化指南。浙江制定了职业技能操作考试各专业大类的合格标准。由此来看,职教高考"文化素质+职业技能"评价的考试大纲、考试内容、考试方式、考试组织的标准化建设等方面,均可从地方的高职分类考试改革中充分汲取经验。

四、影响高职分类考试改革整体效能的主要因素分析

"促进制度创建的动因是问题反复出现,而现有制度并不能提供令人满意的响应和应对办法"。[①] 职教高考是一项从无到有的制度创建过程,其创建的动力正是要纠正长期以来,一张试卷

---

① [美]W. 理查德·斯科特. 制度与组织——思想观念与物质利益(第3版)[M]. 姚伟,王黎芳,译. 北京:中国人民大学出版社,2010:113.

评价学术型和应用型两类人才的不当做法,解决职业教育类级划分的"不妥"和层次衔接的"不畅"等反复出现的、已有考试招生途径无法解决的困境。

职教高考看似是单一实体,实则是连接两个教育层次、调节两类教育结构,旨在打破路径依赖、补上发展短板、优化结构体系、拓展重要功能以及重构教育生态的一项综合性改革。职教高考制度并非单一制度实体,而是由多种制度规则共同组成的制度体系,其在构建过程中,必须要对涉及的例如招生计划、考试内容、考试形式、组织管理方式、志愿填报模式等制度要素作出妥善安排。也正因如此,在其构建过程中,总有一些因素和规则发挥着纲举目张的关键性作用,这类因素和规则的具体样态直接影响到了高职分类考试(也会影响未来的职教高考)的实施效果,这些关键点在本研究中被视为"重要因素"。

就正式的高考制度而言,通常主要包含考试制度、录取制度和管理制度三方面,对上述三项子制度的稳妥安排,自然是影响考试效能发挥的基础方面。但是,除上述方面之外,通过调研,尤其是与作为政策客体的通过分类考试进入了高校就读的中职生访谈发现,"三级职业教育学校在内涵衔接(专业、课程、考核等)、结构协调(规模、专业、布局等)及统筹管理(中高职的管理机制)等方面统一和对应程度""中职教育要完成相应的转型,教学内容上要进一步增强教育属性""高职院校与职业本科、应用型本科三者之间的内涵区别有待进一步厘清""促使更多应用型高校通过职教高考招生以增强考生对于专业和院校的选择度"等方面,也是会对高职分类考试或者是职教高考的实施效果产生重要影响的因素,必须在之后的高职分类考试改革和职教高考制度构建中进行统筹协调、同步推进。

一言以蔽之,目前人们已经达成职业教育是与普通教育相平行的教育类型的初步共识,但作为类型教育,同时也作为与类型教育相匹配的独立考试招生制度,还需要进一步建立健全与之相适应的标准和制度来引领和支撑其独立形态。[①][②] 正如前述表 2-10 支撑职教高考制度构建的要素关系模型所展示的那样,除了作为正式高考制度组成部分的考试制度、录取制度和管理制度这种展现支撑职教高考制度运行的子制度或者是影响因素以外,通过扎根理论三级编码总结的,(1)物质资源层的招生院校、专业目录、考试大纲、试题库、评分标准、考试建设、考试设备等;(2)组织资源层的政策制定者有效充足的制度供给、办考主体之间的权责分明且一致、分工协作且高效;(3)人力资源层的试题开发专家库、考试环节的考务人员聘评等,亦是直接影响改革整体效能发挥的重要因素。从另外一个意义上说,构建职教高考的过程亦是上述方面的制度化过程。

[①] 徐国庆.确立职业教育的类型属性是现代职业教育体系建设的根本需要[J].华东师范大学学报(教育科学版),2020,38(01):1—11.
[②] 周建松.加快构建类型特色鲜明的现代职业教育体系思考[J].职教论坛,2021,37(08):158—162.

第二节 职教高考的模式选择与总体思路

一、基于现实基础的职教高考的模式选择

根据考试举办的主体，通常可分为全国统考、分省统考、各校单考等。从其他国家和地区的高职教育入学模式来看，有以美国和加拿大为代表的不举行统一招生考试的开放式入学模式；以英国、澳大利亚、瑞士为代表的，依托职业资格证书与普通教育文凭的地位等值和成熟的国家资历框架从而实行"毕业会考＋证书"入学的证书制入学模式，以日本为代表的综合衡量学历和实践经历的综合选拔制入学模式等等。考试制度所处的社会背景和思考问题的出发点不同，会使办考模式截然不同。如果在未对深层次的制度因素、制度基础进行分析的基础上，盲目采用其他地区的经验，是不可取的。

从职业教育的特点来看，职业教育的举办主体应涉及国家、高校、企业行业等多个利益相关者，因而应该建立起各个利益相关者都能有效参与和表达意愿的考试共同体。从目前高等教育进入普及化时代、高等职业院校的考试招生在一些地区"应招尽招"的背景看，高等职业院校似乎没有必要设置高门槛了。从政府职能转变、扩大高校招生自主权、深入推动教育管办评分离的改革等背景来看，职教高考应朝着由专业化机构办考、招考分离或者高校自主招生的方向办考。从"高考"字眼以及结合我国高职分类考试改革的实际经验来看，政府主导的模式仍会是主流。可见，考试制度所处的社会背景和思考问题的出发点的不同，会使得职教高考的举办主体及其办考模式截然不同。

但是，本研究通过梳理职业教育考试招生制度的建立发展过程，并结合目前高职分类考试改革的实际调研来看，认为职教高考的组织管理要"高位运行"。即在目前阶段，可以由省级层面组织，未来要在国家层面统一设置和组织。同时，也要兼顾职业教育人才培养的特殊要求，增强行业企业的参与程度，以实现职业教育多元评价共同体的有效建构。原因在于：

其一，高等职业院校在如今有些地区"应招尽招"的状态不是高等职业教育本身造成的，而是高职院校自成立之初就被要求从现行高考的专科批次招生、错过了大规模实施符合自身特点和人才培养规律的独立考试招生制度的机会，同时又被"污名化"造成的。如果不能尽快改变高职院校依附于现行高考做"筛子下的教育"的状况，那么高职院校的生源问题就会一直难以好转。

其二，高等教育扩招、学历社会、文凭泛滥的现实背景下，处于专科层次的院校似乎没有必要设置高门槛的考试来筛选考生了。但是，职业教育在层次上长期止步于专科层次并不等于职业教育就是专科教育，况且职教高考不止服务于高职专科院校的考试招生，还要成为职业本科院校的招生主渠道。① 为从中等教育通向高等教育设置"门槛"和竞争机制是必要的，统一考试也是最符合中国国情和文化心理的选拔性考试制度。

其三，虽然目前省级统筹的高职分类考试改革，已经从整体的办考形式上形成统一考试与单独考试两种类型，在考招环节上形成考招统一与考招分离两类模式。但是，根据调研情况，在目前我国国家资格框架和职业资格证书体系尚不完善和统一的前提下，以职业资格证书来替代职业技能测试的办法尚不可行。

其四，目前的高职分类考试是由地方组织的地方性教育考试，考试结果尚不能在全国流通，而且即使是考试组织重心较高的对口招生考试，其招生计划、招生院校和专业仍比较有限而且缺乏稳定性，这使得高职分类考试在考试结果、考试地位上无法与高考等同。而且，若是考试以省级统筹的方式进行，那么各省在考试内容、考试形式、组织形式、招生专业、招生层次上均有差异，不同地区或者即使同一地区的不同考试招生途径，也无法全然保证考试结果的等值性、通用性。

基于上述分析，从为了真正从内涵层面构建起为高等职业教育招生的必要的筛选性的考试制度的角度，从要选择符合中国国情和文化心理的考试模式的角度，从为了实现考试结果的流通性、公平性以及能够统一调配全国的高等教育资源的角度，从当前招考分离尚不具备可行性与科学性的角度，以及从职教高考作为高考体系的其中一轨因而是国家教育考试制度的角度，在目前的现实基础上，职教高考要从国家层面统一设置和组织，考试模式要以统一考试和统一招生来进行。但是同时，正如现行高考制度在组织实施方面由各省级招生委员会统筹负责，地方和院校也同时具备一定的自主权的现实基础，职教高考在组织实施上可充分依托现行高考制度的组织基础，同时充分吸收高职分类考试的探索经验。

二、统考统招式职教高考模式的总体思路

职教高考的制度安排，要以本质属性为视角，已有的基础为抓手和明确的角色定位为前提，要以从理论研究和实证调研获得的职教高考的制度结构要素为制度设计的支撑依据进行统筹安排和整体设计。通过前文的分析，我国各个省区市的高职分类考试改革虽然在制度设计中有所差异，但实际上还是秉承了某些基本原则，形成了一些具有共性的做法，而这些原则和做法形塑了当前我国目前阶段能够构建出的职教高考制度的典型特征，并在很大程度上预示和反映了职教高考制度构建的主要着眼点。

(一) 依托现有体制，通过业务拓展支撑职教高考的组织管理

无论是现行高考还是高职分类考试改革，考试的组织管理均体现着政府主导，即在国家教育

---

① 教育部. 关于2022年职业教育重点工作介绍[EB/OL]. (2022-02-23)[2022-02-28]. http://www.moe.gov.cn/fbh/live/2022/53982/sfcl/202202/t20220223_601491.html

主管部门的统一要求和指导下,由各省依照标准和规范组织实施。当然,这其中亦有尊重地方实际、分省命题的政策空间。实际上,目前组织机构及其职责划分已经为统考统招式职教高考的组织管理方式提供了良好的基础,在现有的组织基础之上,通过加大资源整合、机构协调和人员配备,便可实现从现行高考、高职分类考试的工作内容向职教高考的板块延伸和升级,以支持职教高考的全国统一进行和全省统一组织。

具体说来,在我国现有的央地两级考试管理体制下:(1)国家教育主管部门要统一发布职教高考的中职、高职专科、职业本科对应衔接的招生专业目录,要牵头开发、制定职业技能测试的操作考试的各个专业大类的考试大纲、试题库、评分标准、考场标准、设备标准、考务人员聘评标准等标准体系。(2)鉴于省级招生考试委员会的主要职责,是监督高校的招生录取工作和负责国家考试的组织管理工作且可以拥有命题自主权,那么省级招生委员会理应是本省职教高考的组织实施和过程管理的责任主体。各省级招生委员会应在目前主要工作内容的基础上,向职业教育板块延伸。其中,省级教育考试院作为各地教育考试的主要组织者和官方专业考试机构,应切实为国家在职教高考考试大纲制定、试题命制、题库及命题团队建设、测试手段开发等方面,提供地方上的专业支持,展现应有作为。

(二) 打造改革矩阵,实现与职业教育内涵建设的相互支撑

通过前文所述,职教高考制度的意义不仅在于为中职生提供一个统一的升学途径,以实现考试成绩在较大范围内专业和院校志愿选择上的充分的流通性、选择度,还在于其是一个两侧分立着中等职业教育和高等职业教育的"旋转门",通过"旋转门"转动,将中职与高职的专业、课程、人才培养方案等内涵层面分别对应和衔接起来。

由此看,支撑职教高考制度的效度、信度、科学性、可行性、经济性、公平性、效率性等重要特征的,是中高职两阶段教育的内涵层面本身。然而,通过历史梳理和现实调查发现,这些内涵又恰恰是目前职业教育体系的不完善之处。如此一来,构建职教高考制度须与职业教育体系的内涵建设同期进行,形成互为支撑之势。职业教育的内涵建设方面,国家已经展开了一系列行动。无论是新版《职业教育专业目录(2021年)》,还是与其相配套的专业简介、教学标准、公共基础课程标准、实训教学条件建设标准和岗位实习标准均已出台,那么职教高考的制度设计尤其是考试制度设计便可与上述标准的落实结合起来,既让标准体系发挥应有作用以支撑考试评价的体系建立,也以考试评价改革的"牛鼻子"来倒逼各地和各学校严格执行和落实国家标准。

例如,我国多数地区还未建立起中职学业水平测试制度,而中职教育在目前已经到了要向职业基础教育转型的重要窗口期,同时,职教高考"文化素质+职业技能"的评价方式在国家教育评价改革的整体背景下亦要加强过程性评价,那么其文化素质考试便可使用中职学业水平测试制度的相关科目成绩。这样一来,一是以考试评价的"指挥棒"倒逼各地快速建立起中职学业水平测试制度,推动各地更好更快地执行《中等职业学校公共基础课程方案》《中等职业学校公共基

课课程标准》《中等职业学校专业教学标准(试行)》,以形成对中职教育的质量保障闭环;二是以中职学业水平测试制度的部分考试成绩作为职教高考的成绩,既体现过程性评价、招考分离,也一定程度上减轻各地再额外举行考试以及学生多次参加考试的负担;三是在上述两方面的基础上,中职教育的教育属性要显著提升,以往以及目前依然存在着的中职生因中职阶段文化知识学习的不足,使其在进入更高一级学校学习时出现基础不牢、跟不上的问题,将会在制度层面得到统一的规制性和规范性解决。

(三) 加强分工协作,发挥多方能动性以保障制度的顺利执行

虽然,我国目前所处的阶段以及特殊的社会文化心理使得职教高考以政府主导的统考统招方式进行。但是,职业教育的跨界性致使其评价也应由政府、学校、行业企业等多方利益主体共同参与和分工协作。我们理想中的有为政府实际上也是有限政府,况且,政府包办一切的做法也早已不合时宜。根据国外的大学入学考试组织经验,国家的考试服务往往彰显出大纲化、弹性化和基准化。[①] 那么,国家在领衔的同时,也须充分吸收地方已有经验、调动地方力量、发挥地方统筹优势;同时,要通过构建行业企业参与职教高考考试研究的长效机制,来增强考试内容尤其是职业技能测试的命题科学性、时效性,以求获取作为用人方的企业行业对职业教育考试评价的支持。此外,亦要尊重地方职业教育发展实际,在全国统一的招生计划中留出一定比例供地方和院校自主调配,以满足区域性、特殊性专业的招生需要。

(四) 坚持稳字当头,试点先行由点及面地渐进式推动改革进行

务实性是高考改革的重要原则。高考改革具有高利害性、高风险性,涉及利益相关者众多,往往也会带动重大利益的调整,因此须坚持稳字当头、试点先行和由点及面地进行渐进式改革。尤其是目前职教高考的制度基础还不完善,公众对职业教育的类型定位认识还不够广泛和深入,高校分类发展等重大改革任务仍需要再走向改革纵深,以及在还存在着重要梗阻的现实条件下,更要通过试点先行、政策扩散来孕育政策学习效应、协同效应、价值认同等,以构建起职教高考改革的正反馈机制。

综观职业教育的考试招生制度的发展建立过程以及现行高考的制度改革历史,基本均采用的是在基本不触动既得利益格局的前提下的增量改革,而且是强调利用已有的组织资源来推进改革进度的渐进式改革。与激进式改革力求速度不同,渐进式改革往往量力而行、循序渐进,多通过边际均衡来将改革难题进行分解。那么,在构建职教高考制度的过程中,要遵循试点先行的深化策略、联动共进的试验策略、舆论宣导的推广策略和目标监控的纠偏策略等,[②] 依托现有的体制和基础,试点先行、由点及面地以渐进式的方式来落实改革行动。

[①] 张家勇.新时代考试招生制度改革研究[M].上海:上海教育出版社,2020:32.
[②] 李木洲.高考改革的历史反思[M].武汉:华中师范大学出版社,2016:347—351.

第三节　职教高考制度体系及其运行方式

接下来,本研究将从作为职教高考制度子制度的考试制度、招录制度和管理制度及其运行方式,分别介绍本研究建构的职教高考制度模式。

一、职教高考的考试制度及其运行方式

考试制度是关于考试活动中考试形式与考试内容的规则体系,涉及的制度要素有考试形式、考试内容等,涉及的主要环节有考试大纲制订、试题命制、考试组织和实施、评分阅卷、成绩公布等(关于考试环节安排的讨论,被视作管理制度的一部分在"职教高考的管理制度及其运行方式"呈现)。

教育评价的目的可分为形成性目的与总结性目的。[1]《深化新时代教育评价改革总体方案》提出,改进结果评价,强化过程评价,探索增值评价,健全综合评价。考试不应仅是为了选拔考生,还应发挥考试的诊断、改进功能(体现形成性评价),优化评价的鉴定功能(体现总结性评价)。职教高考的制度设计应该体现《深化新时代教育评价改革总体方案》的相关精神,将过程性评价、总结性评价熔铸在考试制度之中。基于对职教高考考试内容、考试形式的本体研究,并结合对省级统筹下的高职分类考试改革在考试层面的调研结论,本研究认为,职教高考的"文化素质+职业技能"考试制度应做出如下安排:

(一)"中职学业水平测试+职业技能测试"的考试模式

职教高考的"文化素质+职业技能"考试可以以中职"学业水平测试+职业技能测试"的方式进行,这样的设计参照了我国现行高考的相关设计,而且在国际上也有例可循。例如,瑞士通过"联邦职业教育证书+职业会考证书"选拔学生进入更高层次的职业教育。[2]

中职学生学业水平测试制度是对中职学生在校期间学习水平的全面考查,是评价和改进学校教学工作的重要依据,将其与职教高考制度设计相结合,不仅可以督促各地尽快落实中职学业水平测试制度,还体现了过程性评价、"一次评价多次使用"以及考招分离的精神。

表7-1展示了本研究的职教高考考试设计。文化素质考试成绩使用中职学业水平测试中的公共基础课成绩,职业技能测试的专业理论考试使用中职学业水平测试的专业基础课成绩,操作考试按照专业大类全国统一实施、分省组织进行。

---

[1] 斯克里文.评价方法论[M]//瞿葆奎.教育学文集:教育评价.北京:人民教育出版社,1989:183—185.
[2] 李政.我国高职分类考试招生:价值意蕴、问题表征与改革路径[J].中国考试,2021,(05):40—47.

表 7-1 本研究的职教高考考试设计

	文化素质		职业技能
考试名称	中职学业水平测试		职业技能测试
办考主体	省级教育主管部门		国家统一 省级主办
考试内容	公共基础课	专业基础课	
科目数	4门必考	2门选考	2门	专业大类的典型工作任务
考试科目	语、数、英、思政	信息技术、历史、体育与健康、艺术、物理、化学	专业基础课	
考试形式	笔试或上机考试		笔试、操作考试	操作考试
考试时间	中职二年级上学期		中职二年级下学期	中职三年级的第一或第二学期
命题依据	教育部《中等职业学校公共基础课程方案》《中等职业学校公共基础课课程标准》		教育部《中等职业学校专业教学标准（试行）》	《中等职业学校专业教学标准（试行）》、各专业大类的基础专业技能、国家相关行业初级技术等级标准要求、相关职业岗位的基本技能以及技能操作过程中相关职业素养等
考试性质	等级性考试			
分值比重	40%		30%	30%
其他	各地要尽快建立中职学业水平测试制度			职业资格证书可作职业技能测试的加分项目、技能大赛获奖选手可免试

（二）文化素质考试使用中职学业水平测试成绩，实行"4+2"选考

"文化素质+职业技能"中的文化素质考试成绩，采用中职学业水平测试中的公共基础课成绩。中职学业水平测试的考试内容，分为公共基础课、专业基础课两部分。其中：

（1）公共基础课的考试内容，由省级教育行政部门根据教育部《中等职业学校公共基础课程方案》《中等职业学校公共基础课课程标准》统一组织，①参考教材须在教育部《关于做好中等职业学校公共基础课程教材使用的通知》中发布的教材目录中选用；②考试科目为"4+2"模式，即思想政治、语文、数学、外语4门科目为所有专业必考；再根据学生自身特长、在读专业需要、职教高考中报考高校及专业要求，从信息技术、历史、体育与健康、艺术、物理、化学6门科目中进行2门选考；③考试形式根据科目内容可采用书面笔试、上机考试或者操作考试。考试时间在中职二年级

---

① 教育部等九部门.教育部等九部门关于印发《职业教育提质培优行动计划（2020—2023年）》的通知[EB/OL].(2020-09-16)[2021-12-26]. http://www.moe.gov.cn/srcsite/A07/zcs_zhgg/202009/t20200929_492299.html
② 教育部办公厅.教育部办公厅关于做好中等职业学校公共基础课程教材使用的通知[EB/OL].(2021-07-28)[2021-12-26] http://www.moe.gov.cn/srcsite/A07/moe_953/202108/t20210813_551016.html
③ 这样设计的目的是，一些专业对除必考科目之外的学科有学习基础要求，这部分已在第二章"文化素质的考试内容及选择依据"进行过专门阐释，此处不再赘述。

上学期,这样做的缘由参照了福建省已有的相关实践,既将组考压力向整个中职阶段分解,也能够增强中职生在整个中职阶段学好文化基础课、专业基础课的动力。

(2)专业基础课考试属于职业技能测试的一部分,按照专业进行,由省级教育行政部门根据教育部《中等职业学校专业教学标准(试行)》确定和公布各专业的考试科目和考试大纲,①考试形式包含专业理论考试和操作考试两部分,考试时间安排在中职二年级下学期。虽然,在国家政策和各地目前的实践中,专业基础课的考试多按照专业大类,以笔试的方式进行。但是,在调研中发现,以专业大类来进行专业课笔试时,考试往往选取所涵盖专业的共同基础课作为考试科目,虽然操作上高效、简约了,然而在考试内容上难以覆盖到每个具体专业应该考到的基础内容。如果考试对教学内容的覆盖面较低,则会影响考试的信效度、科学性,也会将这种局限传导至教学阶段,不利于学生全面地学习专业基础知识。因而,作为检验教学质量、全面考查学生在学期间学习效果的中职学业水平测试,应以专业为单位对每个专业进行专业基础课测试的笔试。至于操作考试,正如前文所述,单独考查单项操作技能不符合职业教育致力于培养职业能力的教育目标,以典型工作任务来作为考试内容的做法更加科学可行,因而操作考试可以以专业大类的方式进行。

(3)中职学业水平测试的考试性质为等级性考试。职教高考在使用中职学业水平测试成绩时,须对等级性考试成绩按照一定比例转化,文化素质测试所使用的中职学业水平测试中的公共基础课测试成绩的分值占职教高考录取总分值的40%。另外,为了体现招生院校的招生自主权,各院校可依据《中华人民共和国高等教育法》、教育部发布的《2021年普通高等学校招生工作规定》等国家法规政策文件,依照自身招生专业的需要,对考生的选考科目及成绩提出进一步要求。

(三)职业技能测试的操作考试统一进行,证书和大赛获奖可赋分或免试

"文化素质+职业技能"中的职业技能测试,由专业理论考试和操作考试两部分组成。其中,专业理论考试采用中职学业水平测试中的专业基础课笔试成绩,操作考试由国家统一、地方组织的方式进行。已有的高职分类考试改革对于省级统一举行操作考试已经有了成熟的实践模式和探索经验。从调研情况看,已经有13个省区市以"全省统一组织、主考院校实施"的方式进行了职业技能测试中的操作考试,因而这部分的制度设计可以充分吸收已有经验。②

职业技能测试的操作考试按照专业大类进行,考试内容为各专业的典型工作任务,考试时间为中职三年级的第二学期。③ 考试的命题依据为教育部颁发的《中等职业学校专业教学标准(试行)》、各专业大类的基础专业技能、国家相关行业初级技术等级标准要求、相关职业岗位的基本

---

① 此处设计参照了已经实行中职学业水平测试制度多年的福建省的相关设计,关于福建省的具体实践,可参看:福建省中等职业学校学生学业水平考试实施办法(试行)[EB/OL].(2016-07-28)[2021-12-26] http://jyt.fujian.gov.cn/jglb/zyjyycrjyc/zcfg/201701/t20170106_3577863.htm.
② 已有经验的总结,可参照本研究第七章的"'文化素质+职业技能'评价方式形成操作性办法"部分,此处不再赘述。
③ 也可考虑在中职三年级的第一学期进行,总之时间安排上需与中职目前的"2.5+0.5"顶岗实习时间错开,不可因职教高考而影响中职教育的顶岗实习。

技能以及技能操作过程中相关职业素养等。国家教育主管部门尤其是国家教育考试院要依照《职业教育专业目录(2021年)》中的19个专业大类,明确职教高考在各类别中职与高职专科院校、本科层次职业学校在招生方面的专业对应情况,并联合各地教育考试院共同致力于考试大纲、评分标准的制订以及题库的开发。各省根据国家公布的招生专业大类及其在各级学校中的招生专业对应情况,在国家的考试大纲及其评分标准的基础上,按照国家要求统一组织本地的职业技能测试中的操作考试。职业技能的操作考试,要选取典型工作任务,以工作任务的完成度和职业素养的展现来考查学生的职业能力。

此外,中职生在中职阶段取得的职业资格证书可作为职业技能测试的加分项,在各级别技能大赛中获奖的选手可给予操作考试免试的优惠。① 这部分的设计参照了已有的以考招分离形式举办职业技能测试的广东、海南和甘肃三省的探索实践,而且也符合《教育部关于积极推进高职教育考试招生制度改革的指导意见》(教学〔2013〕3号)中技能拔尖人才免试入学的相关文件精神。但是要注意的是,考生申请凭大赛成绩免试或者凭证书级别赋分,考生申请免试的专业要与所获证书和大赛项目在专业上相同或相近,具体的转换办法要另做专门制定,以保证考试的严格严肃、公平公正。

二、职教高考的招录制度及其运行方式

招生与录取工作往往多有交叉难以严格分开,录取指招生院校依照一定的招生名额并根据考试的结果与考生进行互相选择的过程,招生录取制度涉及的主要制度要素有招生计划名额、录取方式、志愿填报、录取技术等,涉及的主要环节有招生计划的编制、招生院校和专业的确定、分数线划定、组织录取和公布录取结果等。

(一)"统一考试+综合评价+多元录取"的招生录取标准

职教高考的招生录取制度应体现选拔性与适应性的结合,② 不仅体现职教高考的考试功能、还要发挥其教育功能,与当前的新高考改革背景相映衬,落实立德树人根本任务、充分发挥考试的引导作用,形成人才选拔、考试评价、教育引导和教学反馈一体化发展的新格局。③ 具体到职教高考,可采取"统一考试+综合评价+多元录取"的招生录取标准。其中,"统一考试"指的是统一组织的职业技能操作考试。"综合评价"是对中职学业水平测试结果、中职阶段综合素质评价结果等学生学习状况、综合表现的多方位验证。"多元录取"是指招生院校根据办学的实际情况,根据不同院系的专业需求设置不同的分数权重和录取办法,以实现多元录取。

---

① 这部分的操作办法可参照江苏省、甘肃省的已有实践探索。具体可参照:江苏省中等职业学校学生学业水平测试实施方案[EB/OL].(2015-03-19)[2021-12-26]https://mp.weixin.qq.com/s/MqP-SpsB_bGkbu2StlBLgQ;关于做好2021年甘肃省高等职业教育考试招生工作的通知[EB/OL].(2021-04-11)[2021-12-26]https://www.ganseea.cn/uploadfiles/2021-04/311/16172460648473555.pdf
② 吴根洲.职教高考的适应性与选拔性[J].职教论坛,2021,37(06):49—52.
③ 杨学为.中国高考报告(2020)[M].北京:社会科学文献出版社,2020:386.

此处参照了现行高考的考试制度设计。普通高中的学业水平测试作为合格性考试,不仅与高中毕业证挂钩,而且在如今的新高考改革中,学测成绩也成为了"两依据,一参考"录取标准中的其中一项依据。而且,从国外的大学入学考试标准来看,除统一考试外,招生录取标准尽可能全面考查学生的综合素质、关键能力和必备品质以彰显综合评价是共有之处。例如,实行申请录取制的美国大学入学,考生的个人陈述、履历等是必备材料;芬兰、我国台湾的大学入学,亦要审查学生的平时成绩等过程性材料,使得入学考察呈现多元性而非固守单一性。

职教高考作为高考体系中的职业教育轨道,可与现行高考的招录方式结构对应,这不仅是高考制度改革协同性的体现,也是为后续一定阶段后、职教高考与现行高考融通奠定基础。

综合评价既是招生录取不以考试成绩为唯一标准、全面考查学生综合素质的体现,也是我国目前新高考的改革方向。综合素质评价肇始于国家基础教育新课程改革和实施素质教育的要求,[1]体现的是高校招生不以考试成绩作为唯一标准,而将综合素质评价作为招生院校录取新生的辅助控制条件,力求更加全面地评价学生,以及作为特殊方式招生录取的重要参考。

中职学生综合素质评价制度,目前全国已经实行得较为成熟的是福建和上海两地。福建的中职学生综合素质评价[2]从思想品德、身心健康、学业成绩、能力素质等方面展开,采用"基础分+考评分+加分项-减分项"的打分制。总评成绩采用等级制呈现,评价结果应用于学生毕业、学校推荐就业和用人单位招聘、高职院校招生录取等;组织实施上,采用过程测评和毕业总评相结合,还将建立"福建省中职学生综合素质评价信息管理平台"统一管理综合素质的信息档案。上海于2021年新修订了中职学生综合素质评价实施办法,[3]新的办法更加体现了职业教育类型特点。评价内容上,主要包含道德与公民素养、技能与学习素养、运动与身心健康、审美与艺术素养以及劳动与职业素养等方面,采用客观数据导入、提交实证材料等方式客观记录学生的学习成长经历。职教高考在实行"统一考试+综合评价+多元录取"的招生录取标准时,可充分吸收借鉴上海、福建两地的中职生综合素质评价实践经验,及时出台国家政策,推动更多地区尽快因地制宜地建立中职学生综合素质评价制度。

多元录取同样也旨在突破高校招生"唯分数"桎梏,帮助高校精准选才、引导高中教育和义务教育贯彻落实立德树人的教育根本任务和实施素质教育。多元录取的操作方式更多的是需要各招生院校根据自身的类型定位、办学特色、人才培养需要等,在招生简章中明确录取标准。具体说来,招生院校应在招生简章中,就每个招生专业可招生的一个或多个专业大类,该专业对考生

---

[1] 杜瑞军,钟秉林.高校综合评价招生模式的改革动因、经验启示及未来走向[J].北京师范大学学报(社会科学版),2021(04):58—73.
[2] 福建省教育厅.关于印发福建省中等职业学校学生学业水平考试实施办法(试行)和福建省中等职业学校学生综合素质评价实施办法(试行)的通知[EB/OL].(2017-01-06)[2022-03-02]. http://jyt.fujian.gov.cn/jglb/zyjyycrjyc/zcfg/201701/t20170106_3577863.htm
[3] 上海市教育委员会.关于印发《上海市中等职业学校学生综合素质评价实施办法》的通知[EB/OL].(2021-07-30)[2022-03-02]. http://edu.sh.gov.cn/xxgk2_zhzw_zcwj_02/20210720/361a402dc7904cf2aeacd73d99d1c134.html

中职学生学业水平测试的选考科目、考试等级和职业技能操作考试的分数要求以及综合素质评价的使用办法等录取要求进行明确,使多元录取在招生章程的约束下依规依标进行。同时,省级教育行政部门要加强对高校招生章程制定和执行的指导、监督。

(二)调整招生计划,鼓励更多高校通过职教高考招生

招生计划是高校招生录取的介质和载体,是高等教育入学机会配置方式的具体体现,高校招生计划的分配始终是实现和维护招生录取公平的重要一环。计划分配是解决供求不均产生的矛盾,或者对有限资源进行管理配置以平衡各方不同利益的过程。现行的大学招生计划制定模式是1999年扩招时候形成的,即在国家和大学根据学校位于本科或者专科层次、拟招生人数以及学校自身的办学条件等主要因素的参考下,以高校为主体制定的年度招生规模。在此过程中,大学的权限和职能是可以确定具体招生专业、招生地区以及该地区的招生人数,高校将编制好的招生计划汇报至其所属的教育主管部门之后,经过国家教育主管部门的审核以及平衡后,下达各省的省级招生委员会及其办公室,再由各省的招生管理部门负责具体的执行和监督工作。

我国目前实行的是分省定额录取模式,考生在一省之内竞争,如果一地的录取率远低于其他地区录取率,根本原因在于高校对该省市投入的招生计划偏低。[1] 基于此,关于取消分省分配制、统一高考录取分数线,[2] 或者通过构建分省招生计划二次分配模型[3]来使招生计划能够更公平地分配成为了普遍心声。

2016年,教育部通过《关于进一步规范高等教育招生计划管理工作的意见》将高职专科计划下放至各省统筹安排。这意味着,作为高等职业教育主体的专科院校,本身以及各地省级教育主管部门在现行高考和高职分类考试中的招生计划调整一般不存在较大的困难。同样道理,专科院校在职教高考中的招生计划编制也不存在较难突破的梗阻,问题的矛盾点集中在能否促使更多的本科院校通过职教高考招生以及职教高考是否能够跨省招生,这也是目前高职分类考试改革中,中职生和中职学校感到自身诉求没有得到充分满足的主要症结。易言之,职教高考制度能否获得中职生群体的认同,其考试地位是否能与现行高考等同,以及其能否促进初中后普职分流向更加理性合理的方向转变,主要就取决于职教高考的招生计划问题能否得到妥善解决。

现行高考中存在的高校招生属地化倾向,一直饱受诟病,因为其导致属地和非属地学生就读直属高校的机会差异悬殊,作为职教高考制度这一全新的制度来说,要力求在制度设计之初就尽量少留下会因长年累月地执行进而产生的路径依赖的"老问题"。参照现行高考的招生计划编制方法缺乏灵活性的前车之鉴。在国家、地方两级加强对职业教育招生院校的专业与专业所对应的职业人才需求的动态监控和宏观掌握。此外,要求响应能力和实现对国计民生重点领域技术

---

[1] 史小艳.高考招生计划配置制度的宪法分析[J].苏州大学学报(哲学社会科学版),2018,39(04):89—97.
[2] 杨艳飞.我国高校招生计划分配制的法理透视与制度反思——基于教育平等的考量[J].国家教育行政学院学报,2016,(07):27—32.
[3] 郑庆华,王衍波,罗京,等.普通高校分省招生计划编制方案研究[J].中国高教研究,2012,(02):33—37.

技能人才的有效供给能力。同时要建立更完善的大学分类发展的政策体系,引导大学向着自身特色发展,持续推动和鼓励地方大学转型。国家应该采取一些办法,鼓励更多的高校尤其是本科院校通过职教高考招收学生。

《中国教育现代化2035》《国民经济和社会发展第十四个五年规划和2035年远景目标纲要》等国家重要改革文件,均就高等教育机构全面改革、建设更加多元化的高等教育体系等方面提出了要求。《中国教育现代化2035》特别提出,综合运用招生计划等方式,引导高校提升自身在学科专业结构上调整的及时性。[①] 2016年,教育部《关于进一步规范高等教育招生计划管理工作的意见》表示,严格控制招生计划的属地比例。[②] 如此说来,加大招生计划的调整力度,鼓励更多高校通过职教高考招生既符合目前的改革需求,也与国家以往的政策精神和政策要求相契合。

实际上,促使更多高校通过职教高考招生是符合帕累托改进的。原因在于,通过增加职教高考这一高等教育资源配置机制,并没有使任何一方的状态变坏,反而以一种反推作用使招生院校、考生、社会的高等教育资源配置状态变得更好。[③] 具体说来,普通本科院校以往一味地追求与顶尖研究型大学一样的学术标准,实际上他们并不能从该种评价方式中获得胜出。同时,生源作为高校打造自身"合适生源-良好声誉-财政资源"良性循环的始动因素,如果在现行高考体制中没有获得理想生源的高校,实际上更应转变自身的办学定位和招生思路,通过加大统筹力度、挖掘潜能、扩大省外招生计划等途径来增强自身在全国高校中的影响力。关于这个方面,部分地区在高职分类考试改革中的做法已经有了良好的印证。例如,下了大力气推动省内半数以上的高校转变为应用型高校并要求其从春季高考中招生的山东,已经以实际经验证明了,地方本科院校通过转换招生轨道能够为自身获得更好生源,确立更务实办学目标,以及能够收获更可持续发展的改革红利。当然,为了激励更多地区和高校效仿,建议国家采取奖励性措施,对于省外招生情况相对较好的学校以及通过职教高考招生的院校,结合招生数量和完成情况对其给予相应奖励。[④]

(三) 鼓励产教融合型企业与职教高考实现招生与招工一体化

职业教育的跨界特征决定了其评价主体的多元性。[⑤] 职教高考要探索打造政府、学校和行业企业等第三方共同组成的职业教育评价共同体,为职业教育的评价注入行业要素和市场要素。如前面章节所述,在职业教育的考试招生变迁历程中,企业行业等在国家政策中作为重要的第三方亦被不断提及和寄予厚望,参与方式为特殊专业和艰苦行业的定向招生在政府主管部门的授

---

① 中共中央,国务院. 中共中央、国务院印发《中国教育现代化2035》[EB/OL]. (2019-02-23)[2022-02-28]. http://www.gov.cn/zhengce/2019-02/23/content_5367987.htm?tdsourcetag=s_pcqq_aiomsg
② 教育部. 关于进一步规范高等教育招生计划管理工作的意见[EB/OL]. (2016-03-29)[2022-02-28]. http://www.moe.gov.cn/srcsite/A03/s180/s3011/201604/t20160411_237526.html
③ 高鸿业. 西方经济学[M]. 北京:中国人民大学出版社,2005:329.
④ 雷炜. 深化高职院校招生模式改革的思考——以浙江省为例[J]. 中国高教研究,2016,(10):98—102.
⑤ 李名梁. 应重视职业教育相关者的利益诉求[N]中国教育报,2012-07-18(06).

权或委托下由行业组织,①或者是"鼓励高职学校与产教融合型企业联合招生"等。②

2021年6月,2021年新修订的《职业教育法》,鼓励职业学校与相关行业协会、企业、机构等建立招生就业、培训项目开发、师资队伍建设等方面的合作机制。从高职分类考试改革的实践情况来看,行业企业参与分类考试招生的长效机制尚未形成。因而,企业行业参与职教高考组织工作可与开展现代学徒制试点工作相结合,鼓励各地、各招生院校探索有效机制,与产教融合型企业合作,实现职教高考的招生招工一体化,③进一步提高人才培养的针对性和适应性。

三、职教高考的管理制度及其运行方式

管理制度指为了考试的顺利举行所组织的各项协调活动,涉及合理运用各项人力、物力、财力、信息等资源以实现考试的组织、指挥、协调、控制和创新等,④所涉及的主要环节与考试制度和录取制度的内容多有交叉,某种程度上保障前两种制度的稳妥实施和有效实现。当然,还包括上述两项制度没有直接囊括进去的政策宣传、经费管理等。

(一)将标准体系的开发与执行作为职教高考的基础性工程

标准是指在工作过程中,通过制订、发布和实施一定的规定或者准则,对基础性、支撑性的人、物、环等重复性的事物和概念进行一定程度的统一,目的是获得最佳秩序。标准体系于考试制度建立而言,是涉及考试效度、信度、规范化程度、科学化程度的重要基础。作为职教高考的先行阶段,高职分类考试改革出现了中央简政放权与省级统筹之间的偏差,表现为一些重要标准的缺位致使考试组织水平待提升、办考形式上因地方履职能力不同而展现出制度供给非均衡。

如前文表2-10"支撑职教高考制度构建的要素关系模型"所示,物质资源层的招生院校、专业目录、考试大纲、试题库、评分标准、考试建设、考试设备等,组织资源层的整体制度供给、重要办考主体的分工协作,人力资源层的考试试题开发专家库、考试环节的考务人员聘评等,是直接影响改革整体效能的影响因素。那么,职教高考标准体系的开发便要以上述方面为主要内容。

其一,作为职教高考的文化素质考试内容的中职学业水平测试中的公共基础课考试,以及作为职教高考的职业技能测试组成部分的中职学业水平测试中的专业基础课考试,前者的命题依据是教育部《中等职业学校公共基础课程方案》《中等职业学校公共基础课课程标准》,后者的命题依据是教育部《中等职业学校专业教学标准(试行)》。上述三个标准是国家研制出台、进入执行落实阶段的标准,各地要充分激发各学校实施上述标准的积极性,以发挥相关标准对于教育教

---

① 教育部国家经济贸易委员会劳动和社会保障部.关于进一步发挥行业、企业在职业教育和培训中作用的意见[EB/OL].(2002-12-02)[2021-12-26].http://www.gov.cn/gongbao/content/2003/content_62169.htm
② 教育部等九部门.职业教育提质培优行动计划(2020—2023年)[EB/OL].(2020-09-23)[2021-12-26].http://www.moe.gov.cn/srcsite/A07/zcs_zhgg/202009/t20200929_492299.html
③ 刘晓,陈乐斌.百万扩招背景下的高职招生制度改革:现实诉求与改革路径[J].高等职业教育探索,2019,18(05):1—7.
④ 李木洲.高考改革的历史反思[M].武汉:华中师范大学出版社2016:45.

学的质量保障和引导功能,同时也服务于职教高考的落实基础。

其二,作为职教高考职业技能测试组成部分的中职学业水平测试中的专业基础课考试以及统一组织的操作考试,前者以专业为单位进行,后者以专业大类为单位进行,其考试专业目录、考试大纲、试题命制、评分标准等的开发和制订是一项十分艰巨而重要的基础工程。这需要:

(1)国家一体化设计中职、职业专科、职业本科以及应用型本科院校的招生专业目录。需要注意的是,要将中职教育中一些直接面向基层就业而且在知能层面要求较低的专业从学校职业教育体系中退出,转为社会培训项目,在职教高考中招生的专业主要为能够在中等教育、专科教育、本科教育甚至到研究生层面的教育连接和对应起来的、其知能结构要求呈现螺旋式上升的专业。

(2)作为中职学业水平测试的组织者的省级教育主管部门,由省教育考试院牵头,联合中高职院校、产教融合型企业和行业,在参考教育部《中等职业学校专业教学标准(试行)》的基础上,为本地区的中职专业开发专业基础课的学测的考试大纲、试题库和评分标准。

(3)按照专业大类进行的操作考试,应由作为统筹者的国家教育主管部门国家教育考试院牵头,在充分吸收和整合各地高职分类考试的操作考试的基础上,开发各专业大类操作考试的考试大纲、试题库和评分标准。

其三,要完善操作考试的考场、考务、考评人员等人、物、环等方面的标准。职教高考的文化素质考试以语文、数学、英语、思想政治等学科知识为考试内容,在考试形式上可以依照普通教育选择纸笔测试。职业技能测试的操作考试,作为新的考试形式和职教高考中分值比重最高的考试部分,需要在考试的标准化和规范化建设上投入更多精力和作出周密安排。这需要:
(1)各地加大在标准化考场建立、考务人员聘评和培训以及操作考试的细则制订等方面的投入。(2)国家统一出台操作考试细则,内容包括对考试场地、考试设备的要求,监考人员职责,考场规则,考生守则等。(3)各地可围绕技能特点尝试开发新的测试手段。例如,可应用信息化综合实训平台远程提交操作视频的方式来取代现场举行技能操作考试,但同时须加大信息化建设投入,确保相关基础设施的支撑能力。① 这些方面,各地高职分类考试改革中已经形成了一批成熟的做法和经验,有的省区市已经出台了地方性标准,国家要及时总结和吸收地方经验,将其吸纳为国家制度和标准。②

(二)职教高考须在组织机构、经费投入方面进行配套

职教高考的考试组织实施比现行高考更为复杂,需要在考试组织、经费投入、人力资源投入等方面维持与现行高考基本持平的水准。实际上,我国现有的央地两级考试管理机构已经构成了统一组织职教高考的良好基础。目前体制下,省级招生考试委员会作为本行政区域内高考组

---

① 姜蓓佳,徐坚.构建职教高考制度的动因、意义与行动[J].国家教育行政学院学报,2022(02):52—60.
② 例如,江苏、山西等地已经出台了职业技能操作考试的考务工作手册、工作指导意见等,相关详细内容已在"'文化素质＋职业技能'评价方式形成操作性办法"部分呈现,此处不再赘述。

织、考试环境治理、考试安全维护、考风考纪整肃等工作的责任主体,理应也是职教高考的组织实施和过程管理的责任主体。具体说来:

(1)各省级招生委员会及其办公室应在现有的监督高校的招生录取工作和负责国家考试的组织管理工作的基础上,将相关组织和服务工作对标现行高考,向职教高考板块进行拓展和延伸。通过加大资源整合、机构协调和人员配备,将省级招生考试委员会的工作内容向职业教育板块延伸,以支持职教高考的全省统一组织领导。(2)在委员聘任上,可考虑由分管副省长兼任主管职教高考业务板块的主要负责人,委员由教育部门及其他有关部门、应用型高校、高职院校及职业本科的负责人、企业行业代表等组成,统一领导和管理职教高考的改革发展工作。(3)省级教育考试院作为各地教育考试的主要组织者和官方的专业考试机构,应切实为本地区在职教高考的考试大纲制定、试题命制、题库及命题团队建设、测试手段开发等方面提供专业支持,展现应有作为。(4)对于职教高考中职业技能测试的操作考试,其由国家统筹、各地主责。从已有的高职分类考试改革相关实践来看,该项考试组织具有相当大的挑战,[①]那么,各地可以探索建立新的责任分担机制。例如,由省级教育考试机构牵头组建专业技能测试联考委,邀请各专业所在的优质中、高职院校以及行业企业作为委员单位,在省级教育考试机构的统一领导下,共同承担考试大纲开发、试题库开发、评分标准制定等标准制定工作;在考试实施阶段,可采取"分区划片"的形式,在全省不同方位设置多个院校共同负责一个专业大类技能测试的方式来分解组考压力。

同时需要注意的是,各地应严格遵照省级招委会、高校在招生考试工作中的职责划分进行工作安排。参与考试组织实施的各主体要遵循"责权一致"的重要原则,避免高职分类考试改革中的相关问题再在职教高考中出现。此外,参与评分的各类考评人员都必须参加正规培训并签署保密协议,以确保职教高考在形式和实质上均公正进行。各地还要加大对职业教育改革和高考改革专项资金的投入,确保各项任务的顺利实施。

(三)建立职教高考在考试研究方面的"政行校企"共同体

根据前文的文献综述以及调研发现,职业技能测试的考试研究方面较为滞后,不能满足实践需要,成为制约高职分类考试以及职教高考考试科学性的基础性因素。职业教育作为与经济社会发展联系最密切的教育类型,其质量高低的判断往往提供者说了不算,而是下游的接收者也可以说是直接受益者的企业的评价更为中肯。政府主导的职业教育考试招生对职业教育人才市场需求的变化不能及时做出反应,这种信息不对称导致的滞后性,促使职教高考应当在考试研究方面建立起"政府-行业-学校-企业"的共同体。[②]

企业本身作为以经济效益为第一追求的主体,以往过于寄希望于发挥其教育情怀和公益性

[①] 具体有哪些挑战,前文"省级统筹分类考试在组织层面所存在的问题"已有相关分析论述,此处不再赘述。
[②] 唐佩. 职业教育引入第三方评价的教育经济学审视[J]. 教育理论与实践,2017,37(27):18—20.

是不现实的,而这也是长期以来,校企合作仅作为一种办学行为而未形成一种有效制度的深层次原因。对于职教高考的组织管理来说,需要政府出面与行业企业建立长期有效整合的机制,鼓励行业企业参与制定考试方案、考试内容和评价标准,发挥行业企业在职业技能测试中的作用。① 这其中的关键在于,激发企业行业参与的动力。比较可行的办法有:

(1)国家通过政府购买服务和企业免税等方式,解决企业参与职业教育的动力和激励不足问题。(2)以省为单位,使政府与企业合作成立第三方非营利性的考试机构,②由这个第三方出面在职教高考的考试命题、职业技能测试等环节提供服务。但同时要注意的是,应当同时建立起完备性档案或黑名单制度,对第三方评估机构的认可标准、认可程序和认可周期进行原则性规定,③以提升这个第三方机构的公信力和服务水平。(3)对已经参与了职业教育人才培养环节的平台——全国行业职业教育指导委员会④的相关职能予以延伸,使其将影响力和业务板块由目前仅存在于人才培养环节向考试招生环节拓展。

总的来说,行业企业在对职业院校学生的职业技能水平(专业理论、行业政策法规、专业实务、专业技能等方面的掌握程度)、职业综合能力(业务拓展、知识更新、组织协调能力等)、职业伦理价值(职业行为规范、公司利益判断、企业责任承担、道德品质表现等)⑤等方面,具有着其即作为用人方的独特优势。

那么,行业企业在职教高考命题研究方面能够发挥的作用是,由行业、头部企业、协会、专业学者组成职业能力标准体系、典型工作任务考题开发的专家库。具体操作办法是,如果已经有初步开发出的试题,经行业企业进一步认定评估之后再入库;对学生按国家职业教育标准需要掌握但尚未演变成试题的内容,需要召开专家论证会,邀请一线教师和企业行业专家同时工作,企业专家从实际工作角度设计试题,教师从教育教学和中职学生的普遍接受能力等角度,判断该试题是否适合作为职教高考题,这样的方式进行过一定阶段和积攒了一定的题目数量和实践经验后,教师们可归纳试题开发逻辑、形成试题开发指导手册,以便为后续工作长期服务。

第四节　推进职教高考制度化的实现机制

制度被制定出来以后,还需要有效落实才能达成制度目标。制度的生成需要一个制度化的过程。制度化反映了将一系列社会范畴和现象从规则到行为规范化的过程,具有着约束性、持续性和扩散性等内容指向。⑥ 高考制度改革一向是一项高利害性的改革,现行高考制度自1952年

---

① 李小娃. 高职院校考试招生制度变迁与改革趋势[J]. 职业技术教育,2017,38(34):8—13.
② 李鹏,石伟平. 职教高考改革的政策逻辑、深层困境与实践路径[J]. 中国高教研究,2020(06):98—103.
③ 任占营. 新时代深化职业教育评价改革的现实意义、政策路径和成效表征[J]. 职教论坛,2021,37(08):14—20.
④ 这部分的具体介绍,请参见前文"行业企业参与分类考试招生的长效机制尚未形成"部分,此处不再赘述。
⑤ 唐佩. 职业教育引入第三方评价的教育经济学审视[J]. 教育理论与实践,2017,37(27):18—20.
⑥ 郁建兴,秦上人. 制度化:内涵、类型学、生成机制与评价[J]. 学术月刊,2015,47(03):109—117.

成立至今也一直遵循着渐进式改革原则,不求快但求稳。如前文所述,我国的职业教育考试招生制度发展历程存在严重的路径依赖。同时,也由于历史原因,使得职业教育尤其是高层次职业教育长期止步于专科层次,面临着内涵不足、质量欠佳的窘境,而这也是人们不倾向选择职业教育的重要原因。推进职教高考改革及实现职教高考制度化,还面临着来自多方面的可能性阻力。而职教高考制度推行过程,既是突破重重阻力的过程,也是使制度要素通过作用机制制度化的过程。

如前文理论视角部分所述,本研究采用理查德·斯科特(Richard Scott)对制度的综合性定义,制度可由规制性、规范性和文化-认知性三大要素及其相关的活动和资源所组成。制度之所以能够促进稳定和产生意义,有赖规制性、规范性和文化-认知性要素的作用发挥。那么制度化过程和制度化机制,即可从制度要素中获得指引。对照理查德·斯科特(Richard Scott)提出的规制性、规范性和文化-认知性三大制度要素,制度化被划分为三种生成机制。本研究基于前述章节分类考试改革为职教高考留下的模式、做法和经验,结合梳理出的可能性阻力和制度化生成机制理论,归纳职教高考的制度化实现机制。

一、规制性机制:形成与职教高考有机协调的配套改革矩阵

规制性要素强调合法的控制权威和强制手段,其遵守基础是权益性应对,秩序基础是规制性规则,扩散机制为强制性,合法性基础为法律制裁。[①] 这种制度生成机制对应的是新制度主义理论中历史制度主义理论的经典理论模型——路径依赖理论。根据路径依赖理论,制度的生成往往建立在已有的基础之上,因为创新总是很难产生,尤其是新制度这种对于原有制度的替代路径,往往需要很高的成本,而且成本会随着时间而递增。那么,在生成新制度时,强调"激励"的推动作用,为形成制度矩阵的相关利益主体提供递增的回报,[②]以激励他们对于规则的认可是可以采取的手段。具体到职教高考的规制性制度化实现机制上,需要着力设计职教高考有机协调的激励制度矩阵,通过有机协调的配套改革,打通和形成职教高考制度的正反馈路径和正反馈过程。

此外,法律是确保新制度顺利传播、维持和稳定的基础,尤其是当新制度涉及的利益群体众多且会对利益分配格局作出重大调整时,那么通过最正式的权威即法律形式来推动工作是最有力度的,同时,也是最能够让最多人信服的。这不仅在于法律本身的权威性,还在于立法过程亦是对利益分配过程作出全面深刻论证的过程,经过繁复的程序过后,一般来讲,法律条文多能够将制度的宗旨、内容和价值诠释出一个能够让社会绝大多数人接受的结果。

---

① 依据理查德·斯科特(Richard Scott)提出的"三大制度要素框架"。
② [美]W. 理查德·斯科特. 制度与组织——思想观念与物质利益(第3版)[M]. 姚伟,王黎芳,译. 北京:中国人民大学出版社. 2010:131.

(一) 国家统筹谋划全面改革,形成实施职教高考的制度合力

职教高考作为一项考试,看似是要在考试层面着力规划"考什么""怎么考""怎么组织"等基本问题,但考试评价作为"牛鼻子""牵一发而动全身"的影响力,会带动着下游的中职教育教学内容的变革以及上游的高等教育的分类发展。因而,系统构建职教高考制度,需要对教育教学、学校体系、考试制度、招生录取制度等多项相关内容进行整体统筹和系统架构。这些架构的建构和实施过程,即规制者运用权力来使这些"使能"活动来促进、加强和支持制度构建的过程,也即建构制度的过程。本研究认为,为形成实施职教高考的制度合力,国家须从如下方面谋划全面改革:

其一,对标职教高考考试内容,推动中职教育向基础性转向和教育教学改革。如前所述,职教高考的"文化素质+职业技能"评价,以"中职学业水平测试+职业技能测试"为考试模式。其中,文化素质考试成绩由思政、语文、数学、外语4门必考和信息技术、历史、体育与健康、艺术、物理、化学2门选考组成,这需要各地区各学校落实和执行教育部《中等职业学校公共基础课程方案》《中等职业学校公共基础课课程标准》,确保首先开足开好国家要求的所有中职学生的必修课程。同时,与之相配套地,要同步实施课程教学改革、充分开发利用课程资源、加强教师队伍和教学设施建设以及完善课程实施的管理办法。

其二,对标职教高考招生制度,加快高校分类发展和内涵建设的进程。要以与现行高考在考试地位、考试结果等方面的等值同效为目标,为职教高考进行资源配置和布局。各地教育主管部门要基于本地区的生源结构、高等职业教育的资源布局和专业结构,合理设计职教高考的考试招生比例,尤其要进一步提升通过职教高考招生的高校的层次和数量。要加大高考招生计划的结构调整力度,鼓励和引导更多优质的应用型本科、职业教育本科通过职教高考招生。要稳步发展职业本科教育,建设一批高水平的职业本科院校和专业,使职教高考成为职业本科学校招生的主渠道。要进一步完善高等学校分类发展,引导普通高校向应用型转变,敦促本应是应用类的本科院校切实回归应用型高校的本质,加强其应用型内涵建设,增加中职学生的招生比例和数量。

其三,对标职教高考的录取制度,督促各地尽快建立中职学生学业水平测试制度和综合素质评价制度。如前所述,职教高考实施"中职学业水平测试+职业技能测试"的考试模式以及"统一考试+综合评价+多元录取"的招生录取标准,这首先需要各地尽快建立起中职学业水平测试制度和综合素质评价制度。国家曾多次提出"支持有条件的省份建立中职学生学业水平测试制度",但是目前,仅有江苏、上海、福建等地已经实行了中职学业水平测试制度。其中,福建已经将中职学测成绩作为高职分类考试的文化素质考试成绩。[①] 各地要尽快建立起中职学业水平测试制度,将其与落实教育部《中等职业学校公共基础课程方案》《中等职业学校公共基础课课程标

---

① 福建分类考试中的文化素质考试,使用了中职学业水平考试中公共基础知识(德育、语文、数学、英语)和专业基础知识的合格性、等级性考试成绩。

准》相结合。对于中职学生综合素质评价制度,国家要加紧督促、指导更多的省区市开展,吸收福建、上海等地的先进经验。此举不仅在于配合职教高考制度体系建设,也在于以制度完善提升职业教育质量。

(二)加快考试立法,将职教高考纳入考试立法内容之中

我国教育考试立法曾在2004年至2018年期间被热切推进,彼时,不仅教育考试立法每年在教育部工作要点中出现,而且教育部还专门立项《起草教育考试法的可行性研究》。但遗憾的是,由于在立法名称、立法层级方面始终难以达成共识而未能取得突破性、实质性进展。因而,教育考试立法于2019开始热度逐渐下降,目前成为了一个基本被迫搁置的议题。[①] 考试立法是能够从最权威的制度层面来保障公民教育考试权、高校招生权以及实现考试应有的功能地位、规制考试组织者行为规范、督促考试标准建立的制度工具,也是以法律手段强制性解决有损教育考试公平公正、不同考试组织主体权责不对等和不到位的必然要求。[②] 虽然目前国家教育考试立法进程是缓慢的,但不影响我们对职教高考制度纳入国家教育考试立法的内容框架之中的呼吁。国家教育考试立法,势必要对考试的种类范围、考试管辖主体及其权责、考试标准和考试条件法定核定、考试争议的处理机制等若干重要方面做出规制性要求,[③]而若能够将职教高考制度纳入考试立法的议题之中,势必能够借助考试立法之"东风"强势推动职教高考制度化、规范化、标准化。

二、规范性机制:建构职教高考制度运行的全过程规则体系

规范性要素的遵守基础是社会责任,秩序基础是约束性期待,扩散机制是规范,合法性基础是道德支配。规范性要素看重更深层次的伦理规范和道德基础,强调网络关系与相互承诺,承诺的核心要素主要是对个体与集体行动者价值观、行动程序的规范。对于制度化来说,任何一种制度都必须有与之相适应的表现和实现形式,即制度安排。[④] 制度表现为社会关系和规则体系,这些体系的建立或废改都要通过制度安排去完成。由此带来的制度化机制的启示是,通过提供具体规则和程序、创设行动仪式和符号实现制度的规范化过程,[⑤]使个体行动者嵌入相互依赖的集体行动者网络,从而使个体行为进入一种规范秩序,[⑥]以形成对主体行为的有效约束。

职教高考制度构建之不易,在于其是一个打破路径依赖、补上发展短板、优化结构体系、拓展重要功能和完善教育生态的过程。职教高考的意义不仅在于与现行高考形成协同发展之势,为中职生提供一个能够实现考试成绩充分流通的统一升学途径,还在于通过考试"旋转门",将分立

---

① 靳澜涛.我国教育考试立法的现实困境与应然出路[J].中国考试,2020,(12):59—65.
② 李化德.论国家考试立法[J].现代法学,2008,(05):29—37.
③ 陈韶峰.试论国家教育考试立法的疑难问题及其解决方案[J].内蒙古社会科学,2022,43(01):199—205.
④ 柳欣源.义务教育公共服务均等化的制度构建[D].上海:华东师范大学,2017:58.
⑤ 罗家德.社会网分析讲义(清华社会学讲义)[M].北京:社会科学文献出版社,2005:61.
⑥ [美]W.理查德·斯科特.制度与组织——思想观念与物质利益(第3版)[M].姚伟,王黎芳,译.北京:中国人民大学出版社.2010:132—133.

在"旋转门"两侧的中等职业教育和高等职业教育在专业、教学内容等内涵层面对应和衔接起来。职教高考制度构建所依赖的重要基础,实际上也正是目前职业教育体系内部的不完善之处。构建职教高考制度须与职业教育体系的内涵建设同期进行、互为支撑。

制度的扩散需要重视制度载体的作用,而且制度载体会影响制度所传递的信息的内涵。一般来说,制度传递信息的载体是理论、认知框架、符号系统、器物等。综观我国现行高考的建立发展过程,一直在坚持标准化改革。高考自1952年建立直至1977年恢复高考之前,高考命题尚处于经验命题阶段,不仅随意性较大、理论支撑也略为缺乏。[①]

到了20世纪80年代,外国考试理论和技术随着改革开放进入国门,我国开始从命题质量、施测过程、评分阅卷、考务管理等方方面面开启标准化改革,并开展了广东为主,海南、山东、湖北、辽宁等地为辅的高考标准化改革试验,之后再将试验成果逐渐应用到全国。现如今,除了考试大纲、现代信息化技术等物料层次的标准在高考考试实施中实现了规范化、标准化应用,现行高考的标准化还已经落实到了从报名、准考证印制发送、考试安排、监考、阅卷、成绩统计、分数解释、录取发布等全流程和全环节。

有着现行高考制度这一成熟的参照,职教高考的标准化建立过程便有经验可循。前述章节已就职教高考要建立起人、物、环等方面的标准做过详细讨论和论述,[②]此处不再赘述。

基于承诺递增的制度化生成机制不再单纯地依靠物质激励的作用,转而强调身份在制度化中的功能。具体到职教高考的规范性制度化推动上,要通过建立职教高考制度运行的全过程规则体系,来使相关主体嵌入网格之中,形成稳定的网格治理模式,发挥网格约束作用。那么,职教高考的办考以及职教高考制度运行的关键环节均要有标准作为引领、规范作为约束。

标准体系的开发与执行作为职教高考的基础性工程,不仅是维系考试制度、招录制度运行的管理制度的重要内容,更事关着整个职教高考的合法性。因而,要通过建立健全标准体系,使职教高考各项活动依标依规进行,既从符号象征方面规范职教高考运行,也对相关执行主体形成网格化规范约束。

三、文化—认知性机制:凝聚各方对职教高考制度的价值共识

研究文化和认知因素的学者认为,各种"理论化"思想对制度的传播具有重大影响。文化—认知性因素的制度化作用机制是共同信念,主要对应建构型制度化。彼得·伯格(Peter Ludwig Berger)和托马斯·卢克曼(Thomas Luckmann)认为,制度化的一个重要阶段是共同信仰日益客观化,这包括组织的决策者就某种价值达成一定程度的共识,并越来越多地基于该共识来做出行动。

---

① 郑若玲.中国教育改革40年:高考改革[M].北京:科学出版社,2018:109.
② 具体参见"职教高考的管理制度及其运行方式"部分.

"价值观是社会规则生成的重要基因,是破译人类社会秩序的无形密码,是构成社会秩序的绝对必要条件。"[1]制度的文化—认知性因素强调共同信念的"日益浓厚和固化"。[2] 新的制度可以通过思想转化和传播,在传播过程中将会经历熟悉化、客观化的逐渐沉淀过程,这一过程需要互动,需要积极成果的产生和利益相关者的支持。[3] 根据信念机制的作用过程,职教高考制度也要经过习惯化和日益客观化,最终实现信念的沉淀。

(一) 推动技能型社会和职教高考文化整合

如前文所述,构建职教高考制度的动因之一是现行高考制度单一的育人框架致使人力资本开发出现了结构性失衡。环顾生活中,受到自古以来"学而优则仕"的思想影响,人们也普遍倾向于接受普通教育而不选择"劳力者治于人"的职业教育。但是,职业教育的受人鄙薄不是任何时候都存在的。

上世纪 90 年代之前,我国就曾有过尖子生首选中专、次选普通高中的"中专教育"的黄金年代。而且,彼时"八级工资制度"为核心的职业技能认证体系、单位制和稳定就业为基础的"师徒制"培养体系等,也曾为工匠、技术劳动者带来令全社会羡慕的劳动报酬、社会地位和荣誉感。

可见,社会氛围、社会环境等外部条件亦是甚至更是影响职业教育和技术技能人才认可度的重要因素。如今,国家倡议建立这样崇尚技能的社会形态。

2021 年 4 月,新中国成立以来第一次由党中央、国务院召开的全国职业教育大会提出"建设技能型社会"。之后,中共中央办公厅、国务院办公厅《关于推动现代职业教育高质量发展的意见》作出"到 2025 年,现代职业教育体系基本建成,技能型社会建设全面推进""到 2035 年,职业教育整体水平进入世界前列,技能型社会基本建成"的战略部署。

"技能型社会"作为"文凭社会(学历社会)"的对立面,[4]代表着技能而非文凭是人力资本的需求方向,旨在对社会和教育体系的文化和价值进行重构,对包括教育体系在内的社会组织与要素进行革新。[5] 社会舆论、社会观念等作为非正式制度因素,会对改革进程产生重要影响。建设技能型社会,与构建职教高考制度某种程度上是相辅相成的,将二者进行文化整合有利于生成全社会对技能的文化-认知性价值认同,进而对职教高考制度化有推动作用。原因在于:

其一,建设技能型社会,将有助于营造尊重技能价值的社会环境。通过弘扬劳模精神、工匠精神,积极宣传社会主义现代化建设过程中涌现出的各条战线的劳动模范与大国工匠,有助于全方位营造爱岗敬业、艰苦奋斗、甘于奉献、精益求精的社会主流工作风尚。

其二,建设技能型社会,有助于从思想上破除"人才层次论",树立技能宝贵、人人皆可成才、

---

[1] 朱芝洲,蔡文兰. 失序与重建:社会转型中的职业教育秩序研究[M]. 杭州:浙江大学出版社,2015:237.
[2] Berger, P.L., Luckmann, T.. The Social Construction of Reality, New York: Anchor Books, 1967:59.
[3] [美] W. 理查德·斯科特. 制度与组织——思想观念与物质利益(第 3 版)[M]. 姚伟,王黎芳,译. 北京:中国人民大学出版社. 2010:133—135.
[4] 匡瑛. 内外合力推进技能型社会建设[N]. 中国教育报,2021-10-12(05).
[5] 李玉静. 技能型社会:价值意涵与推进策略[J]. 职业技术教育,2021,42(16):1.

不同类型人才都是社会主义建设者与劳动者的观念,塑造广大社会成员对于技术技能、职业教育的文化认知。

其三,建设技能型社会,有助于引导公众对于职业教育价值的理性回归,切实发挥技术技能宝贵思想传播的长尾效应。通过弘扬技术技能的价值,增强公众对于技术技能共同认知情感的凝结力,鼓励和动员社会成员在对技术技能宝贵价值的认同基础上,形成效仿心态,采取相应行动。

以史为鉴,"科举有胜于十万督学之力",古代科举制和现行高考对古代儒学社会和如今的学历社会的形成密不可分。如此说来,职教高考制度的文化-认知性实现机制,可与国家建设技能型社会这一影响更大、范围更广的行动和理念结合起来。构建职教高考制度,某种程度上也是在构建技术技能型人才的成长体系、学历体系、荣誉体系。通过职教高考和技能型社会的文化整合,将凝聚各方对职教高考价值认同的共识,职教高考制度也将服务于技能型社会的建立。

(二)职教高地做好改革先锋队,分享改革成果,推广改革经验

新制度主义理论提出,制度化的关键是要建立起执行这项制度的正反馈过程。正反馈过程的建立可从高初始成本、学习效应、协同效应以及适应性期待四个方面着手。[①] 对于职教高考的制度化来说,如果该制度方案被诸多与之协调的配套改革所共同锁定,那么其他替代方案就会因额外成本高昂而不再有"市场机会"。同时,通过试点先行来使学习效应、协同效应得以发挥,那么即可从整体上形成职教高考制度的正反馈机制,也就可从激励机制这个制度化路径来助力职教高考的制度化。

制度的扩散、传播、学习也有利于制度化的过程,一套规则和结构的传播程度的增加,往往反映了制度结构力量的增长。职教高考的设立,是为现行的普通高等学校招生考试增添一轨。高考改革向来涉及利益面众多、改革成本高、改革内容复杂,试点先行、有序推进、渐进式改革向来是高考改革的原则。那么,职教高考的制度设立,同样可选择制度扩散的路径。具体说来,可在东中西部选择若干省或地级市进行先行先试,总结出一批可复制、可推广的经验,或者是依托部省共建职业教育创新发展高地,率先开展职教高考改革试点,形成一批可推广、可复制的试点经验。

2020年开始,教育部陆续与山东、江西、甘肃等地展开部省共建职业教育创新发展高地,而"探索建立职教高考制度""完善'文化素质+职业技能'考试招生办法"被列为高地试点的重要探索内容。源于地方、服务地方,基层首创是职业教育制度供给的主渠道。高地建设实际上走的也是"试点先行""政策扩散"机制的路子。职教高地启动以来,有些高地已经在职业教育的考试招生改革上作出了突破。

---

① Arthur, W. B.. Increasing Return and Path Dependence in the Economy [M]. Ann Arbor: University of Michigan Press, 1994:13—29.

山东作为全国首个职教高地,其在高职分类考试改革上,加大省内招生计划结构调整力度的做法已经被复制到了四川、甘肃等地。江西则在强化技能考试的命题研究支撑方面率先做出探索。2021年12月,江西省教育厅发布《关于开展职业教育专业技能测试考试资源建设试点工作的通知》,由省政府统筹省内各应用型本科、职业本科、高职专科院校,开展职教专业技能测试考试资源的建设试点工作。江西将探索包括虚拟仿真测试、模拟仿真测试、数字孪生测试、专业理论测试、真实环境测试、特定技能要求加试等职业教育专业技能测试的不同模式,根据农林牧渔大类、资源环境与安全大类等19个专业大类特点,开发相应的考试大纲、考试标准、考试题库等考试资源,力争1—2年取得阶段性成果、3—5年取得系统性成果,形成在全国范围内可复制、可推广的、能够广泛应用于职教高考和职业教育专升本考试的技能测试标准和考试资源标准。

职教高地这些具有"破局"意义的做法,能够成为职教高考制度化的助推力。作为职教高地,可将本地区改革成果向全国分享,发挥典型经验的引领示范效应,增强更多地区的改革信心。其他地区,要认真研究职教高地的经验做法和建设模式等,找准其与自身工作的结合点,吸收和"移植"成功经验。中央层面,要及时面向全国推介好做法好经验,固化基层创新成果。

第八章 结语

"实现教育现代化，发展公平而有质量的教育"，是新时代党和国家对办好人民满意的教育的新要求和新承诺，这也是本研究构建职教高考制度研究的出发点。基于理论研究、政策梳理和实证调研，借助历史制度主义理论、利益相关者理论、新制度主义理论等分析视角，本研究对"职业教育考试招生制度的建立与发展过程""职教高考作为一项考试应该如何设计""职教高考作为一项制度应该如何建立"以及"职教高考的基本构想与实施路径"四项研究问题进行了回答。在总结研究结论的基础上，对主要贡献以及局限之处进行了反思。

第一节 研究结论

本研究主要包括理论研究和实证研究两个部分。在理论研究部分，对"职业教育考试招生制度的建立与发展过程""职教高考作为一项考试应该如何设计"两个研究问题进行回答。在实证研究部分，基于改革须建立在现实基础之上这一规律，结合对全国高职分类考试改革的实证调研，在理想与现实的匹配中，回答"职教高考作为一项制度应该如何建立""从理想状态和现实基础的平衡中提出职教高考的基本构想和实施路径"两个问题。主要的研究结论如下：

1. 职业教育考试招生制度的建立与发展过程

我国职业教育的考试招生，在 20 世纪 80 年代偶然起步；90 年代有了符合自身特点的制度雏形，却未能大规模实行，高职教育大规模发展之初也正值我国高等教育开始大规模扩招时期，高职被要求从高考的专科批次招生使其失去了同期建立起与自身人才选拔和培养特点相符合的考试办法，而且还被迫陷入"次等教育"污名；新世纪后，国家在是否因职业教育的就业导向而控制职业教育的升学上态度摇摆，地方开始探索合理形式来满足中职生的升学需要，地方的政策创新后被国家吸纳；2010 年以来，高职分类考试改革在省级统筹下进行，国家于 2019 年正式提出建立职教高考制度，并在后续政策中强调"加快建立"。经济社会发展背景、教育事业发展状况、就业政策、职业教育内涵式发展的需要、对职业教育类型地位的认识等，是影响职业教育考试招生改革的深层次因素。综观改革历程，既有强制性与诱致性变革又彰显出强烈的路径依赖，"分类考试"理念的提出和省级统筹下的考试招生权力格局的变化,是职业教育考试招生"从无到有""从有到优"的变迁逻辑之体现。设立职教高考,一是为了破解现行高考制度单一育人框架所造成的人力资本的结构性失衡问题,二是高考更好地履行公平科学选材使命的重要体现,三是助力职业教育评价改革和现代职教体系完善,四是拓宽高考"独木桥"以成就有边界和有选择的竞争,五是对于中职毕业生公平发展的基本权利的妥善回应和满足。

2. 职教高考作为一项考试应该如何设计

职教高考因其是"高考",能够展现出影响中职教育教学工作和办学方向的指挥棒、作为职业高等院校招生入学考试的筛选器、完善技能评价和承认技术技能积累的增长极、拓宽赛道成就有边界和有选择的竞争的扩容器以及促进初中后教育分流更加理性合理的分流阀等功能。基于考试目的和知识论,考试内容上,应兼顾高职选材要求(体现引领性)、中职教育内容和中职群体的一般水平(体现指导性)以及职业教育类型化知识体系(体现规训性)等方面,本质上是对职业能力的考查,具体包含专业技能、专业理论知识工作知识等。在"文化素质+职业技能"评价的提出和政策指引下,文化素质应进行语文、数学、外语、思政科目必考以及物理、生物、化学、历史等科目选考,职业技能测试应以考查职业能力为主和以综合性的典型工作任务为呈现方式。考试形式上,基于考试内容和第四代评估理论,文化素质考试可参照普通教育的办考思路,但在教学内容和试题开发上要注重与职业教育的专业特征相结合;职业技能测试的试题开发,需要在对每个专业对应的职业分级及其在中职阶段的职业能力级别的常模进行研究的基础上,开发出等值的、依照"从初学者到专家"的职业发展逻辑展开的典型工作任务,以便根据学生"解题"的程度和进度来进行评分。一些职业分级主要在基层层次的专业,要逐渐从职业教育学校体系中退出而转向社会培训。考试实现方式上,所考查的职业能力在认知层面比重高的专业可考虑纸笔测试,大多数操作比重较高的专业要举办现场操作考试。办考模式上,考虑到国情与公众心理,政府主导的模式仍会是主流,但要在考试准备环节增强行业企业的参与程度,以实现职业教育多元评价共同体的有效建构。

3. 职教高考作为一项制度应该如何建立

目前,职业教育的考试招生正处于"分类伊始,进阶升级"阶段。作为职教高考的先行阶段,高职分类考试改革在中央指导和省级政府统筹下进行。以利益相关者理论为视角,通过对全国31个省区市的高职分类考试改革的政策文本进行内容分析,以及对涵盖东中西部地区的国家教育主管部门工作人员、12个省区市的省级教育行政部门工作人员、高等院校和中职学校的书记校长与招生教务职能部门负责人、通过分类考试进入高校就读的学生以及企业代表6类利益相关者群体共计89人进行访谈,发现:就高职分类考试的整体进展来说,办考形式上形成了统一考试与单独考试两种类型,考招环节上形成了考招统一与考招分离两类模式,以及"文化素质+职业技能"评价方式形成了操作性办法;但是,在考试层面,存在着考试途径多元整体上操作办法成形但关键性缺失,影响了考试科学性、中职生与中职学校在分类考试上诉求存在阻滞等问题;在组织层面,面临着中央简政放权与强化地方主责之间存在政策期待与承接张力、省级统筹与院校自主存在两难以及责权利不对等等问题。上述经验和问题,为职教高考提供了现实抓手和改革依据。

4. 职教高考的基本构想及其实施路径

职教高考整体上要定位于与现行高考等值同效、差异协同。通过梳理职业教育考试招生的发展过程,并结合高职分类考试改革的实践,本研究认为,职教高考的办考仍要"高位运行",即在国家层面统一设置、由省级层面统一组织。制度内容方面,主要由考试制度、招录制度和管理制度组成。对于考试制度,"文化素质+职业技能"的评价方式可设计为"中职学业水平测试+职业技能测试"的考试模式;其中,文化素质考试使用中职学业水平测试成绩,实行"4+2"选考(思政、语文、数学、外语4门必考,根据专业情况从历史、地理、物理、化学、生物、体育与健康等课程中选考2门);职业技能测试的专业理论课笔试使用中职学业水平测试成绩;操作考试按照专业大类统一进行,证书和大赛获奖者可赋分或免试。招录制度方面,职教高考要采取"统一考试+综合评价+多元录取"的招生录取标准;调整招生计划,鼓励更多高校从职教高考招生;鼓励产教融合型企业参与职教高考,实现招生与招工一体化。就管理制度而言,一是要将标准体系的开发与执行作为基础性工程,二是须在组织机构、经费投入方面进行配套,三是建立在考试研究方面的"政行校企"共同体。推进职教高考制度制度化的实现机制有:在规制性机制上,形成与职教高考有机协调的配套改革矩阵,包括:国家统筹谋划全面改革、形成实施职教高考的制度合力;加快考试立法、将职教高考纳入考试立法内容之中等。在规范性机制上,建构职教高考制度运行的全过程规则体系。在文化-认知性机制上,推动技能型社会和职教高考进行文化整合;职教高地做好改革先锋队,分享改革成果,推广改革经验,以凝聚各方对职教高考的价值认同。

第二节 研究创新

构建职教高考制度,可以说是当前职业教育改革、高考改革、教育评价改革中共同的重大核心议题。在近几年的全国两会中,还多次成为了人大代表、政协委员的提案。日常生活中,关于职教高考的新闻报道、自媒体帖子等,总是能引起社会公众较高的关注和广泛讨论。可以说,这是一个牵动着上至政策制定者、下至每位学子和每个家庭、每一所职业院校的重要事项。

在研究选题上,本研究回应了当下教育领域的热点,展现出重大现实关切。职教高考首次出现在国家政策文本中是2019年,虽然相关研究呈快速涌现之势,但在研究深度上尚处于刚起步阶段,而且以职教高考为主题的研究基本均为期刊论文,尚无硕博论文。本研究的基础是国内第一篇专门研究职教高考的学位论文。在当前职业教育大改革大发展的重要窗口时期,本研究直指热点问题和关键议题,体现了将"论文写在祖国大地上"的关切。

在研究视角上,整合了教育管理学、教育学原理、职业技术教育学、教育政策学、考试学等学科理论和视角。本研究运用 CiteSpace 软件的文献计量与个人综述定性相结合的方式,对已有相关研究进展进行了充分梳理之后,发掘出研究增长点。以"职教高考肩负着宏观、中观及微观层面多重的价值功能""要对职教高考制度进行本体研究和理论解读""内外部多重因素造成职教高考的制度变迁""制约职教高考制度建设的现实梗阻是未来建制必须直面和予以突破的地方"等基于文献综述得出的启示为思路指引,运用考试学、教育学原理、职业技术教育学的学科视角研究了"构建什么样的职教高考",以教育管理学、教育政策学的视角研究了"为何构建职教高考"以及"如何构建职教高考"。关键性结论的得出,既有学理分析,亦有实证依据;既很好地总结了已有研究,又在该领域作出了一定突破。

在研究内容上,围绕职教高考制度构建这一核心议题,从"为何构建职教高考""构建怎样的职教高考(什么是职教高考)""如何构建职教高考"等三个方面进行了系统研究。首先,以历史制度主义理论为视角,展现了职教高考政策演变的全貌,揭示了制度变迁背后的规律、制度改革的发生机制、影响政策制定的关键因素等,展现了职教高考制度的生成逻辑,深化了考试制度演变的规律性认识。其次,从知识论、第四代评估理论等视角,从学理上系统阐述了职教高考的内涵、价值以及讨论了考什么、怎么考等现实问题,厚植了该领域的理论研究。再次,通过大规模调研,总结了目前全国各地高职分类考试的实践模式和基本进展,既提供了事实层面的建设案例,又有经验层面的理论概括。最后,基于前述方面,提出了职教高考制度的基本构想、制度架构、运行条件以及实施路径,为职教高考的制度构建提供了基于证据的方向指引和思路参考。

在研究对象上,该领域已有的实证研究,更多的是以某一地区为分析单位或是以目前高职院校的某一具体招生形式为例来展现高职分类考试改革的进展。本研究对全国 31 个省区市的情况进行了"全盘摸底",系统全面地对全国高职分类考试改革的政策文本进行了内容分析,还在聚焦研究问题和追求扎根理论研究饱和的基础上,最大程度地展开了对涵盖东中西部地区的高职分类考试改革的 6 类利益相关者群体进行了访谈。访谈对象上,有 3 位国家教育主管部门工作人员、覆盖东中西部 12 个省区市的 12 位省级教育行政部门的职业教育分管同志与分管部门主要负责同志、27 位高等院校的书记校长与招生教务等职能部门负责人、14 位中职学校的校长书记与招生教务等职能部门负责人、30 位通过分类考试进入高校就读的学生以及 3 位企业代表共计 89 人。获得了大量的一手资料,使研究结论建立在坚实的实证调查之上,增强了研究结论的可靠性。

第三节 研究局限

任何学术研究都会受制于研究环境、研究者能力、研究设计等方面的有限性。本研究花费了近两年的时间,在成文的最后阶段,研究者仍在坚持查找、补充新的文献,以求不错过关于职教高考研究和实践的新资讯、新进展和新见解。但是,研究是遗憾的艺术,本研究在整体上尚存在如下局限。

首先,职教高考的应考主体虽然是中职毕业生,但同时也向普通高中毕业生等具有同等学力者敞开大门,这体现的是职业教育的多元化和开放性特征。职教高考面对着如此复杂多样的生源群体,但是考虑到研究者所能最大程度掌握的研究边界,以及能够在行文过程中取得有对话基础的讨论,本研究将职教高考的生源范围框定为中等职业教育毕业生,招生层次为专科、本科层次的高等院校,具有同等学力的考生未被列入本研究的讨论范围之内,讨论对象上的局限性不得不说是一种遗憾。但同时,中职生作为职教高考最主要的应考群体,首先对其专门研究亦体现了本研究旨在"先抓主要矛盾"。

其次,由于本研究的访谈样本比较多,在数据分析处理的过程中有些力不从心,尤其在对9万余字的访谈文本的取舍与分析时,可能存在部分信息的遗漏或者对部分问题的论述展开得不多。例如,部分中职学校受访者提到,对于"文化素质+职业技能测试"中"文化素质"该用哪些考试科目作为考试内容,他们认为,例如家政、烹饪、人物形象设计等应用性较高的专业,没有必要对学生的"数学""英语"等方面的学习提出太高要求。关于这个问题,行文中未作过多展开,而是以"目前中职教育对文化课程的忽视及其带来的弊端""中职生文化课学习要更加体现实用性""防止文化课程与专业课程之间是阻隔关系""实现文化课与职业能力培养的有机结合"等观点,相对笼统地表达了本研究对该问题的见解。此外,受制于研究者理论素养的局限性,对于质性研究资料的分析,以平铺直叙的描述为主,欠缺对研究事实更深度的抽象概括与理论升华。

再次,尽管本研究取得了一些研究发现和突破,提出了一些具有价值的观点,但对于本主题在"境外视野"方面着墨不多。职业教育是世界范围内众多国家都有的一种重要的教育类型,甚至在一些工业发展程度高的国家,职业教育是公民接受的主流教育类型,不同的国家亦有着不同的高等职业教育的考试招生方式。虽然,不同国家对高等职业教育的称谓、实施机构、学制设置等不尽相同,但将其视作一个教育类型和教育阶段,从而从教育体系上对其之前、之中以及之后的考核认定,是全世界各国都要面对的普遍问题。例如,经专门补习以学历达标进行升学的德国模式、国家确认职业教育与普通教育文凭等值的英国模式、通过一体化课程或者学分互认的美国模式等,均是值得研究和剖析的案例。但是,本研究在文献综述和后续讨论部分仅进行了较为笼统而简单的介绍。需要说明的是,这并非是研究者故意避之。

本研究对于该方面着墨不多的原因是,目前的"高职分类考试改革""职教高考"均是非常具有本土化特色的、而且是处于初级发展阶段的议题,不同国家和地区发展情况、制度基础的不同以及政治经济文化等背景的差异,导致地区考试制度的不同。如果在未对深层次的制度因素、制度基础进行分析的基础上,仅介绍或者盲目地建议参照其他国家的做法,实际上对于本土问题的解释和解决效果是有限的。而如果对于世界上其他地区的考试招生途径的深层次形成机理专门进行深挖和解释,似乎又偏离了本研究要回答的最主要的研究问题。因而,权衡之下,本研究只能遗憾地暂时舍弃了这部分,这使得本研究对于国外特别是职业教育发展较好地区或国家的职业教育考试招生的经验、特点及趋势没有给予更多关注,而这也成为了本研究的最主要欠缺。

还有,本研究所提出的职教高考方案仅为"统考统招"这一种形式。实际上,由于职业教育的区域性特征和省级统筹的管理体制,以及在基础教育职普融通、高中多样化等新的政策背景与发展形势下,职教高考应该是一种内部分化的、多元化的体系设计。但话又说回来,"统考统招"当然是职教高考体系其中一种重要形式,而且要实现职教高考与现行高考的协同发展,也必须尽可能地,使两类高考在考试地位、资源及考试结果应用上等值。未来,笔者将针对不同生源群体、不同类别的应用型高等教育机构,探讨建立由多种形式共同组成的职教高考制度体系,拿出多项备择政策并分别阐述其利弊,以及进一步分析职教高考制度体系构建的关键壁垒及其结构性消解。

如上种种不足,为笔者今后继续从事本主题的研究指明了方向,上述遗憾和不足会成为研究者开展继续深入研究的动力。

参考文献

一、专著

[1] [韩]河连燮. 制度分析 理论与争议(第2版)[M]. 李秀峰,柴宝勇,译. 北京:中国人民大学出版社,2014.

[2] [美]W. 理查德·斯科特. 制度与组织 思想观念与物质利益(第3版)[M]; 姚伟,王黎芳,译. 北京:中国人民大学出版社,2010.

[3] [美]道格拉斯·C. 诺斯. 制度、制度变迁与经济绩效[M]. 刘守英,译. 北京:生活·读书·新知三联书店,1994.

[4] [美]凡勃伦. 有闲阶级论[M]. 蔡受百,译. 北京:商务印书馆,2018.

[5] [美]康芒斯. 制度经济学[M]. 于树生,译. 北京:商务印书馆,2021.

[6] [美]朱丽叶·M. 科宾,安塞尔姆·L. 施特劳斯. 质性研究的基础 形成扎根理论的程序与方法[M]. 朱光明,译. 重庆:重庆大学出版社,2015.

[7] [美]埃贡·G. 古贝,EGONG. GUAB伊冯娜·S. 林肯等. 第四代评估[M]. 秦霖,蒋燕玲,等,译. 北京:中国人民大学出版社,2008.

[8] [美]罗尔斯(Rawls,J.). 正义论[M]. 何怀宏,等,译. 北京:中国社会科学出版社,1988.

[9] [美]塞缪尔·P. 亨廷顿. 变化社会中的政治秩序[M]. 王冠华,刘为,译. 上海:上海人民出版社,2021.

[10] [美]威廉·N. 邓恩. 公共政策分析导论(第4版)[M]. 谢明,伏燕,朱雪宁,译. 北京:中国人民大学出版社,2011.

[11] [美]伊斯顿(Easton,D.). 政治生活的系统分析[M]. 王浦劬,等,译. 北京:华夏出版社,1989.

[12] [日]青木昌彦. 比较制度分析[M]. 周黎安,译. 上海:上海远东出版社,2001.

[13] [瑞典]理查德·斯威德伯格. 社会学名著译丛 马克斯·韦伯与经济社会学思想[M]. 何蓉,译. 北京:商务印书馆,2021.

[14] [英]弗里德里希·冯·哈耶克. 法律、立法与自由[M]. 邓正来,等,译. 北京:中国大百科全书出版社,2022.

[15] 边新灿. 新一轮高考改革的多视域考察[M]. 北京:北京大学出版社,2017.

[16] 曹淑江. 教育制度和教育组织的经济学分析[M]. 北京:北京师范大学出版社,2004.

[17] 陈向明. 质的研究方法与社会科学研究[M]. 北京:教育科学出版社. 2000.

[18] 陈悦,陈超美,胡志刚,等. 引文空间分析原理与应用[M]. 北京:科学出版社,2014.

[19] 范先佐. 教育经济学(第二版)[M]. 北京:中国人民大学出版社,2012.

[20] 风笑天. 社会研究方法(第5版)[M]. 北京:中国人民大学出版社. 2018.

[21] 高鸿业. 西方经济学[M]. 北京:中国人民大学出版社,2005.

[22] 古振宇. 高考录取制度研究[M]. 杭州:浙江教育出版社,2017.

[23] 韩家勋.教育考试评价制度比较研究[M].北京:人民教育出版社,2010.
[24] 郝克明.当代中国教育结构体系研究[M].广州:广东教育出版社,2001.
[25] 李家林.考试评价概论[M].广州:世界图书出版公司,2014.
[26] 李峻.转型社会中的高考政策研究——基于利益相关者理论的分析[M].长沙:湖南人民出版社,2013.
[27] 李木洲.高考改革的历史反思[M].武汉:华中师范大学出版社,2016.
[28] 李宇红.职业教育分级制研究——职业教育分级框架与分级标准建构研究[M].北京:中国财富出版社,2014.
[29] 廖平胜.考试是一门科学[M].武汉:华中师范大学出版社,2003.
[30] 刘海峰.高考改革的理论与历史[M].武汉:华中师范大学出版社,2016.
[31] 刘圣中.历史制度主义:制度变迁的比较历史研究[M].上海:上海人民出版社,2010.
[32] 罗必良.新制度经济学[M].太原:山西经济出版社,2005.
[33] 罗家德.社会网分析讲义(清华社会学讲义)[M].北京:社会科学文献出版社,2005.
[34] 彭聃龄.普通心理学[M].北京:北京师范大学出版社,1988.
[35] 彭拥军.高等教育与农村社会流动[M].北京:中国人民大学出版社,2007.
[36] 漆书青.现代测量理论在考试中的应用[M].武汉:华中师范大学出版社,2003.
[37] 斯克里文.评价方法论[M]//瞿葆奎.教育学文集:教育评价.陈玉琨,译.北京:人民教育出版社,1989.
[38] 宋洁绚.我国高校招生考试制度的形成与演化—基于国家主义的视角[M].武汉:武汉大学出版社,2015.
[39] 孙善学.职业教育分级制度理论与实践[M].北京:高等教育出版社,2018.
[40] 覃红霞.高考法律问题研究[M].杭州:浙江教育出版社,2017.
[41] 汤生玲,曹晔.职业教育若干问题的理论和实践研究[M].长春:吉林科学技术出版社,2003.
[42] 王后雄.教育考试的理论与方法[M].北京:北京大学出版社,2011.
[43] 王蓉.公共教育解释[M].北京:中国财政经济出版社,2009.
[44] 王文科,王智弘.教育研究法[M].台北:五南图书出版公司,2012.
[45] 乌杰.系统辩证学[M].北京:中国财政经济出版社,2005.
[46] 吴根洲.高考效度研究[M].武汉:华中师范大学出版社,2016.
[47] 徐国庆.从分等到分类——职业教育改革发展之路[M].上海:华东师范大学出版社,2018.
[48] 徐国庆.职业教育课程、教学与教师[M].上海:上海教育出版社,2016.
[49] 徐国庆.职业教育课程论[M].上海:华东师范大学出版社,2008.
[50] 杨钋.技能形成与区域创新:职业教育校企合作的功能分析[M].北京:社会科学文献出版社,2020.
[51] 杨学为.中国考试大辞典[W].上海:上海辞书出版社,2006.
[52] 杨学为.中国高考报告(2020)[M].北京:社会科学文献出版社,2020.
[53] 张家勇.新时代考试招生制度改革研究[M].上海:上海教育出版社,2020.
[54] 张民选.高校招生考试制度改革研究[M].上海:上海教育出版社,2008.
[55] 张耀萍.高考形式与内容改革研究[M].武汉:华中师范大学出版社,2016.
[56] 张远增.考试评价论[M].上海:华东师范大学出版社,2018.
[57] 赵志群,劳耐尔.COMET职业能力测评方法手册[M].北京:高等教育出版社,2018.
[58] 赵志群.职业教育工学结合一体化课程开发指南[M].北京:清华大学出版社,2009.
[59] 郑若玲.中国教育改革40年:高考改革[M].北京:科学出版社,2018.
[60] 周彬.教育考试与评价政策[M].上海:上海教育出版社,2011.
[61] 周三多,陈传明,鲁明泓.管理学——原理与方法(第三版)[M].上海:复旦大学出版社,1999.
[62] 朱芝洲,蔡文兰.失序与重建:社会转型中的职业教育秩序研究[M].杭州:浙江大学出版社,2015.

二、期刊论文

[1] 白继忠.关于我国职业教育招生制度改革的几点思考[J].甘肃教育,2012(16):11—13.

[2] 本刊编辑部.学习宣传贯彻全国职业教育大会精神加快构建现代职业教育体系——专访教育部职业教育与成人教育司司长陈子季[J].国家教育行政学院学报,2021(05):3—10.

[3] 边新灿.公平选才和科学选才——高考改革两难价值取向的矛盾和统一[J].中国高教研究,2015(09):27—32+62.

[4] 曹晔.我国现代职业教育体系建设历程与发展趋势[J].职教论坛,2012(25):44—48.

[5] 柴福洪.高职招生改革应触发高校招生科学创新[J].黄冈职业技术学院学报,2013,15(06):15—19.

[6] 陈宝瑜.高职招生改革:大有"文章"可做[J].教育与职业,2007(16):82.

[7] 陈虹羽,曾绍玮.类型教育视角下职教高考制度建设的逻辑要求、难点及对策[J].教育与职业,2021(10):13—20.

[8] 陈健.职教高考的国际经验、现实困境与改革建议[J].高等职业教育探索,2020,19(06):23—30.

[9] 陈鹏.中等职业教育基础性定位的再认识[J].国家教育行政学院学报,2021(05):26—32.

[10] 陈韶峰.试论国家教育考试立法的疑难问题及其解决方案[J].内蒙古社会科学,2022,43(01):199—205.

[11] 陈水生.浅谈对口升学在高等职业教育中的不对口教育[J].成人教育,2007(01):65—67.

[12] 陈向明.扎根理论的思路和方法[J].教育研究与实验,1999(04):58—63+73.

[13] 陈一峰.高职院校招生技能高考考试大纲设计研究[J].科教导刊(中旬刊),2015(03):26—27.

[14] 陈忠根.现行高职招生制度初探[J].襄樊职业技术学院学报,2011,10(01):89—91+101.

[15] 池春阳.利益相关者视角下高职教育产教融合长效机制研究[J].教育理论与实践,2021,41(33):16—20.

[16] 崔岩,黎炜.高等职业院校招生制度改革的有效途径分析[J].中国职业技术教育,2015(24):36—39.

[17] 戴成林,张洪华.中国高职对口招生政策新进展[J].高教探索,2011(05):122—126.

[18] 戴成林.高职招生改革的特征、问题与对策[J].教育与职业,2017(20):12—18.

[19] 戴成林.职业教育招生改革40年研究述评[J].天津市教科院学报,2018(05):51—54.

[20] 丁煌.当代西方公共行政理论的新发展——从新公共管理到新公共服务[J].广东行政学院学报,2005(06):5—10.

[21] 董照星,袁潇.高职院校对口单招的成效、问题和改革路径[J].教育与职业,2017(21):23—29.

[22] 董照星,袁潇.改革开放40年我国高等职业教育对口招生改革探析[J].教育与职业,2019(04):13—19.

[23] 丁志刚,于泽慧.论制度、制度化、制度体系与国家治理[J].学习与探索,2020(01):38—43.

[24] 丁煌,朱火云.农村互助养老的合作生产困境与制度化路径[J].厦门大学学报(哲学社会科学版),2022,72(01):112—123.

[25] 杜聪.基于现代职业教育体系的考试招生制度改革探析[J].中国成人教育,2014(16):47—49.

[26] 杜瑞军,钟秉林.高校综合评价招生模式的改革动因、经验启示及未来走向[J].北京师范大学学报(社会科学版),2021(04):58—73.

[27] 杜文军,司燕文.关于高考分类招考模式的若干思考[J].教学与管理,2014(25):73—76.

[28] 范冬梅.基于现代职业教育体系构建的"职教高考"研究与实践[J].现代教育,2020(01):54—55.

[29] 范国睿.教育变革的制度逻辑[J].探索与争鸣,2018(08):19—21.

[30] 风笑天.定性研究与定量研究的差别及其结合[J].江苏行政学院学报,2017(02):68—74.

[31] 冯建军.理想信念教育常态化制度化的实践内涵、理路与策略[J].思想理论教育,2021(12):27—33.

[32] 高钰雅."职教高考"影响下的中职学校办学困境[J].职教通讯,2019(19):13—18.

[33] 龚方红,刘法虎.彰显类型特征的职业教育评价新蓝图——《深化新时代教育评价改革总体方案》解读[J].国家教育行政学院学报,2020(11):26—33.

[34] 郭俊朝,尹雨晴.地方普通本科高校向应用型转变试点五年回顾与思考[J].职教通讯,2021(08):23—31.

[35] 郭延凯.高校自主招生公平性问题探析[J].中国青年政治学院学报,2014,33(02):52—56.
[36] 韩淑芬.新时期我国高职招生制度改革研究[J].智库时代,2019(52):254—255.
[37] 何颖.高考双轨制改革:受教育权深化保障的有益机会[J].重庆高教研究,2015,3(01):20—25.
[38] 和震,于青.论职业教育升学制度的构建与高等教育的变革[J].中国高教研究,2010(02):70—72.
[39] 贺星岳,邱旭光.高职招生政策的演进逻辑与理念形成研究[J].中国职业技术教育,2020(31):19—24.
[40] 胡纵宇,毛建平.双轨制高考改革的难点思考与展望[J].教育发展研究,2014,33(10):12—18.
[41] 黄文伟.议程、备选方案与公共政策:我国高职院校单独招生政策的制定机制——基于"三流交汇"的政策制定模型[J].现代教育管理,2011(09):39—42.
[42] 黄文伟.政策学习与变迁:一种倡议联盟框架范式——对我国高职院校招生政策变迁的解读[J].清华大学教育研究,2012,33(05):55—60.
[43] 霍永丰,张丽丽.国家示范性高职院校单独招生存在问题及原因简析[J].考试与招生,2012(1):33—35.
[44] 贾文胜,徐坚,石伟平.技能形成视阈中现代学徒制内在需求动力的研究——从知识结构的角度[J].中国高教研究,2020(09):6.
[45] 姜蓓佳,樊艺琳.省级政府高职分类考试改革方案的比较研究——基于30个省区市政策文本的分析[J].职业技术教育,2021,42(09):48—54.
[46] 姜蓓佳,樊艺琳.职业教育升学的政策变迁:脉络、逻辑与镜鉴——以历史制度主义为视角[J].职教论坛,2021,37(09):73—82.
[47] 姜蓓佳,徐坚.构建职教高考制度的动因、意义与行动[J].国家教育行政学院学报,2022(02):52—60.
[48] 姜蓓佳.高等职业教育考试招生政策的变迁历程与发展特点——基于政策要素与政策工具的二维分析[J].中国职业技术教育,2021(07):31—40.
[49] 姜春林,张立伟,孙军卫.基于可视化技术的国外同行评议研究进展[J].科学学与科学技术管理,2013(12):29—36.
[50] 姜大源.基于全面发展的能力观[J].中国职业技术教育,2005(22):1.
[51] 姜大源.中国现代职业教育体系建设的探索与当务[J].神州学人,2021(11):10—15.
[52] 姜钢.论高考"立德树人、服务选才、引导教学"的核心功能[J].中国高等教育,2018(11):31—35.
[53] 蒋丽君,张瑶祥.优化高职提前招生模式的路径选择[J].中国高教研究,2020(02):44—48.
[54] 靳澜涛.我国教育考试立法的现实困境与应然出路[J].中国考试,2020(12):59—65.
[55] 匡瑛,井文.健全国家职业教育制度框架是实现职教现代化的需要——基于国际比较的视角[J].教育发展研究,2019,39(07):27—34.
[56] 匡瑛.高等职业教育的"高等性"之惑及其当代破解[J].华东师范大学学报(教育科学版),2020,38(01):12—22.
[57] 赖晓琴,林莉.招考分离、多元入学:高职院校招考改革路径探析[J].教育与考试,2017(05):5—10+17.
[58] 赖晓琴.高职院校招生考试制度现状及改革策略[J].职业技术教育,2013,34(01):44—48.
[59] 蓝洁,唐锡海.中国高职单独招生改革十年的回顾与检视[J].教育与职业,2015(35):10—13.
[60] 雷炜.深化高职院校招生模式改革的思考——以浙江省为例[J].中国高教研究,2016(10):98—102.
[61] 李红卫.改革开放后我国职业学校学生直接升学制度研究综述[J].职教论坛,2011(28):53—56.
[62] 李化德.论国家考试立法[J].现代法学,2008(05):29—37.
[63] 李坤宏.类型教育视域下职业教育人才贯通培养的原则、问题及路径[J].教育与职业,2022(02):13—20.
[64] 李立峰.我国高职院校多样化考试招生制度改革探析——以上海为例[J].考试研究,2014(2):29—37.
[65] 李木洲.职教高考的现实基础、理论定位与体系构建[J].职教论坛,2021,37(06):44—48.
[66] 李鹏,石伟平.职业教育高考改革的政策逻辑、深层困境与实践路径[J].中国高教研究,2020(06):

98—103.

[67] 李瑞阳.稳步推进多元分层的高考录取制度改革[J].中国高等教育,2007(02):12—14.

[68] 李向辉,常芳.中职教育对"以就业为导向"的误读、危害与治理[J].教育发展研究,2016,36(05):31—34.

[69] 李小娃.高职院校考试招生制度变迁与改革趋势[J].职业技术教育,2017,38(34):8—13.

[70] 李小娃.效率导向视角下高职院校分类考试招生的实践逻辑与改革趋势[J].教育与职业,2017(13):25—31.

[71] 李勇.提升高职教育办学层次,维护促进教育公平——基于高考分类考试改革的视角[J].西安交通大学学报(社会科学版),2013,33(04):114—118.

[72] 李玉珠.高职教育的类型特征及其分析[J].中国高教研究,2014(10):107—110.

[73] 李玉静.技能型社会:价值意涵与推进策略[J].职业技术教育,2021,42(16):1.

[74] 李政.促进公平还是激化不公?职业教育高考制度改革的"公平疑虑"及其消解[J].职教通讯,2021(03):22—30.

[75] 李政.我国高职分类考试招生:价值意蕴、问题表征与改革路径[J].中国考试,2021(05):40—47.

[76] 李政.我国职业教育高考内容改革[J].职教论坛,2022(02):31—37.

[77] 李政.职教高考的公平与效率之问[J].职教通讯,2021(04):3.

[78] 李政.职业教育现代学徒制的价值审视——基于技术技能人才知识结构变迁的分析[J].华东师范大学学报(教育科学版),2017,35(01):54—62+120.

[79] 梁卿.论高职招生考试制度改革中的三个基本问题[J].天津工程师范学院学报,2009,19(02):52—54.

[80] 梁柱,廖非.我国高职院校单独招生改革试点的现状和趋势研究[J].教育与职业,2009(23):170—172.

[81] 廖龙,王贝.基于职业能力评价模型的"职教高考"体系构建[J].职业技术教育,2020,41(31):24—28.

[82] 凌磊.被赋予的多样性:我国"职教高考"制度的困境与出路[J].中国高教研究,2022(01):63—68.

[83] 刘芳.百万扩招下的"职教高考"制度构建研究[J].中国职业技术教育,2019(31):25—29+87.

[84] 刘康宁.第四代评估对我国高等教育外部质量保障的启示[J].国家教育行政学院学报,2010(9):45—49.

[85] 刘利.浅析高考分类改革的背景及意义[J].现代交际,2014(10):138.

[86] 刘能.中国社会的急剧转型与青年就业的观念演变[J].人民论坛,2018(35):118—120.

[87] 刘圣中.时间中的政治——历史制度主义的制度历史分析[J].甘肃行政学院学报,2009(02):108—116.

[88] 刘世清,崔海丽.高校招生自主权:历史嬗变与困境突围[J].华东师范大学学报(教育科学版),2018,36(03):125—134+170.

[89] 刘伟.政策试点:发生机制与内在逻辑——基于我国公共部门绩效管理政策的案例研究[J].中国行政管理,2015(5):113—119.

[90] 刘晓,陈乐斌.百万扩招背景下的高职招生制度改革:现实诉求与改革路径[J].高等职业教育探索,2019,18(05):1—7.

[91] 刘欣,冯典钰.职业教育"技能高考"政策的执行力分析——以湖北省为例[J].教育研究与实验,2015(03):63—67.

[92] 刘宇文,侯钰婧.中职升高职单独招生的现实困境与出路——基于H省69所高职院校的实证分析[J].中国职业技术教育,2019(24):43—49.

[93] 刘玉照,苏亮.社会转型与中国产业工人的技能培养体系[J].西北师大学报(社会科学版),2016,53(01):25—32.

[94] 卢斌,陈少艾,吕金华,等.基于高考改革的"技能高考"模式研究与实践成果[J].中国职业技术教育,2016(08):5—9.

[95] 卢立涛.回应、协商、共同建构——"第四代评价理论"述评[J].内蒙古师范大学学报(教育科学版),

2008(8):1—6.

[96] 陆一.学业竞争大众化与高考改革[J].教育研究,2021,42(09):81—92.

[97] 路宝利,缪红娟.职业教育"类型教育"诠解:质的规定性及其超越[J].职业技术教育,2019,40(10):6—14.

[98] 罗立祝.构建职教高考制度的三个着力点[J].职教论坛,2021,37(06):53—56.

[99] 罗杨.从资源优化配置角度谈高职招生制度改革[J].教育现代化,2016,3(07):36—38.

[100] 马得勇.历史制度主义的渐进性制度变迁理论——兼论其在中国的适用性[J].经济社会体制比较,2018(05):158—170.

[101] 马树超,郭扬.新中国高等职业教育发展改革的非凡成就和经验[J].中国高等教育,2009(17):14—17.

[102] 马婷.论我国高等职业教育招生制度发展变革[J].赤峰学院学报(自然科学版),2013,29(18):258—259.

[103] 马云鹏,林智中.质的研究方法及其在教育研究中的应用[J].中国教育学刊,1999(02):59—62.

[104] 毛丽阁.我国高等职业教育多元化招生制度改革的利弊分析[J].职业教育研究,2017(02):46—49.

[105] 潘海生,林晓雯.建立作为教育类型的职业教育的评价方式[J].中国职业技术教育,2021(04):5—11+17.

[106] 潘懋元.从选拔性考试到适应性选才——高等教育普及化阶段试行"套餐式"招生模式的设想[J].高等教育研究,2021,42(09):1—4.

[107] 秦程现,任永波,刘辉辉.职教高考制度下的"中高本硕博"五位一体人才贯通培养路径研究[J].职业,2019(30):52—53.

[108] 邱亮晶,朱丽,李祖民.基于多源流理论的我国职教高考制度逻辑及其政策意蕴[J].深圳信息职业技术学院学报,2021,19(04):38—43.

[109] 邱懿,薛澜.我国高等职业教育考试招生制度现状、问题与展望[J].中国考试,2021(05):33—39+55.

[110] 屈璐,杨帆.论中职公共基础课的历史演进、价值取向与功能定位[J].职业技术教育,2020,41(25):23—28.

[111] 屈璐,尹毅.我国高职院校分类考试招生制度的演进、问题及改革路径——以四川省为例[J].职教通讯,2021(03):41—47.

[112] 全雪辉.技能高考制度框架设计与组织实施研究——以湖北省为例[J].武汉船舶职业技术学院学报,2016,15(03):1—2.

[113] 任占营.《职业教育提质培优行动计划(2020—2023年)》的治理意蕴探析[J].高等工程教育研究,2021(01):10—16.

[114] 任占营.新时代深化职业教育评价改革的现实意义、政策路径和成效表征[J].职教论坛,2021,37(08):14—20.

[115] 任占营.以多破唯:构建职业教育评价新格局的路径探析[J].高等工程教育研究,2022(01):11—16.

[116] 沙启仁.高等职业教育招生考试制度改革研究[J].职教通讯,2002(09):5—7.

[117] 上官子木.高考的深层社会化功能[J].教育科学研究,2009(01):13—17.

[118] 申素平.重申受教育人权:意义、内涵与国家义务[J].清华大学教育研究,2020,41(06):25—31.

[119] 史小艳.高考招生计划配置制度的宪法分析[J].苏州大学学报(哲学社会科学版),2018,39(04):89—97.

[120] 宋晓欣,闫志利,杨帆.中职教育人才培养目标的历史演变与现实定位[J].教育与职业,2015(33):10—13.

[121] 苏华.建议增加设置面向中职生的职教高考[J].新课程研究(中旬刊),2016(03):49.

[122] 孙善学.完善职教高考制度的思考与建议[J].中国高教研究,2020(03):92—97.

[123] 孙枝俏,王金水.新制度主义决策优化理论辨析[J].政治学研究,2010(05):111—118.

[124] 汤光伟.中高职衔接研究[J].职教论坛,2010(22):31—36.

[125] 唐佩. 职业教育引入第三方评价的教育经济学审视[J]. 教育理论与实践,2017,37(27):18—20.
[126] 田建荣. 高职院校分类考试制度设计与推进策略[J]. 陕西师范大学学报(哲学社会科学版),2017,46(04):20—26.
[127] 涂端午. 教育政策文本分析及其应用[J]. 复旦教育论坛,2009,7(05):22—27.
[128] 万家森,田雨涛,孙海波. 吉林省高职院校单独招生考试方案构建与实施效应分析[J]. 职业技术教育,2015,36(14):60—62.
[129] 汪宝德. 中职学校面对三校生高考的困惑及对策探讨[J]. 卫生职业教育,2014,32(12):18—19.
[130] 王爱国,王吉明. 职业教育考试制度改革探析[J]. 教育与职业,2009(03):44—45.
[131] 王乃国. 对现代职教体系建设几个问题的思考[J]. 江苏教育,2012(03):61—62.
[132] 王璞,傅慧慧. 高考双轨制改革的双层隐忧[J]. 广州职业教育论坛,2015,14(01):7—11.
[133] 王蓉. 国家与公共教育:新人力资本理论的分析框架[J]. 北京大学教育评论,2009,7(03):84—98+190.
[134] 王笙年,徐国庆. 台湾地区职教高考制度:基本架构、优势及政策启示[J]. 职教论坛,2022,38(02):46—52.
[135] 王笙年. 职教高考考试模式及其制度体系构建探讨[J]. 职教论坛,2020,36(07):20—26.
[136] 王星,徐佳虹. 中国产业工人技能形成的现实境遇与路径选择[J]. 学术研究,2020(08):59—64+177.
[137] 王星. 技能形成、技能形成体制及其经济社会学的研究展望[J]. 学术月刊,2021,53(07):132—143.
[138] 王雅静. 教育项目制:高职教育的项目治理逻辑[J]. 现代教育管理,2020(02):123—128.
[139] 王杨,邓国胜. 第三次分配的制度化:实现机制与建构路径——基于制度理论视角的分析[J]. 新疆师范大学学报(哲学社会科学版),2022,43(04):16—24.
[140] 吴根洲. 职教高考的适应性与选拔性[J]. 职教论坛,2021,37(06):49—52.
[141] 吴红雨. 地方利益、地方政府与地区一体化[J]. 中共浙江省委党校学报,2003(03):61—65.
[142] 吴霓,杨颖东. 我国高职院校自主招生政策的基本特征、实施现状及问题反思[J]. 中国职业技术教育,2020(03):74—80.
[143] 吴毅,吴刚,马颂歌. 扎根理论的起源、流派与应用方法述评——基于工作场所学习的案例分析[J]. 远程教育杂志,2016,35(03):32—41.
[144] 吴玉剑. 高等职业教育考试招生制度改革的现实困境与路径选择[J]. 教育与职业,2013(23):17—19.
[145] 肖冰. 职业教育国家制度建构的路径依赖与关键节点——兼论"职教20条"的制度意义[J]. 高等工程教育研究,2020(05):140—146.
[146] 肖晞. 政治学中新制度主义的新流派:话语性制度主义[J]. 华中师范大学学报(人文社会科学版),2010,49(02):23—28.
[147] 谢文静,吴慧. 高等教育大众化进程中高职院校多元入学标准探析[J]. 教育与职业,2008(20):43—44.
[148] 谢维和. 教育评价的双重约束——兼以高考改革为案例[J]. 教育研究,2019,40(09):4—13.
[149] 熊丙奇. 加快建立"职教高考"制度[J]. 上海教育评估研究,2021,10(06):23—26.
[150] 徐国庆,王璐. 公共基础课建设是中等职业教育发展的重要基础[J]. 中国职业技术教育,2020(09):5—9.
[151] 徐国庆. 高职教育高等性的内涵及其文化分析[J]. 中国高教研究,2011(10):68—70.
[152] 徐国庆. 工作知识:职业教育课程内容开发的新视角[J]. 教育发展研究,2009,28(11):59—63.
[153] 徐国庆. 确立职业教育的类型属性是现代职业教育体系建设的根本需要[J]. 华东师范大学学报(教育科学版),2020,38(01):1—11.
[154] 徐国庆. 职业教育发展的设计模式、内生模式及其政策意义[J]. 教育研究,2005(08):58—61+94.
[155] 徐国庆. 职业能力的本质及其学习模式[J]. 职教通讯,2007(01):24—28+36.
[156] 徐国庆. 职业选择测试的原理及我国的开发路径[J]. 全球教育展望,2021,50(04):55—66.
[157] 徐国庆. 中等职业教育的基础性转向:类型教育的视角[J]. 教育研究,2021,42(04):118—127.

[158] 徐国庆.作为现代职业教育体系关键制度的职业教育高考[J].教育研究,2020,41(04):95—106.
[159] 徐涵.应进一步明确中职文化课的功能定位[J].江苏教育,2019(4):1.
[160] 徐靖智,蒋春洋.职业教育高考制度的现状、问题与对策研究[J].机械职业教育,2021(07):17—20.
[161] 许杰.论政府对大学进行宏观调控的新向度——以治理理论为视角[J].复旦教育论坛,2003(06):10—13.
[162] 鄢彩玲.关于建设我国"职教高考"制度的建议与思考——德国经验借鉴[J].高教探索,2021(08):98—102+116.
[163] 闫广芬,李文文.新中国成立70年来职业教育人才培养目标的"中国特色"[J].中国职业技术教育,2019(36):27—33.
[164] 杨继奎.实行"职教高考",完善现代职业教育体系[J].河南教育(教师教育),2022(01):21—22.
[165] 杨岭,潘伟彬.基于招生考试制度改革的中高职教育有机衔接研究[J].考试研究,2014(04):20—25.
[166] 杨岭."技能高考"的发展困境与改革策略——以湖北省为例[J].中国考试,2013(03):58—62.
[167] 杨满福,张成涛.高职扩招背景下中等职业学校转型发展的策略研究[J].中国职业技术教育,2020(31):40—46.
[168] 杨卫军.高职招生制度改革:基于制度变迁理论的分析[J].职业技术教育,2014,35(28):19—23.
[169] 杨文杰,祁占勇.改革开放40年中国职业教育招生制度的变迁与展望[J].职业技术教育,2018,39(18):17—23.
[170] 杨艳飞.我国高校招生计划分配制的法理透视与制度反思——基于教育平等的考量[J].国家教育行政学院学报,2016(07):27—32.
[171] 姚佳,曾义聪.基于"职教高考"的工科专业中高职衔接招考模式探索[J].产业与科技论坛,2020,19(15):231—232.
[172] 余韵,徐国庆.基础导向:中等职业教育课程改革思路[J].职教论坛,2020,36(09):56—62.
[173] 俞敏洪.重燃高考精神[J].中关村,2018(07):99—100.
[174] 俞涛,曾令奇.学科知识的逻辑与学科范式的构建——基于职业导向的高校学科建设分析[J].职业技术教育,2014,35(07):21—26.
[175] 郁建兴,秦上人.制度化:内涵、类型学、生成机制与评价[J].学术月刊,2015,47(03):109—117.
[176] 袁碧胜,肖竺.公共选择理论视野下的高职院校单独招生改革政策分析[J].企业家天地,2013(11):108—109.
[177] 袁明圣.宪法架构下的地方政府[J].行政法学研究,2011(01):99—105.
[178] 袁潇,高松.改革开放40年来高等职业教育考试招生制度改革探析[J].复旦教育论坛,2019,17(01):76—82.
[179] 张怀南."职教高考"背景下高职招生制度改革研究[J].职教通讯,2021(08):8—14.
[180] 张继敏.高职招生制度改革初探[J].四川职业技术学院学报,2011,21(06):37—39.
[181] 张建云.中等职业教育如何走出就业导向的认识误区[J].职教论坛,2019(06):129—133.
[182] 张健.中高职衔接与职教升学倾向辩疑[J].职教论坛,2015(13):36—40.
[183] 张利菊,张欣.中国台湾地区和美国高校招生考试制度比较[J].理工高教研究,2003(04):22—23.
[184] 张玲玲,谯欣怡.高职扩招背景下的中等职业教育:机遇、挑战与对策[J].河南科技学院学报,2020,40(12):53—57.
[185] 张启明.职业教育提质培优的政策逻辑与内涵解析——《职业教育提质培优行动计划(2020—2023年)》解读[J].江苏教育,2021(46):18—21.
[186] 张熙,刘慧珍."建设世界一流大学"场域中的制度化机制研究——基于组织研究的新制度主义理论[J].高教探索,2015(09):5—8.
[187] 赵德成.表现性评价:历史、实践及未来[J].课程·教材·教法,2013,33(2):97—103.
[188] 赵慧.政策试点的试验机制:情境与策略[J].中国行政管理,2019(1):73—79.

[189] 赵志群,黄方慧."职教高考"制度建设背景下职业能力评价方法的研究[J].中国高教研究,2019(6):100—104.

[190] 赵志群,孙钰林,罗喜娜."1+X"证书制度建设对技术技能人才评价的挑战——世界技能大赛试题的启发[J].中国电化教育,2020(02):8—14.

[191] 赵志群.典型工作任务分析与学习任务设计[J].职教论坛,2008(12):2.

[192] 赵志群.对工作过程的认识[J].职教论坛,2008(14):1.

[193] 赵志群.职业教育学业评价方法刍议[J].中国职业技术教育,2021(10):27—34.

[194] 赵志群.职业能力测评的若干问题[J].顺德职业技术学院学报,2018,16(01):1—5+18.

[195] 赵志群.职业能力评价在职业教育发展中的现实意义[J].职业技术教育,2019,40(25):1.

[196] 赵志群.职业能力研究的新进展[J].职业技术教育,2013,34(10):5—11.

[197] 郑庆华,王衍波,罗京,杨松,宋红霞.普通高校分省招生计划编制方案研究[J].中国高教研究,2012(02):33—37.

[198] 郑若玲,宋莉莉,徐恩煊.再论高考的教育功能——侧重"高考指挥棒"的分析[J].全球教育展望,2018,47(02):105—115.

[199] 郑若玲,朱贺玲.我国高职招生变迁与未来发展方向[J].河北师范大学学报(教育科学版),2013,15(03):41—46.

[200] 郑引.高职招生制度改革刍议——以福建省为例[J].佳木斯教育学院学报,2011(08):132—133.

[201] 郑云鹏.中职毕业生"知识+技能"升学考试制度与人才培养研究[J].当代职业教育,2015(01):68—70.

[202] 周海涛,景安磊.招考分离的意义、内涵和路径[J].中国高教研究,2014,(10):8—10+51.

[203] 周海涛,景安磊.招考分离:跨出高考制度改革的一大步[J].求是,2014(06):41—42.

[204] 周建松.加快构建类型特色鲜明的现代职业教育体系思考[J].职教论坛,2021,37(08):158—162.

[205] 周衍安.职业能力发展和职业成长研究[J].职教论坛,2016(10):61—64.

[206] 祝蓓,楼世洲."职教高考"制度设计的多重逻辑[J].中国职业技术教育,2020(16):38—42+58.

[207] 祝蓓."双轨制"高考制度改革的使命、困境与出路[J].学术探索,2017(04):145—150.

[208] 庄西真.职业教育现代化的区域性与阶段性[J].国家教育行政学院学报,2019(10):3—9.

三、学位论文

[1] 陈泽光.基于制度分析理论的我国新高考改革研究[D].桂林:广西师范大学,2019:1.

[2] 邓芳芳.我国高职分类考试招生制度的研究[D].长沙:湖南师范大学,2015:43—51.

[3] 翟晓程.湖北省技能高考政策中职生满意度研究[D].武汉:武汉科技大学,2020:46—52.

[4] 冯典钰.职业教育"技能高考"政策研究——以湖北省为例[D].武汉:华中师范大学,2016:17—26.

[5] 匡瑛.高等职业教育发展与变革之比较研究[D].上海:华东师范大学,2005:221—222.

[6] 李超君.我国高职入学考试改革研究[D].武汉:华中师范大学,2015:18—37.

[7] 柳欣源.义务教育公共服务均等化的制度构建[D].上海:华东师范大学,2017:54—55.

[8] 孟昊博.我国"技能型高考"政策的内容分析[D].桂林:广西师范大学,2015:10—19.

[9] 孙琴.中高职贯通人才培养的保障问题研究[D].上海:华东师范大学,2016:18—22.

[10] 王乐.浙江省技能高考现状及对策研究[D].金华:浙江师范大学,2019:41—57.

[11] 温颖.我国高等职业教育招生考试制度改革研究[D].秦皇岛:河北科技师范学院,2015:22.

[12] 詹嘉仪.高职院校考试招生制度的改革创新——以湖北省技能高考为例[D].武汉:华中师范大学,2013:25—31.

[13] 张和生.高考公平问题的伦理审视与实证研究[D].长沙:中南大学,2013:167—169.

[14] 张昕婧.政策试点的局限[D].长春:吉林大学,2020:7.

[15] 郑程月.我国考试招生政策演进研究(1977—2017)[D].天津:天津师范大学,2018:137—147.

[16] 朱丽."中高职贯通"人才培养政策优化研究——以上海市CJ学院为例[D].上海:华东政法大学,2020:16—21.

四、报纸文献

[1] 李心萍."十四五"时期有望新增技能人才4 000万以上:技能中国行动正式启动(政策解读)[N].人民日报,2021-08-30(02).
[2] 本报记者.高考双轨道,人才立交桥[N].光明日报,2021-04-14(01).
[3] 陈子季.用制度体系促进职业教育高质量发展[N].中国教育报,2019-12-10(01).
[4] 匡瑛.内外合力推进技能型社会建设[N].中国教育报,2021-10-12(05).
[5] 李名梁.应重视职业教育相关者的利益诉求[N]中国教育报,2012-07-18(06).
[6] 沈雕.通专融合:高素质技能人才的"利器"[N].中国教育报,2021-12-23(07).
[7] 王寿斌.高职自主招生别伤学生自尊[N].中国青年报,2012-05-14(11).
[8] 张瑶祥.高职招生改革需着力解决的几个问题[N].光明日报,2013-06-15(10).

五、电子文献

[1] 第十八届中央委员会.中共中央关于全面深化改革若干重大问题的决定[EB/OL].(2013-11-15)[2021-12-13].http://www.gov.cn/zhengce/2013-11/15/content_5407874.htm
[2] 福建省教育厅.关于印发福建省中等职业学校学生学业水平考试实施办法(试行)和福建省中等职业学校学生综合素质评价实施办法(试行)的通知[EB/OL].(2017-01-06)[2022-03-02].http://jyt.fujian.gov.cn/jglb/zyjyycrjyc/zcfg/201701/t20170106_3577863.htm
[3] 福建省教育厅.关于做好2021年福建省高职院校分类考试招生有关工作的通知[EB/OL].(2021-03-16)[2021-10-25].http://jyt.fujian.gov.cn/xxgk/zywj/202103/t20210316_5550240.htm
[4] 广东省教育考试院.关于做好2021年普通高等学校招收中职毕业生"3+专业技能课程证书"考试招生工作的通知[EB/OL].(2020-10-26)[2021-08-19].http://eea.gd.gov.cn/ptgk/content/post_3114977.html
[5] 广西招生考试院.自治区招生考试院关于做好我区2024年高职院校分类考试招生工作的通知[EB/OL].(2023-10-31)[2024-08-25].https://www.gxeea.cn/view/content_1013_29597.htm
[6] 国务院.国务院关于大力发展职业教育的决定[EB/OL].(2005-10-28)[2021-01-16].http://www.gov.cn/zhengce/content/2008-03/28/content_5549.htm##1
[7] 国务院.关于大力推进职业教育改革与发展的决定[EB/OL].(2002-08-24)[2021-01-26].http://www.moe.gov.cn/jyb_xxgk/gk_gbgg/moe_0/moe_8/moe_28/tnull_491.html
[8] 国务院.关于加快发展现代职业教育的决定[EB/OL].(2014-06-22)[2021-01-16].http://www.moe.gov.cn/jyb_xxgk/moe_1777/moe_1778/201406/t20140622_170691.html
[9] 国务院.国家职业教育改革实施方案[EB/OL].(2019-02-13)[2021-01-16].http://www.moe.gov.cn/jyb_xwfb/gzdt_gzdt/s5987/201902/t20190213_369226.html
[10] 河南招生考试信息网.河南省教育厅安排部署2021年高等职业教育单独考试招生和技能拔尖人才免试入学工作[EB/OL].(2021-03-22)[2021-10-06].http://www.heao.com.cn/main/html/pz/202103/content_19318599137.html
[11] 湖北省教育考试院.2021年湖北省技能高考考试大纲[EB/OL].(2020-10-15)[2021-11-07].http://www.hbea.edu.cn/html/2020-10/12561.html
[12] 江苏省教育厅.江苏省2021年普通高校对口中等职业学校毕业生单独招生工作实施办法[EB/OL].(2020-10-26)[2021-10-06].https://www.jseea.cn/webfile/highschool_zjgk_zz_files/2020-10-30/2873.html
[13] 教育部.2000年全国教育事业发展统计公报[EB/OL].(2001-06-01)[2022-12-01].http://www.

moe.gov.cn/s78/A03/ghs_left/s182/moe_633/tnull_843.html

[14] 教育部.2001年全国教育事业发展统计公报[EB/OL].(2002-06-13)[2022-12-01].http://www.moe.gov.cn/s78/A03/ghs_left/s182/moe_633/tnull_844.html

[15] 教育部.2022年教育统计数据[EB/OL].(2023-12-29)[2024-08-06].http://www.moe.gov.cn/jyb_sjzl/moe_560/2022/quanguo/202401/t20240110_1099539.html

[16] 教育部.关于进一步规范高等教育招生计划管理工作的意见[EB/OL].(2016-03-29)[2022-02-28].http://www.moe.gov.cn/srcsite/A03/s180/s3011/201604/t20160411_237526.html

[17] 教育部.关于2022年职业教育重点工作介绍[EB/OL].(2022-02-23)[2022-02-28].http://www.moe.gov.cn/fbh/live/2022/53982/sfcl/202202/t20220223_601491.html

[18] 教育部.关于公布全国行业职业教育教学指导委员会(2021—2025年)和教育部职业院校教学(教育)指导委员会(2021—2025年)组成人员和工作规程的通知[EB/OL].(2021-11-24)[2022-01-05].http://www.moe.gov.cn/srcsite/A07/moe_953/202112/t20211209_586131.html

[19] 教育部.关于积极推进高等职业教育考试招生制度改革的指导意见[EB/OL].(2013-05-08)[2021-11-07].http://www.moe.gov.cn/srcsite/A15/moe_776/s3258/201305/t20130508_152732.html

[20] 教育部办公厅.关于进一步完善高职院校分类考试工作的通知[EB/OL].(2021-11-18)[2022-01-06].http://www.moe.gov.cn/srcsite/A15/s7063/202201/t20220129_596842.html

[21] 教育部.关于加强大学生文化素质教育的若干意见[EB/OL].(1998-04-10)[2021-10-21].https://www.suibe.edu.cn/mytp/2020/0617/c12917a125242/page.htm

[22] 教育部.关于印发《职业教育专业目录(2021年)》的通知[EB/OL].(2021-03-17)[2021-12-10].http://www.moe.gov.cn/srcsite/A07/moe_953/202103/t20210319_521135.html

[23] 教育部办公厅.教育部办公厅关于做好中等职业学校公共基础课程教材使用的通知[EB/OL].(2021-07-28)[2021-12-26]http://www.moe.gov.cn/srcsite/A07/moe_953/202108/t20210813_551016.html

[24] 教育部.教育2020收官系列新闻发布会第三场:介绍"十三五"期间职业教育改革发展情况[EB/OL].(2020-12-08)[2020-12-31].http://www.moe.gov.cn/fbh/live/2020/52735/

[25] 教育部.2024年普通高等学校招生工作规定[EB/OL].(2024-03-11)[2024-08-26].http://www.moe.gov.cn/srcsite/A15/moe_776/s3258/202403/t20240320_1121360.html

[26] 教育部.面向21世纪教育振兴行动计划[EB/OL].(1998-12-24)[2022-01-05].http://www.71.cn/2011/0930/633199.shtml

[27] 教育部.全国行业职业教育教学指导委员会工作规程(试行)[EB/OL].(2021-11-24)[2022-01-05].http://www.moe.gov.cn/srcsite/A07/moe_953/202112/t20211209_586131.html

[28] 教育部.我国新增劳动力平均受教育年限人均达13.8年,进入高等教育阶段[EB/OL].(2021-03-31)[2021-06-06].http://www.moe.gov.cn/jyb_xwfb/moe_2082/2021/2021_zl25/bd/202104/t20210401_523924.html

[29] 教育部等九部门.教育部等九部门职业教育提质培优行动计划(2020—2023年)[EB/OL].(2020-09-16)[2021-12-26].http://www.moe.gov.cn/srcsite/A07/zcs_zhgg/202009/t20200929_492299.html

[30] 教育部国家经济贸易委员会劳动和社会保障部.关于进一步发挥行业、企业在职业教育和培训中作用的意见[EB/OL].(2002-12-02)[2021-12-26].http://www.gov.cn/gongbao/content/2003/content_62169.htm

[31] 教育部和国家发改委.关于编报2006年普通高等教育分学校分专业招生计划的通知[EB/OL].(2006-02-16)[2021-01-16].http://www.moe.gov.cn/s78/A03/moe_639/tnull_18778.html

[32] 辽宁招生考试之窗.辽宁省2021年职业教育对口升学考试招生工作考生须知[EB/OL].(2021-04-14)[2021-10-06].https://www.lnzsks.com/newsinfo/IMS_20210414_39757_9M6aHvcbNT.htm

[33] 人力资源和社会保障部.关于大力推进技工院校改革发展的意见[EB/OL].(2010-08-23)[2021-01-16].http://www.mohrss.gov.cn/xxgk2020/fdzdgknr/qt/gztz/201407/t20140717_136528.html

[34] 山东省教育招生考试院.关于印发山东省2024年春季高考统一考试招生技能测试工作实施办法的通知[EB/OL].(2024-01-30)[2024-08-25].https://gaokao.chsi.com.cn/gkxx/zc/ss/202402/20240201/2293255917.html

[35] 山西省招生考试管理中心.2021年对口升学考试获奖加分(免试职业技能)专业对照表[EB/OL].(2020-12-15)[2021-10-06].http://www.sxkszx.cn/news/20201215/n8649111954.html

[36] 上海教育新闻网.上海拟在这4个区各设一所高等职业学校,背后下了一盘怎样的"棋局"?[EB/OL].(2021-11-24)[2022-01-12].http://www.shedunews.com/shanghai/con/2021-11/24/content_9356.html

[37] 上海市教育委员会.关于印发《上海市中等职业学校学生综合素质评价实施办法》的通知[EB/OL].(2021-07-30)[2022-03-02].http://edu.sh.gov.cn/xxgk2_zhzw_zcwj_02/20210720/361a402dc7904cf2aeacd73d99d1c134.html

[38] 上海市教育委员会.上海市教育委员会关于印发《2005年上海市部分民办高校实行依法自主招生改革试点方案》的通知[EB/OL].(2005-02-28)[2021-10-06].https://law.lawtime.cn/d361085366179.html

[39] 许成钢.弄懂中国必须懂得中国的制度[EB/OL].(2022-03-07)[2022-03-10].https://mp.weixin.qq.com/s/7TxnfnJFS7N6oObbHITQPw

[40] 浙江省教育考试院.浙江省高职提前招生试点管理暂行办法[EB/OL].(2018-03-20)[2021-12-20].https://gaokao.chsi.com.cn/gkxx/zc/ss/201803/20180320/1670736780.html

[41] 浙江省教育考试院.浙江省教育考试院关于做好2021年高职提前招生工作的通知[EB/OL].(2021-04-16)[2021-10-06].https://www.zjzs.net/moban/index/8a11f15578d9caf40178d9e895560001.html

[42] 浙江省教育厅办公室.关于做好2021年单独考试招生工作的通知[EB/OL].(2021-04-20)[2021-10-25].http://jyt.zj.gov.cn/art/2021/4/20/art_1532983_58916929.html

[43] 中共中央,国务院.深化新时代教育评价改革总体方案[EB/OL].(2020-10-13)[2021-11-01].http://www.gov.cn/zhengce/2020-10/13/content_5551032.htm

[44] 中共中央,国务院.中共中央、国务院印发《中国教育现代化2035》[EB/OL].(2019-02-23)[2022-02-28].http://www.gov.cn/zhengce/2019-02/23/content_5367987.htm

[45] 中共中央.关于全面深化改革若干重大问题的决定[EB/OL].(2013-11-16)[2021-11-07].http://cpc.people.com.cn/n/2013/1116/c64094-23561785.html

[46] 中共中央办公厅 国务院办公厅.关于推动现代职业教育高质量发展的意见[EB/OL].(2021-10-12)[2022-01-12].http://www.moe.gov.cn/jyb_xxgk/moe_1777/moe_1778/202110/t20211012_571737.html

六、外文文献

[1] Arthur, W. Brian, ed., Increasing Returns and Path Dependence in the Economy, University of Michigan Press, 1994:13—29.

[2] Barnes, M., Matka, E., Sullivan, H., Evidence, Understanding and Complexity Evaluation in Nonlinear Systems [J]. Evaluation, 2003,9(3):265—284.

[3] Berger, P.L., Luckmann, T.. The Social Construction of Reality, New York: Anchor Books, 1967:59.

[4] Chen, C.. Cite Space II: Detecting and Visualizing Emerging Trends and Transient Patternsin Scientific Literature [J]. Journal of the American Society for Information Science and Technology, 2006,(3):359—377.

[5] Max, E., Clarkson, A.. A Stakeholder Framework for Analyzing and Evaluating Corporate Social Performance [J]. Academy of Management Review, 1995,20(1):92—117.

[6] Rhodes, R. A. W., Sarah A. B., Bert A. R., eds. The Oxford Handbook of Political Institutions [M]. New York: Oxford University Press, 2006:39—55.

[7] Erpenbeck, J., Von Rosenstiel, L, Grote, S., eds. Handbuch Kompetenzmessung [M]. Stuttgart: Schaeffer-Poeschel, 2008.

[8] Florini, A., Hairong, L., Yeling, T.. China Experiments: From Local Innovations to National Reform [J]. Brookings Institution Press. 2012,86(4):896—898.

[9] Freeman, R. E. Strategic Management: A Stakeholder Approach [M]. Boston: Pitman/Ballinger. 1984:121

[10] Ginosar, A. Public-interest Institutionalism: A Positive Perspective on Regulation [J]. Administration and Society, 2012,46(3):301—317.

[11] Rauner, F., Maclean, R.. Handbook of Technical and Vocational Education and Training Research [C]. Dordrecht: Springer, 2008:656–660.

[12] Peter, A., Hall, CR Toylor, R.. Political Science and the Three New Institutionalisms [J]. Political Studies, 1996,44(5):936–957.

[13] Harveyl. The British Experience in Assessing Competence [M]//Palombac, Catherine, A. &. Banta, T. W.: Assessing Student Competence Inaccredited Disciplines: Approach to Assessment in Higher Education [M]. Virginia: Stylus Publishing, 2001:217.

[14] Heilmann, S.. Policy Experimentation in China's Economic Rise [J]. Studies in Comparative International Development, 2008,43(1):1—26.

[15] Hood C. Public Administration and Public Policy: Intellectual Challenges For the 1990s [J]. Australian Journal of Public Administration, 1989(04):346—358.

[16] In W. Powell &. P. DiMaggio, eds.. The New Institutionalism in Organizational Analysis [C]. Chicago: University of Chicago Press, 1991:232—266.

[17] Krasner, S.. Approaches to the State: Alternative Conceptions and Institutional Dynamics [J]. Comparative Politics, 1984,16(2):223—246.

[18] Lawrence, T., Suddaby, R. &. Leca, B.. Institutional Work: Refocusing Institutional Studies of Organization [J]. Journal of Management Inquiry, 2011,20(1):52—58.

[19] James, G. M., Johan, P. O.. The Logic of Appropriateness [A]//Dobert, G., Michael, M. &. Martin, R., eds: The Oxford Handbook of Public Policy. Oxford: Oxford University Press, 2006: 689—708.

[20] James, G. M., Johan, J. O.. Rediscovering Institutions: The Organizational Basis of Politics [M]. New York: Free Press, 1989:159.

[21] James, G. M., Johan, J. O.. The New Institutionalism: Organizational Factors In Political Life [J]. American Political Science Review, 1984,78(3):734—749.

[22] Meyer, J. W., Jepperson, R. L.. The Actors of Modern Society: The Cultural Construction of Social Agency [J]. Sociological Theory, 2000,18(1):100—120.

[23] Mitehell, R., Bradley, A., Donna, J. W.. Toward a Theory of Stakeholder Identification and Salience: Defining the Principle of Whom and What Really Counts [J]. Academy of Management Review 1997,22(4):853–886.

[24] North, D. C.. Economic Performance Through Time [J]. The American Economic Review, 1994,84 (3):359—368.

[25] North, D. C.. Institutions, Institutional Change and Economic Performance [M]. Cambridge:

Cambridge University Press, 1990:3.

[26] Kintzer, F. C.. Short-Cycle Higher Education: A Search for Identity [J]. Community College Review, 8(11):8—14.

[27] Hughes, O. E.. Publis Management and Admistration An Introduction [M]. New York: Marion's Press, 2000:52—53.

[28] Peters, B. G., Pierre, J. & King, D. S.. The Politics of Path Dependency: Political Conflict In Historical Institutionalism [J]. Journal of Politics, 2005, 67(4):1275—1300.

[29] Rao, H.. Caveat Emptor: The Construction of Nonprofit Consumer Watchdog Organizations [J]. American Journal of Sociology, 1998, 103(4):912—961.

[30] Roth, H.. Pädagogische Anthropologie [M]. Hannover: Hermann Schroedel Verlag, 1971.

[31] Savage, G. T., Nix, T. W., Whitehead, C. J., eds. Strategies for Assessing and Managing Organizational Stakeholders [J]. The Executive, 1991, 5(2):61—75.

[32] Stasz, C.. Assessing Skills for Work: Two Perspectives [J]. Oxford Economic Papers, 2001(3): 385—405.

[33] Steinmo, S., Clark P, B. Foweraker, J.. Encyclopedia of Democratic Thought [M]. London: Routlege, 2001:573—601.

[34] Thelen, K.. Historical Institutionalism in Comparative Politics [J]. Annual Review of Political Science, 1999, 2(2):369—404.

[35] Tilly, C.. Big Structures, Large Process, Huge Comparisons [M]. New York: Russell Sage Foundation, 1981:14.

[36] UNESCO Institute for Statistic. International Standard Classification of Education ISCED 2011 [EB/OL].(2016 - 11 - 17)[2021 - 09 - 01]. http://uis.unesco.org/sites/default/files/documents/international-standard-classification-of-education-isced-2011-en.pdf.

[37] Young, M.. National Qualifications Frameworks as a Global Phenomeron [J]. Journal of Education and Work, 2003, 16(3):223—237.

七、其他

[1] 辞海编辑委员会.辞海:词语卷[W].上海:上海辞书出版社,1979.

[2] 辞海编辑委员会.辞海:语词分册(上)[W].上海:上海辞书出版社,1979.

附 录

附录1 对国家教育主管部门领导/工作人员的访谈提纲

您好！本研究把职教高考的内涵指向定位为"中职生升入职业专科、职业本科和应用型本科院校的考试招生制度"。访谈内容仅供研究所用，涉及的个人信息等将保密，请您放心提供真实情况和想法。

工作部门：_____ 职务：_____

1. 国家在现阶段提出构建职教高考制度是出于怎样的考虑？

2. 从2013年教育部出台《关于积极推进高等职业教育考试招生制度改革的指导意见》和2014年国务院颁布《关于深化考试招生制度改革的实施意见》对于高职分类考试改革提出了整体要求、改革任务、进度要求等已经过去多年。请问目前来看，是否达到了预期的政策效果和目的？还有什么需要改进的地方？

3. 职业教育的一个很重要的特点是区域性，对于高职分类考试改革，由于各省的职业教育发展基础不同，而国家更多的是在宏观层面上进行顶层设计。那么如何避免地方之间因为基础不同、执行力不同而出现新的区域发展不平衡呢？

4. 我注意到，一些地方的高职分类考试出现吸引力还不够高、组织过程还不够严格等问题，对此您怎样看待的呢，又做了哪些工作？

5. 高职分类考试改革是一项牵涉面众多、相关利益者众多的改革，未来要建立的"职教高考制度"因为使用了"高考"的字眼，更是会比较敏感和引起社会的广泛关注。请问该如何有效地协同和联动其他部门、力求能够起到联动的效果，让改革真正地推行下去？

6. 有中职学校和企业反映，职教高考一定程度地动摇了职业教育"就业导向"的办学定位，而且可能还影响到了校企合作。请问对于这个问题教育部怎么看？

7. 国家针对职业教育的考试招生改革已经出台了很多政策，下一步的工作重点和主要思路是什么，未来还有哪些举措将要出台？

附录2 对省级教育主管部门领导/工作人员的访谈提纲

您好！本研究把职教高考的内涵指向定位为"中职生升入职业专科、职业本科和应用型本科院校的考试招生制度"。访谈内容仅供研究所用，涉及的个人信息等将保密，请您放心提供真实情况和想法。

省区市：_____
工作部门：_____ 职务：_____

1. 本省中等教育阶段的普职与中职升学比例。
2. 本省中职毕业生升入高一级学校的主要渠道，在哪些方面给予了支持或规范、存在的问题、下一步的工作打算等。
3. 本省开展"文化素质＋职业技能"考试的进展，是否全省统一组织了职业技能测试？有哪些问题？
4. 本省在中本贯通、中高职贯通、专本贯通方面的开展情况。
5. 您认为高职分类考试改革中哪些主体之间关系的处理最为关键？困难是什么？又是如何克服的？
6. 您认为高职分类考试改革中，应如何处理政府与大学之间的关系？一些地区将命题权、考试组织等下放到高校，您觉得高校能用好这些权力吗？您如何看待企业行业、社会等第三方组织参与高职分类考试改革？
7. 本省在中高职专业教学标准、课程标准等标准体系方面的开发、执行情况。
8. 本省组织中职学生学业水平测试的情况。
9. 本省职业本科院校发展状况、地方普通本科向应用型本科转型以及招收中职生的情况。
10. 对国家层面构建职教高考制度的政策建议。

附录3 对高等院校的访谈提纲

您好！本研究把职教高考的内涵指向定位为"中职生升入职业专科、职业本科和应用型本科院校的考试招生制度"。访谈内容仅供研究所用，涉及的个人信息等将保密，请您放心提供真实情况和想法。

> 学校类型：□职业专科院校　□职业本科院校　□应用型本科　□技师学院
> 工作部门：_____　　职务：_____

1. 本校招收中职毕业生的情况。
2. 本校中本贯通、中高职贯通、专本贯通方面的工作开展情况。
3. 本省开展"文化素质＋职业技能"考试的进展，是否全省统一组织了职业技能测试？有哪些问题？学校是否参与了"文化素质＋职业技能"考试中职业技能测试的组织实施？实施情况如何，有哪些经验、困境？
4. 您认为高职分类考试改革中哪些主体之间关系的处理最为关键？困难是什么？又是如何克服的？
5. 您认为高职分类考试改革中，应如何处理政府与大学之间的关系？一些地区将命题权、考试组织等下放到高校，您觉得高校能用好这些权力吗？
6. 您如何看待企业行业、社会等第三方组织参与高职分类考试改革？
7. 对中等职业学校学生学业水平测试、职业资格证书、1＋X证书的看法，能否以及如何结合到高职分类考试改革/职教高考实践中？
8. 本校的中职生源在培养方案上与普高生源、社会生源有无区分？三类生源在教育教学上有无明显不同？其中中职生较其他两类生源在学习方面有哪些优势和不足。
9. 您认为专科层次的职业教育与应用型本科、职业本科在内涵、定位、人才培养目标、教育理念、专业对口设置、教学内容等方面的区别是什么？这种区别在考试招生中该如何体现？
10. 对国家层面构建职教高考制度的政策建议。

附录4 对中职学校的访谈提纲

您好！本研究把职教高考的内涵指向定位为"中职生升入职业专科、职业本科和应用型本科院校的考试招生制度"。访谈内容仅供研究所用，涉及的个人信息等将保密，请您放心提供真实情况和想法。

```
学校类型：□三年制中职  □五年制中职  □职业高中  □技工学校
工作部门：_____  职务：_____
```

1. 本校毕业生在就业和升学方面的概况（就业比例、升学比例）。
2. 如何看待中职的就业和升学。
3. 本校在中本贯通、中高职贯通、专本贯通方面的开展情况。
4. 本校生升入高一级院校的主要渠道，您对比的看法和存在的问题。
5. 本省是否组织了中等职业学校学生学业水平测试，您有何看法。
6. 学校文化课程（语数英德育计算机等）的开展情况。
7. 对中等职业学校学生学业水平测试、职业资格证书、1+X证书的看法，能否以及如何结合到高职分类考试改革/职教高考实践中？
8. 学校是否了解高职院校、职业本科/应用型本科对学生的培养目标。
9. 对国家层面构建职教高考制度的政策建议。

附录5　对学生的访谈提纲

您好！本研究把职教高考的内涵指向定位为"中职生升入职业专科、职业本科和应用型本科院校的考试招生制度"。访谈内容仅供研究所用，涉及的个人信息等将保密，请您放心提供真实情况和想法。

中等教育阶段就读的学校类型：□三年制中专　□五年制中专　□职业高中　□技工学校　□普通高中
中等教育阶段所学专业：_____
目前就读的学校类型：□职业专科院校　□职业本科院校　□应用型本科　□技师学院
目前所学专业：_____
通过何考试途径进入的目前院校学习：
□现行高考　□三校生高考(技能高考)　□对口单招(自主招生)
□五年一贯制　□中高贯通(3+2、3+3)　□中本贯通(3+4)
□技能拔尖人才免试入学　□注册入学
□其他(请注明)：_____

---

1. 为什么选择升学，而不是就业？
2. 读中职之前，学习成绩如何？为什么选择读中职？
3. 通过什么途径了解到的中职的升学政策？
4. 通过什么招考途径进入的现在的学校和专业？
5. 对现有中职生升学途径有哪些看法，感觉还有哪些问题，希望有哪些改善？
6. 读中职时候的学习成绩在同学里排名如何（文化课程、专业课程分别来讲），在现在的院校里排名又如何。
7. 中职阶段的学校开展文化课程（语数英德育计算机等）的情况，有何学习体会？
8. 是否考取过职业技能等级证书、职业资格证书、1+X证书等？有何评价？
9. 是否参加过国家级、省级或者市级的技能大赛？
10. 目前阶段的文化课程、专业课程的学习与中职阶段的有什么不同？有衔接、断层、重复、过于拔高或者倒挂现象吗？
11. 感觉自身与普通高中（中职）毕业生相比，在专业学习和文化基础方面有哪些不同？

附录6 对企业的访谈提纲

您好！本研究把职教高考的内涵指向定位为"中职生升入职业专科、职业本科和应用型本科院校的考试招生制度"。访谈内容仅供研究所用，涉及的个人信息等将保密，请您放心提供真实情况和想法。

工作部门：_____ 职务：_____

1. 企业参与职业教育人才培养的基本概况。当时参与的主要目的是什么？从已有情况来看，是否能达到预期目标？
2. 从企业过去的校企合作经验来看，主要会产生哪些成本？得到了哪些收益？面临哪些风险？
3. 企业与职业院校合作培养的学生留任为正式员工后，是否会比从其他渠道招聘来的员工更有优势？有的话，体现在哪些方面？
4. 企业是否了解中职、高职院校、职业本科/应用型本科对学生的培养目标。
5. 从企业角度来看，目前对于职业院校人才培养的整体满意度如何？还应该加强或者改进哪些方面？
6. 企业自身视角来看，企业可以如何参与到职业院校的招生工作中？
7. 如何看待职业院校目前的就业和升学情况。
8. 对国家层面构建职教高考制度的政策建议。

附录7 国家层面职业教育考试招生相关政策(1980—2024年)

序号	发文时间	政策文件名	发文机构	文号
1	1980-10-17	关于中等教育结构改革报告	国务院	国发[1980]252号
2	1985-05-27	中共中央关于教育体制改革的决定	中共中央	中发[1985]12号
3	1986-06-26	关于加强职业技术学校师资队伍建设的几点意见	国家教育委员会	(86)教职字012号
4	1987-03-24	普通高等学校招收少数职业技术学校应届毕业生的暂行规定	国家教育委员会	(87)教职字012号
5	1991-01-22	国家教委关于高考改革有关问题的通知	国家教育委员会	教学[1991]6号
6	1991-04-04	国家教委关于推荐应届职业高中毕业生参加高考有关问题的通知	国家教育委员会	教学[1991]13号
7	1991-10-17	国务院关于大力发展职业技术教育的决定	国务院	教职厅[1991]16号
8	1993-01-10	关于加强农村、林区中等职业技术学校和农民中专农、林类专业师资队伍建设的几点意见	国家教委/农业部/林业部	教职[1993]1号
9	1994-07-03	国务院关于《中国教育改革和发展纲要》的实施意见	国务院	国发[1994]39号
10	1995-10-06	国家教育委员会关于推动职业大学改革与建设的几点意见	国家教育委员会	教职[1995]12号
11	1996-02-26	高等农业院校对口招收农业职业高中、农业中专、农业广播学校应届优秀毕业生暂行办法	农业部/国家教委	农教发(1996)4号
12	1997-05-27	国家教委关于招收应届中等职业学校毕业生举办高等职业教育试点工作的通知	国家教育委员会	教学(1997)9号
13	1998-03-16	国家教委、国家经贸委、劳动部关于印发《关于实施〈职业教育法〉加快发展职业教育的若干意见》的通知	国家教委、国家经贸委、劳动部	教职[1998]2号
14	1999-01-13	国务院批转教育部面向21世纪教育振兴行动计划的通知	国务院	国发[1999]4号
15	1999-01-20	教育部、国家计划委员会关于印发〈试行按新的管理模式和运行机制举办高等职业技术教育的实施意见〉的通知	教育部、国家计划委员会	教发[1999]2号
16	1999-06-13	中共中央、国务院关于深化教育改革全面推进素质教育的决定	中共中央、国务院	中发[1999]9号

续 表

序号	发文时间	政策文件名	发文机构	文号
17	2000-04-03	关于做好2000年普通高等学校招生工作的通知	教育部	教学[2000]6号
18	2001-07-26	教育部关于印发《全国教育事业第十个五年计划》的通知	教育部	教发[2001]33号
19	2002-03-27	教育部关于进一步办好五年制高等职业技术教育的几点意见	教育部	教职成[2002]2号
20	2002-09-24	国务院关于大力推进职业教育改革与发展的决定	国务院	国发[2002]16号
21	2002-12-02	教育部、国家经贸委、劳动和社会保障部关于进一步发挥行业、企业在职业教育和培训中作用的意见	教育部、国家经贸委、劳动和社会保障部	教职成[2002]15号
22	2003-12-03	教育部等六部门关于实施职业院校制造业和现代服务业技能型紧缺人才培养培训工程的通知	教育部等六部门	教职成[2003]5号
23	2004-09-14	教育部等七部门关于进一步加强职业教育工作的若干意见	教育部等七部门	教职成[2004]12号
24	2005-03-04	教育部关于高等学校招生工作实施阳光工程的通知	教育部	教学[2005]4号
25	2005-10-28	国务院关于大力发展职业教育的决定	国务院	国发[2005]35号
26	2006-11-03	教育部、财政部关于实施国家示范性高等职业院校建设计划加快高等职业教育改革与发展的意见	教育部、财政部	教高[2006]14号
27	2006-11-06	关于全面提高高等职业教育教学质量的若干意见	教育部	教高[2006]16号
28	2007-03-28	教育部办公厅关于同意江苏、浙江、湖南、广东等四省在部分示范性高职院校中开展单独招生改革试点工作的批复	教育部办公厅	教学厅[2007]3号
29	2007-05-18	国务院批转教育部国家教育事业发展"十一五"规划纲要的通知	国务院	国发[2007]14号
30	2007-06-04	教育部关于进一步做好高等学校各类招生管理工作的通知	教育部	教发[2007]13号
31	2008-04-17	关于2008年河北等8省区部分高等职业院校开展单独招生改革试点工作的函	教育部	教学司[2008]5号
32	2009-03-18	教育部关于2009年河北等省(自治区)部分高等职业院校开展单独招生改革试点工作的通知	教育部	教学司[2009]7号
33	2010-03-25	关于2010年部分高等职业院校开展单独招生改革试点工作的通知	教育部	教学司[2010]6号

续　表

序号	发文时间	政策文件名	发文机构	文号
34	2010-06-06	国家中长期人才发展规划纲要（2010—2020）	中共中央、国务院	中发[2010]6号
35	2010-07-29	国家中长期教育改革和发展规划纲要（2010—2020年）	中共中央、国务院	中发[2010]12号
36	2010-11-27	中等职业教育改革创新行动计划（2010—2012年）	教育部	教职成[2010]13号
37	2011-04-11	教育部办公厅关于2011年部分高等职业院校开展单独招生改革试点工作的通知	教育部办公厅	教学厅[2011]6号
38	2011-06-23	教育部关于充分发挥行业指导作用推进职业教育改革发展的意见	教育部	教职成[2011]6号
39	2011-08-30	教育部关于推进中等和高等职业教育协调发展的指导意见	教育部	教职成[2011]9号
40	2011-09-29	教育部关于推进高等职业教育改革创新引领职业教育科学发展的若干意见	教育部	教职成[2011]12号
41	2011-10-25	教育部等九部门关于加快发展面向农村的职业教育的意见	教育部等九部门	教职成[2011]13号
42	2012-03-16	教育部关于全面提高高等教育质量的若干意见	教育部	教高[2012]4号
43	2012-06-14	教育部关于印发《国家教育事业发展第十二个五年规划》的通知	教育部	教发[2012]9号
44	2013-01-26	教育部关于2013年深化教育领域综合改革的意见	教育部	教改[2013]1号
45	2013-04-15	教育部关于积极推进高等职业教育考试招生制度改革的指导意见	教育部	教学[2013]3号
46	2013-11-15	中共中央关于全面深化改革若干重大问题的决定	中共中央	（无文号）
47	2014-05-02	国务院关于加快发展现代职业教育的决定	国务院	国发[2014]19号
48	2014-06-16	教育部等六部门关于印发《现代职业教育体系建设规划（2014—2020年）》的通知	教育部等六部门	教发[2014]6号
49	2014-07-08	国家教育体制改革领导小组办公室关于进一步扩大省级政府教育统筹权的意见	国家教育体制改革领导小组办公室	教改办[2014]1号
50	2014-08-25	教育部关于开展现代学徒制试点工作的意见	教育部	教职成[2014]9号
51	2014-09-03	国务院关于深化考试招生制度改革的实施意见	国务院	国发[2014]35号
52	2015-09-01	教育部印发《职业院校管理水平提升行动计划（2015—2018年）》的通知	教育部	教职成[2015]7号

续 表

序号	发文时间	政策文件名	发文机构	文号
53	2015-10-21	教育部关于印发《高等职业教育创新发展行动计划(2015—2018年)》的通知	教育部	教职成[2015]9号
54	2015-10-23	教育部国家发展改革委财政部关于引导部分地方普通本科高校向应用型转变的指导意见	教育部、国家发展改革委、财政部	教发[2015]7号
55	2016-01-28	教育部关于做好普通高职(专科)招生计划管理工作的通知	教育部	教发[2016]2号
56	2017-01-10	国务院关于印发国家教育事业发展"十三五"规划的通知	国务院	国发[2017]4号
57	2017-12-19	国务院办公厅关于深化产教融合的若干意见	国务院办公厅	国办发[2017]95号
58	2017-12-29	教育部关于推动高校形成就业与招生计划人才培养联动机制的指导意见	教育部	教高[2017]8号
59	2019-01-24	国务院关于印发国家职业教育改革实施方案的通知	国务院	国发[2019]4号
60	2019-05-13	教育部等六部门关于印发《高职扩招专项工作实施方案》的通知	教育部等六部门	教职成[2019]12号
61	2019-08-07	教育部办公厅退役军人事务部办公厅财政部办公厅关于全面做好退役士兵职业教育工作的通知	教育部办公厅、退役军人事务部办公厅、财政部办公厅	教职成厅函[2019]17号
62	2019-10-16	教育部办公厅关于办好深度贫困地区职业教育助力脱贫攻坚的指导意见	教育部办公厅	教职成厅[2019]4号
63	2019-12-30	教育部关于做好2020年普通高校招生工作的通知	教育部	教学[2019]4号
64	2020-04-08	教育部办公厅关于做好有关高校保送录取世界技能大赛获奖选手工作的通知	教育部办公厅	教学厅〔2020〕3号
65	2020-07-03	教育部办公厅等六部门关于做好2020年高职扩招专项工作的通知	教育部办公厅等六部门	教职成厅[2020]2号
66	2020-09-16	职业教育提质培优行动计划(2020—2023年)	教育部等九部门	教职成[2020]7号
67	2020-10-13	深化新时代教育评价改革总体方案	中共中央、国务院	中发[2020]19号
68	2021-02-02	教育部关于做好2021年普通高校招生工作的通知	教育部	教学[2021]1号
69	2021-06-15	教育部办公厅等六部门关于做好2021年高职扩招专项工作的通知	教育部等六部门	教职成厅函[2021]9号
70	2021-10-12	关于推动现代职业教育高质量发展的意见	中办国办	中办发[2021]43号

续 表

序号	发文时间	政策文件名	发文机构	文号
71	2021-11-18	关于进一步完善高职院校分类考试工作的通知	教育部办公厅	教学厅函〔2021〕36号
72	2022-01-28	教育部关于做好2022年普通高校招生工作的通知	教育部	教学〔2022〕1号
73	2022-10-09	教育部办公厅等五部门关于实施职业教育现场工程师专项培养计划的通知	教育部办公厅等五部门	教职成厅〔2022〕2号
74	2023-01-16	教育部关于做好2023年普通高校招生工作的通知	教育部	教学〔2023〕1号
75	2024-03-14	教育部关于做好2024年普通高校招生工作的通知	教育部	教学〔2024〕2号

注：由研究者从教育部网站、政策数据库等收集而来。

附录8 省级层面高职考试招生制度改革的相关政策(2014—2024年)

序号	省域	发文时间	文件名称	发文机构
1	上海	2014-09-18	上海市深化高等学校考试招生综合改革实施方案	上海市人民政府
		2018-04-03	上海市人民政府《关于进一步深化本市高考综合改革试点工作的若干意见》	上海市人民政府
2	浙江	2014-09-19	浙江省深化高校考试招生制度综合改革试点方案	浙江省人民政府
		2020-06-18	浙江省人民政府关于进一步做好高考综合改革试点工作的通知	浙江省人民政府
		2016-03-02	浙江省教育考试院关于加强三位一体招生和高职提前招生工作管理的通知	浙江省教育考试院
		2016-01-28	浙江省教育考试院关于印发〈浙江省高职提前招生试点管理暂行办法〉的通知	浙江省教育考试院
3	青海	2015-08-21	青海省深化考试招生制度改革实施方案	青海省人民政府
4	辽宁	2015-10-29	辽宁省高等职业教育分类考试招生实施方案	辽宁省教育厅
		2016-04-01	辽宁省深化考试招生制度改革实施方案	辽宁省人民政府
		2019-04-22	辽宁省深化高等学校考试招生综合改革实施方案	
5	西藏	2016-01-08	西藏自治区深化考试招生制度改革实施方案	西藏自治区人民政府
6	宁夏	2016-02-04	宁夏回族自治区深化考试招生制度改革实施方案	宁夏回族自治区人民政府
		2016-02-22	宁夏回族自治区高职院校分类考试招生改革实施方案(试行)	宁夏回族自治区教育厅
		2020-04-30	宁夏回族自治区高等职业教育分类招生考试改革实施方案(修订)	宁夏回族自治区教育厅
		2020-03-27	宁夏回族自治区本科高校面向中职毕业生单独招生工作实施方案(试行)	宁夏回族自治区教育厅
7	河北	2016-02-21	河北省人民政府印发关于深化考试招生制度改革的实施方案	河北省人民政府
		2019-04-22	河北省普通高校考试招生制度改革实施方案	
8	广东	2016-03-03	广东省人民政府关于深化考试招生制度改革的实施意见	广东省人民政府
		2019-04-20	广东省深化普通高校考试招生制度综合改革实施方案	
9	山东	2016-03-09	山东省深化考试招生制度改革实施方案	山东省人民政府
		2018-03-23	山东省深化高等学校考试招生综合改革试点方案	山东省人民政府办公厅
		2019-04-24	山东省教育厅关于进一步完善职业教育考试招生制度的意见	山东省教育厅

续 表

序号	省域	发文时间	文件名称	发文机构
10	广西	2016-03-11	广西深化考试招生制度改革实施方案的通知	广西壮族自治区人民政府
11	甘肃	2016-03-14	甘肃省深化教育考试招生制度改革实施方案	甘肃省人民政府
		2021-09-11	甘肃省人民政府关于印发甘肃省深化高等学校考试招生综合改革实施方案的通知	甘肃省人民政府
		2020-12-2	甘肃省教育厅关于印发〈2021年甘肃省高等职业教育考试招生中职升学考试类别科目及考试大纲〉的通知	甘肃省教育厅
12	海南	2016-03-17	海南省深化考试招生制度改革实施方案	海南省人民政府
		2018-03-21	海南省深化高等学校考试招生综合改革试点方案	
13	湖南	2016-03-30	湖南省深化考试招生制度改革实施方案	湖南省人民政府
14	贵州	2016-04-01	贵州省深化考试招生制度改革实施方案	贵州省人民政府
		2021-09-15	贵州省人民政府关于印发贵州省高考综合改革实施方案的通知	贵州省人民政府
15	黑龙江	2016-04-01	黑龙江省深化考试招生制度改革实施方案	黑龙江省人民政府
16	四川	2016-04-18	四川省深化考试招生制度改革实施方案	四川省人民政府
17	吉林	2016-04-19	吉林省深化考试招生制度改革方案	吉林省人民政府
		2021-09-15	吉林省人民政府关于印发吉林省深化普通高等学校考试招生综合改革实施方案的通知	吉林省人民政府
		2023-04-03	吉林省教育厅关于调整高职分类考试部分考试科目及考纲修订工作的通知	吉林省教育厅
		2017	关于调整吉林省普通高校对口招生考试部分考试科目的通知	吉林省教育厅
18	山西	2016-04-26	山西省深化考试招生制度综合改革实施方案(试行)	山西省人民政府
		2016-08-12	山西省高等职业教育考试招生制度改革方案	山西省教育厅
		2017-06-24	山西省中等职业学校毕业生对口升学"文化素质＋职业技能"考试招生实施办法(试行)	
		2017-06-24	山西省高等职业院校单独招生实施办法	
		2017-06-24	山西省五年制高职教育考试招生实施办法	
		2022-06-23	山西省人民政府关于印发山西省深化普通高校考试招生综合改革实施方案的通知	山西省人民政府
19	天津	2016-04-27	天津市深化考试招生制度改革实施方案	天津市人民政府
		2017-09-13	天津市推进高职院校分类考试招生实施办法	天津市教育委员会办公室
20	湖北	2016-05-03	湖北省深化考试招生制度改革实施方案	湖北省人民政府
		2019-04-23	湖北省高等学校考试招生综合改革实施方案	

续 表

序号	省域	发文时间	文件名称	发文机构
21	福建	2016-05-12	福建省深化考试招生制度改革实施方案	福建省人民政府
		2019-04-20	福建省深化高等学校考试招生综合改革实施方案	
		2019-10-28	福建省高职院校分类考试招生改革实施办法	福建省教育厅
22	重庆	2016-05-12	重庆市深化教育考试招生制度改革实施方案	重庆市教育委员会
		2017-12-13	重庆市教育委员会关于深入推进高等职业教育分类考试招生工作的意见	重庆市教育委员会
		2019-04-22	重庆市深化普通高等学校考试招生综合改革实施方案	重庆市人民政府
23	北京	2016-05-27	北京市深化考试招生制度改革的实施方案	北京市教育委员会办公室
		2018-08-23	北京市深化高等学校考试招生制度综合改革实施方案	
		2019-04-17	2019年北京市试办高等职业技术教育单独招生工作实施办法	
24	陕西	2016-05-30	陕西省推进考试招生制度改革实施方案	陕西省人民政府
25	安徽	2016-07-01	安徽省深化考试招生制度改革实施方案	安徽省人民政府
26	河南	2016-08-12	河南省深化考试招生制度改革实施方案	河南省人民政府
27	内蒙古	2016-10-26	内蒙古自治区深化考试招生制度改革实施方案	内蒙古自治区人民政府办公厅
		2020-01-14	内蒙古自治区高等职业院校单独考试招生工作方案	内蒙古自治区教育厅
		2023-02-09	内蒙古自治区高等职业院校分类考试招生工作方案（试行）	内蒙古自治区教育厅
28	云南	2016-12-27	云南省深化考试招生制度改革实施方案	云南省人民政府办公厅
		2024-05-11	云南省2025年中职职教高考实施办法（试行）	云南省教育厅
29	江西	2017-05-31	江西省深化考试招生制度改革实施方案	江西省人民政府
30	江苏	2019-04-21	江苏省深化普通高校考试招生制度综合改革实施方案	江苏省人民政府
		2019-04-22	江苏省高等职业院校考试招生制度改革实施方案	江苏省高等学校招生委员会
		2021-09-14	江苏省高等职业院校面向中等职业学校毕业生考试招生实施方案	江苏省高等学校招生委员会
		2021-09-14	江苏省中等职业学校学生学业水平考试实施方案	江苏省高等学校招生委员会

注：由研究者从各省级政府、教育厅（局）、省级招考管理机构网站收集而来，覆盖了除港澳台及新疆地区以外的剩下30个省级行政区域。

附录9 省级层面有关职教高考的政策文件(2024年)

序号	省域	发文时间	文件名称	发文机构
1	上海	2024-01-18	上海市教育委员会关于印发《2024年上海市部分普通高校专科层次实行依法自主招生改革试点方案》的通知	上海市教育委员会
		2024-03-30	上海市教育委员会关于做好2024年上海市普通高校面向应届中等职业学校毕业生招生工作的通知	上海市教育委员会
		2024-04-07	2024年上海市普通高校面向应届中等职业学校毕业生招生工作实施办法	上海市教育考试院
2	浙江	2024-02-29	浙江省教育考试院关于做好2024年高职提前招生工作的通知	浙江省教育考试院
		2024-04-10	浙江省教育厅办公室关于做好2024年单独考试招生工作的通知	浙江省教育厅办公室
3	青海	2023-11-28	2024年普通高考报名工作通知	青海省高等学校招生委员会
4	辽宁	2024-03-14	辽宁省2024年高职院校单独招生考试公告	辽宁省教育厅
		2024-03-14	我省2024年继续开展高等职业院校注册入学试点招生	辽宁省教育厅
5	西藏	2024-04-30	西藏自治区2024年应届中职毕业生参加对口升高职考试招生规定	西藏教育考试院
6	宁夏	2024-02-23	宁夏回族自治区2024年高等职业教育面向中等职业学校毕业生招生工作规定	宁夏教育考试院
7	河北	2023-11-23	河北省教育厅关于做好2024年普通高等职业教育单独考试招生工作的通知	河北省教育厅
		2023-12-21	2024年河北省中等职业学校对口升学专业考试安排	河北省教育考试院
		2023-12-25	2024年河北省高职单招报考须知	河北省教育考试院
8	广东	2023-09-28	关于做好广东省2024年普通高校招收中等职业学校毕业生统一考试招生工作的通知	广东省招生委员会办公室
		2024-05-06	关于做好2024年高等职业院校自主招生工作的通知	广东省教育考试院
9	山东	2023-12-22	关于做好2024年高职(专科)单独考试招生和综合评价招生工作的通知	山东省教育厅
		2024-01-30	关于印发山东省2024年春季高考统一考试招生技能测试工作实施办法的通知	山东省教育招生考试院
10	广西	2023-10-31	自治区招生考试院关于做好我区2024年高职院校分类考试招生工作的通知	广西壮族自治区招生考试院

续 表

序号	省域	发文时间	文件名称	发文机构
		2024-01-10	广西招生考试院关于做好广西2024年本科院校对口招收全区中等职业学校毕业生考试招生试点工作的通知	广西招生考试院
11	甘肃	2024-03-18	关于做好2024年甘肃省高等职业教育分类考试招生工作的通知	甘肃省教育考试院
12	海南	2023-12-23	海南省教育厅关于做好2024年海南省高职分类招生考试工作的通知	海南省教育厅
13	湖南	2021-08-26	关于印发《2022年湖南省普通高等学校对口招生考试基本要求和考试大纲》的通知	湖南省教育厅
		2023-10-18	关于做好2024年我省普通高等学校对口招生工作的通知	湖南省教育厅
		2023-12-14	关于做好湖南省2024年高职(高专)院校单独招生工作的通知	湖南省教育厅
14	贵州	2023-12-22	省招生委员会关于做好2024年高职(专科)院校分类考试招生工作的通知	贵州省招生委员会
15	黑龙江	2024-01-22	关于做好黑龙江省2024年高职院校单独招生考试工作的通知	黑龙江省招生考试委员会办公室
		2024-02-29	黑龙江省2024年职业教育春季高考工作实施办法	黑龙江省招生考试委员会办公室
16	四川	2023-09-25	关于公布四川省普通高校招生职业技能考试大纲的通知	四川省高等教育招生考试委员会 四川省教育厅
		2023-09-26	四川省教育厅关于做好2024年高等职业教育单独考试招生有关工作的通知	四川省教育厅
		2020-12-08	四川省2024年高等职业教育单独考试招生实施办法	四川省教育考试院
		2024-04-24	关于做好四川省2024年普通高校对口招生职业技能考试工作的通知	四川省教育考试院
		2024-05-07	四川省高等教育招生考试委员会 四川省教育厅关于做好我省2024年普通高校招生工作的通知	四川省教育考试院
17	吉林	2023-09-12	关于公布2024年吉林省普通高校对口招生考试科目的通知	吉林省教育厅
		2024-01-15	吉林省2024年高职分类考试招生工作规定	吉林省招生委员会
		2024-04-10	关于我省2024年高职单招相关工作的通知	吉林省教育考试院
18	山西	2023-12-12	关于做好2024年中等职业学校毕业生对口升学招生考试工作的通知	山西省招生考试管理中心
		2024-01-22	2024年对口升学职业技能考试办法	山西省招生考试管理中心

续 表

序号	省域	发文时间	文件名称	发文机构
		2024-03-28	山西省2024年高职院校单独招生公告	山西省招生考试管理中心
19	天津	2023-11-08	市高招办关于印发2024年天津市高职院校分类考试招生实施办法的通知	天津市招生委员会高等学校招生办公室
20	湖北	2020-12-29	湖北省2021年普通高校考试招生和录取工作实施方案	湖北省高等学校招生委员会
		2023-10-20	湖北省2024年普通高等学校招生考试报名须知	湖北省教育考试院
		2023-10-31	2024年湖北省技能高考大纲	湖北省教育考试院
		2024-03-12	省教育厅关于做好2024年高职单独考试招生工作的通知	湖北省教育厅
21	福建	2020-01-16	福建省教育厅关于公布福建省高职院校分类考试招生职业技能测试考试大纲(试行)的通知	福建省教育厅
		2024-01-23	福建省教育厅关于做好2024年福建省高职院校分类考试招生工作的通知	福建省教育厅
22	重庆	2023-10-26	重庆市2024年高等职业教育分类考试招生工作实施办法	重庆市教育委员会
23	北京	2023-10-16	北京教育考试院关于做好北京市2024年普通高等学校招生报名工作的通知	北京教育考试院
		2024-03-21	北京教育考试院关于做好北京市2024年高等职业教育自主招生工作的通知	北京教育考试院
24	陕西	2023-10-19	陕西省教育厅关于印发2024年陕西省普通高等学校职业教育单独招生报名及考试工作实施办法的通知	陕西省教育厅
		2024-01-22	陕西省教育考试院陕西省招生委员会办公室关于做好2024年陕西省高职院校分类考试工作的通知	陕西省教育考试院 陕西省招生委员会办公室
		2024-06-27	关于做好陕西省高等职业院校免试招收中职技能拔尖毕业生工作的通知	陕西省招生委员会办公室
25	安徽	2023-02-22	安徽省普通高校分类考试招生和对口招生文化素质测试考试纲要	安徽省教育厅
		2023-12-04	安徽省教育厅关于做好2024年高职院校分类考试招生工作的通知	安徽省教育厅
		2023-12-15	安徽省2024年高等职业院校分类考试招生和应用型本科高校面向中职毕业生对口招生报名和考试公告	安徽省教育厅
26	河南	2024-02-28	河南省教育厅关于做好2024年高等职业教育单独考试招生和技能拔尖人才免试入学工作的通知	河南省教育厅
		2024-04-10	河南省教育厅关于做好2024年普通高等学校对口招收中等职业学校毕业生工作的通知	河南省教育厅

续 表

序号	省域	发文时间	文件名称	发文机构
27	内蒙古	2024-02-05	关于做好2024年高等职业院校单独考试招生工作的通知	内蒙古自治区教育招生考试中心
		2024-05-13	2024年普通高等学校招生工作规定	内蒙古自治区教育招生考试中心
		2024-05-20	内蒙古自治区2024年普通高等学校招生工作规定	内蒙古自治区教育招生考试中心
28	云南	2023-10-27	云南省2024年高等职业技术教育本专科招收普通中专、职业高中、技工学校毕业生办法	云南省招生考试院
		2024-03-01	2024年高职(专科)院校单独考试招生志愿填报须知	云南省招生考试院
		2024-03-01	云南省2024年高等职业院校免试招生办法	云南省招生考试院
29	江西	2023-10-17	关于印发《江西省2024年普通高等学校招生考试报名办法》的通知	江西省教育厅
		2023-12-18	关于做好全省2024年高等职业教育单独招生工作的通知	江西省教育厅
30	江苏	2023-10-23	省教育厅关于印发江苏省2024年中职职教高考实施办法的通知	江苏省教育厅
		2024-01-22	省教育厅关于做好江苏省2024年高职院校提前招生改革试点工作的通知	江苏省教育考试院
31	新疆	2023-10-24	关于做好自治区2024年普通高校招生考试报名工作的通知	新疆维吾尔自治区教育考试院
		2024-04-03	关于做好自治区2024年普通高职(专科)单独招生工作的通知	新疆维吾尔自治区教育考试院
		2024	关于做好2024年优秀中职毕业生直升高职(专科)招生工作的通知	新疆维吾尔自治区教育考试院

注:从各省级政府、教育厅(局)、省级招考管理机构网站整理。